全国高等院校法学专业“十二五”规划教材

劳动法和社会保障法

范　围　主　编
杨　飞　副主编

对外经济贸易大学出版社
中国·北京

图书在版编目（CIP）数据

劳动法和社会保障法/范围主编. —北京：对外经济贸易大学出版社，2011
全国高等院校法学专业“十二五”规划教材
ISBN 978-7-5663-0141-3

Ⅰ.①劳… Ⅱ.①范… Ⅲ.①劳动法－中国－高等学校－教材②社会保障－行政法－中国－高等学校－教材
Ⅳ.①D922.5②D922.182.3

中国版本图书馆 CIP 数据核字（2011）第177193号

劳动法和社会保障法

范 围 主编
责任编辑：阮珍珍

对外经济贸易大学出版社
北京市朝阳区惠新东街10号 邮政编码：100029
邮购电话：010－64492338 发行部电话：010－64492342
网址：http://www.uibep.com E-mail：uibep@126.com

山东省沂南县汇丰印刷有限公司印装 新华书店北京发行所发行
成品尺寸：185mm×230mm 24.75印张 496千字
2011年9月北京第1版 2011年9月第1次印刷

ISBN 978-7-5663-0141-3
印数：0 001－3 000册 定价：42.00元

前　言

劳动是维系生存的重要方式，其之于个人、家庭乃至社会的重要性并未因时代的改变而改变，因此，对劳动者权利的保障和雇主雇佣行为的规范显得意义非凡。然而，若将劳动理解为“人间之有意识的一定目的之肉体的或精神的操作”，则自人类产生伊始，即存在劳动，但劳动法则是为了因应工业劳动社会化而产生的，其所调整之劳动的本质为劳动者对雇主的人身隶属。随着工业劳动的社会化，农业社会时代的家庭保障、土地保障难以负担，社会保障开始建立。因此，从某种程度上来看，劳动法和社会保障法是矫正工业社会疾病之法；是弱势劳工与强势雇主的利益平衡之法；是消弭社会矛盾，促进社会和谐、稳定之法。

我国的劳动和社会保障立法与我国的社会、经济的发展息息相关，改革开放以来，我国经济领域的改革逐步展开，市场因素不断增加，与之相适应的劳动法律制度逐步建立和完善。随着经济改革的深入、人口结构的改变等因素的影响，社会保障法制也逐步发展。2007 年，全国人大常委会先后表决通过《就业促进法》、《劳动合同法》以及《劳动争议调解仲裁法》，2010 年，又表决通过了《社会保险法》。作为中国特色社会主义法律体系的重要组成部分，上述法律的通过，对中国特色社会主义法律体系的形成具有重要的促进意义。

本书作为法学核心课程的教材，力图突出以下方面：

1. 契合教与学，注重针对性。参与本书撰写的作者为各高校的劳动法和社会保障法教师以及劳动法和社会保障法方向的博士研究生，对于该专业的教与学有着较为深刻的体会，因此，对于教材的内容、撰写方式作了针对性的处理，以能够满足教与学的需要。一方面，在内容的选择方面，突出教学的重点、难点，而弱化一般性知识；另一方面，在形式方面，采取案例及问题导引、案例探讨、理论争鸣、资料链接等多样化的方式，拓展教学内容的深度和广度，增强教学的趣味性。

2. 优化体系，强调简洁性。本书的篇幅相对较为精炼，尤其是在上篇劳动法部分，对内容进行了体系优化，分为总论性质的基础理论和分论性质的劳动合同法、集体合同法、劳动基准法以及劳动权利救济法，使得内容较为简洁，重点突出。

3. 兼顾理论与实践，突出规范性。本书的内容兼顾理论和实践，突出不同学者以及司法实践中的理论争议，但对于重点问题以导引案例的方式予以解析，并且对实践中的典型案例以案例探讨的方式予以介绍。在具体的撰写方法方面，严格遵照现行的法律规范，对重点条文进行规范分析，明确其目的及含义。

参与本书撰写的作者包括（按章节撰写顺序）：

范围（首都经济贸易大学劳动经济学院教师、法学博士）：第一、三、七、八章；

杨飞（中国政法大学民商经济法学院教师、法学博士）：第二、十四章；

丁建安（苏州大学王健法学院教师、法学博士）：第四章；

漆鲜萍（南京审计学院法学院教师、上海财经大学经济法学博士研究生）：第五章；

胡玉浪（福建农林大学人文社会科学学院副教授、法学博士）：第六章；

袁圣韵乐（中国人民大学法学院博士研究生）：第九、十五章；

李海明（中央财经大学法学院教师、法学博士）：第十、十三章；

于欣华（西北大学法学院副教授、博士）：第十一章；

丁雯雯（中国人民大学法学院博士研究生）：第十二、十六章。

本书所有作者均为劳动法和社会保障法方向的博士，且多在高校担任劳动法和社会保障法教学和科研工作，在该领域颇有积累，但资历尚浅，能担撰写此书的重任，承蒙对外经济贸易大学出版社毛飞琴编辑厚爱，特此感谢！

由于能力有限，本书尚有不完善之处，还望各位多多指正，以臻完善！

编者

2011 年 8 月 2 日

目　录

上　篇

下 篇

上篇

第一章

劳动法基础理论

第一节 劳动法概述

案例及问题导引

《劳动合同法》制定之际，社会各界对其立法目的产生了激烈的争议，有人认为，其应保护劳动者的合法权益，即“单保护”；有人认为，其不仅要保护劳动者的合法权益，还应保护用人单位的合法权益，即“双保护”。《劳动合同法》最终基本采纳了前者的观点，确立了“单保护”的立法目的，其原因为何？

一、劳动法的概念及特征

“劳动法是调整劳动关系以及与劳动关系密切联系的一切社会关系的法律”。[①] 英国1802年通过的《学徒健康和道德法案》被视为现代劳动法的开端。劳动法所调整之劳动，除了具备物理意义劳动之一般特性外，还有以下特性：

1. 从属性。劳动法中的劳动具有从属性，从而与民法中平等主体的劳务给付相区别，其具体表现在以下几方面：一是人身从属性。劳动者提供劳动给付，而事实上是将自己置于雇主的指示、控制之下，服从雇主的权威甚至是惩戒，放弃自己时间、空间的处分自由；二是经济从属性。劳动者获得生存来源，出卖劳动力换取报酬，雇主则赚取剩余价值；三是组织从属性。劳动者被编排进雇主的生产组织，按照组织的职责安排、体系构成完成相应的劳动给付。

2. 契约性。劳动法中的劳动必须是当事人双方意思自治的结果，从而区别基于纯

---

① 关怀．劳动法．北京：中国人民大学出版社，2005：29；王全兴．劳动法．2版．北京：法律出版社，2004：29；王昌硕．劳动和社会保障法．北京：中国劳动和社会保障出版社，2005：3.

粹的身份关系而发生的劳动，如夫妻关系等亲属关系的劳动，以及区别于基于公法上的强制而发生的劳动，如服刑之犯人接受劳动改造等。

3. 职业性。劳动法中的劳动攸关劳动者的生存，因此，其应具有长期性、持续性和稳定性，而非简单商品交易的一次性。

4. 有偿性。劳动法中的劳动实际上是在劳动力所有权与使用权分离的基础上，实现劳动者劳动力使用权与雇主的劳动报酬所有权的交换。因此，劳动法中的劳动具有有偿性，与公益性劳动相区别。

二、劳动法的调整对象

（一）从属劳动关系

作为劳动法调整对象的劳动关系，是指劳动力所有者（劳动者）与劳动力使用者（用人单位）之间，在劳动过程发生的一方提供劳动力，另一方支付劳动报酬的社会关系。劳动力具有财产性和人身性双重属性，使得劳动关系不仅是特定主体之间的交换关系，同时还是劳动者对雇主的人身从属关系。因此，劳动关系具有以下特点：

1. 人身性与财产性的兼容：形式上的财产性，实质上的人身属性

劳动关系的履行过程，实际上就是劳动者连续不断的出卖劳动力，而雇主支付劳动报酬的过程。在形式上是劳动力的使用权和雇主的财产所有权的交换，其与一般的商品买卖相似，具有财产属性。但是，“劳动力”的人身属性，使得其不同于一般物的交换。一方面，劳动力的存在具有人身的不可分离性，因为，作为交易标的的劳动力在经济意义上与劳动者相分离，而实质上无法独立于劳动者而存在；另一方面，劳动力使用权交换实现过程以及交换的目的具有人身保障性。

2. 从属性与平等性的兼容：形式上的平等性，实质上的从属性

劳动关系形式上具有平等性，而实质上则具有隶属性。其平等性表现为：一方面，作为交易标的的劳动力具有一般商品的特性，抛开其特殊性，则劳动力使用权与财产（劳动报酬）所有权的交换与一般物的交换没有区别，也要遵循商品交换的基本原则，即等价交换的原则；另一方面，劳动力商品的交换形式具有契约性。一般而言，契约是平等主体意思自治的结果，具有平等的属性。但是，劳动力除了一般商品的财产性之外，还具有人身属性，而人身属性也决定了劳动关系实质的从属性。

综上，劳动关系的特点相互之间具有密切的逻辑联系，形式上的财产性，决定了形式上的平等性，而实质上的人身性决定了实质上的从属性。

（二）与从属劳动关系密切相关的其他社会关系

从属劳动关系当事人具有密切联系的其他社会主体通常会直接或间接地与劳动者或雇主发生密切联系，因此相关社会关系得以成为劳动法的调整对象。如劳动行政部门、

工会组织、雇主团体、职业介绍以及职业培训机构、劳动争议处理机构以及社会保险经办机构等。根据从属劳动关系的相关人的性质不同，劳动法所调整的其他社会关系主要包括：

1. 劳动行政关系

劳动行政关系是指劳动行政主管部门应履行行政职能而与劳动者、用人单位以及其他从属劳动关系相关人发生的社会关系。如劳动行政主管部门对单位遵守劳动法律、法规、规章情况进行劳动监察并对违法行为予以处罚；劳动行政主管部门对职业介绍机构或其他机构开展职业介绍活动申请的行政许可行为等。

2. 社会（劳动）保险关系

社会保险关系包括两个方面的内容：一是基于劳动合同的约定，用人单位与劳动者之间就社会保险的办理和费用的缴纳而形成的权利义务关系；二是社会保险经办机构因为社会保险费的征缴、社会保险待遇的给付等而与劳动者和用人单位发生的社会关系。社会保险经办机构是根据法律、法规授权或者劳动保障行政部门的委托办理养老保险、医疗保险、失业保险、工伤保险、生育保险等社会保险事务的工作机构。因此，其履行相关的职责发生的社会关系本质上属于行政关系。

19 世纪末期，社会保险法律制度诞生之初，其与劳动法之间存在密切的联系。然而，目前社会保险制度正逐步从“职业保障”向“全民保障”的方向发展，因此，社会保险关系与劳动关系之间的联系日趋减弱。

3. 劳动市场服务关系

劳动市场服务关系是指劳动市场服务机构与用人单位和劳动者之间由于为劳动关系的运行提供社会服务而发生社会关系。如劳动力市场服务机构为劳动者提供职业介绍、职业培训以及为用人单位提供现场招聘或者劳动人事代理等服务。

4. 劳动团体关系

劳动团体关系是指工会组织或雇主团体组织与其成员之间，以及相互之间由于协调劳动关系和维护各自所代表的劳动关系当事人的利益而发生的社会关系。其包括两个方面的内容：一是劳动团体的内部关系，即工会组织或者雇主团体与其成员之间的关系；二是劳动团体的相互关系，即工会组织和雇主团体相互之间为协调劳动关系而进行协商和争议发生的关系。

5. 劳动争议处理关系

劳动争议处理关系是指劳动争议处理机构与劳动争议参加人（包括当事人、代理人、代表人以及第三人）之间就劳动争议的调解、仲裁所发生的社会关系。

三、劳动法的基本原则

劳动法基本原则应该是劳动法规范体系的基本精神、指导思想，是具有综合性、本原性和稳定性的根本准则。因此，劳动法的基本原则应该符合以下标准：内容的根本性和效力的贯穿始终性。劳动法的基本原则具有立法准则、法律适用准则以及行为准则的作用。

（一）劳动权平等原则

劳动权平等原则是宪法平等原则以及劳动权的规范性在劳动法中的具体体现。《宪法》规定："中华人民共和国公民在法律面前一律平等。"《宪法》还规定，我国公民享有劳动的权利。平等原则结合劳动基本权的规范效力，使得上述宪法规范具有制度保障的效力，促使国家在劳动领域立法确保劳动权平等的实现。

劳动权平等原则作为劳动法的基本原则，其内容的根本性和效力的贯穿始终性体现为：

1. 在就业促进法领域，劳动权平等原则体现为平等就业

平等就业原则的关键在于反对就业歧视，即劳动者应该获得平等的就业机会，不因性别、年龄、种族和宗教信仰等方面的不同而受到差别待遇。《劳动法》第12条规定："劳动者就业，不因民族、种族、性别、宗教信仰不同而受歧视。"《就业促进法》在第3条再次强化了反对就业歧视，保障劳动者平等就业权的原则，"劳动者依法享有平等就业和自主择业的权利。劳动者就业，不因民族、种族、性别、宗教信仰等不同而受歧视"。

2. 在劳动基准法领域，劳动权平等原则体现为待遇均等

待遇均等，是指对劳动关系中劳动者之间因种种原因而形成差别待遇或产生的歧视现象加以防止或禁止，主要指报酬平等或同工同酬。同工同酬包含两个方面的含义：一方面，劳动者的劳动报酬应该与其劳动给付相当；另一方面则是给付相同劳动的劳动者之间，应该享有相等的待遇，不应因性别、年龄等与劳动无关的事由而受到差别待遇。《劳动法》第46条规定："工资分配应当遵循按劳分配原则，实行同工同酬。"根据《关于〈劳动法〉若干条文的说明》（劳办发［1994］289号）的解释，该条中的"同工同酬"，是指用人单位对于从事相同工作，付出等量劳动且取得相同劳动业绩的劳动者，应支付同等的劳动报酬。由此可见，同工同酬必须具备三个条件：相同工作、等量劳动以及相同劳动业绩。

3. 在劳动保护法领域，劳动权平等原则体现为劳动条件平等

劳动条件的平等是指劳动者的工作环境以及劳动保护平等，其核心在于劳动者平等地享有劳动保护，内容应该包括两个方面：一是劳动条件应该根据具体的工作岗位来确定，不能脱离岗位的特点而抽象地谈论劳动条件的平等。因此，针对特殊的工作种类和

岗位应该设置相应的劳动条件，如矿山、井下工作在工作时间、劳动保护等方面都应该有特别的要求；二是针对特定的劳动者群体，其劳动条件也应该采取不同的规定，所以，劳动法对于妇女以及未成年劳动者规定了特殊的劳动保护措施。如《劳动法》规定，禁止安排女职工从事矿山井下、国家规定的第四级体力劳动强度的劳动和其他禁忌从事的劳动。

（二）劳动自由原则

劳动自由是法律自由价值在劳动法领域的体现，也是劳动者基于宪法的劳动基本权所享有的自由。其具体体现为：

1. 在劳动合同法领域，劳动自由原则体现为契约自由

在《合同法》中，契约自由体现为缔约与否的自由、选择缔约相对人的自由、确定契约内容的自由以及解除契约的自由等。而在劳动合同法领域，由于劳动者与用人单位之间的实质的不平等，劳动者在订立劳动合同过程中并不完全享有上述自由。因此，契约自由并不完全适用于劳动合同法。

在劳动合同领域的契约自由主要体现为择业自由，主要包括两个方面，一是劳动者的缔约自由，也就是劳动者通常可以决定是否与某一用人单位建立劳动关系，签订劳动合同；二是劳动者的辞职自由，即劳动者可以自主决定是否继续履行劳动合同，仅需遵守相关的程序性规定，即可解除劳动合同。《劳动合同法》第 37 条规定：“劳动者提前 30 日以书面形式通知用人单位，可以解除劳动合同。”该规定实际是明确了劳动者的辞职自由。《劳动法》第 31 条也规定劳动者的法定辞职权，但是在《劳动法》实施过程中，用人单位滥用违约金，实际上是限制了劳动者的择业自由的权利，违反了劳动自由的原则。因此，《劳动合同法》在第 25 条明确规定，除本法第 22 条（服务期约定）和第 23 条（竞业限制约定）规定的情形外，用人单位不得与劳动者约定由劳动者承担违约金。

2. 在集体合同法领域，劳动自由原则体现为结社自由与团体自治

《劳动法》第 7 条规定：“劳动者有权依法参加和组织工会。”《工会法》也明确规定：“工会是职工自愿结合的工人阶级的群众组织。”劳动者的结社权体现为积极和消极两个方面，一是积极结社权，即劳动者享有积极地组建和参加工会组织的自由；二是消极结社权，即劳动者享有不参加工会组织或者退出工会组织的自由。

团体自治的前提是公民结社自由①的基本权利，其内容包括两个方面：一是工会团

---

① 在日本宪法中，将公民的一般结社权与劳工特殊基本权分别规定。德国宪法中将公民一般结社自由和劳工的同盟自由相区分，但将二者规定在同一基本权利条文中，并将之体系化，即于条文结构中理清结社自由与同盟自由二者间上下隶属关系，以结社自由为上位概念、一般概念，而将同盟自由作为其下位类型、特殊类型。参见黄程贯：“劳动法”（修订再版），153－158 页，台北，空中大学印行，2001。

体的人格独立，即劳动者组成的工会团体应为自由的不受任何限制的组织，而且法律应该确定其合法地位；二是工会团体的行动自治，即工会团体能够基于自身职能的履行，依照法定程序自主采取维护劳动者合法权益的集体行动的自由。在集体合同法领域，工会团体的自治主要表现为集体协商和参与企业经营决策的行动自由两方面，其中前者是工会团体行动自治的重点，其主要体现在《劳动合同法》第6条规定："工会应当与用人单位建立集体协商机制，维护劳动者的合法权益。"第51条第1款规定："企业职工一方与用人单位通过平等协商，可以就劳动报酬、工作时间、休息休假、劳动安全卫生、保险福利等事项订立集体合同。集体合同草案应当提交职工代表大会或者全体职工讨论通过。"而后者则主要体现在《劳动合同法》第4条关于工会建议权、协商修改权等对于用人单位制定劳动规章或者重大事项的权利的制约，以及第43条工会对于用人单位解除劳动合同的制约等。

3. 在劳动保护法领域，劳动自由原则体现为禁止强迫劳动

劳动自由原则在劳动保护领域则体现为禁止强迫劳动。禁止强迫劳动是国际劳工组织的核心公约之重要内容，1930年《强迫劳动公约》（第29号公约）要求禁止所有形式的强迫或强制劳动，但允许某些例外，如服兵役、受到适当监督的服刑人员的劳动和紧急情况（如战争、火灾和地震）下的劳动。1957年《废除强迫劳动公约》（第105号公约）规定，禁止使用下列任何形式的强迫或强制劳动：作为一种政治强制或政治教育手段，作为对发表政治或意识形态观点的惩罚，作为动员劳动力发展经济的手段，作为一种劳动纪律措施，作为参与罢工的惩罚或歧视的手段。尽管我国尚未批准上述公约，但是，我国已于1998年10月5日签署了联合国《公民权利和政治权利国际公约》（尚未经全国人大批准），该公约第8条规定："任何人不应被要求从事强迫或强制劳动。"

综上所述，禁止强迫劳动主要是针对国家而规定的，而我国《劳动法》第96条、《劳动合同法》第88条关于禁止强迫劳动的规定以及《刑法》第244条关于强迫劳动罪的规定，都是针对劳动力使用者，且其含义也远远窄于相关国际公约的规定。

（三）倾斜保护原则

倾斜保护原则是指劳动法倾斜保护劳动者合法权益。该原则是源于制定法规范，《劳动法》和《劳动合同法》第1条都明确规定："保护劳动者的合法权益。"其包括两个方面的内容，一是在劳动者和用人单位之间，倾斜保护劳动者的合法权益；二是在一般劳动者与特殊劳动者之间，倾斜保护特殊劳动者的权益。如妇女、未成年劳动者以及残疾人劳动者在工作岗位、工作时间以及劳动条件等方面享有的保障要优于一般劳动者。但是倾斜保护并非"厚此薄彼"，而是在对劳动者和用人单位双方合法利益保护的基础上，对劳动者给予一定程度的倾斜保护，并不忽视对用人单位的合法权益的保护，

不会导致劳动合同双方主体的权利失衡。[①]

倾斜保护原则作为劳动法的基本原则，深入贯彻到劳动法的具体制度之中，其内容的根本性和效力的贯穿始终性具体体现为：

1. 在劳动合同法中，倾斜保护原则主要体现为解雇保护

在合同法中，依法成立且生效的合同对于当事人双方的约束力是对等的。而在劳动合同法中，在劳动合同的解除方面，依法成立且生效的劳动合同对于当事人双方的约束力并不对等。对于用人单位而言，其解除劳动合同受到严格的限制，如《劳动合同法》第 41 条关于经济性裁员解除的规定，用人单位适用该规定进行裁员，必须符合裁员前提、人数、工会参与、裁减方案审批等数个实体和程序要件。而对于劳动者而言，《劳动合同法》第 37 条规定，劳动者提前 30 日以书面形式通知用人单位，可以解除劳动合同。单方限制用人单位的解除权是劳动法的倾斜保护原则的具体体现，而从另一个角度则是对于劳动者的解雇保护。

此外，在《劳动合同法》中，倾斜保护原则还较为明显地体现在了法律责任的规定方面，《劳动合同法》第 7 章法律责任部分共包括 16 个法律条文，其中除第 95 条是关于劳动行政部门及其工作人员的法律责任，第 90 条以及第 80 条的部分内容是关于劳动者的法律责任的规定外，其余的 13 个条文全部是关于用人单位的法律责任的规定。

2. 在劳动基准法中，倾斜保护原则主要体现为基准法定

劳动基准法定是指国家对工资、工时以及休息休假等劳动条件的基准以法律强制规定，其通常包括最低工资制度、最高工时等基准。而劳动基准法定实际上是国家对于用人单位基于强势地位可能的肆意行为的限制，倾斜保护劳动者，以确保劳动者的生存。“劳动保护法原则上不可自行改变的。”[②]

3. 在劳动争议调解仲裁法中，倾斜保护原则主要体现为对于劳动者的救济保障

在劳动争议处理中，倾斜保护原则主要体现为对劳动者权益救济的保障，具体表现为：一是劳动争议仲裁免费制度，对于弱势的劳动者而言，救济成本往往是导致其权益救济不利的重要因素，而其中就包括仲裁费用；二是举证责任倒置，《劳动争议调解仲裁法》第 6 条规定：“与争议事项有关的证据属于用人单位掌握管理的，用人单位应当提供；用人单位不提供的，应当承担不利后果。”三是有限的一裁终局，《劳动争议调解仲裁法》第 47、48 条规定，对于小额（不超过当地月最低工资标准 12 个月金额）的劳动争议案件以及执行国家的劳动标准发生的劳动争议案件，实行裁决终局。但是，劳动者对该仲裁裁决不服的，可以自收到仲裁裁决书之日起 15 日内向人民法院提起诉讼。

---

① 林嘉．劳动合同法：突出保护劳动者是对不平等的矫正．工人日报，2007－5－21。

② ［德］W·杜茨．劳动法．5 版．张国文，译．北京：法律出版社，2003：173.

实际上，对上述特定案件限制用人单位的诉讼权利，从而避免了用人单位滥用诉讼权利而妨碍劳动者的权利救济的实现。

第二节 劳动法律关系

案例及问题导引

A公司有一小型工程项目，可采如下方式施工，请分析下列问题：

(1) A公司直接招聘了甲、乙等数十人负责施工，A公司与甲、乙等之间构成何种法律关系？甲、乙需具备哪些资格条件？

(2) A公司与B公司签订合同，由B公司承担项目施工，B公司招聘了甲、乙等数十人从事施工，A公司与B公司之间构成何种法律关系？施工过程中甲、乙受伤，A公司是否要承担赔偿责任？

(3) A公司与包工头甲签订合同，由甲聘请乙等组成施工队负责施工，A公司与甲之间构成何种法律关系？施工过程中乙受伤，A公司是否要承担赔偿责任？

一、劳动法律关系概述

(一) 劳动法律关系的概念及特点

劳动法律关系是指劳动法律规范在调整劳动关系过程中主体间所形成的权利和义务关系。劳动法律关系具有以下特点：

1. 劳动法律关系内容的核心为劳动力使用权与劳动报酬所有权的交换。从本质上来说，劳动法中的劳动是当事人双方通过意思表示，就劳动力使用权与劳动报酬的所有权的交换达成一致，从而使得劳动者与生产资料相结合，因此，劳动法律关系内容的核心就是劳动力使用权与劳动报酬所有权的交换。

2. 劳动法律关系具有财产性和人身性、平等性和隶属性兼容的特点。从形式上看，是劳动者与用人单位经过平等协商，就劳动力使用权与劳动报酬所有权的交换意思表示一致，因此，其具有财产性和平等性的特点；而从实质上看，劳动者具有弱势地位，为了获得生存来源，人身上从属于用人单位，服从用人单位的管理、指示命令，从而具有实质的人身性和隶属性。

3. 劳动法律关系具有对抗性和非对抗性的特点。尽管所有权的社会化和经营权的民主化使得雇主和雇员的身份越来越不绝对，但是，雇主与雇员的利益在一定程度上是具有对抗性的，前者追求利润的最大化，后者则是追求工资福利的最大化，其结果是，在盈利一定的情形下，雇主得到的多，雇员得到的就少；雇员得到的多，则雇主就得到的少，如果雇主和雇员的此种利益角逐突破了一定的度，就会导致集体行动，造成“一损俱损”的局面。然而，雇主和雇员相互间具有利益依赖性，因为，雇主和雇员的利益都系于企业的实际运营状况，只有在企业效益好的情形下，雇主和雇员才能形成“一荣俱荣”的局面，因此，二者之间又具有非对抗性的特点。整体而言，劳动法律关系的对抗性是永恒，而非对抗性则是暂时的。

（二）劳动法律关系与相近概念的联系和区别

1. 劳动法律关系与劳动关系的联系和区别

劳动法律关系应该符合以下要件：（1）主体的合法性，即当事人双方必须具有相应的主体资格；（2）内容的合法性；（3）形式的合法性，即《劳动法》和《劳动合同法》都规定，建立劳动关系应该订立书面劳动合同，因此，劳动法律关系应该采取书面形式；（4）程序的合法性，即劳动法律关系的建立程序需符合法律规定。

劳动关系与劳动法律关系二者既有联系又有区别，我国实在法中并未严格区分劳动法律关系与劳动关系，《劳动法》、《劳动合同法》中都只有劳动关系的表述，而未提及劳动法律关系，因此，劳动法律关系更多的是学理概念。

我们认为，劳动法律关系与劳动关系二者的联系在于：二者所处的层次以及外延有所区别。劳动关系是劳动法律关系的基础和前提；二者的区别在于：某些劳动关系因为不符合“合法性”要件而不是劳动法律关系，如非法用工关系、事实劳动关系等，但并不能认为其不受劳动法的调整，无论是非法用工关系还是事实劳动关系，劳动者的权益原则上仍受到劳动法的保护。

2. 劳动法律关系与劳务关系的联系和区别

劳务关系在我国并非实在法概念，但是，实践中甚至被广泛使用，甚至法院判决也采纳该概念。我们认为，所谓劳务关系是指以劳动给付为内容的非劳动关系，在我国法律中，劳务关系应该主要包括以下法律关系：雇佣关系、加工承揽关系、委托关系等。

劳务关系与劳动法律关系既有联系又有区别，其联系在于：二者的内容相同或相近，都是以劳动给付为内容；二者的区别在于：劳务关系通常不具有人身从属性的特点，其主体间是居于平等地位，因此，劳务法律关系通常由民法予以调整。

（三）劳动法律关系的类型

劳动法律关系根据不同的标准通常可分为以下几类：

1. 根据用人单位的性质，可以分为：（1）企业劳动法律关系，包括各种所有制形式的企业，以及法人企业和非法人企业的劳动法律关系；（2）个体经济组织劳动法律关系；（3）民办非企业单位的劳动法律关系，如民办医院的劳动法律关系等；（4）国家机关、事业单位和社会团体劳动法律关系；（5）其他劳动法律关系，如会计师事务所、律师事务所等合伙组织和基金会的劳动法律关系。

2. 根据主体以及内容的不同，可以分为：(1) 个体劳动法律关系，即劳动者个体与用人单位之间的法律关系；(2) 团体劳动法律关系，即劳动者团体与用人单位或用人单位团体间的法律关系。个体劳动法律关系与团体劳动法律关系是劳动法律关系区分的核心和重点，几乎整个劳动法律的构建都是围绕二者展开。

3. 根据劳动者劳动法律关系的数量，可以分为：(1) 一重劳动法律关系，即劳动者仅与一个用人单位建立劳动关系；(2) 多重劳动法律关系，即劳动者与两个以上的用人单位建立劳动关系。

此外，根据劳动法律关系的涉外情况，还可分为国内劳动法律关系和涉外劳动法律关系；根据劳动者就业的形态，可以分为正规就业和非正规就业（非全日制用工、家内工作、灵活就业等）。

(四) 劳动法律关系的运行

劳动法律关系的运行是指劳动法律关系从产生到消灭的全过程，具体包括以下几个环节：(1) 产生；(2) 履行；(3) 变更；(4) 中止；(5) 消灭。

能够引起劳动法律关系运行的客观情况是劳动法律事实。以是否包含当事人的意志，可分为行为和事件。其中行为包括：(1) 当事人的行为，如劳动双方协商意志，订立、变更或者解除劳动合同；(2) 劳动行政部门的行为，如外国人在我国境内就业的，需经劳动行政部门的许可；(3) 劳动争议处理机构的行为，如劳动争议仲裁委员会或者法院对于劳动争议的调解、仲裁或审判行为。事件通常是指不以行为人意志为转移的法律事实，如《劳动合同法》第44条规定，劳动者死亡的，劳动合同终止。

从劳动法律关系运行的事件或行为的数量来看，可以分为单一事实和事实构成，前者是指单一的事件或行为，即可引起劳动法律关系运行，如当事人双方协商一致，订立劳动合同，可导致劳动法律关系建立；后者则是指两个以上的事件或行为结合，才可引起劳动法律关系的运行，如行为与行为结合。《集体合同规定》规定，集体合同签订后，应当在七日内由企业一方将集体合同一式三份及说明报送劳动行政部门。劳动行政部门自收到集体合同文本之日起十五日内未提出异议的，集体合同即行生效。因此，集体合同生效除了职工代表或工会与企业协商一致外，还需有行政机关的审查行为。

二、劳动法律关系的构成

(一) 劳动法律关系的主体

劳动法律关系主体，是指参与劳动法律关系并在其中享受权利和承担义务的当事人。其中个体劳动法律关系的主体为劳动者和用人单位；而集体劳动法律关系的主体为工会和用人单位或用人单位团体。

1. 劳动者

劳动法中劳动者之概念有广狭义之分，其中广义劳动者是指达到法定劳动年龄，有相应的劳动行为能力和劳动权利能力的自然人；而狭义劳动者则是指在具体的劳动关系中的劳动者。通常而言，狭义劳动者首先应该符合广义劳动者的条件。

（1）广义的劳动者资格

广义劳动者资格是指公民享有的成为劳动者的条件，即具有劳动权利能力和劳动行为能力。劳动权利能力是指公民根据劳动法的规定，享有劳动权利和承担劳动义务的能力，也就是劳动者享有权利和承担义务的资格，是作为主体参与劳动关系的前提条件。劳动行为能力是指公民能够以自己的行为行使劳动权利和承担劳动义务，从而使劳动法律关系发生、变更或消灭的资格。

公民的劳动权利能力、劳动行为能力与民事权利能力、民事行为能力既有联系又有区别，公民劳动权利能力、劳动行为能力的取得以具有民事权利能力和民事行为能力为前提，二者的区别在以下几方面：

一是劳动权利能力和劳动行为能力同时取得，不可割裂，但公民的民事权利能力和民事行为能力是可以分离的，如公民从出生时起，就具有民事权利能力，但公民十八周岁以上或者十六周岁以上不满十八周岁，以自己的劳动收入为主要生活来源的，才取得完全民事行为能力；

二是因为劳动的人身属性，公民的劳动权利能力和劳动行为能力只能由个人亲自行使，不得委托他人代为行使，因此，劳动合同的履行需遵循“亲自履行”原则，而公民的部分民事权利能力和民事行为能力可委托他人代为行使。

广义劳动者资格，即劳动权利能力和劳动行为能力的取得取决于以下两个因素：

一是年龄，即公民必须达到最低就业年龄的规定。《劳动法》第十五条规定：“禁止用人单位招用未满16岁的未成年人，必须依照国家有关规定，履行审批手续，并保障其接受义务教育的权利。”因此，我国最低就业年龄为16周岁，而文艺、体育和特种工艺单位，确需招用未满16周岁的文艺工作者、运动员和艺徒时，需报经劳动行政部门批准，并征得监护人同意。国际劳工组织（International Labor Organization）《准予就业最低年龄公约》（第138号）规定，最低年龄应不低于完成义务教育的年龄，并在任何情况下不得低于15岁。但如会员国的经济和教育设施不够发达，得在与有关的雇主组织和工人组织（如存在此种组织）协商后，初步规定最低年龄为14岁。

二是精神健康状况，即不能辨认自己行为的无民事行为能力人不享有劳动者资格，而不能完全辨认自己行为的限制行为能力人其劳动者资格也相应地受到限制，如需取得监护人的许可等。

（2）狭义的劳动者资格

狭义的劳动者，又称为雇员、雇工、受雇人、职工等，是指具体劳动关系中的劳动者。实践中，狭义的劳动者资格的判断通常与劳动关系的性质认定重合。我国法律未界定劳动者的概念，但不同国家和地区关于劳动者的界定各有侧重，如台湾《劳动基准法》中劳动者的概念侧重于有偿性，其规定："劳工，谓受雇主雇用从事工作获致工资者。"香港《雇佣条例》中劳动者概念侧重于契约性，其规定，雇员为雇佣合约受聘的人。德国雇员界定标准有实质要件和形式要件。实质要件包括：业务内容的指令约束；雇主确定固定的工作时间和工作地点；被安置在企业并且依赖于其他人的决定；有义务提供劳动力。形式要件包括：缴纳工资税和社会保险费。①

综合相关的立法和实践经验，我们认为狭义的劳动者资格的判断标准包括以下两个方面：

第一，实质标准——从属性。从属性标准是狭义劳动者资格的实质判断标准，其包括人身的从属性、经济的从属性和组织的从属性三个方面。德国学者 W·杜茨认为，"对于雇员的概念，劳务提供者的人身依赖性仍然是实质性的内容。在劳动关系中雇员存在典型的、广泛的、法律上的指令权约束以及被归入陌生的劳动组织。"② 劳动部和社会保障部颁布的《关于确立劳动关系有关事项的通知》（劳社部发〔2005〕12 号）第 1 条规定："用人单位招用劳动者未订立书面劳动合同，但同时具备下列情形的，劳动关系成立。（一）用人单位和劳动者符合法律、法规规定的主体资格；（二）用人单位依法制定的各项劳动规章制度适用于劳动者，劳动者受用人单位的劳动管理，从事用人单位安排的有报酬的劳动；（三）劳动者提供的劳动是用人单位业务的组成部分。"后两项规定即采纳了从属性的标准。

第二，形式标准，即从形式上去界定狭义的劳动者资格，如书面劳动合同、指示命令、惩戒处罚、招聘与解雇的决定、生产工具的提供、劳动报酬的支付、社会保险的缴纳等。

狭义的劳动者资格的判断标准应以实质标准为主，形式标准为辅，然而，在实践中往往本末倒置，诸多的劳动争议案件的仲裁裁决或判决意见都是从形式标准去界定劳动者资格，如自带工具就业的、未签订劳动合同，则不属于劳动者。

案例探讨

A 公司主要从事床上用品的生产、销售，生产季节性较强，每年 7 月至 9 月是生产

① 参见全国人大常委会法制工作委员会行政法室编．劳动合同法（草案）参考．北京：中国民主法制出版社 2006：169.

② ［德］W·杜茨．劳动法．5 版．张国文，译．北京：法律出版社，2005：17－18.

旺季。朱某自2001年以来，每逢生产旺季，自带其本人的小货车至该公司从事运输等工作。双方约定A公司每月支付朱某报酬2 000元，油费、过路费、违章罚款等费用均由A公司支付。期间，朱某日常生活起居均在公司内。某日，朱某受A公司指派在购买发动机途中发生交通事故死亡。朱某之妻向当地劳动保障部门申请工伤认定。劳动部门审查后认为朱某自备劳动工具为A公司提供劳动服务，具有临时性、短期性的特点，且双方不存在管理与被管理的社会关系。遂作出工伤调查结论，认定朱某与A公司之间是劳务关系而非劳动关系，不属于该局管辖范围。朱某之妻不服，起诉至法院。①

评议：

本案中，就朱某是否为劳动者发生争议，劳动保障行政部门则仅从形式标准去判断，认为朱某与A公司间未订立劳动合同，自带生产工具，且具有短期性、临时性，因此，否定其为劳动者，但是，本案中，朱某则在人身上从属于A公司，其居住在A公司内，服从A公司的指示命令，利用自己的小车为A公司从事运输工作，且A公司支付了其劳动过程中的违章费用，因此，朱某应为劳动者。

狭义的劳动者资格除了满足广义的劳动者的资格条件外，根据具体的工作岗位的不同，可以还需满足某些特殊的条件，如：

一是特定的性别，如《劳动法》第59条规定："禁止安排女职工从事矿山井下、国家规定的第四级体力劳动强度的劳动和其他禁忌从事的劳动。"

二是特定的年龄，如国际劳工组织（ILO）《准予就业最低年龄公约》（第138号）规定，准予从事按其性质或其工作环境很可能有害年轻人健康、安全或道德的任何职业或工作类别、其最低年龄不得小于18岁。我国《未成年工特殊保护规定》也规定用人单位不得安排未满18周岁的未成年工从事某些劳动。

三是特定的职业资格，如劳动和社会保障部《就业服务与就业管理规定》（第28号）第21条规定，用人单位招用从事涉及公共安全、人身健康、生命财产安全等特殊工种的劳动者，应当依法招用持相应工种职业资格证书的人员；招用未持相应工种职业资格证书人员的，须组织其在上岗前参加专门培训，使其取得职业资格证书后方可上岗。

四是身体健康状况，如《食品安全法实施条例》第23条规定："食品生产经营者应当依照食品安全法第34条的规定建立并执行从业人员健康检查制度和健康档案制度。从事接触直接入口食品工作的人员患有痢疾、伤寒、甲型病毒性肝炎、戊型病毒性肝炎等消化道传染病，以及患有活动性肺结核、化脓性或者渗出性皮肤病等有碍食品安全的

---

① 例来源：朱晓燕．在个案中如何辨析劳动关系与劳务关系．中国法院网，http：//www.chinacourt.org/public/detail.php？id＝238019。最后浏览：2011年2月28日。

疾病的，食品生产经营者应当将其调整到其他不影响食品安全的工作岗位。”

五是特定的行政许可；如《未成年工特殊保护规定》规定，用人单位招收使用未成年工，除符合一般用工要求外，还须向所在地的县级以上劳动行政部门办理登记。劳动行政部门根据《未成年工健康检查表》、《未成年工登记表》，核发《未成年工登记证》。

狭义的劳动者的资格条件相对较为复杂、灵活，其取决于劳动关系的具体情况，通常而言，上述资格条件的限制多是基于法律、行政法规的规定，原则上用人单位不得违背工作岗位实际单方设定限制性条件，否则有可能构成就业歧视。

2. 用人单位

用人单位是指雇佣使用劳动者并支付劳动报酬的一方主体。我国《劳动合同法》第2条规定：“中华人民共和国境内的企业、个体经济组织、民办非企业单位等组织（以下称用人单位）与劳动者建立劳动关系，订立、履行、变更、解除或者终止劳动合同，适用本法。国家机关、事业单位、社会团体和与其建立劳动关系的劳动者，订立、履行、变更、解除或者终止劳动合同，依照本法执行。”因此，我国用人单位的具体类型包括：企业、个体经济组织、民办非企业单位、国家机关、事业单位、社会团体等组织。

用人单位应该具有用工权利能力和用工行为能力，前者是指依法享有用工权利并承担用工义务的资格；后者则是指用工主体以自己的行为取得和行使用工权利，承担和履行用工义务的资格，包括实施合法用工行为的能力和对自己的违法行为承担责任的能力。从某种程度上说，用人单位的用工权利能力与用工行为能力与用人单位的民事权利能力和民事行为能力重合。

理论争鸣

用人单位与雇主的区别

我国法律采用人单位的称谓，而域外多称雇主、雇佣人。我国台湾地区“劳动基准法”规定，雇主，谓雇用劳工之事业主、事业经营之负责人或代表事业主处理有关劳工事务之人。我国香港特区《雇佣条例》规定，“雇主”指订立雇佣契约，雇用他人为雇员之任何人士，及获此等人士正式授权之代理人、经理人或代管人。德国《劳动法》规定，雇主是指将另一个人作为雇员雇佣的任何自然人和法人。

比较而言，我们可知用人单位与雇主的区别在于：一是性质不同，用人单位突出“单位”本质，即为法律拟制的主体，不包括自然人，而雇主则包括自然人；二是外延不同，通常而言，雇主除了包括雇用他人之人本身外，还包括代为行使管理职权的代理人、经理人，即高级管理人员原则上也应为雇主，而非劳动者。而我国劳动部《关于贯彻执行〈中华人民共和国劳动法〉若干问题的意见》（劳部发［1995］309号发布）第11条规定："经理由其上级部门聘任（委任）的，应与聘任（委任）部门签订劳动合同。实行公司制的经理和有关经营管理人员，应依据《中华人民共和国公司法》的规定与董事会签订劳动合同。"因此，在我国企业高管并非用人单位，而是劳动者。

3. 工会

工会，即劳动者团体，是为了维护劳动者利益，就工资、工作时间等劳动条件与雇主或雇主团体进行交涉的社会团体。从立法比较来看，存在一元工会制和多元工会制，前者是指在只有一个工会组织，国家范围内所有的基层工会都是该组织的组成部分，如我国的中华全国总工会；后者又称为自由工会，即企业内允许存在多个工会。

劳动者基于结社自由权利可以自由地组建和参与工会组织，工会组织具有独立的人格，能够独立地进行团体行动，因此，我国《工会法》第14条规定："中华全国总工会、地方总工会、产业工会具有社会团体法人资格。基层工会组织具备民法通则规定的法人条件的，依法取得社会团体法人资格。"为了维持工会的独立性，《工会法》、《集体合同规定》等在经费、人员构成、协商程序等多方面都设立相应的配套规定，如《企业工会主席产生办法（试行）》第6条规定："企业行政负责人（含行政副职）、合伙人及其近亲属，人力资源部门负责人，外籍职工不得作为本企业工会主席候选人。"根据由于工会组织所处的层次等，我国的工会组织具体包括：企业工会组织、行业工会组织、区域性的工会联合会。

4. 用人单位团体

用人单位团体，又称为雇主协会，是由用人单位依法组成的，旨在代表、维护和增进各用人单位（雇主）在劳动关系中的共同利益而与工会抗衡和交涉的团体。用人单位团体的目的在于维护用人单位的利益，代表用人单位与劳动者团体就劳动条件进行协商。在集体劳动关系领域，我们通常将"劳动三权"视为劳动者的集体权利，然而，由于劳动本身的双方性的特点，使得用人单位及用人单位团体也享有相应团结权、集体谈判权和争议权，因此，国际劳工组织《1948年结社自由和保护组织权利公约》（第87号）第2条规定："工人和雇主应毫无区别地有权不经事先批准建立和参加他们自己选择的组织，其唯一条件是遵守有关组织的规章。"

在我国，与工会组织相比，用人单位团体的建立以及相应的制度的运行都处于缺位的状态，由于历史发展的原因，形成了由于所有制形式的差别，用人单位的团体也不尽相同，如对于私营企业，则多加入中国工商业联合会，而对于国有企业，则多属于中国企业联合会、中国企业家协会，其结果是任何一个用人单位团体都难以代表和维护用人单位的整体利益。2003年通过的《中国企业联合会、中国企业家协会章程》规定，中国企业联合会、中国企业家协会“维护企业、企业家（雇主）的合法权益，代表企业、企业家（雇主）协调劳动关系；指导各地区、各行业企业联合会、企业家协会建立健全‘三方机制’和参加劳动关系协调工作”。“本会代表企业、企业家（雇主）参加由中华人民共和国劳动和社会保障部、中华全国总工会和本会组成的国家协调劳动关系三方会议。”“本会作为国际雇主组织的中国唯一代表，积极参加国际劳工组织和国际雇主组织有关活动，发展与其他国家雇主组织及国际机构的交流与合作。”因此，从上述章程的规定来看，目前中国企业联合会、中国企业家协会被视为我国的用人单位团体。

（二）劳动法律关系的客体

劳动法律关系的客体是指劳动法律关系主体的权利、义务所指向的对象。根据法律关系类型的划分，法律关系的客体通常包括物、行为、智力成果以及人身利益，整体而言，物是物权法律关系的客体、行为是债权法律关系的客体、智力成果是知识产权法律关系的客体、人身利益是人身权法律关系的客体。

由于劳动具有人身性、财产性和契约性的特点，使得劳动法律关系的客体也具有复合性，而非单一客体。

一是劳动法律关系具有契约性特点，是一种特殊的债权法律关系，因此，劳动者的劳动给付行为被视为劳动法律关系的客体；

二是劳动的核心是劳动力使用权和劳动报酬所有权的交换，劳动力具有财产性的特点，因此，劳动力作为特殊的“物”也是劳动法律关系的客体；

三是由于劳动力与劳动者的人身不可分，劳动法律关系具有财产性和人身性兼容的特点，因此，人身利益也应是劳动法律关系的客体。

（三）劳动法律关系的内容

劳动法律关系的内容是指劳动法律关系主体所享有的权利和承担的义务。在传统私法中，法律关系的内容应具有一致性和对称性，即主体享有的权利和承担的义务相一致，主体间权利和义务相对称，一方的权利就是另一方的义务，然而，在劳动法律关系中，由于劳动者与用人单位居于不平等地位，因此，劳动法律关系的内容具有：(1) 非对称性，即劳动者和用人单位自身的权利和义务不对称，整体而言，劳动者享有的权利多，而承担的义务相应较少；用人单位享有的权利较少，而承担的义务多；(2) 受限性，即为了保护劳动者的权益，法律和集体合同设定了强制性的标准，当事人双方必须在法定的标准内确定权利、义务。

1. 个体劳动法律关系中的权利、义务

根据权利、义务的具体内容来分，《劳动法》第3条规定，劳动者享有的权利包括：平等就业和选择职业的权利、取得劳动报酬的权利、休息休假的权利、获得劳动安全卫生保护的权利、接受职业技能培训的权利、享受社会保险和福利的权利、提请劳动争议处理的权利以及法律规定的其他劳动权利。劳动者承担的义务包括：完成劳动任务，提高职业技能，执行劳动安全卫生规程，遵守劳动纪律和职业道德。由于主体的权利、义务具有对应性，因此，劳动者的权利就是用人单位的义务，而劳动者的义务就是用人单位的权利，如劳动者享有取得劳动报酬的权利，则用人单位负有支付劳动报酬的义务。

从权利、义务的性质来看，劳动者义务主要包括：（1）劳动给付义务，即劳动者按照劳动合同约定，履行自己的劳动给付义务；（2）服从指示命令的义务，即劳动者应服从用人单位指示命令；（3）附随义务，如以适当方式使用生产工具等。

用人单位的义务包括：（1）支付劳动报酬的义务；（2）保护照顾义务；（3）附随义务。

2. 团体劳动法律关系中的权利、义务

根据《工会法》、《中华全国总工会章程》的规定，工会组织的权利主要包括：集体谈判权、代表职工订立集体合同的权利、参与企业民主管理的权利、参与劳动争议处理的权利等，其中集体谈判权是工会组织的核心权利。工会的义务包括：动员和组织职工积极参加经济建设，努力完成生产任务和工作任务；教育职工不断提高思想道德、技术业务和科学文化素质，建设有理想、有道德、有文化、有纪律的职工队伍的义务等，整体而言，工会组织作为劳动者团体，其在团体劳动法律关系中的核心的义务是维护职工利益，与用人单位进行集体谈判。因此，从相对于用人单位或用人单位团体的视角来看，集体谈判是工会组织的权利，而从工会组织与劳动者的关系来看，代表劳动者利益，进行集体谈判则是工会组织的义务。

用人单位或用人单位团体也享有结社权、团体协商权，甚至争议权，但是，在团体法律关系中，用人单位或用人单位团体更多的是承担义务，包括：支持工会及工会工作人员工作的义务、对工会提出的合理请求予以积极回应（如研究处理、作出答复等）的义务、不得拒绝集体谈判，且进行善意谈判的义务等。

三、导引案例解析

（1）A 公司直接聘用甲、乙等人的，则他们构成劳动法律关系，甲、乙等需具备劳动者资格；（2）A 公司与 B 公司之间构成加工承揽法律关系，施工过程中，甲、乙受伤的，除非定作人 A 公司存在指示错误，则其无需承担赔偿责任；（3）A 公司与甲之间也构成加工承揽法律关系，若乙在施工过程中受伤，由于承揽人甲为自然人，根据最高人民法院《关于审理人身损害赔偿案件适用法律若干问题的解释》的相关规定，A

公司可能需与甲承担连带赔偿责任。

第三节 劳动法的体系、地位和渊源

案例及问题导引

《劳动法》规定用人单位和劳动者可以在劳动合同中约定终止情形，然而，《劳动合同法》第44条关于劳动合同终止的规定中，未涉及当事人双方可约定终止的情形，若某甲与A公司订立的劳动合同中约定了终止事由，其效力如何？

一、劳动法的体系

劳动法的体系是指劳动法的各组成部分之间所构成的相互联系的有机整体。我国台湾地区学者对于劳动法体系的划分则完全集中在劳动关系法领域，其观点主要包括：（1）“三分法”，即将劳动法分为个别劳动法、集体劳动法以及劳动保护法；（2）“两分法”，即将劳动法分为个别劳动法以及集体劳动法，持该观点的学者认为，劳动保护法是指基于保护劳工不受劳动生活、工作环境危险之危害的目的而订定之制定法规范，例如工作场所之安全防护措施、设备的配置等，这些法规多是强行法。而因为其同时也构成劳动契约中雇主保护义务的内容，因此，将其归为个别劳动法的领域。①

根据劳动法律关系的运行以及劳动法的调整模式的区别，我们认为劳动法体系应该包括（如下页图）：

（1）劳动就业法，其主要是为调整和规范劳动关系的建立，具体包括就业促进法、职业培训法、就业服务法以及就业管理法等；

（2）劳动关系协调法，其主要是以劳动关系的运行为规范对象，具体包括个体自治法、团体自治法以及国家干预法；

（3）劳动保障法，其主要是劳动关系当事人的权益实现和救济的法律规范，具体包括劳动监察法、劳动争议处理法以及社会保障法中的与劳动者密切相关的社会（劳动）保险法等。

① 参见黄程贯．“劳动法”（修订再版），台北：空中大学印行，2001.

- 劳动法体系
  - 劳动就业法
    - 就业促进法
    - 职业培训法
    - 就业服务法
    - 就业管理法
  - 劳动关系协调法
    - 个体自治法
      - 劳动合同法
      - 劳动规则法
    - 团体自治法
      - 工会法
      - 用人单位团体法
      - 集体合同法
      - 职工民主管理法
    - 国家干预法
      - 工作时间与休息、休假法
      - 工资法
      - 劳动保护法
  - 劳动保障法
    - 劳动监察法
    - 劳动争议处理法
    - 社会（劳动）保险法

图 1－1　劳动法体系的划分

二、劳动法的地位

2001 年 3 月 9 日，李鹏委员长向第九届全国人大四次会议上所作的《全国人大常委会工作报告》指出："根据立法工作的实际需要，初步将有中国特色社会主义法律体系划分为七个法律部门，即宪法及宪法相关法、民法商法、行政法、经济法、社会法、刑法、诉讼与非诉讼程序法。"他还将社会法界定为"调整劳动关系、社会保障和社会福利关系的法律"。由此可知我国劳动法在法律体系中的地位。一是从部门法的划分来看，劳动法既不是民商法的组成部分，也不是经济法、行政法的组成部分，而是独立的法律部门；二是从法域地位来说，劳动法既不是私法，也不是公法，而是社会法，其原因在于：

（1）劳动法的调整模式具有公私兼容的属性

为了平衡劳资之间的地位，劳动法首先确定从两方面发展：一方面是形成雇员结社；另一方面是进行国家劳动保护立法，比如禁止使用童工、对未成年工进行保护。①因此，形成了分别与"劳动合同法"、"集体合同法"以及"劳动基准法"相对应的"个体自治"、"团体自治"以及"国家干预"三种劳动关系调整模式。其中劳动基准法中含有大量的公法性质规范，而集体合同法也并非纯粹的私法性质，因为，集体合同具有法律规范效力，能够排除劳动合同中较集体合同约定不利于劳动者的约定的效力。

① ［德］W·杜茨．劳动法．5 版．张国文，译，北京：法律出版社，2003：4.

所以，劳动法的调整模式具有公私兼容的属性。

（2）劳动法以社会利益为本位

20世纪利益法学派认为，利益是法产生的原因，由于社会中存在各种利益冲突，而人们对各种冲突的利益进行评价后制定出法律，因此，法律实际上是利益的安排和平衡。从利益本位的角度来看，私法是以个人利益为本位，而公法则是以国家利益为本位，社会法则是以社会利益为本位。劳动法的产生既是为了解决工业劳动社会化导致资本家过度压榨劳动者所引发的社会问题，其根本目的是为了通过倾斜保护平衡劳动者与用人单位之间的地位，实现劳动关系的和谐，进而促进整个社会的和谐。因此，劳动法是以维护和实现社会利益为本位。

三、劳动法的渊源

劳动法的法律渊源是指劳动法的效力来源，通常是指，调整劳动法律关系，指引劳动法律关系主体行为的规范。法学界通常将法律渊源分为正式渊源和非正式渊源两大类，而正式渊源是指那些可以从体现于官方法律文件中的明确条文形式中得到的渊源，如宪法、法律、行政法规、行政命令等；非正式渊源指那些尽管尚未在正式法律文件中得到权威性的或至少是明文的阐述与体现，但是具有法律意义的资料，如政策性文件、习惯法等。

（一）正式渊源

1. 宪法

宪法是国家最高权力机关或制宪会议遵循最严格的程序所制定和修改的具有最高权威性的国家根本大法。宪法作为劳动法律规范效力的最高来源，其对劳动法律规范效力的形成体现为：一方面，宪法通过国家权力的分配，使得国家权力的存在具有正当性。而国家机关则根据宪法所赋予的权力，基于法定职权按照法定程序制定修改的劳动法律规范。因此，国家权力是劳动法律规范权威性和强制性的来源；另一方面，宪法关于劳动基本权等基本权利的规定有相应的规范效力，为了保障和落实相应的公民基本权利，制定劳动法律规范对其予以具体落实。因此，宪法关于劳动基本权等规定对于劳动法律规范权威性的形成具有直接指引作用。

2. 法律

法律是指全国人大及其常委会制定或修改的规范性法律文件。作为劳动法渊源的法律主要包括以下三种形式：（1）劳动法典，即劳动基本法；（2）劳动单行法，如《劳动合同法》、《劳动争议调解仲裁法》以及《工会法》等；（3）其他法律中有关劳动法律规范，如《刑法》、《公司法》、《残疾人保障法》以及《妇女权益保障法》等法律中有关劳动法律规范。

3. 行政法规

行政法规是由最高国家行政机关，即国务院制定的规范性法律文件。根据《立法法》第56条规定，国务院制定劳动行政法规规范的事项主要包括：（1）为执行法律的规定需要制定行政法规的事项。如《劳动合同法》颁布实施后，国务院为了落实《劳动合同法》的相关规定，颁布了《〈劳动合同法〉实施条例》；（2）实施宪法规定的职权事项。如为了实施《宪法》第89条所规定的“领导和管理民政、公安、司法行政和监察等工作”的职权，国务院颁布了《劳动保障监察条例》以及《城市居民最低生活保障条例》等；（3）应制定法律的事项，国务院根据全国人民代表大会及其常务委员会的授权决定先制定行政法规，经过实践检验，制定法律的条件成熟时，由全国人民代表大会及其常务委员会及时制定法律。法律制定后，相应立法事项的授权终止。如根据《立法法》第8条规定，劳动争议仲裁制度应由法律来规定。国务院1993年通过《企业劳动争议处理条例》，经过数十年的实践检验，全国人大常委会于2007年制定了《劳动争议调解仲裁法》。

4. 地方性法规

地方性法规是指省、自治区、直辖市以及经国务院批准的较大的市的人民代表大会及其常务委员会，根据本行政区域的具体情况和实际需要，在不同宪法、法律、行政法规相抵触的前提下制定的规范性文件。地方性法规应报全国人民代表大会常务委员会和国务院备案。依据《立法法》规定，地方性法规作为劳动法的渊源，其规定的事项包括：（1）为执行劳动法法律、劳动行政法规的规定，需要根据本行政区域的实际情况作具体规定的事项；如为执行《残疾人权益保障法》的规定，北京市人大常委会通过了《北京市实施〈中华人民共和国残疾人保障法〉办法》；（2）属于地方性事务需要制定地方性法规的事项。与劳动相关的地方性法规主要适用于制定机关所辖的行政区域的全部范围或部分区域的从属劳动关系的调整。

5. 部门规章和地方政府规章

部门规章是指国务院各部、委员会、中国人民银行、审计署和具有行政管理职能的直属机构，根据法律和国务院的行政法规、决定、命令，在本部门的权限范围内，制定的规范性法律文件。作为劳动法渊源的部门规章主要是指原劳动和社会保障部（现人力资源和社会保障部）为了执行劳动相关的法律或者国务院的颁布的相关行政法规、决定、命令的事项而制定的规章，如为了执行《就业促进法》的相关规定，原劳动和社会保障部颁布了《就业服务与就业管理规定》；为了执行《劳动法》和《工会法》的规定，原劳动和社会保障部颁布了《集体合同规定》等。

地方政府规章是指省、自治区、直辖市和较大的市的人民政府，根据法律、行政法规和本省、自治区、直辖市的地方性法规，而制定的规范性法律文件。地方政府规章作为劳动法渊源，主要是调整制定该规章的行政机关行政辖区内的从属劳动关系，其所规定的事项通常是为了落实上位阶的劳动法律规范或者为了执行本行政辖区的与从属劳动关系相关的具体行政管理事项，如为了实施《劳动法》关于劳动合同的相关规定，北京市政府颁布了《北京市劳动合同规定》。

6. 最高人民法院关于劳动争议案件的司法解释

司法解释是指最高的司法审判机关对于司法审判中的法律规范的理解和适用所作的具有指导性和拘束性的阐释和说明。最高人民法院关于审理劳动争议案件的司法解释主要有两种存在形式：一是最高人民法院针对劳动争议案件的审理颁布的专门性解释，如最高人民法院《关于审理劳动争议案件适用法律若干问题的解释（一）》（法释〔2001〕14号）、最高人民法院《关于审理劳动争议案件适用法律若干问题的解释（二）》（法释〔2006〕6号）以及最高人民法院《关于审理劳动争议案件适用法律若干问题的解释（三）》（法释〔2010〕12号）；二是最高人民法院针对司法审判程序所颁布的一般性解释，如审判组织的组成、证据规则的适用等。

7. 除制定法外的其他规范性法律文件

《立法法》对于立法权限的划分、立法程序以及制定的规范性文件的名称等都予以明确的规定。然而，除了严格按照立法法所形成的劳动法的制定法渊源之外，尚存在大量的其他规范性法律文件，包括：一是根据《立法法》规定，享有立法权限的最低行政层级的机关为较大的市人民政府，除此之外，我国还存在更低行政层级，如：市、县、区等，而这些行政区域的政府和劳动保障行政主管部门为了履行相关的管理职能，颁布大量的具有规范性的“文件”，尽管学界对于此类“文件”是否属于规范性法律文件以及是否属于劳动法的正式渊源都存有较大的争议，但是不可否认的是这类“文件”对制定机关辖区内的劳动争议案件的处理或者劳动关系的调整发挥实质作用，因此我们将其列为劳动法的正式渊源。二是依法享有立法权限的机关，未遵循立法机关于立法程序或者规范性文件的名称的规定等要求，所制定的规范性文件。如“答复”、“批复”等。

此外，由于法律的滞后性以及我国劳动关系调整的地域差异，相关国家机关会颁布制定诸如“纲领”、“通知”、“指导意见”等规范性文件，中共中央办公厅、国务院办公厅《关于印发〈2002－2005年人才队伍建设规划纲要〉的通知》、中共中央、国务院发布的《关于切实做好国有企业下岗职工基本生活保障和再就业工作的通知》（1998年）等。尽管这些政策往往以“通知”、“纲要”以及“指导意见”等形式出现，缺少法律规范的拘束力，但是，在生活实践中对劳动关系的调整，尤其是指导相应的立法机关、行政机关等制定相应的规范性文件具有重要作用。

8. 国际劳工组织公约

国际劳工组织最初成立的目的是在众多国家实施统一的劳动保护措施。我国作为国际劳工组织的成员国，先后批准了二十多项公约，这些公约对于提高我国的劳动者保护，促进劳动立法起到了重要作用。我国批准的这些国际公约主要是通过国内立法转化的方式实现其国内法效力，因此，国际劳工组织公约作为劳动法的渊源，最终还是体现在法律等规范性文件中。如2005年8月28日，第十届全国人民代表大会常务委员会第十七次会议决定批准国际劳工组织《1958年消除就业和职业歧视公约》（第111号公约），并于2006年1月12日，向国际劳工局长正式交存批准书，进行登记。为了落实111号公约的相关内容，全国人大常委会在《就业促进法》中对反对就业歧视、实现公平就业进行了专门规定。

（二）我国劳动法的非正式渊源

除了正式渊源之外，劳动法的渊源还包括下列非正式渊源：

1. 最高人民法院公报发布的关于劳动争议案件的指导案例

我国不承认判例制度，判例法也不是我国的正式法律渊源。最高人民法院会综合选择各地的优秀劳动争议案例作为指导案例发布在最高人民法院的公报上，这些指导案例对于法院审理没有拘束力。但是，指导案例对于法官审理劳动争议案件的规则适用和裁判结果的形成都发挥着一定作用。其原因在于：一是下级法院在审理类似案件时遵循指导案例可以节省诉讼成本并避免裁判被撤销、发回的风险。最高人民法院是最高司法审判机关，其所公布案例通常是经过严格的审查和挑选，因此，遵循指导案例可以减少法官因为法律选择等而增加的诉讼成本。同时，由于上级法院对于下级法院的审判监督制度的存在，遵循指导案例，能够减少法官因为法律适用错误而导致裁判案件被撤销或发回重审的风险；二是下级法院在审理类似案件时遵循指导案例可以维护司法的统一性。地方各级人民法院遵循指导案例，能够在类似案件上维护裁判结果一致性。

2. 用人单位的规章制度

用人单位的规章制度是指用人单位依法制定，在本单位实施的用工管理的规则和制度的总和。规章制度制定权是用人单位指示命令权的具体体现，也是劳动者的人身从属性的具体体现。根据最高人民法院《关于审理劳动争议案件适用法律若干问题的解释》（法释〔2001〕14号）第19条规定以及《劳动合同法》第4条规定可知：一是劳动法不断强化规章制度制定过程中劳动者的民主参与，亦即劳动法律规范意图通过劳动者的民主参与，削弱规章制度的单方性，适度地强化其合意性；二是对于依法经过民主程序制定的合法规章制度，法院可以作为审理劳动争议案件的依据。最高人民法院《关于审理劳动争议案件适用法律若干问题的解释》（法释〔2001〕14号）第19条规定“用人单位根据《劳动法》第 4 条之规定，通过民主程序制定的规章制度，不违反国家法律、行政法规及政策规定，并已向劳动者公示的，可以作为人民法院审理劳动争议案件的依据。”

3. 集体合同

集体合同是指劳动者团体与用人单位或用人单位团体就劳动报酬、工作时间、休息休假、劳动安全卫生、保险福利等事项所达成的协议。集体合同很大程度上决定了劳动条件，其对于劳动关系产生规范性的影响，在受集体合同约束的雇主和雇员之间产生直接的、强制性的效力，①《劳动合同法》规定：“依法订立的集体合同对用人单位和劳动者具有约束力。行业性、区域性集体合同对当地本行业、本区域的用人单位和劳动者具有约束力。集体合同中劳动报酬和劳动条件等标准不得低于当地人民政府规定的最低标准；用人单位与劳动者订立的劳动合同中劳动报酬和劳动条件等标准不得低于集体合同规定的标准。”所以，不少国家承认集体合同属于法律渊源，它们产生具有拘束力的法律规则。因此，原则上必须像解释法律一样解释这些集体协议。②

第四节 劳动法的历史

一、外国劳动法的历史

外国劳动法的产生与工业革命密切相关，英国作为工业革命的发源地和最早完成工业革命的国家，也是世界上最早制定现代意义劳动法的国家，1802 年，英国国会通过的《学徒健康和道德法》，被认为是世界第一部现代意义的劳动法。

外国劳动立法随着经济社会发展，经历了从发端到逐步完善的过程。以世界最早开展劳动立法的英国为例，在个体劳动关系的立法方面，整体上呈现了保护行业、保护对象和保护内容不断扩张的趋势。在 19 世纪制定了大量的工厂法，但是“在人们的观念里，新的《工厂法》所说的‘工厂’在 19 世纪 60 年代以前绝对是指纺织厂，主要是指棉纺织厂……在 1830 年时，现代意义上的‘工业’和工厂几乎绝对是指英国的棉纺织业。”③ 1802 年、1919 年、1925 年以及 1931 年工厂法都只适用于棉纺厂，直至 1933 年工厂法才由纺织行业扩张到采矿等其他行业。

工厂法最初的保障对象为未成年劳动者，如 1802 年《学徒健康和道德法》规定，

---

① ［德］W·杜茨．劳动法．5 版．张国文，译，北京：法律出版社，2003：27.

② ［德］魏德士．法理学，丁晓春、吴越，译，北京：法律出版社，2005：102.

③ 艾瑞克·霍布斯鲍姆．革命的年代，王章辉等译，江苏：江苏人民出版社，1999：47.

禁止纺织工厂使用9岁以下学徒，并且规定18岁以下的学徒其劳动时间每日不得超过12小时和禁止学徒在晚9时至次日凌晨5时之间从事夜间工作。此后的工厂立法也主要是以童工保护为重点，且受保护的劳动者年龄不断提高，如1831年工厂法禁止21岁以下的所有工人在夜间工作。1844年的工厂法中，女职工首次被纳入保护。

工厂法最初的主要内容是关于工作时间的限制性规定，如1802年《学徒健康和道德法》即是限制童工的工作时间和夜间工作，随后的工厂法不断的强化限制，直至1850年工厂法，正式确立了标准工作日。它规定，女工和青年工人的法定日工作时间为10个半小时，只能在上午6点至下午6点或上午7点至下午7点之间工作，其中有1个半小时的用餐时间；星期六工厂必须在下午2点停工。然而，工厂法的内容不断扩张，从工作时间的限制性规定扩张到职业安全卫生保护以及相应的劳动监察，如1844年工厂法规定，工厂主不得强迫儿童、青年工人、妇女在机器运转时清洗机器，工厂中的机器和传送装置的每个部分都必须装上安全防护设施。

资料链接

19世纪英国工厂立法的背景

18世纪，由于技术革新使得生产工具变革，导致生产方式改变，工厂主为了满足生产需要、降低成本，大量地雇佣童工和女工。据统计，1788年时，英国有纱厂142家，童工25 000人，而男工却只有26 000人。1835年时，英国棉纺织业中13岁以下的童工有28 771人，占到该行业中工人总数的13%左右，如果把13岁到18岁之间的少年工人也算在内的话，其比例将达到22%。① 工厂雇用童工的年龄都偏低，一般七、八岁，有的甚至只有三、四岁。但他们的工作时间基本上与成年工人一样长，有时甚至高达十八个小对。由于童工年龄偏小，工作时间过长，而且一直站着干活，所以很多人身体畸形，驼背的人很多。“大多数人发育不全，脸色苍白，身体虚弱带有病态，整个外表表明，他们是普遍遭受体力衰败之灾的一群人。”②

1784年，拉德克利夫地区的棉纺厂爆发了一次大的流感。曼彻斯特迅速组织由托马斯·珀西瓦尔医生负责的医疗小组进行调查，调查小组最终认为，“这场正在扩大的流感是由于向人口集中的地方传染所引发的。它来自于工厂废水，来自于对年轻劳动力

---

① 尹明叨，刘长飞．英国工业革命时期的童工劳动，山东师范大学学报：2000（3）.

② 马克思恩格斯全集（第2卷），163.

长时间使用所带来的伤害。这就是那些棉纺厂所产生的罪恶。”曼彻斯特地方法官对医疗小组的调查感到震惊，他们通过了一项措施，即规定如果棉纺厂主强迫学徒在晚上工作或工作超过10小时，他们将拒绝批准教区师徒契约。这是最早尝试限制童工劳动时间的举措，但收效甚微。流感的范围继续扩大，其他的流行病也在发生。1795年，托马斯·珀西瓦尔和他的同事组建了曼彻斯特卫生部门。他们直接建议通过立法来规范工人工作的时间和条件。同时，罗伯特·皮尔勋爵也对工厂展开了局部调查，结果发现学徒的工作状况确实令人难以想象。随后，1802年工厂法没有遭到什么反对，便得以通过。

在集体劳动关系的立法方面，首先对于工会立法经历了从完全禁止到限制到承认许可三个阶段。最初，由于对工人运动的敌视，统治者禁止工人结社，如1799年英国颁布《结社禁止法》；由于工人运动的发展，政府不得不取消对于工人结社的禁止，而将其改为限制，因此，1824年，英国废止了《结社禁止法》。1871年，英国制定了世界第一部《工会法》，正式承认工会的合法地位。其次在集体合同立法方面，1904年新西兰颁布了最早的集体合同法律。

在劳动争议处理的立法方面，为了缓解劳动争议的处理压力，一方面建立了强制仲裁制度，新西兰1894年通过了强制调解和仲裁的法案，是实行强制仲裁的第一个国家；另一方面，设立专门的争议处理机构，如设立劳动法院等。

在社会保险立法方面，德国是最早进行社会保险立法的国家。1883年，德国政府颁布了《劳工疾病保险法》，这是世界上第一部社会保险立法，随后，德国又在1884年、1889年先后颁布《劳工伤害保险法》、《残废和老年保险法》。此后，德国社会保障立法为各国效仿，1911年，英国颁布了《国民保险法》，在世界上最早建立强制失业保险立法模式。

20世纪60年代以来，随着传统工业国家的经济发展逐步放缓，就业压力增大，非正规就业不断增加，用工方式愈发灵活，西方国家也开始关注非正规就业劳动者的权益保障的立法。与此同时，人权保障的需求不断提升，因此，反对就业歧视和促进就业平等的立法也越来越多。

二、我国劳动法的历史

（一）旧中国劳动立法

1840年鸦片战争以后，我国由一个封闭的封建帝国被迫对帝国主义开放，外国资本、官僚资本和民族资本在我国逐步发展，我国的近代工业逐步出现和发展，中国工人阶级也随之出现和发展。在工人运动及社会各界的压力下，1923年，北洋政府颁布了《暂行工厂规则》，内容包括最低的受雇年龄、工作时间与休息时间、对童工和女工工作的限制，以及工资福利、补习教育等规定。

1927 年 7 月 9 日，南京国民政府成立劳动法起草委员，着手编纂劳动法典。后来立法院决定不采用法典形式，而采取单行法形式来制定劳动法。抗日战争前，已公布《工会法》、《工厂法》、《劳资争议处理法》、《团体契约法》、《劳动契约法》等 13 项法律，但这些法律大多没有真正实施。

为了维护工人利益，1922 年 8 月 16 日，中国共产党建立的公开领导工人运动的总机关——中国劳动组合书记部发布《劳动法大纲》。大纲中要求工人有集会、结社、罢工等权利，实行 8 小时工作制、保障工人最低工资和享受劳动保险以及保护女工、童工等。但该大纲并未得到当时政府的确认。此后，中国共产党在革命根据地制定了许多劳动法规和相关的建议文件，这些立法是我国社会主义劳动法的萌芽，为新中国的劳动立法奠定了基础，其中代表性的立法是 1931 年 11 月 7 日，中华工农兵苏维埃第一次全国代表大会通过的《中华苏维埃共和国劳动法》。

（二）新中国劳动立法

劳动法作为上层建筑，与经济发展和政治体制密切相关。新中国的劳动立法整体可以分为以下两个阶段：

1. 改革开放前的劳动立法

1949 年新中国建立至 1956 年社会主义改造完成是新民主主义向社会主义过渡的时期，该阶段的劳动关系基本上延续了解放前劳动关系灵活用工的特点，其原因在于：一方面，旧官僚资本以及私营企业的劳动关系与社会主义劳动关系并存，因此，当时的劳工关系调整的基本政策是“劳资两利，公私兼顾”；另一方面，由于长期的国内革命战争，国内经济凋敝，新中国成立伊始，就面临解决大批失业人员就业的突出问题。因此，劳动立法也整体上与当时劳动关系的特点相适应，如 1949 年 11 月，中华全国总工会制定了《关于劳资关系暂行处理办法》以及《关于在私营企业中设立劳资协商会议的指示》，1952 年政务院发布《关于救济失业工人的指示》，劳动部公布《失业工人暂行办法》、《关于救济失业工人的指示》等。新中国成立后，由于安全生产事故不断，为了切实保护劳动者的职业安全，1956 年，同时颁布了“三大规程”，即《工厂安全卫生规程》、《建筑安装工程安全技术规程》和《工人职员伤亡事故报告规程》。

1956 年，生产资料私有制的社会主义改造的完成，我国所有制结构发生了根本变化，社会主义公有制已成为我国的经济基础，因此，我国的用工形式及相应的劳动立法都发生了变化，逐步形成了“统包统配”的劳动力用工制度。1966 年至 1976 年“文化大革命”十年，我国的劳动立法基本停滞。

2. 改革开放后的劳动立法

随着市场经济体制的建立和完善以及所有制结构的多元化，劳动立法的整体趋势在增强用工的灵活性和规范性，体系日趋完善。1978 年，全国人大常委会批准了国务院《关于安置老弱病残干部的暂行办法》、《关于工人退休、退职的暂行规定》。1983 年 2 月 22 日，原劳动人事部发布了《关于积极试行劳动合同制的通知》，开始在国营企业进行劳动合同制度的改革和试点工作，改掉"终身制"、"铁饭碗"、"大锅饭"的严重弊病。1986 年国务院颁布了《国营企业实行劳动合同制暂行规定》正式开始在国营企业试行劳动合同制度。1992 年，全国人大常委会通过了《工会法》，对工会组织的组成及其团体协商的程序等多方面予以了明确。

1994 年 7 月 5 日，在总结前期经验的基础上，全国人大第八届八次会议通过了《劳动法》，这是我国第一部劳动法典，但其仅仅是明确了劳动合同、劳动安全卫生等诸方面的框架性内容，随后全国人大常委会、国务院及人力资源和社会保障部开始制定诸多的单行立法，完善相关内容，如 1994 年，原劳动部颁布了《集体合同规定》，2001 年、2002 年，全国人大常委会先后通过了《职业病防治法》、《安全生产法》。

2007 年以来，在构建社会主义和谐社会的背景下，全国人大常委会相继通过了《劳动合同法》、《就业促进法》、《劳动争议调解仲裁法》。2010 年，全国人大常委会又通过了《社会保险法》。

三、国际劳动法的历史

为了改善各国工人的劳动状况，19 世纪初期，欧洲开始出现制定国际劳动法的主张。经过半个世纪的努力，1890 年，德国召集欧洲的 10 多个国家在柏林召开国际会议，会议讨论通过了包括星期日休息、最低就业年龄等在内的议案。柏林会议之后，一些赞成国际劳动立法的社会活动家、经济学家和工会领袖决定组织成立一个国际劳动立法协会，1900 年，该协会在巴黎正式成立。国际劳动立法协会先后多次召开国际会议，表决通过了多个国际公约，如 1905 年在瑞士伯尔尼召开的会议上讨论通过了《禁止工厂女工做夜工公约》和《禁止使用白磷公约》。

1919 年 6 月，国际劳工组织（ILO）正式成立，总部设在瑞士日内瓦，现有 180 个会员国，其一直将制定国际劳工标准作为其主要职责，截止到 2007 年第 96 届国际劳工大会，国际劳工组织一共通过了 188 项国际劳工公约和 199 项建议书。① 国际劳工公约分为核心公约、优先性公约和一般性公约，其中核心公约包括以下四个方面的八个公约：(1) 关于结社自由和集体谈判权利的公约，包括 1948 年《结社自由与保护组织权利公约》（第 87 号公约）和 1949 年《组织权利与集体谈判权利公约》（第 98 号公约）；(2) 关于消除强迫或强制劳动的公约，包括 1930 年《强迫劳动公约》（第 29 号公约）、

---

① 林燕玲．国际劳工标准．北京：中国劳动和社会保障出版社，2007：5.

1957年《废除强迫劳动公约》(第105号公约);(3)关于平等权利和就业歧视方面的公约,包括1951年《对男女工人同等价值的工作付与同等报酬公约》(第100号公约)、1958年《就业与职业歧视公约》(第111号公约);(4)关于禁止使用童工方面的公约,包括1973年《最低就业年龄公约》(第138号公约)和1999年《禁止和立即行动消除最恶劣形式的童工劳动公约》(第182号公约)。

我国是国际劳工组织的创始成员国,也是该组织的常任理事国。新中国成立以前,南京国民政府先后批准了14个国际劳工公约。1971年,中华人民共和国恢复了在该组织的合法席位,之后,承认了旧中国所批准的14个公约。截至2008年2月中国已批准了25个国际劳工公约,其中包括涉及禁止使用童工和平等就业与就业歧视两方面的4个核心劳工公约。

除了国际劳工组织制定的公约和建议书外,国际劳工立法还表现为:(1)联合国有关劳动问题的文件;(2)区域性国际组织有关劳动问题的文件;(3)两国间订立的有关劳动问题的双边条约。目前我国已经批准的联合国的有关劳动问题的公约包括:《消除对妇女一切形式歧视公约》、《消除一切形式种族歧视国际公约》、《儿童权利公约》、《经济、社会和文化权利国际公约》以及《残疾人权利公约》。

问题与思考

1. 劳动法意义的劳动有何特点?
2. 劳动法的调整对象是什么?
3. 劳动法基本原则包括哪些?劳动法基本原则在劳动法中具体有哪些体现?
4. 劳动法律关系的概念及特点。
5. 劳动法律关系的构成。
6. 劳动法的体系的具体构成如何?
7. 劳动法的地位及其性质如何?
8. 劳动法的法律渊源具体包括哪些?劳动法的法律渊源如何适用?
9. 外国劳动法的历史发展。
10. 新中国劳动立法的历史。

第二章

劳动力市场法

第一节　就业促进

案例及问题导引

高先生原是上海一家电脑公司的工程师，在顺利通过北京A公司的录用测试后，得到A公司部门经理答复说可以接收他任职。2007年5月28日，办理了离职手续的高先生到北京A公司报到，公司要求他先去体检。6月1日，高先生拿到体检结果，上面显示乙肝小三阳。6月4日，高先生到A公司报到，A公司拒绝与其签订劳动合同。高先生后来起诉到北京市朝阳区法院，要求A公司赔礼道歉，赔偿经济损失和精神损害抚慰金近8万元。

朝阳区法院经审查双方提供的证据认为，乙肝小三阳是高先生被拒绝录用的原因，而《劳动法》第三条规定劳动者享有平等就业的权利，A公司的行为违反了《劳动法》中关于平等（公平）就业原则的规定，也违反了劳动和社会保障部《关于维护乙肝表面抗原携带者就业权利的意见》的规定。该法院于2008年5月23日判决支持了高先生的主张，判决高先生胜诉。

本案是《就业促进法》自2008年1月1日实施以来北京市首例诉讼就业歧视胜诉案，法院首次以判决形式保障了公民的平等就业权，首次运用法律的基本原则作出人性化的判决，将精神损害抚慰金从通常的人身、名誉、隐私损害领域延伸到就业歧视中也是一个具有历史意义的突破。①

请问：如何界定就业歧视？就业歧视有哪些类型？如何保护劳动者的就业平等权？

---

①　参见李京华：《北京首例乙肝歧视案劳动者胜诉》，载新华网 http：//www.bj.xinhuanet.com/bjpd_sdzx/2008-05/24/content_13356032.htm；梁枫：《全国首例反就业歧视胜诉判决的示范效应》，载 http：//www.wowa.cn/Reporter/Article/57486.html。

一、就业促进概述

（一）就业促进法的概念

1. 劳动就业的概念

劳动就业，是指具有劳动权利能力和劳动行为能力并有劳动意愿的公民获得有报酬的职业。劳动就业具有以下特征：

（1）主体是指具有劳动权利能力和劳动行为能力的公民，即法定劳动年龄内，并且具有劳动能力的公民。《劳动法》第15条规定：“禁止用人单位招用未满十六周岁的未成年人。文艺、体育和特种工艺单位招用未满十六周岁的未成年人，必须依照国家有关规定，履行审批手续，并保障其接受义务教育的权利。”《关于落实再就业政策考核指标几个具体问题的函》（劳社厅函［2003］227号，2003年5月8日发布施行）规定：“就业人员：指在法定劳动年龄内（男16－60岁，女16－55岁），从事一定的社会经济活动，并取得合法劳动报酬或经营收入的人员。”

（2）公民在主观上有就业意愿，即公民出于自愿。

（3）公民所从事的是合法的经济活动，以提供满足社会需要的商品或服务为目的。

（4）公民从事这种社会劳动可以获得相应的劳动报酬或经营收入。

2. 就业促进法的概念和调整对象

就业促进法，又称为促进就业法或劳动就业法，是调整劳动就业关系的法律规范的总和。所谓劳动就业关系，是指国家机关、就业服务机构、用人单位和劳动者之间，在形成劳动关系或促进就业过程中所发生的社会关系。从我国的立法实践来看，劳动就业关系包括：

（1）劳动行政关系。劳动行政关系是指劳动行政主管部门因履行行政职能而与劳动者、用人单位以及其他从属劳动关系相关人发生的社会关系。劳动就业关系中国家进行就业调控和就业管理形成的社会关系是劳动行政关系。

（2）劳动市场服务关系。劳动市场服务关系是指就业服务机构与用人单位和劳动者之间由于为劳动关系的运行提供社会服务而发生社会关系。就业服务机构提供就业服务、职业培训、就业援助而形成的社会关系是劳动市场服务关系。

3. 就业促进立法

为解决失业问题，越来越多的国家出台促进就业的单项立法，如德国1969年《就业促进法》、西班牙1980年《基本就业法案》、俄罗斯1996年《俄罗斯联邦居民就业法》、意大利1997年《促进就业法令》等。为了适应社会的需要，促进就业，促进经济发展与扩大就业相协调，促进社会和谐稳定，我国于2007年8月30日通过了《就业促进法》，自2008年1月1日起施行。

（二）就业促进法的体系

根据就业促进法所调整的各种具体的劳动就业关系的不同，就业促进法可以分为下列几个部分：

1. 就业调控法

就业调控法调整国家行政机关在运用宏观调控手段来促进就业的过程中发生的社会关系，保障劳动者的劳动权（又称工作权、就业权、劳动就业权）。我国《就业促进法》第一章“总则”的部分内容和第二章“政策支持”的内容属于就业调控法。

2. 就业管理法

就业管理法也就是劳动力市场管理法，即调整国家行政机关在就业管理也就是劳动力市场管理过程中发生的社会关系，保障劳动者的工作自由权。其内容包括：就业管理体制；劳动力市场准入管理体制等。我国《就业促进法》第四章“就业服务和管理”中的部分内容属于就业管理法。

3. 反就业歧视法

反就业歧视法调整劳动者在获得职业过程中因受到就业歧视而与用人单位和就业服务组织发生的社会关系，主要规范用人单位和就业服务机构的就业歧视行为，保障劳动者的平等就业权。其内容包括：就业歧视的界定和就业歧视的法律责任等。我国《就业促进法》第三章“公平就业”的内容属于反就业歧视法。

4. 特殊群体就业保障法

特殊群体就业保障法的调整对象是妇女、未成年人、残疾人、退役军人、少数民族人员等劳动力市场上的弱势群体在就业过程中发生的社会关系。特殊群体就业保障法追求实质平等，对谋求职业有困难的特殊人群的就业予以特别保护。我国《妇女权益保障法》、《未成年人保护法》、《残疾人保障法》、《民族区域自治法》等均有相关规定，《就业促进法》中有个别条文对妇女、残疾人、少数民族等特殊群体的就业予以特别规定。

5. 就业服务法

就业服务法调整政府、就业服务机构与劳动者、用人单位之间为形成劳动关系提供就业服务而发生的社会关系，保障劳动者的就业服务权。就业服务法一般包括职业介绍法、职业指导法、职业培训法、就业援助法等。我国《就业促进法》第四章“就业服务和管理”中的部分内容属于就业服务法，第五章“职业教育和培训”的内容属于职业培训法，第六章“就业援助”的内容属于就业援助法。

需要注意的是，国外对职业教育和职业培训一般单独立法，我国也制定有专门的《职业教育法》，劳动法著作一般也将其和就业服务法分成不同章节并列进行研究，因此，本章专设第二节“职业教育和职业培训”进行阐述。但鉴于职业培训是就业服务的一部分，从学理上仍可将职业培训法归入就业服务法的体系中。此外，就业援助法也是就业服务法的一部分。

6. 失业保险法

失业保险法调整政府、失业保险经办机构和失业者之间因失业保险而发生的社会关系，保障劳动者的失业保险权。失业保险具有生存保障和促进再就业双重功能。我国《就业促进法》仅在第16条原则性地规定："国家建立健全失业保险制度，依法确保失业人员的基本生活，并促进其实现就业。"

二、就业调控

（一）就业调控法概述

1. 就业调控法的概念

就业调控法，是调整国家行政机关在运用宏观调控手段来促进就业的过程中发生的社会关系的法律规范的总和。

就业调控法的实质是就业政策的法律化。《就业促进法》第2条规定了就业政策和就业方针："国家把扩大就业放在经济社会发展的突出位置，实施积极的就业政策，坚持劳动者自主择业、市场调节就业、政府促进就业的方针，多渠道扩大就业。"据此，《就业促进法》第4条规定："县级以上人民政府把扩大就业作为经济和社会发展的重要目标，纳入国民经济和社会发展规划，并制定促进就业的中长期规划和年度工作计划。"第5条规定："县级以上人民政府通过发展经济和调整产业结构、规范人力资源市场、完善就业服务、加强职业教育和培训、提供就业援助等措施，创造就业条件，扩大就业。"第11条规定："县级以上人民政府应当把扩大就业作为重要职责，统筹协调产业政策与就业政策。"这些规定明确了国家采取各种调控措施促进劳动就业的义务。

2. 就业调控的机构

关于就业调控的机构，《就业促进法》第6条规定："国务院建立全国促进就业工作协调机制，研究就业工作中的重大问题，协调推动全国的促进就业工作。国务院劳动行政部门具体负责全国的促进就业工作。省、自治区、直辖市人民政府根据促进就业工作的需要，建立促进就业工作协调机制，协调解决本行政区域就业工作中的重大问题。县级以上人民政府有关部门按照各自的职责分工，共同做好促进就业工作。"但是，目前全国促进就业工作协调机制的地位、组织形式和权力还不够清晰和完善。

3. 就业调控的目标

就业调控法应当要求各级政府在国民经济和社会发展计划中，对就业调控的目标作出具体规定。《就业促进法》第4条规定："县级以上人民政府把扩大就业作为经济和社会发展的重要目标，纳入国民经济和社会发展规划，并制定促进就业的中长期规划和年度工作计划。"我国就业调控的目标表现形式有多种，主要有失业率和新增工作岗位两种。

就业调控要求建立目标责任制度。《就业促进法》第58条规定："各级人民政府和有关部门应当建立促进就业的目标责任制度。县级以上人民政府按照促进就业目标责任制的要求，对所属的有关部门和下一级人民政府进行考核和监督。"

（二）各种就业政策

1. 财政政策

国家实行有利于促进就业的财政政策，加大资金投入，改善就业环境，扩大就业。县级以上人民政府应当根据就业状况和就业工作目标，在财政预算中安排就业专项资金用于促进就业工作。就业专项资金用于职业介绍、职业培训、公益性岗位、职业技能鉴定、特定就业政策和社会保险等的补贴，小额贷款担保基金和微利项目的小额担保贷款贴息，以及扶持公共就业服务等。就业专项资金的使用管理办法由国务院财政部门和劳动行政部门规定。

国家通过财政和税收优惠政策，扶持第三产业、劳动密集型产业、中小企业和非公有制经济的发展，鼓励境内外投资者向高失业率地区进行生产性投资。同时，国家要增加对公共工程和公益服务部门的财政支出以扩大其就业需求，增加对公共就业服务、职业培训的财政支出以提高公共就业保障能力，这是财政政策中涉及政府支出的公共投资政策，已独立成为投资政策和人力政策。

国家通过税收优惠政策鼓励企业增加就业岗位，扶持失业人员和残疾人就业。《就业促进法》第17条规定："国家鼓励企业增加就业岗位，扶持失业人员和残疾人就业，对下列企业、人员依法给予税收优惠：（一）吸纳符合国家规定条件的失业人员达到规定要求的企业；（二）失业人员创办的中小企业；（三）安置残疾人员达到规定比例或者集中使用残疾人的企业；（四）从事个体经营的符合国家规定条件的失业人员；（五）从事个体经营的残疾人；（六）国务院规定给予税收优惠的其他企业、人员。"

国家还通过免除行政性事业收费等优惠措施促进特殊群体就业。依据《就业促进法》第18条的规定，对从事个体经营的符合国家规定条件的失业人员、从事个体经营的残疾人，有关部门应当在经营场地等方面给予照顾，免除行政事业性收费。

2. 金融政策

国家实行有利于促进就业的金融政策，增加中小企业的融资渠道；鼓励金融机构改进金融服务，加大对中小企业的信贷支持，并对自主创业人员在一定期限内给予小额信贷等扶持。

3. 产业政策

县级以上人民政府应当把扩大就业作为重要职责，统筹协调产业政策与就业政策。国家鼓励各类企业在法律、法规规定的范围内，通过兴办产业或者拓展经营，增加就业岗位。国家鼓励发展劳动密集型产业、服务业，扶持中小企业，多渠道、多方式增加就业岗位。国家鼓励、支持、引导非公有制经济发展，扩大就业，增加就业岗位。国家发展国内外贸易和国际经济合作，拓宽就业渠道。

4. 投资政策

县级以上人民政府在安排政府投资和确定重大建设项目时，应当发挥投资和重大建设项目带动就业的作用，增加就业岗位。

5. 人力政策

各级人民政府采取措施，逐步完善和实施与非全日制用工等灵活就业相适应的劳动和社会保险政策，为灵活就业人员提供帮助和服务。地方各级人民政府和有关部门应当加强对失业人员从事个体经营的指导，提供政策咨询、就业培训和开业指导等服务。

6. 其他政策

国家实行城乡统筹的就业政策，建立健全城乡劳动者平等就业的制度，引导农业富余劳动力有序转移就业。县级以上地方人民政府推进小城镇建设和加快县域经济发展，引导农业富余劳动力就地就近转移就业；在制定小城镇规划时，将本地区农业富余劳动力转移就业作为重要内容。县级以上地方人民政府引导农业富余劳动力有序向城市异地转移就业；劳动力输出地和输入地人民政府应当互相配合，改善农村劳动者进城就业的环境和条件。

国家支持区域经济发展，鼓励区域协作，统筹协调不同地区就业的均衡增长。国家支持民族地区发展经济，扩大就业。

各级人民政府统筹做好城镇新增劳动力就业、农业富余劳动力转移就业和失业人员就业工作。

三、公平就业

（一）就业平等权

1. 就业平等权概述

就业平等权又称平等就业权，是指公民平等获得就业机会的权利。就业平等权是宪法上平等权在劳动就业领域的具体化，具有崇高的地位。我国《宪法》第 33 条规定“中华人民共和国公民在法律面前一律平等”，第 42 条规定“中华人民共和国公民有劳动的权利和义务”。这些宪法规范是所有反就业歧视法律规范的立法基础，其中公民的平等权内在地包括就业平等权。

《劳动法》第 3 条规定“劳动者享有平等就业和选择职业的权利”，第 12 条规定“劳动者就业，不因民族、种族、性别、宗教信仰不同而受歧视”，这些条文都涉及了劳动者平等就业和禁止就业歧视的内容。此外，《妇女权益保障法》、《残疾人保障法》对妇女就业、残疾人就业平等以及禁止歧视等都作了规定。

《就业促进法》第3条规定："劳动者依法享有平等就业和自主择业的权利。劳动者就业，不因民族、种族、性别、宗教信仰等不同而受歧视。"与《劳动法》第12条相比，增加了一个"等"字，为禁止就业歧视范围的扩大奠定了基础。

公民就业平等权的实现涉及到和用人单位用人自主权的平衡问题。《就业促进法》第8条规定："用人单位依法享有自主用人的权利。用人单位应当依照本法以及其他法律、法规的规定，保障劳动者的合法权益。"

2. 就业平等权对应的国家义务

关于公民就业平等权对应的国家义务，《就业促进法》第三章"公平就业"第25条规定："各级人民政府创造公平就业的环境，消除就业歧视，制定政策并采取措施对就业困难人员给予扶持和援助。"根据该规定，政府的义务具体如下：

（1）政府具有提供公平就业环境的义务。政府提供公平的就业环境，一方面必须做到首先在行政立法中不得违反《就业促进法》规定的公平就业的原则，创造良好的法制环境。另一方面，政府自身要严格遵守法律，在公务员和参照公务员法管理的事业单位人员的录用方面做到公平和平等，为用人单位和职业中介机构守法树立榜样。此外，政府有义务进行广泛深入的法制宣传，促使公平就业的观念深入人心。

（2）政府具有消除就业歧视的义务。政府应当加强劳动监察制度建设，加大劳动监察的执法力度，纠正用人单位和职业中介机构的各种就业歧视现象，为就业歧视的受害者提供有力的行政救济。

（3）政府具有扶持和援助就业困难人员的义务。为了实现实质平等，大多数国家都规定政府对于就业困难的群体和人员进行扶助，我国《就业促进法》第六章"就业援助"对就业援助有比较详细的规定。

此外，国家还对劳动者的平等就业权承担司法保护的义务。《就业促进法》第八章"法律责任"第62条明确规定："违反本法规定，实施就业歧视的，劳动者可以向人民法院提起诉讼。"国家司法机关应当予以司法救济。

探 讨

就业歧视的界定①

结合我国批准加入的国际劳工组织《消除就业和职业歧视公约》等国际公约以及

① 林嘉，杨飞，林海权．劳动就业法律问题研究．北京：中国劳动社会保障出版社，2005：224－231.

其他国家和地区的相关规定并根据我国国情，就业歧视可界定为：没有合法的目的和原因，基于种族、肤色、宗教、政治见解、民族、社会出身、性别、户籍、残障或身体健康状况、年龄、身高、语言等原因，采取的任何区别、排斥、限制或者给予优惠，其目的或作用在于取消或损害劳动者的就业平等权。

具体来说，就业歧视包括直接歧视和间接歧视，如果非因工作内在需要，用人单位给予一人比在相似条件下的其他人不利的待遇则构成直接歧视；如果一人属于具有法定前述某一典型特征的人群，用人单位对该人和其他不属于该群体的人适用相同的招聘、选拔、考核、报酬等涉及劳动权利的程序或条件，而结果将不利于该群体则构成间接歧视。就业平等权包括但不限于劳动者享有平等获得职业的权利、取得报酬的权利、休息休假的权利、获得劳动安全卫生保护的权利、接受职业技能培训的权利、享受社会保险和福利的权利以及组织和参与工会等方面的权利。也就是说，就业歧视是就业和职业歧视的简称。为促使劳动者实现事实上的平等而采取的积极行为，不得视为歧视；这些措施应在达成事实平等的目的后停止采用。也就是说，根据法律规定以纠正本单位或社会上已经存在的歧视为目的，而给予某一法定人群优惠的不被视为就业歧视。

关于就业歧视行为的主体，《就业促进法》第26条明确规定："用人单位招用人员、职业中介机构从事职业中介活动，应当向劳动者提供平等的就业机会和公平的就业条件，不得实施就业歧视。"

（二）禁止就业歧视的内容

1. 禁止性别歧视

《就业促进法》第27条规定："国家保障妇女享有与男子平等的劳动权利。用人单位招用人员，除国家规定的不适合妇女的工种或者岗位外，不得以性别为由拒绝录用妇女或者提高对妇女的录用标准。用人单位录用女职工，不得在劳动合同中规定限制女职工结婚、生育的内容。"据此，用人单位招用女职工时有两个义务：

第一，用人单位招用人员，除国家规定的不适合妇女的工种或者岗位外，不得以性别为由拒绝录用妇女或者提高对妇女的录用标准。《劳动法》第13条也规定：妇女享有与男子平等的权利。在录用职工时，除国家规定的不适合妇女的工种或者岗位外，不得以性别为由拒绝录用妇女或者提高对妇女的录用标准。"不适合妇女的工种或者岗位"则需根据国务院1988年《女职工劳动保护规定》予以确定。

第二，用人单位录用女职工，不得在劳动合同中规定限制女职工结婚、生育的内容。目前我国有些劳动合同中含有限制婚育条款（又称禁婚育条款），女职工结婚、生育即终止劳动合同。限制婚育条款违反妇女的基本人权，我国法律法规均予以禁止。

2. 禁止民族歧视和对少数民族人员就业的特殊保障

《就业促进法》第28条规定："各民族劳动者享有平等的劳动权利。用人单位招用人员，应当依法对少数民族劳动者给予适当照顾。”根据《民族区域自治法》对就业问题的规定，主要内容是优先招用少数民族人员：

（1）民族自治地方的自治机关录用工作人员的时候，对实行区域自治的民族和其他少数民族的人员应当给予适当的照顾。

（2）民族自治地方的企业、事业单位在招收人员的时候，要优先招收少数民族人员，并可以从农村和牧区少数民族人口中招收人员。

（3）上级国家机关隶属的在少数民族自治地方的企业事业单位，在招收人员的时候，应当优先招收当地少数民族人员。

1991 年国务院《关于进一步贯彻实施中华人民共和国民族区域自治法若干问题的通知》还规定，在民族自治地方兴办的企业，要尽可能多招收少数民族人员，招收少数民族人员的比例应根据不同企业的具体情况，由民族自治地方与企业商定。民族自治地方每年编制内的干部和职工自然减员、缺额及国家当年新增用人指标由民族自治地方通过考核予以补充，对少数民族人员优先录用。上级政府在每年下达的农业户口转非农业户口计划中，划出一定指标用于民族自治地方在农牧民招收少数民族职工。

3. 禁止残疾歧视和对残疾人就业的特殊保障

用人单位有不得歧视残疾人的义务。《就业促进法》第 29 条规定：“国家保障残疾人的劳动权利。各级人民政府应当对残疾人就业统筹规划，为残疾人创造就业条件。用人单位招用人员，不得歧视残疾人。”

为切实保障残疾人的劳动权益得到实现，我国《残疾人保障法》还规定国家必须采取积极措施，促进残疾人就业平等权的实现。《残疾人保障法》第 30 条规定，国家保障残疾人劳动的权利。各级人民政府应当对残疾人劳动就业统筹规划，为残疾人创造劳动就业条件。第 31 条规定，残疾人劳动就业，实行集中与分散相结合的方针，采取优惠政策和扶持保护措施，通过多渠道、多层次、多种形式，使残疾人劳动就业逐步普及、稳定、合理。国家采取的积极措施具体包括以下三方面：

（1）残疾人的集中安置。集中就业是指残疾人在各类福利企业、医疗机构和盲人按摩医疗等单位劳动就业。《残疾人保障法》第 32 条规定，政府和社会举办残疾人福利企业、盲人按摩机构和其他福利性单位，集中安排残疾人就业。第 36 条规定，国家对安排残疾人就业达到、超过规定比例或者集中安排残疾人就业的用人单位和从事个体经营的残疾人，依法给予税收优惠，并在生产、经营、技术、资金、物资、场地等方面给予扶持。政府采购，在同等条件下应当优先购买残疾人福利性单位的产品或者服务。

（2）分散吸收残疾人就业。《残疾人保障法》第 33 条规定，国家实行按比例安排残疾人就业制度。国家机关、社会团体、企业事业单位、民办非企业单位应当按照规定的比例安排残疾人就业，并为其选择适当的工种和岗位。达不到规定比例的，按照国家有关规定履行保障残疾人就业义务。国家鼓励用人单位超过规定比例安排残疾人就业。残疾人就业的具体办法由国务院规定。国务院于2007年制定了《残疾人就业条例》。

(3) 鼓励、帮助残疾人自愿组织起来从业或者个体开业。《残疾人保障法》第34条规定，国家鼓励和扶持残疾人自主择业、自主创业。第35条规定，地方各级人民政府和农村基层组织，应当组织和扶持农村残疾人从事种植业、养殖业、手工业和其他形式的生产劳动。第36条规定，国家对从事个体经营的残疾人，免除行政事业性收费。

为了实现实质平等，我国的行政法规还规定了用人单位积极作为的扶持义务。国务院2007年《残疾人就业条例》第二章专门规定了"用人单位的责任"，其中规定：用人单位应当按照一定比例安排残疾人就业，并为其提供适当的工种、岗位。用人单位安排残疾人就业的比例不得低于本单位在职职工总数的1.5%。具体比例由省、自治区、直辖市人民政府根据本地区的实际情况规定。用人单位安排残疾人就业达不到其所在地省、自治区、直辖市人民政府规定比例的，应当缴纳残疾人就业保障金。集中使用残疾人的用人单位中从事全日制工作的残疾人职工，应当占本单位在职职工总数的25%以上。这些规定，为残疾人的就业提供了有力的法律保障。

4. 禁止健康歧视

《就业促进法》第30条规定："用人单位招用人员，不得以是传染病病原携带者为由拒绝录用。但是，经医学鉴定传染病病原携带者在治愈前或者排除传染嫌疑前，不得从事法律、行政法规和国务院卫生行政部门规定禁止从事的易使传染病扩散的工作。"

目前的对传染病病原携带者的就业歧视（学理上又称健康歧视）主要是指乙肝歧视。[①] 尽管权威的医学专家已经明确认为：除了少数特殊行业外，慢性乙型肝炎病毒携带者可照常参加工作，但是许多单位在录用过程中，通过设置一定的体检标准来限制乙肝病毒携带者的录用。劳动和社会保障部、卫生部2007年5月联合发布《关于维护乙肝表面抗原携带者就业权利的意见》，要求维护乙肝表面抗原携带者合法就业权利。《就业促进法》在第30条规定了禁止歧视传染病病原携带者及其例外两个方面的内容：

一方面，传染病病原携带者平等享有同正常人一样的劳动权利，用人单位招用人员时，一般不得以求职者是传染病病原携带者为由拒绝录用。劳动和社会保障部《就业服务与就业管理规定》第19条规定，用人单位招用人员，除国家法律、行政法规和国务院卫生行政部门规定禁止乙肝病原携带者从事的工作外，不得强行将乙肝病毒血清指标作为体检标准。用人单位违反该规定的，由劳动保障行政部门责令改正，并可处以一

---

① 此外还有艾滋病歧视，例如《云南省艾滋病防治办法》第14条规定："艾滋病病毒感染者和艾滋病病人及其亲属的合法权益受法律保护。任何单位和个人不得歧视艾滋病病毒感染者和艾滋病病人及其亲属，不得剥夺其工作、学习和生活的权利。"

千元以下的罚款；对当事人造成损害的，应当承担赔偿责任。

另一方面，在法定情形下也有例外，传染病病原携带者就业受到限制。这种情形就是：经医学鉴定传染病病原携带者在治愈前或者排除传染嫌疑前，不得从事法律、行政法规和国务院卫生行政部门规定禁止从事的易使传染病扩散的工作。根据《食品安全法》、《公共场所卫生管理条例》、《化妆品卫生监督条例》等法律法规，传染病病原携带者禁止从事的易使传染病扩散的工作主要有以下几类：（1）食品生产经营中从事接触直接入口食品的工作；（2）饮用水的生产、管理、供应等工作；（3）在公共场所从事直接为顾客服务的工作；（4）托幼机构的保育、教育等工作；（5）美容、整容等工作；（6）直接从事化妆品生产的工作；（7）其他与人群接触密切的工作。除了这些法定情形外，传染病病原携带者从事任何工作都不应当受到限制，否则即构成歧视。依据《就业促进法》第62条的规定，劳动者可以向人民法院提起诉讼。

5. 禁止户籍歧视

《就业促进法》第31条规定："农村劳动者进城就业享有与城镇劳动者平等的劳动权利，不得对农村劳动者进城就业设置歧视性限制。"

四、就业服务和管理

（一）就业服务法和就业管理法概述

1. 就业服务法概述

就业服务法调整政府、就业服务机构与劳动者、用人单位之间为形成劳动关系提供就业服务而发生的社会关系。而就业服务，是指就业服务主体为劳动者实现就业和用人单位招用劳动者提供的社会服务，是劳动力市场运行机制和国家劳动政策实施体系的一个重要组成部分。

探 讨

如何理解就业服务[①]

对于就业服务，具体来说应从以下几个方面来理解：

第一，就业服务的提供者是专门的就业服务主体，该就业服务主体既可以是公共就业服务机构，也可以是私立就业服务机构；既可以是营利性服务机构，也可以是非营利

① 林嘉，杨飞，林海权．劳动就业法律问题研究．北京：中国劳动社会保障出版社，2005：289－290.

性服务机构。

第二，就业服务的服务对象是劳动者和用人单位，即劳动力的供求双方。

第三，就业服务的内容是提供各种社会服务，该服务与劳动行政管理部门所承担的管理职责是不一样的，其主要目的在于建立和规范劳动力市场，促使劳动力与生产资料的结合，促进就业。就业服务的内容有核心内容和支持内容之分：核心内容是把劳动力的供求双方匹配起来，这也是就业服务开始施行时的主要内容；支持内容包括正确评估劳动者的能力、开发劳动技能以及各种促进就业的项目，这些都是随着就业服务体系的发展不断增加的新内容。

第四，获得就业服务是劳动者的一项基本劳动权利。就业服务权指的就是劳动者享有获得职业指导、职业介绍、职业培训等内容的就业服务的权利。就业服务权是劳动权的基本内容。在现代社会中，获取就业服务权是实现劳动权的前提。国家负有保护和协助实现的义务，必须为劳动者获得就业服务提供条件，保障劳动者的就业服务权，促进就业。

2. 就业管理法概述

就业管理法，是调整国家行政机关在就业管理也就是劳动力市场管理过程中发生的社会关系的法律。就业管理法在性质上属于行政法。法律在对劳动行政关系进行调整时，既适用行政法的各项原则和基本制度，也适用劳动法的基本原则。

就业管理包括一些行政许可制度，即个人、组织须经行政机关许可方可从事某种职业或营业，例如职业中介，境外就业中介，台、港、澳人员在内地就业，外国人在中国就业等均实行就业许可制度。

3. 就业服务和就业管理立法

我国就业服务体系是随着就业体制的改革逐步发展起来的，起步比较晚，就业服务和就业管理立法长期以来比较零散，以部门规章为主，如劳动和社会保障部 1994 年《职业指导办法》、1995 年《职业介绍规定》、1994 年《就业训练规定》、1995 年《就业登记规定》、1996 年《企业职工培训规定》和《职业技能鉴定规定》、2000 年《劳动力市场管理规定》，2002 年《境外就业中介管理规定》等。我国《就业促进法》在第四章规定了“就业服务和管理”，相应地，劳动和社会保障部于 2007 年 10 月 30 日通过了《就业服务与就业管理规定》，自 2008 年 1 月 1 日起施行（劳动部 1994 年《职业指导办法》、劳动和社会保障部 2000 年《劳动力市场管理规定》同时废止）。

（二）就业服务法的内容

1. 公共就业服务体系

县级以上人民政府建立健全公共就业服务体系，设立公共就业服务机构，为劳动者免费提供下列服务：（1）就业政策法规咨询；（2）职业供求信息、市场工资指导价位信息和职业培训信息发布；（3）职业指导和职业介绍；（4）对就业困难人员实施就业援助；（5）办理就业登记、失业登记等事务；（6）其他公共就业服务。公共就业服务机构应当不断提高服务的质量和效率，不得从事经营性活动。公共就业服务经费纳入同级财政预算。

地方各级人民政府和有关部门不得举办或者与他人联合举办经营性的职业中介机构。地方各级人民政府和有关部门、公共就业服务机构举办的招聘会，不得向劳动者收取费用。违反《就业促进法》规定，地方各级人民政府和有关部门、公共就业服务机构举办经营性的职业中介机构，从事经营性职业中介活动，向劳动者收取费用的，由上级主管机关责令限期改正，将违法收取的费用退还劳动者，并对直接负责的主管人员和其他直接责任人员依法给予处分。

2. 人力资源市场信息服务体系

公共就业服务机构应当建立健全人力资源市场信息服务体系，完善职业供求信息、市场工资指导价位信息、职业培训信息、人力资源市场分析信息的发布制度，为劳动者求职择业、用人单位招用人员以及培训机构开展培训提供支持。

3. 就业服务的对象

我国的就业服务机构大都设在城镇，服务对象大多为城镇居民。在官方正式用语中，将城镇中失去工作岗位的人称作“失业者”或“下岗人员”，而将农村中就业不足的人称作“剩余劳动力”，不同的称谓代表不同的政策，反映出政府有所区别的态度。2008年《就业服务与就业管理规定》第63条规定：“在法定劳动年龄内，有劳动能力，有就业要求，处于无业状态的城镇常住人员，可以到公共就业服务机构进行失业登记。其中，没有就业经历的城镇户籍人员，在户籍所在地登记；农村进城务工人员和其他非本地户籍人员在常住地稳定就业满6个月的，失业后可以在常住地登记。”该规定将农村进城务工人员和其他非本地户籍人员有条件地纳入失业登记的对象范围，在城乡统一的劳动力市场建设上迈出了重要的一步。

（三）就业管理法的内容

1. 培育和完善人力资源市场

（1）县级以上人民政府培育和完善统一开放、竞争有序的人力资源市场，为劳动者就业提供服务。

（2）县级以上人民政府鼓励社会各方面依法开展就业服务活动，加强对公共就业服务和职业中介服务的指导和监督，逐步完善覆盖城乡的就业服务体系。

（3）县级以上人民政府加强人力资源市场信息网络及相关设施建设，建立健全人力资源市场信息服务体系，完善市场信息发布制度。

（4）县级以上地方人民政府对职业中介机构提供公益性就业服务的，按照规定给予补贴。国家鼓励社会各界为公益性就业服务提供捐赠、资助。

（5）县级以上人民政府和有关部门加强对职业中介机构的管理，鼓励其提高服务质量，发挥其在促进就业中的作用。

2. 对职业中介机构的管理

职业中介机构，是指由法人、其他组织和公民个人举办，为用人单位招用人员和劳动者求职提供中介服务以及其他相关服务的经营性组织。

（1）从事职业中介活动，应当遵循合法、诚实信用、公平、公开的原则。用人单位通过职业中介机构招用人员，应当如实向职业中介机构提供岗位需求信息。禁止任何组织或者个人利用职业中介活动侵害劳动者的合法权益。

（2）设立职业中介机构应当具备下列条件：有明确的章程和管理制度；有开展业务必备的固定场所、办公设施和一定数额的开办资金；有一定数量具备相应职业资格的专职工作人员；法律、法规规定的其他条件。

（3）设立职业中介机构，应当依法办理行政许可。设立职业中介机构或其他机构开展职业中介活动，须经劳动保障行政部门批准，并获得职业中介许可证。经许可的职业中介机构，应当向工商行政部门办理登记。未经依法许可和登记的机构，不得从事职业中介活动。未经许可和登记，擅自从事职业中介活动的，由劳动行政部门或者其他主管部门依法予以关闭；有违法所得的，没收违法所得，并处一万元以上五万元以下的罚款。国家对外商投资职业中介机构和向劳动者提供境外就业服务的职业中介机构另有规定的，依照其规定。2001 年，劳动和社会保障部、国家工商行政管理总局发布了《中外合资中外合作职业介绍机构设立管理暂行规定》。2002 年，劳动和社会保障部、公安部、国家工商行政管理总局发布了《境外就业中介管理规定》。

（4）根据《就业服务与就业管理规定》的规定，职业中介机构应当在服务场所明示营业执照、职业中介许可证、服务项目、收费标准、监督机关名称和监督电话等，并接受劳动保障行政部门及其他有关部门的监督检查。未明示职业中介许可证、监督电话的，由劳动保障行政部门责令改正，并可处以一千元以下的罚款；未明示收费标准的，提请价格主管部门依据国家有关规定处罚；未明示营业执照的，提请工商行政管理部门依据国家有关规定处罚。

（5）根据《就业服务与就业管理规定》的规定，职业中介机构提供职业中介服务不成功的，应当退还向劳动者收取的中介服务费。未退还的，由劳动保障行政部门责令改正，并可处以一千元以下的罚款。

（6）职业中介机构不得有下列行为：提供虚假就业信息；为无合法证照的用人单位提供职业中介服务；伪造、涂改、转让职业中介许可证；扣押劳动者的居民身份证和其他证件，或者向劳动者收取押金；其他违反法律、法规规定的行为。职业中介机构提供虚假就业信息，为无合法证照的用人单位提供职业中介服务，伪造、涂改、转让职业中介许可证的，由劳动行政部门或者其他主管部门责令改正；有违法所得的，没收违法所得，并处一万元以上五万元以下的罚款；情节严重的，吊销职业中介许可证。职业中介机构扣押劳动者居民身份证等证件的，由劳动行政部门责令限期退还劳动者，并依照《居民身份证法》等有关法律规定给予处罚。职业中介机构向劳动者收取押金的，由劳动行政部门责令限期退还劳动者，并以每人五百元以上二千元以下的标准处以罚款。

3. 失业预警制度

县级以上人民政府建立失业预警制度，对可能出现的较大规模的失业，实施预防、调节和控制。

4. 劳动力调查统计制度和就业登记、失业登记制度

国家建立劳动力调查统计制度和就业登记、失业登记制度，开展劳动力资源和就业、失业状况调查统计，并公布调查统计结果。统计部门和劳动行政部门进行劳动力调查统计和就业、失业登记时，用人单位和个人应当如实提供调查统计和登记所需要的情况。

5. 全国人力资源市场信息网建设

县级以上劳动保障行政部门应当按照信息化建设统一要求，逐步实现全国人力资源市场信息联网。其中，城市应当按照劳动保障数据中心建设的要求，实现网络和数据资源的集中和共享；省、自治区应当建立人力资源市场信息网省级监测中心，对辖区内人力资源市场信息进行监测；劳动保障部设立人力资源市场信息网全国监测中心，对全国人力资源市场信息进行监测和分析。

五、就业援助

（一）就业援助概述

1. 就业援助制度的一般规定

《就业促进法》第 52 条规定：“各级人民政府建立健全就业援助制度，采取税费减免、贷款贴息、社会保险补贴、岗位补贴等办法，通过公益性岗位安置等途径，对就业困难人员实行优先扶持和重点帮助。”就业援助制度内容主要包括：

（1）就业援助的方法，包括税费减免、贷款贴息、社会保险补贴、岗位补贴等。税费减免，是指在一定期限一定限额内，减收或者免收就业困难人员从事个体经营应交纳的税收以及各项行政事业收费。贷款贴息，是指符合条件的就业困难人员贷款由政府对其利息部分给予补贴。社会保险补贴，是指对符合条件的就业困难人员参加社会保险

的，政府对其社保缴费给予一定的补贴。岗位补贴，是指政府开发公益性岗位等安排就业困难对象，并与其签订一定期限以上劳动合同的，根据补贴标准，按实际招用的人数给予岗位补贴，期限与劳动合同一致，且不超过国家或地方规定的最长期限。

（2）就业援助的对象是就业困难人员。所谓就业困难人员，是指因身体状况、技能水平、家庭因素、失去土地等原因难以实现就业，以及连续失业一定时间仍未能实现就业的人员。就业困难人员的具体范围，由省、自治区、直辖市人民政府根据本行政区域的实际情况规定。

（3）就业援助的途径，包括通过公益性岗位安置就业困难人员等。公益性岗位是指由政府投资开发，享受一定的政策优惠、财政扶持，并以安排就业困难人员为主的工作岗位。《就业促进法》第53条规定："政府投资开发的公益性岗位，应当优先安排符合岗位要求的就业困难人员。被安排在公益性岗位工作的，按照国家规定给予岗位补贴。"

公益性岗位中用人单位和劳动者的关系是劳动关系，需订立劳动合同，由劳动法调整。基于公益性岗位的目的和特点，《劳动合同法实施条例》第12条规定，地方各级人民政府及县级以上地方人民政府有关部门为安置就业困难人员提供的给予岗位补贴和社会保险补贴的公益性岗位，其劳动合同不适用《劳动合同法》有关无固定期限劳动合同的规定以及支付经济补偿的规定。其目的是通过降低用工成本从而鼓励用人单位招用就业困难对象，推动开发更多的公益性岗位，达到最大限度地促进就业困难人员就业的目的。

2. 地方各级人民政府基层就业援助服务

《就业促进法》第54条规定："地方各级人民政府加强基层就业援助服务工作，对就业困难人员实施重点帮助，提供有针对性的就业服务和公益性岗位援助。地方各级人民政府鼓励和支持社会各方面为就业困难人员提供技能培训、岗位信息等服务。"针对就业困难人员提供的就业援助服务主要包括职业介绍、职业指导、就业训练、社区就业岗位开发服务等。

（二）各种就业援助制度

1. 促进残疾人就业的制度

各级人民政府采取特别扶助措施，促进残疾人就业。用人单位应当按照国家规定安排残疾人就业，具体办法由国务院规定。国务院于2007年颁布了《残疾人就业条例》，对残疾人就业的促进措施做出了详细规定。

2. 对零就业家庭的就业援助制度

零就业家庭是指城市家庭中，所有法定劳动年龄内、具有劳动能力和就业愿望的家庭成员均处于失业状态，且无经营性、投资性收入的家庭。县级以上地方人民政府采取多种就业形式，拓宽公益性岗位范围，开发就业岗位，确保城市有就业需求的家庭至少有一人实现就业。法定劳动年龄内的家庭人员均处于失业状况的城市居民家庭，可以向住所地街道、社区公共就业服务机构申请就业援助。街道、社区公共就业服务机构经确认属实的，应当为该家庭中至少一人提供适当的就业岗位。

3. 资源开采型城市、独立工矿区就业援助制度

国家鼓励资源开采型城市和独立工矿区发展与市场需求相适应的产业，引导劳动者转移就业。对因资源枯竭或者经济结构调整等原因造成就业困难人员集中的地区，上级人民政府应当给予必要的扶持和帮助。

第二节 职业教育和职业培训

案例及问题导引

A公司开业3年来，年年提取职工培训经费，但从未对职工进行过培训，所有职工仅凭工作前的学习积累和工作后的经验工作。职工张某看到其他企业的职业培训搞得红红火火，自己的企业却死气沉沉，就向公司经理反映问题，要求组织职工培训。经理说："公司没钱，怎么办?"张某说："公司不是每年都提取职工培训经费吗?"经理回答："现在是市场经济，也是买方市场，为稳定客户，把咱们的服装销出去，职工培训经费都补贴到公关费用上去了!"张某见向公司反映不能解决问题，遂向本市劳动行政部门举报。劳动行政部门接到举报后，查核属实，公司违反了《劳动法》第68条和《企业职工培训规定》第21条，未能履行对其职工进行职业培训的法定义务，即依据劳动部1996年《企业职工培训规定》第24条对公司经理和董事长进行了批评教育，并责令改正，限期将改正情况上报。①

请问：劳动者享有接受职业技能培训的权利吗？企业不履行职业培训义务时，应承担何种法律责任?

一、职业教育和职业培训概述

(一) 职业教育和职业培训的概念

根据《职业教育法》的规定，② 广义的职业教育，包括职业学校教育和职业培训。

---

① 该案例参见王全兴．劳动法学．北京：人民法院出版社、中国人民公安大学出版社，2005：449.

② 《职业教育法》第2条规定："本法适用于各级各类职业学校教育和各种形式的职业培训。"

职业学校教育，包括初等、中等、高等职业学校教育。职业培训包括就业前培训、转业培训、学徒培训、在岗培训、转岗培训、再就业培训及其他职业性培训，可以根据实际情况分为初级、中级、高级职业培训。狭义的职业教育，就是指职业学校教育，与职业培训相并列。

广义的职业教育，是指一切为就业需要而举行的，能传予受训者相当知识和技能以获得适当职业的所有教育和培训。狭义的职业教育，是指学校依据国家教育主管部门规定的标准，为职业训练的目的而提供理论知识和职业技能的教育。职业培训，又称职业技能培训或职业技术培训，是指根据社会职业的需要和劳动者从业的意愿及条件，按照一定标准，对劳动者进行的旨在培养和提高其职业技能的非学历教育培训活动。狭义的职业教育与职业培训在内容、性质、形式和管理体制上都存在很大的不同。① 狭义的职业教育，由职业院校实施，分为初等、中等、高等三个层次，有国家规定的学制，进行较为系统的教育，颁发学历证书，而职业培训则形式比较灵活，可以由多种机构实施，包括各类职业院校、职业技能培训机构和用人单位，没有国家规定的学制，只有培训证书而没有学历证书。

（二）职业教育和职业培训的意义

职业教育和职业培训是开发人力资源、提高劳动力素质以促进生产力发展的一个重要手段，是生产发展的客观要求，对促进社会发展具有重要的作用。同时，职业教育和职业培训也是国家教育制度中的重要一环，它不仅通过提高劳动者的专业技术、业务知识和操作技能，直接为促进经济发展和提高劳动生产率服务，而且也通过对劳动者的培训，提高劳动者的个人素质，有利于失业人员重新就业，缓解失业问题，最终促进社会的发展和进步。

从劳动权利体系的角度来看，职业培训权对于劳动者充分实现劳动权，更好地实现劳动报酬权，获得更为充分的劳动安全卫生保护权都具有更为显著的意义。正如有学者所言，职业培训“能够间接地为劳动者带来利益。因为职业培训有助于增强劳动者的就业竞争能力，扩大择业领域，获取较高的劳动报酬，并可以减少职业伤害。”②

（三）职业教育和职业培训立法

我国目前的职业教育和培训立法主要包括：《劳动法》（第八章“职业培训”）、1996 年《职业教育法》、《就业促进法》（第五章为“职业教育和培训”）、1986 年《技工学校工作条例》、1990 年《工人考核条例》、1991 年《就业训练中心管理规定》、

---

① 王全兴．劳动法．3 版．北京：法律出版社，2008：364.

② 冯彦君．劳动权论略．社会科学战线：2003（1）.

1993 年《职业技能鉴定规定》、1994 年《就业训练规定》、1994 年《职业资格证书规定》、1996 年《企业职工培训规定》等。目前，我国职业技能标准的制定主体、程序等缺乏法律规范，职业技能培训的投入不足，为规范职业技能培训和鉴定，国务院正在制定《职业技能培训和鉴定条例》。

二、职业培训权

(一) 劳动者的职业培训权和国家的相应义务

劳动者依法享有接受职业技能培训的权利，简称“接受职业培训的权利”或“职业培训权”。《劳动法》第 3 条明确规定，劳动者享有“接受职业技能培训的权利”。

国家负有促进职业教育和培训发展的义务。我国 1982 年《宪法》规定：“国家对就业前的公民进行必要的劳动就业训练。”《劳动法》第 66 条规定：“国家通过各种途径，采取各种措施，发展职业培训事业，开发劳动者的职业技能，提高劳动者素质，增强劳动者的就业能力和工作能力。”第 67 条规定“各级人民政府应当把发展职业培训纳入社会经济发展的规划，鼓励和支持有条件的企业、事业组织、社会团体和个人进行各种形式的职业培训。”依据《就业促进法》的规定，国家促进职业教育和培训发展的义务包括：

(1) 国家依法发展职业教育，鼓励开展职业培训，促进劳动者提高职业技能，增强就业能力和创业能力。

(2) 县级以上人民政府根据经济社会发展和市场需求，制定并实施职业能力开发计划。

(3) 县级以上人民政府加强统筹协调，鼓励和支持各类职业院校、职业技能培训机构和用人单位依法开展就业前培训、在职培训、再就业培训和创业培训；鼓励劳动者参加各种形式的培训。

(4) 县级以上地方人民政府和有关部门根据市场需求和产业发展方向，鼓励、指导企业加强职业教育和培训。

(5) 国家采取措施建立健全劳动预备制度，县级以上地方人民政府对有就业要求的初高中毕业生实行一定期限的职业教育和培训，使其取得相应的职业资格或者掌握一定的职业技能。

(6) 地方各级人民政府鼓励和支持开展就业培训，帮助失业人员提高职业技能，增强其就业能力和创业能力。失业人员参加就业培训的，按照有关规定享受政府培训补贴。《失业保险条例》第 10 条规定，失业保险基金用于领取失业保险金期间接受职业培训、职业介绍补贴的支出。2006 年财政部、劳动和社会保障部《关于进一步加强就业再就业资金管理有关问题的通知》规定，就业再就业资金主要用于职业介绍补贴、职业培训补贴、职业技能鉴定补贴等。

（7）地方各级人民政府采取有效措施，组织和引导进城就业的农村劳动者参加技能培训，鼓励各类培训机构为进城就业的农村劳动者提供技能培训，增强其就业能力和创业能力。

（8）国家对从事涉及公共安全、人身健康、生命财产安全等特殊工种的劳动者，实行职业资格证书制度，具体办法由国务院规定。职业资格证书制度性质上属于行政许可，是一项就业准入制度，无相应的职业资格证书就不能上岗执业。

资料链接

职业培训补贴政策

《国务院关于加强职业培训促进就业的意见》（国发［2010］36号）提出要加大职业培训资金支持力度，完善职业培训补贴政策。城乡有就业要求和培训愿望的劳动者参加就业技能培训或创业培训，培训合格并通过技能鉴定取得初级以上职业资格证书（未颁布国家职业技能标准的职业应取得专项职业能力证书或培训合格证书），根据其获得职业资格证书或就业情况，按规定给予培训费补贴；企业新录用的符合职业培训补贴条件的劳动者，由企业依托所属培训机构或政府认定培训机构开展岗前培训的，按规定给予企业一定的培训费补贴。对通过初次职业技能鉴定并取得职业资格证书或专项职业能力证书的，按规定给予一次性职业技能鉴定补贴。对城乡未继续升学的应届初高中毕业生参加劳动预备制培训，按规定给予培训费补贴的同时，对其中农村学员和城市家庭经济困难学员给予一定生活费补贴。

《国务院、中央军委关于加强退役士兵职业教育和技能培训工作的通知》（国发［2010］42号）明确提出要组织引导退役士兵免费参加职业教育和技能培训。2010年及以后退出现役的自主就业退役士兵，在退出现役1年内可以选择免费参加职业教育和技能培训，教育培训期限一般为2年，最短不少于3个月；退役士兵退出现役1年以上的，参加职业培训按《国务院关于加强职业培训促进就业的意见》（国发［2010］36号）规定的政策执行。职业教育和技能培训经费由各级财政负担，列入退役士兵安置科目，主要用于教育培训所需学杂费、住宿费、技能鉴定费、生活补助费等，视教育培训成效和实现就业情况分段直接拨付教育培训机构。中央财政根据地方财政状况、教育培训绩效等因素予以专项补助，并向经济欠发达地区、兵员较多地区倾斜。

（二）劳动者的职业培训权和用人单位的义务与责任

劳动者依法享有职业培训权，相应地，用人单位负有对劳动者进行职业培训的义务。《劳动法》第68条："用人单位应当建立职业培训制度，按照国家规定提取和使用职业培训经费，根据本单位实际，有计划地对劳动者进行职业培训。从事技术工种的劳动者，上岗前必须经过培训。"劳动部1996年《企业职工培训规定》第21条则对企业提取和使用职业培训经费作了详细、明确的规定："企业应按以下国家规定提取、使用职工培训经费：（1）职工培训经费按照职工工资总额的1.5%计取，企业自有资金可有适当部分用于职工培训；（2）职工培训经费应根据企业需要，安排合理比例用于职工技能培训；（3）企业用于引进项目、技术改造项目的技术培训费用可以在项目中列支；（4）工会用于职工业余教育的经费由各级工会掌握使用；（5）企业职工培训经费应合理使用，当年结余的可以结转到下一年使用。"《职业教育法》第6条也明确规定："行业组织和企业、事业组织应当依法履行实施职业教育的义务。"《就业促进法》第47条亦规定："企业应当按照国家有关规定提取职工教育经费，对劳动者进行职业技能培训和继续教育培训。"这些规定表明，我国职工培训经费是具有特定用途的专门款项，只能用于对企业职工进行职业培训，不能挪作他用。对职工进行职业培训是用人单位的法定义务，必须履行。

企业未按照国家规定提取职工教育经费，或者挪用职工教育经费的，须承担法律责任。《就业促进法》第67条规定："违反本法规定，企业未按照国家规定提取职工教育经费，或者挪用职工教育经费的，由劳动行政部门责令改正，并依法给予处罚。"《劳动保障监察条例》第30条规定，经劳动行政部门责令改正拒不改正的，处2 000元以上2万元以下罚款。需要注意的是，劳动部1996年《企业职工培训规定》仅规定了责令改正，其第24条规定："企业违反本规定有下列行为之一的，由政府劳动行政部门或经济综合部门对直接责任者和企业法定代表人给予批评教育，责令改正：（一）不按国家规定组织开展职工培训的；……（四）不按国家规定使用培训经费或将培训经费挪作他用的。"该规章规定的法律责任缺乏威慑力。

探　讨

劳动者职业培训权的实现和保障

劳动者职业培训权的实现依赖于企业履行相应的义务，企业不履行义务须负法律责任，否则义务没有任何约束力。企业不履行职业培训义务、挪用职工培训经费是不合法的，应承担法律责任，但目前我国仅规定了责令改正和罚款这两种行政责任形式，这种责任对企业的威慑力不足。

目前我国劳动者接受培训的权利得不到有力保障，企业不履行职业培训义务、挪用职工培训经费的现象比较普遍。以经济发达的广州为例，据广州市劳动和社会保障局有关负责人介绍，经调查发现，广州仍有不少企业未能按照国家规定的比例提取职工培训经费，提取的企业中也只有35%左右用于技能人才的培训。不少企业为了追求利润，不愿意提取职工培训经费，致使职工接受培训的权利得不到保障。一些企业老总出国一趟，几万元的花销算到培训经费里，职工的培训却没有经费。针对这种情况，广州市曾在1999年实行过企业职工培训经费统筹制度，即从企业职工工资总额中提取0.3%的职工培训经费进行全市统筹，专款用于企业职工技能培训资助。但在《行政许可法》实施以后，由于没有上位法的支持，该项制度仅实行了一年就被叫停，提取的经费也只有几千元。广州市劳动和社会保障局向省人大代表建议，制定统一的企业职工培训经费统筹的法规。经费从企业统一提取后，由企业制定培训计划方案，向劳动部门申请经费。① 这项制度是一个解决问题的办法。其实，《企业职工培训规定》第23条规定："经县级以上地方人民政府批准，劳动行政部门、经济综合部门可对不按国家规定提取和使用职工培训经费、开展职工培训的企业，征收一定比例的职工培训经费，用于组织联合培训，或扶持公共培训机构承担缴费企业的职工培训任务。"这一规定也可以作为解决问题的一个办法，即在企业不作为时，由政府介入企业职业培训经费的提取和使用。此外，可以考虑借鉴我国台湾地区的相关立法，② 建立职工培训经费的滞纳金制度和职工培训经费统筹制度，以强化企业不履行职业培训义务的法律责任，保障劳动者职业培训权的实现。

三、职业技能鉴定和职业资格证书

《劳动法》第69条规定："国家确定职业分类，对规定的职业制定职业技能标准，实行职业资格证书制度，由经过政府批准的考核鉴定机构负责对劳动者实施职业技能考核鉴定。"《职业教育法》第8条也明确规定："实施职业教育应当根据实际需要，同国家制定的职业分类和职业等级标准相适应，实行学历文凭、培训证书和职业资格证书制度。"

---

① 参见周继坚，高瑞友．广州：职工培训经费六成挪作他用．中华建筑报，2005－11－3.

② 台湾地区的做法参见黄越钦．劳动法新论．北京：中国政法大学出版社，2003：403.

问题与思考

1. 劳动就业的概念和特征是什么？
2. 劳动就业法的体系如何构成？
3. 就业政策的内容有哪些？
4. 就业歧视如何界定？如何救济？
5. 就业服务包括哪些内容？
6. 对职业中介机构的管理包括哪些内容？
7. 就业援助制度的方法、对象和途径是什么？
8. 国家和用人单位对劳动者实现职业培训权承担什么义务？

第三章

劳动合同法

第一节 劳动合同法概述

案例及问题导引

《劳动合同法》颁布实施之后，诸多用人单位采取多种措施规避无固定期限劳动合同，其中包括订立以完成一定工作任务为期限的劳动合同。然而劳动合同有哪些类型？在何种情形下可以订立以完成一定工作任务为期限的劳动合同？劳动合同包括哪些内容？

一、劳动合同的概念及类型

（一）劳动合同的概念

劳动合同，也称劳动契约、劳动协议，它是指劳动者与用人单位为确立劳动关系，明确双方权利和义务的协议。劳动合同作为特殊的合同，其性质上属于：（1）要式合同，即缔约双方需以书面形式订立劳动合同；（2）诺成性合同，即劳动者和用人单位双方意思表示一致，劳动合同即告成立，无需实际履行；（3）双务合同，即劳动者与用人单位互负对待给付义务的合同，即双方互享债权，互负债务，一方的权利正好是对方的义务，彼此形成对价关系；（4）有偿合同，即劳动者提供劳动给付，而用人单位则需相应的支付劳动报酬；（5）附和合同，又称为格式合同、标准合同或定式合同，即通常由用人单位提供劳动合同文本，劳动者仅能接受或不接受；（6）继续性合同，即劳动合同的履行需持续一定期限，而不是一时或一次履行完成。

历史回顾

我国劳动合同立法的历史

我国劳动合同制度的历史发展与我国所有制形式和经济体制改革密切相关，整体上可分为以下几个阶段：1. 延续期（建国初期－1956 年）：建国初期，劳动关系基本上延续了解放前劳动关系灵活用工的特点。1949 年《中华全国总工会关于劳资关系暂行处理办法》、1950 年劳动部制定的《失业技术员工登记介绍办法》以及 1951 年劳动部制定的《关于各地招聘职工的暂行规定》等法规中，都要求通过订立劳动合同来确定劳动关系。2. 停滞期（1957 年－20 世纪 70 年代末）：生产资料私有制社会主义改造完成后，随着固定工制度的普遍实施，正式工订立劳动合同取消，仅有部分法规要求临时工与用人单位订立劳动合同。3. 试行期（1980 年－1993 年）：随着改革开放和市场经济体制的建立和完善，劳动合同制度逐步恢复，1980 年，国务院发布了《中外合资经营企业劳动管理规定》，要求合资企业职工的雇佣、解雇和辞职，以及劳动关系各项内容，都通过订立劳动合同加以规定。1986 年，国务院发布了《国营企业实行劳动合同制暂行规定》，要求全民所有制单位招用常年性工作岗位上的工人，统一实行劳动合同制。此后，1991 年《全民所有制企业招用农民合同制工人的规定》、1993 年《关于股份制试点企业劳动工资管理暂行办法》等法规中，都要求把劳动合同作为缔结劳动关系的法律形式。4. 确立、发展期（1994 年－2007 年）：1994 年《劳动法》第三章正式确定了“劳动合同”制度。5. 完善期（2008 年－至今）：《劳动法》实施后不久，《劳动合同法》就被列入国务院立法日程。但到了 1998 年，《劳动合同法》的起草工作却被暂时搁置。据了解，其原因主要是当时中央提出到二十世纪末建立起社会主义市场经济体制，但诸如就业、社会保险等配套法律尚未启动立法，单独制定《劳动合同法》存在衔接问题，其所产生的实际效应估计未必理想。因此，直到 2004 年底，《劳动合同法》的起草工作才重新启动，2007 年 6 月 29 日，全国人大常委会表决通过了《劳动合同法》2008 年 1 月 1 日起施行。2008 年 9 月 18 日，国务院颁布实施《劳动合同法实施条例》。

（二）劳动合同的类型

根据不同标准可以将劳动合同分为不同类别，我国主要是根据期限将劳动合同分为以下两类：

1. 固定期限劳动合同

固定期限劳动合同，又称定期劳动合同，是指用人单位和劳动者有约定一定期限的劳动合同，包括固定期限劳动合同和以完成一定工作任务为期限的劳动合同。前者是指用人单位与劳动者约定合同终止时间的劳动合同；后者是指用人单位与劳动者约定以某项工作的完成为合同期限的劳动合同。

尽管《劳动合同法》规定，用人单位与劳动者协商一致，可以订立固定期限劳动合同或以完成一定工作任务为期限的劳动合同，但是我们认为，订立以完成一定工作任务为期限的劳动合同，“一定工作任务”需符合以下条件：① （1）具有短期性、一次性，不具有重复性；（2）具有一定的独立性，工作性质或是有整体上的部分性，或是有阶段性，或是有季节性，或是项目性，可适用于单项工作、可按项目承包的工作、因季节原因需临时用工的工作和其他双方约定的以完成一定工作任务为期限的工作；（3）属于特殊领域的工作，一般仅适用于铁路、桥梁、水利、石油勘探、建筑等工程项目。

以完成一定工作任务为期限的劳动合同通常具有一次性和不可续订性，因此，《劳动合同法实施条例》第22条规定：“以完成一定工作任务为期限的劳动合同因任务完成而终止的，用人单位应当依照劳动合同法第四十七条的规定向劳动者支付经济补偿。”

2. 无固定期限劳动合同

无固定期限劳动合同，又称为不定期劳动合同，是指用人单位与劳动者约定无确定终止时间的劳动合同。《劳动合同法》第14条规定：“用人单位与劳动者协商一致，可以订立无固定期限劳动合同。有下列情形之一，劳动者提出或者同意续订、订立劳动合同的，除劳动者提出订立固定期限劳动合同外，应当订立无固定期限劳动合同：（1）劳动者在该用人单位连续工作满十年的；（2）用人单位初次实行劳动合同制度或者国有企业改制重新订立劳动合同时，劳动者在该用人单位连续工作满十年且距法定退休年龄不足十年的；（3）连续订立二次固定期限劳动合同，且劳动者没有本法第三十九条和第四十条第一项、第二项规定的情形，续订劳动合同的。用人单位自用工之日起满一年不与劳动者订立书面劳动合同的，视为用人单位与劳动者已订立无固定期限劳动合同。”

对于工作年限的确定，《劳动合同法实施条例》第9条规定：“劳动合同法第十四条第二款规定的连续工作满10年的起始时间，应当自用人单位用工之日起计算，包括劳动合同法施行前的工作年限。”第10条规定：“劳动者非因本人原因从原用人单位被安排到新用人单位工作的，劳动者在原用人单位的工作年限合并计算为新用人单位的工作年限。原用人单位已经向劳动者支付经济补偿的，新用人单位在依法解除、终止劳动合同计算支付经济补偿的工作年限时，不再计算劳动者在原用人单位的工作年限。”

根据上述规定，原则上用人单位和劳动者享有协商确定是否订立无固定期限劳动合同的自由，但是在上述四种情形下，用人单位决定订立固定期限劳动合同的意思自由受

① 潘峰．试论以完成一定工作任务为期限劳动合同的适用．中国劳动，2008（12）．

到限制，除劳动者主动提出订立固定期限劳动合同外，都应订立无固定期限劳动合同。[①] 但是《劳动合同法实施条例》第 12 条规定的情形例外，“地方各级人民政府及县级以上地方人民政府有关部门为安置就业困难人员提供的给予岗位补贴和社会保险补贴的公益性岗位，其劳动合同不适用劳动合同法有关无固定期限劳动合同的规定以及支付经济补偿的规定。”

二、劳动合同法的适用范围

劳动合同法的适用范围，即劳动合同法的效力范围。广义上的适用范围包括时间效力、空间效力和对人的效力三个方面，而狭义上仅指劳动合同法对人的效力范围。根据《劳动法》、《劳动合同法》第 2 条的规定，劳动合同法对人的效力主要体现为对劳动合同双方当事人用人单位和劳动者的效力。具体包括：

（一）用人单位

1. 企业。从形态来看，企业包括公司、合伙企业以及个人独资企业三种。

2. 个体经济组织。《民法通则》第 26 条规定：“公民在法律允许的范围内，依法经核准登记，从事工商业经营的，为个体工商户。个体工商户可以起字号。”劳动部《关于贯彻执行〈中华人民共和国劳动法〉若干问题的意见》（劳部发［1995］309 号）第 1 条规定：“‘个体经济组织’是指一般雇工在七人以下的个体工商户。”然而，纵观目前个体工商户的立法和登记实践，雇工人数已经不是个体工商户具有用人单位主体资格的要件之一。

3. 民办非企业单位。《民办非企业单位登记管理暂行条例》第 2 条规定：“本条例所称民办非企业单位，是指企业事业单位、社会团体和其他社会力量以及公民个人利用非国有资产举办的，从事非营利性社会服务活动的社会组织。”民办非企业单位具有民间性、社会性、公益性和非营利性的特点，其具体包括：民办医院、民办学校、民办博物馆、民办科技馆等。

4. 其他组织。其他组织是指企业、个体经济组织、民办非企业单位之外的组织。《劳动合同法实施条例》第 3 条规定：“依法成立的会计师事务所、律师事务所等合伙组织和基金会，属于劳动合同法规定的用人单位。”该条规定中的合伙组织主要是指合

---

① 《劳动合同法实施条例》第 11 条规定：“除劳动者与用人单位协商一致的情形外，劳动者依照劳动合同法第十四条第二款的规定，提出订立无固定期限劳动合同的，用人单位应当与其订立无固定期限劳动合同。对劳动合同的内容，双方应当按照合法、公平、平等自愿、协商一致、诚实信用的原则协商确定；对协商不一致的内容，依照劳动合同法第十八条的规定执行。”该条文规定为劳动者“提出订立无固定期限劳动合同的”，与《劳动合同法》第 14 条第二款规定的“除劳动者提出订立固定期限劳动合同外”相反，我们认为，根据“上位法优于下位法”的原则，应以《劳动合同法》第 14 条第二款的规定为准。

伙企业之外的合伙组织，包括以合伙形式设立的律师事务所、会计师事务所、税务师事务所、医疗机构、资产评估机构等；而基金会是指利用自然人、法人或者其他组织捐赠的财产，以从事公益事业为目的，依法成立的非营利性法人。

1. 国家机关。所谓国家机关，是指国家为行使其职能而设立的各种机构，是专司国家权力和国家管理职能的组织。它包括各级权力机关（人大）、行政机关（政府）、司法机关（法院、检察院）和军队中的各级机关。国家机关录用的公务员和聘任制公务员，适用公务员法，但国家机关招用的工勤人员，应当订立劳动合同，适用《劳动合同法》。

2. 事业单位。我国事业单位的类型及其法律适用较为复杂，根据其性质的不同，可以区分为以下几类：一是行政性的事业单位，又称为参照公务员法管理的事业单位，《公务员法》第106条规定："法律、法规授权的具有公共事务管理职能的事业单位中除工勤人员以外的工作人员，经批准参照本法进行管理。"行政性事业单位及其职工原则上参照适用公务员法，但是其招用的工勤人员，应当订立劳动合同，适用《劳动合同法》。

二是公益性事业单位，《事业单位登记管理暂行条例》规定："事业单位，是指国家为了社会公益目的，由国家机关举办或者其他组织利用国有资产举办的，从事教育、科技、文化、卫生等活动的社会服务组织。"《劳动合同法》出台之前，公益性事业单位及其职工都是适用人事管理的相关制度规定，《劳动合同法》第96条规定："事业单位与实行聘用制的工作人员订立、履行、变更、解除或者终止劳动合同，法律、行政法规或者国务院另有规定的，依照其规定；未作规定的，依照本法有关规定执行。"

三是实行企业化管理的事业单位，劳动部办公厅《关于实行企业管理的事业组织与职工发生劳动争议有关问题的复函》（劳办发［1996］165号）规定"实行企业化管理的事业组织是指国家不再核拨经费，实行独立核算、自负盈亏的事业组织。"劳动部《关于实行企业化管理的事业组织与职工发生劳动争议有关问题的复函》规定："实行企业化管理的事业组织的人员包括该单位的全体职工。他们应按照《劳动法》的规定，与所在单位通过签订劳动合同建立劳动关系。"

3. 社会团体。根据《社会团体登记管理条例》规定，社会团体是指中国公民自愿组成，为实现会员共同意愿，按照其章程开展活动的非营利性社会组织。社会团体的类型较为复杂，具体包括：一是党派团体，包括各民主党派；二是工会、共青团、妇联、工商联、侨联等人民团体和群众团体，文学艺术联合会、足球协会、科协等文化艺术体育团体，法学会、医学会等学术研究团体，各种行业协会等社会经济团体；三是公民个人（或个人合伙）开办的社会团体。其中第一、二类社会团体及其工作人员原则上是参照公务员法管理的，但是其招用的工勤人员应该适用《劳动合同法》。

（二）劳动者

劳动者是指达到法定劳动年龄，具有劳动权利能力和劳动行为能力的自然人。因此，劳动者应符合以下三个条件：（1）达到法定的劳动年龄。劳动和社会保障部发办公厅《关于落实再就业政策考核指标几个具体问题的函》（劳社厅函［2003］227号）明确规定："就业人员：指在法定劳动年龄内（男16－60岁，女16－55岁），从事一定的社会经济活动，并取得合法劳动报酬或经营收入的人员。"1978年6月2日，国务院发布的《关于颁发〈国务院关于安置老弱病残干部的暂行办法〉和〈国务院关于工人退休、退职的暂行办法〉的通知》（国发［1978］104号）规定，男干部和工人的退休年龄为60周岁，女干部退休年龄为55周岁，女工人退休年龄为50周岁。目前我国司法实践中，对于达到退休年龄的就业人员是否属于劳动法上的劳动者，存有较大争议；①（2）具有劳动权利能力和劳动行为能力，即能够依法履行劳动给付行为，并承担相应的义务和责任；（3）自然人。劳动关系的人身属性决定劳动者必须为自然人。一般情况下为我国公民，外国人、无国籍人以及我国台、港、澳居民须经就业许可，才能成为我国劳动法上劳动者。

根据劳动部《关于贯彻执行〈中华人民共和国劳动法〉若干问题的意见》（劳部发［1995］309号）的规定：下列人员不适用劳动法：公务员和比照实行公务员制度的事业组织和社会团体的工作人员，以及农村劳动者（乡镇企业职工和进城务工、经商的农民除外）、现役军人、家庭保姆和利用业余时间勤工助学的在校学生等。

三、劳动合同的形式

（一）劳动合同形式的概述

劳动合同的形式，即劳动合同的存在方式，是指劳动合同当事人双方意思表示一致的外部表现。劳动合同的形式有书面、口头以及默示之分，其中书面形式是指以文字等有形的方式表示的合同，根据《合同法》第11条规定："书面形式是指合同书、信件和数据电文（包括电报、电传、传真、电子数据交换和电子邮件）等可以有形地表现所载内容的形式"；口头合同则是以语言的方式表示的合同；默示形式则是指根据当事人的行为或者特定情形推定成立的合同。

纵观世界各国关于劳动合同形式的立法模式，主要有以下三种：②（1）一般为口头形式，特定情形下要求书面形式；（2）一般为书面形式，特定情形下允许口头形式；（3）要求所有劳动合同都采用书面形式。从要式法律行为的特点及目的来看，劳动合同形式立法模式的选择与各国劳动合同期限制度以及劳动合同与劳动关系的

---

① 丁广宇，范围．超龄劳动者就业法律关系的性质认定．人民司法，2007（24）．

② 王全兴．劳动法．二版．北京：法律出版社，2004：126．

区分与否具有密切联系。若不区分劳动合同和劳动关系，且采取以无固定期限为原则，以固定期限为例外的劳动合同期限制度，则其通常会采取第（1）种模式；反之，则采用第（2）种模式。我国就是采取第（2）种立法模式，《劳动法》第19条规定："劳动合同应当以书面形式订立。"《劳动合同法》在第10条延续了《劳动法》关于劳动合同形式的规定，但在第69条规定："非全日制用工双方当事人可以订立口头协议。其原因在于：一方面，从《劳动法》和《劳动合同法》关于劳动合同期限的规定来看，我国仅在法律所规定的情形下，用人单位有强制订立无固定期限劳动合同的义务，因此，应属于以固定期限劳动合同为原则，以无固定期限劳动合同为例外；另一方面，根据《劳动合同法》的规定，我国对于劳动合同与劳动关系予以明确区分，其中劳动关系是自用工之日起建立，而劳动合同则是从当事人双方签字或盖章之日起生效。

与《劳动法》的规定相比，《劳动合同法》强化书面劳动合同，具体体现为：

1. 强化了用人单位和劳动者订立书面劳动合同的义务

从契约自由的原则来看，缔约当事人享有何时缔约以及以何种形式缔约的自由，但是，《劳动合同法》不仅规定了劳动合同形式，甚至限定了缔约的时间。《劳动合同法》第10条规定："建立劳动关系，应当订立书面劳动合同。已建立劳动关系，未同时订立书面劳动合同的，应当自用工之日起一个月内订立书面劳动合同。"

2. 规定了严格的未订立书面劳动合同的法律后果

根据《劳动合同法》第14、82条和《劳动合同法实施条例》第5、6、7条的规定，在三个不同的阶段，未订立书面劳动合同的法律后果各有不同，参见下表：

表3-1　　未订立书面劳动合同的法律后果①

时间段	用人单位未与劳动者订立书面劳动合同的法律后果	劳动者不与用人单位订立书面劳动合同的法律后果
自用工之日起一个月内	（注：法律未明确规定，这一个月为法定的缔约期）	（1）用人单位应在此期间以书面形式通知劳动者订立劳动合同；（2）劳动者不订立的，用人单位应书面通知劳动者终止劳动关系，无需向其支付经济补偿，但应当依法向其支付其实际工作时间的劳动报酬。

① 林嘉．劳动法和社会保障法．北京：中国人民大学出版社，2009：132-133.

续表

时间段	用人单位未与劳动者订立书面劳动合同的法律后果	劳动者不与用人单位订立书面劳动合同的法律后果
自用工之日起超过一个月不满一年	用人单位应向劳动者每月支付二倍的工资，起算时间为用工之日起满一个月的次日，截止时间为补订书面劳动合同的前一日，或满一年的前一日，应当立即与劳动者补订书面劳动合同。	用人单位应当书面通知劳动者终止劳动关系，并依照劳动合同法第四十七条的规定支付经济补偿
自用工之日起满一年之日及以后	视为已与劳动者订立无固定期限劳动合同，应当立即与劳动者补订书面劳动合同	（注：法律未明确规定）

我们认为，对于《劳动合同法》和《劳动合同法实施条例》中“未订立书面劳动合同双倍给付工资”规则的适用应该注意以下几点：①（1）“订立书面劳动合同”应包含两个层次的含义：一是是否订立书面劳动合同；二是订立怎样的劳动合同。相关法律后果设置的主要目的应是通过法律的强制引导当事人双方（主要是用人单位）养成签订书面劳动合同的习惯，督促当事人双方（主要是用人单位）积极、主动地与对方订立书面劳动合同，但此仅解决了“是否订立书面劳动合同”的问题，并非直接决定“订立怎样的劳动合同”，而这应由当事人双方平等协商。因此，“未订立书面劳动合同双倍给付工资”规则的适用应与其目的相契合，即仅有在劳动者提出订立书面劳动合同，用人单位不愿订立的情形下才能适用该规则；若是当事人双方在遵循合法、诚信原则的基础上，就劳动合同的内容无法协商一致，则不应适用该规则。

（2）书面劳动合同不等于劳动合同书，因此，不能仅从形式上要求签订劳动合同书，而应该从实质上判断相关文书是否符合劳动合同的要件。

（3）应根据诚信原则确定真正导致劳动合同无法订立的责任主体。在初次订立书面劳动合同的过程中，用人单位遵守诚信原则，如实告知劳动者相关信息，包括劳动报酬、岗位等，但是劳动者入职后，索要更高工资等，导致无法签订书面劳动合同发生争议的，用人单位若能举证证明相关事实，则无需支付双倍工资。在续订劳动合同的过程中，亦是如此，因在原劳动合同履行过程中，当事人双方对各自的权利、义务都形成了相互信赖，若用人单位或劳动者意图在续订过程中，要求变更原有的劳动条件，如提高

① 范围．论未订立书面劳动合同双倍给付工资规则的适用．法律适用，2010（6）．

或降低工资，导致劳动合同续订失败的，则应承担相应的责任。

（二）书面劳动合同的效力

我国劳动法学者基于传统债法的理论对书面劳动合同的法律效力存有以下三种观点：（1）成立要件说。即书面形式是劳动合同的成立要件，未采用书面形式，则劳动合同不成立。（2）生效要件说。即书面形式是劳动合同的生效要件，书面形式的欠缺将使得劳动合同不能生效。（3）证据说。即书面形式仅具有劳动合同存在的证明效力，在没有以书面形式订立劳动合同的情况下，只要能有其他证据证明劳动合同的存在，就不影响劳动合同的效力。

诸多学者则采证据说的观点。① 我们认为此种观点较为合理，因为，一是尽管《劳动法》和《劳动合同法》明确"应当"订立书面劳动合同，但是从我国的法律规范来看，"应当"并非完全等同于强行性规范。② 基于书面形式的制度目的考量，"从劳动关系建立的过程来看，作为岗位资源提供者的用人单位，始终处于主导的地位，订立和不订立书面劳动合同，都取决于用人单位的意志。"③ 所以，书面形式的目的在于平衡劳动者与用人单位缔约地位的实质不平等，以文字等有形方式固定相关的权义约定，有利于防止居于弱者地位的劳动者蒙受损失。"遵循某种形式之必要性，可给当事人产生某种交易之气氛，可唤醒其法律意识，促使其三思，并确保其作出之决定之严肃性。此外，遵守形式可明确行为之法律性质，仿佛硬币上之印纹，将完整的法律意思刻印在行为上面，并使法律行为之完成确定无疑。"④

二是从我国劳动合同订立实践来看，尽管"立法者对书面劳动合同的推崇态度，当然有其合理之处。但是，当事人的行为有时并不如立法者所愿，事实上不订立书面劳动合同，仅以口头劳动合同表现的劳动关系不仅在客观上大量存在，而且也是在立法时可以预见并应当加以关注的。"⑤ 因此，若以未订立书面劳动合同为由，强行否定当事人的权利义务，势必将极大影响劳动关系的稳定。

三是从劳动合同的契约本质来看，尽管劳动法基于实质正义的理念对劳动者予以倾斜保护，但是劳动合同仍无法摆脱其个体性、私益性和契约性的特征，因此，若仅因未

---

① 安玉萍．论劳动合同书面形式的法律效力．山东大学学报：哲学社会科学版，2003（2）；尚清锋、丁彩霞．劳动合同书面形式的法律效力探讨．内蒙古财经学院学报，2006（2）．

② 王利明．合同法研究（第一卷）．北京：中国人民大学出版社．2002：466

③ 郭文龙．公平和公正是司法活动追求的目标——关于没有书面劳动合同情况下经济补偿的话题．中国劳动，2005（3）．

④ ［德］迪特尔·梅迪库斯．德国民法总论．邵建东译，北京：法律出版社，2000：461.

⑤ 郭文龙．公平和公正是司法活动追求的目标——关于没有书面劳动合同情况下经济补偿的话题．中国劳动，2005（3）．

采取书面形式而强行否定劳动合同的效力，未免有干预过度之嫌。

尽管劳动合同的形式仅具证据效力，但是需注意的是劳动合同的形式强制具有单方性，即主要是针对用人单位而设定的，以平衡它与劳动者之间不平等的缔约地位，因此，未采取书面形式不影响劳动合同的成立和生效，但并不能免除用人单位的责任，劳动监察部门仍可以其违反法律规定为由对其予以处罚。

四、劳动合同的内容

劳动合同的内容主要分为必备条款和任意条款，所谓必备条款是指劳动法所规定的劳动合同所必须具备的条款。任意条款，又称为非必备条款，是指根据劳动法对劳动合同的提示性规定，当事人可选择适用的条款。

（一）劳动合同的必备条款

《劳动合同法》第 17 条规定："劳动合同应当具备以下条款：（1）用人单位的名称、住所和法定代表人或者主要负责人；（2）劳动者的姓名、住址和居民身份证或者其他有效身份证件号码；（3）劳动合同期限；（4）工作内容和工作地点；（5）工作时间和休息休假；（6）劳动报酬；（7）社会保险；（8）劳动保护、劳动条件和职业危害防护；（9）法律、法规规定应当纳入劳动合同的其他事项。"第（9）项"法律、法规规定应当纳入劳动合同的其他事项"，如《职业病防治法》第 30 条规定："劳动合同应当写明工作过程中可能产生的职业病危害及其后果、职业病防护措施和待遇。"《安全生产法》第 44 条规定："劳动合同应当载明有关保障劳动者劳动安全、防止职业危害的事项，以及依法为劳动者办理工伤社会保险的事项。"

如果劳动合同文本由用人单位提供，但缺少必备条款的，由劳动行政部门责令改正；给劳动者造成损害的，应当承担赔偿责任。但是，劳动合同缺少必备条款，并不必然导致劳动合同无效，而应该根据合同漏洞补充规则予以补充。《劳动合同法》第 18 条规定："劳动合同对劳动报酬和劳动条件等标准约定不明确，引发争议的，用人单位与劳动者可以重新协商；协商不成的，适用集体合同规定；没有集体合同或者集体合同未规定劳动报酬的，实行同工同酬；没有集体合同或者集体合同未规定劳动条件等标准的，适用国家有关规定。"

（二）劳动合同的任意条款

《劳动合同法》第 17 条第二款规定："劳动合同除前款规定的必备条款外，用人单位与劳动者可以约定试用期、培训、保守秘密、补充保险和福利待遇等其他事项。"因此，劳动合同的任意条款具体包括：

1. 试用期

试用期是指用人单位和劳动者双方的考察期。关于试用期应注意以下问题：

(1) 试用期的性质：试用期包含在劳动合同期限内，劳动合同仅约定试用期的，试用期不成立，该期限为劳动合同期限。

(2) 试用期的长短：劳动合同期限三个月以上不满一年的，试用期不得超过一个月；劳动合同期限一年以上不满三年的，试用期不得超过二个月；三年以上固定期限和无固定期限的劳动合同，试用期不得超过六个月。

(3) 试用期的次数：同一用人单位与同一劳动者只能约定一次试用期。对此，应理解为同一劳动关系应该只适用一次，即劳动者与用人单位初次建立劳动关系，订立劳动合同，约定试用期的，劳动合同期满后，再次续订的，不应再约定试用期；若劳动者劳动合同期满后离职一段期间，再次回原单位工作的，则可重新约定试用期。

(4) 禁止约定试用期的情形：以完成一定工作任务为期限的劳动合同或者劳动合同期限不满三个月的，不得约定试用期。

(5) 试用期的工资标准：劳动者在试用期的工资不得低于本单位相同岗位最低档工资的 80% 或者不得低于劳动合同约定工资的 80%，并不得低于用人单位所在地的最低工资标准。

(6) 试用期内劳动合同的解除：劳动者在试用期内提前三日通知用人单位，可以解除劳动合同。《劳动合同法》第 21 条规定："在试用期中，除劳动者有本法第三十九条和第四十条第一项、第二项规定的情形外，用人单位不得解除劳动合同。用人单位在试用期解除劳动合同的，应当向劳动者说明理由。"因此，从某种意义上来说，试用期内劳动者的解除权是附期限的，而用人单位的解除权是附条件的。

2. 培训及服务期

培训条款是指用人单位与劳动者就培训的费用、培训期限等权利义务所约定的条款。服务期则是指劳动者因接受用人单位给予的特殊待遇而承诺必须为用人单位服务的期限。由于培训目的及内容的差异，培训的类型也不尽相同，《劳动合同法》第 22 条规定："用人单位为劳动者提供专项培训费用，对其进行专业技术培训的，可以与该劳动者订立协议，约定服务期。"所谓的"专业技术培训"应符合以下条件：① (1) 目的在于提高工作技能，培训内容与劳动者的工作岗位或者职务密切相关；如公司的管理人员，接受管理培训等，因此，"专业技术培训"的对象并非仅限于技术人员；(2) 专业技术培训的对象具有特定性，往往是针对特定的岗位或者职务的员工所进行的；(3) 用人单位提供了专项培训费用；(4) 专业技术培训应该是在企业的日常培训之外

---

① 除了专业技术培训外，用人单位提供特殊的福利待遇的，是否可以约定服务期存有争议。笔者以为，在遵循权利义务相一致原则的基础上，也可与劳动者约定服务期。《上海市劳动合同条例》第 14 条规定："劳动合同当事人可以对由用人单位出资招用、培训或者提供其他特殊待遇的劳动者的服务期作出约定。"

所进行的培训。《劳动合同法》第 16 条规定：“劳动合同法第二十二条第二款规定的培训费用，包括用人单位为了对劳动者进行专业技术培训而支付的有凭证的培训费用、培训期间的差旅费用以及因培训产生的用于该劳动者的其他直接费用。”

对于服务期条款，有以下二点值得注意：（1）服务期仅限制劳动者的法定解除权，即提前 30 天书面通知用人单位解除劳动合同的权利，因此，在其他情形下，如《劳动合同法》第 38 条规定的情形下，劳动者也可解除劳动合同；（2）服务期限长于劳动合同期限的，劳动合同期限自动顺延至服务期届满。《劳动合同法实施条例》第 17 条规定：“劳动合同期满，但是用人单位与劳动者依照劳动合同法第二十二条的规定约定的服务期尚未到期的，劳动合同应当续延至服务期满；双方另有约定的，从其约定。”

3. 保守秘密和竞业限制

保密条款是指用人单位和劳动者在劳动合同中约定保守用人单位的商业秘密和与知识产权相关的保密事项的条款。保密条款的客体包括：（1）商业秘密，不为公众所知悉，能为用人单位带来经济利息，具有实用性并经用人单位采取保密措施的技术信息和经营信息。因此，商业秘密具有秘密性、实用性和经济性的特点；（2）与知识产权相关的保密事项，主要是指对于尚未依法取得知识产权但与知识产权相关的非专利技术。

保密条款与竞业限制具有密切联系。《劳动合同法》第 23 条规定：“用人单位与劳动者可以在劳动合同中约定保守用人单位的商业秘密和与知识产权相关的保密事项。对负有保密义务的劳动者，用人单位可以在劳动合同或者保密协议中与劳动者约定竞业限制条款，并约定在解除或者终止劳动合同后，在竞业限制期限内按月给予劳动者经济补偿。劳动者违反竞业限制约定的，应当按照约定向用人单位支付违约金。第 24 条规定：“竞业限制的人员限于用人单位的高级管理人员、高级技术人员和其他负有保密义务的人员。竞业限制的范围、地域、期限由用人单位与劳动者约定，竞业限制的约定不得违反法律、法规的规定。在解除或者终止劳动合同后，前款规定的人员到与本单位生产或者经营同类产品、从事同类业务的有竞争关系的其他用人单位，或者自己开业生产或者经营同类产品、从事同类业务的竞业限制期限，不得超过二年。”因此，从上述规定可以看出，对于竞业限制应注意以下几点：

（1）竞业限制的对象：用人单位的高级管理人员、高级技术人员和其他负有保密义务的人员。《公司法》第 149 条规定了公司高管的竞业禁止义务，其基础为公司高管对公司的忠实义务，此为法定义务，但负有保密义务的其他人员的竞业限制义务通常是基于合同约定的义务；（2）用人单位对于约定离职后的竞业限制的劳动者应按月给付经济补偿，原则上应遵循权利义务相一致原则，因此经济补偿不得少于其在职期间的收人。若无经济补偿的，竞业限制条款原则上无效；[①]（3）竞业限制的期限：最长不超过二年。

4. 补充保险和福利待遇

补充保险是指企业根据自身经济实力，在国家规定的实施政策和实施条件下为本企业职工所建立的一种辅助性保险。目前我国的补充保险主要是补充养老保险，如企业年金；补充医疗保险。《劳动法》第75条规定："国家鼓励用人单位根据本单位实际情况为劳动者建立补充保险。"

福利待遇，一般称作职工福利，又称职业福利或劳动福利，是指用人单位和有关社会服务机构为满足劳动者生活的共同需要和特殊需要，在工资和社会保险之外向职工及其亲属提供一定货币、实物、服务等形式的物质帮助。其中包括：为减少劳动者生活费用开支和解决劳动者生活困难而提供的各种补贴；为方便劳动者生活和减轻职工家务负担而提供的各种生活设施和服务；为活跃劳动者文化生活而提供的各种文化设施和服务。《劳动法》第76条规定："国家发展社会福利事业，兴建公共福利设施，为劳动者休息、休养和疗养提供条件。用人单位应当创造条件，改善集体福利，提供劳动者的福利待遇。"《〈中华人民共和国企业劳动争议处理条例〉若干问题解释》（劳部发[1993]244号）指出："福利"是指用人单位用于补助职工及其家属和举办集体福利事业的费用，包括集体福利费、职工上下班交通补助费、探亲路费、取暖补贴、生活困难补助费等。[②]

（三）限制和禁止约定的条款

1. 限制约定的条款

（1）违约金和赔偿金条款。劳动合同中违约金和赔偿金条款的约定受到限制，其原因在于：一是劳动关系的人身属性，因此，违约可能导致的损害通常难以预计；二是劳动者的责任承担能力有限，如果约定违约金和赔偿金，可能侵害劳动者的择业自主权，间接产生强迫劳动的效果。因此，《劳动合同法》第25条规定，除服务期和约定竞业限制的情形外，用人单位不得与劳动者约定由劳动者承担违约金。

（2）兼职条款。劳动关系的人身属性，决定劳动者的多个劳动给付行为难以同时

---

① 目前关于未约定补偿的竞业限制条款的效力，未有一致观点。通说认为，其违反权利和义务相一致原则，应无效，但是在实务中的处理方式则并非直接认定其无效，如《北京市高级人民法院、北京市劳动争议仲裁委员会关于劳动争议案件法律适用问题研讨会会议纪要》指出，用人单位与劳动者在劳动合同或保密协议中约定了竞业限制条款，但未就补偿费的给付或具体给付标准进行约定，不应据此认定竞业限制条款无效，双方可以通过协商予以补救，经协商不能达成一致的，可按照双方劳动关系终止前最后一个年度劳动者工资的20%－60%支付补偿费。用人单位明确表示不支付补偿费的，竞业限制条款对劳动者不具有约束力。

② 林嘉．劳动法和社会保障法．北京：中国人民大学出版社，2009：137.

进行；且为确保工时制度的贯彻实施，以保障劳动者的人身健康，劳动法对于劳动者兼职予以适当限制。《劳动合同法》第39条规定，劳动者同时与其他用人单位建立劳动关系，对完成本单位的工作任务造成严重影响，或者经用人单位提出，拒不改正的，用人单位可以解除劳动合同。第91条规定："用人单位招用与其他用人单位尚未解除或者终止劳动合同的劳动者，给其他用人单位造成损失的，应当承担连带赔偿责任。"

2. 禁止约定的条款

（1）合同终止条款。《劳动合同法实施条例》第13条规定："用人单位与劳动者不得在劳动合同法第44条规定的劳动合同终止情形之外约定其他的劳动合同终止条件。"

（2）歧视性条款。《就业促进法》第3条规定："劳动者依法享有平等就业和自主择业的权利。劳动者就业，不因民族、种族、性别、宗教信仰等不同而受歧视。"因此，劳动者享有平等就业的权利，劳动合同中不得约定歧视性条款。

（3）保证（押）金条款。《劳动合同法》第9条规定："用人单位招用劳动者，不得扣押劳动者的居民身份证和其他证件，不得要求劳动者提供担保或者以其他名义向劳动者收取财物。"

（4）生死条款。劳动合同中"生死、伤残，概不负责"或者"工伤概不负责"的条款属于法律禁止约定的条款，该类条款因为违反法律、行政法规的强行性规定而无效。

第二节 劳动合同的订立

案例及问题导引

A公司招聘广告载："招聘程序员，……一经录用，将派其赴国外培训一年"。范某前往应聘，后经面试等多个环节，接到公司录取通知，前往办理入职手续并就劳动合同的订立与公司人资部门负责人进行了协商。协商过程中，范某就待遇等咨询人资负责人，负责人均以保密为由婉拒了其提出的问题，而人资负责人多次询问范某的家庭状况、婚姻状况等。后来，人资负责人拿出了一份劳动合同，要求范某签字，范某发现，劳动合同书仅规定了期限和岗位，而其他内容则未有规定，考虑出国培训的机会，范某未提出疑义就在合同书上签字了。入职后，范某发现公司并未打算送其出国深造，遂与公司发生争议，但范某发现劳动合同中并未记载出国培训的事宜，而A公司发现范某简历中记载的英语等级证书有假。请问该案中，劳动合同订立有哪些不当之处？范某是否可要求公司履行招聘广告的记载内容？公司能否以范某简历造假请求确认劳动合同无效?

一、劳动合同订立的程序

劳动合同作为一种特殊的合同，其订立也应遵循合同订立的基本程序，《合同法》第13条规定：“当事人订立合同，采取要约、承诺方式。”因此，劳动合同的订立也应采取要约和承诺。

（一）劳动合同订立的要约

要约是指一方当事人以缔结合同为目的，向对方提出订立合同的内容，希望和对方订立合同的意思表示。发出要约的人称为要约人，接受要约的人则称为受要约人。根据劳动关系建立和运行的实践，在劳动合同订立过程中，通常是由用人单位发出要约，作出希望和劳动者订立劳动合同的意思表示。因此，用人单位为要约人，劳动者为受要约人。

从劳动合同订立的流程来看，在劳动合同订立前当事人双方协商了解阶段，涉及到招聘广告、求职者投递求职简历、面试等多个环节，最后用人单位向求职者发出录取（入职）通知。从上述行为的性质来看，招聘广告、投递求职简历以及面试等都应属于要约邀请，即希望对方与自己订立劳动合同的意思表示，用人单位所发出的录取（入职）通知则为要约，其原因在于：(1) 录取（入职）通知书的内容具体确定，即包括了入职期限、工作岗位、工资等；(2) 表明经受要约人承诺，要约人即受该意思表示约束。

作为要约的录取（入职）通知书，可以撤回，但是撤回通知应当在该通知到达求职者之前或者与通知同时到达求职者。但是，录取（入职）通知书通常是不可以撤销的，其原因在于：(1) 通知书通常载明了入职期限，意味着该要约确定了承诺期限；(2) 在某些情形下，当求职者接到入职通知后，可能会辞去现在的工作，准备入职新的单位，因此，可以视为受要约人有理由认为要约是不可撤销的，并已经为履行合同作了准备工作。通常情形下，作为要约的录取（入职）通知，下列情形下失效：(1) 拒绝要约的通知到达要约人；(2) 入职期限届满，求职者未报到入职的；(3) 求职者对要约的内容作出实质性变更，如对于岗位或者工资等进行了变更。

（二）劳动合同订立的承诺

承诺是受要约人同意要约的意思表示，因此，劳动合同订立的承诺是指求职者同意与用人单位建立劳动关系的意思表示，其通常是以行为的方式，即前往公司办理报到入职手续作出承诺的。根据《合同法》规定，承诺生效时合同成立，且依法成立的合同，自成立时生效。但由于《劳动合同法》采取严格的要式主义，即书面形式，而实践中，如果录取（入职）通知书所载事项较为明确，如包括工作岗位、期限、工资等内容，则用人单位和劳动者双方签字或者盖章的，则可以被视为劳动合同。

二、劳动合同订立的原则

劳动合同的订立，是指劳动合同双方当事人就双方的权利义务作出意思表示，并协商一致的行为和过程。劳动合同订立的原则则是劳动合同订立过程中所需遵循的准则。《劳动合同法》第3条规定："订立劳动合同，应当遵循合法、公平、平等自愿、协商一致、诚实信用的原则。"

（一）合法原则

合法原则是指劳动合同当事人在缔结劳动合同的过程中应遵循法律的规定，其具体包括：（1）主体合法，即缔约当事人必须依法享有缔结劳动合同的主体资格；（2）内容合法，即劳动合同所确定的权利义务应符合法律规定，如关于劳动报酬的约定不得低于最低工资标准；（3）程序合法，即劳动合同的订立程序，即要约、承诺必须符合法律规定，如在缔结劳动合同过程中，当事人存在虚构事实、隐瞒真相的欺诈行为等。

（二）公平原则

公平原则是指劳动合同所确定的权利义务必须公平、合理，其具体包括：（1）劳动者的给付与用人单位的对待给付之间必须公平、合理，即用人单位所提供的劳动报酬等必须与劳动者所给付的劳动的质量和数量整体上匹配；（2）劳动者和用人单位各自的权义的配置必须公平、合理，即用人单位和劳动者各自所享有的权利与其所负担的义务原则上具有一致性；（3）劳动者之间的权利义务必须公平、合理，即平等对待不同劳动者，使得相互之间在同等情形下，应享有同等的权利，承担相近的义务。

（三）平等自愿原则

平等自愿原则，包括平等原则和自愿原则。二者之间具有密切的联系，平等原则是自愿原则的基础和前提，若当事人丧失平等的缔约地位，则其缔约自由也将受到限制。

平等原则是指劳动合同当事人双方在缔约过程中，居于平等地位、适用相同的法律，以及享有同等的保护。尽管劳动关系履行过程中，劳动者人身上从属于用人单位，服从用人单位的指示命令，但是，在缔约过程中，其与用人单位享有平等的法律地位。自愿原则是指劳动者在缔约过程中享有自主决定缔约相对人、缔约与否以及合同内容的自由。

（四）协商一致

协商一致，是指用人单位和劳动者要对合同的内容达成一致意见。协商是指合同订立的过程，即缔约人在平等、自愿的基础上，就劳动合同的内容进行磋商；而一致则是从订约结果角度来说当事人的意思表示达成一致。劳动合同作为一种特殊的合同类型，其也强调当事人双方的合意，而这是劳动合同成立和生效的必备条件。

（五）诚实信用原则

诚实信用原则，被称为民法特别是债法的最高指导原则或称为“帝王规则”，是指劳动合同的当事人在缔约过程中，应该诚实守信，以善意的方式履行缔约义务，不得滥用优势地位规避法律和合同约定的义务。①《劳动合同法》第8、9条所规定的内容都应属于诚实信用原则的内容，其中第8条规定缔约双方各自的如实告知义务，“用人单位招用劳动者时，应当如实告知劳动者工作内容、工作条件、工作地点、职业危害、安全生产状况、劳动报酬，以及劳动者要求了解的其他情况；用人单位有权了解劳动者与劳动合同直接相关的基本情况，劳动者应当如实说明”。而第9条则规定了用人单位在缔约过程中，不得扣押劳动者的居民身份证和其他证件，不得要求劳动者提供担保或者以其他名义向劳动者收取财物。

三、劳动合同的效力

（一）劳动合同的生效

劳动合同的生效，是指符合有效要件的劳动合同按其意思表示的内容产生了法律效力，对签约双方具有法律约束力。《劳动合同法》第16条第1款规定：“劳动合同由用人单位与劳动者协商一致，并经用人单位与劳动者在劳动合同文本上签字或者盖章生效。”从此可知，《劳动合同法》未区分劳动合同的成立与生效，通说认为，劳动合同生效应符合以下条件：（1）主体合法；（2）内容合法；（3）程序合法；（4）形式合法。

实践中有的用人单位只让劳动者在空白的劳动合同书上签名，不让劳动者知晓劳动合同的内容，或者以种种理由拒绝将劳动合同书交给劳动者，因此，《劳动合同法》第16条第2款规定：“劳动合同文本由用人单位和劳动者各执一份。”且用人单位提供的劳动合同文本未载明本法规定的劳动合同必备条款或者用人单位未将劳动合同文本交付劳动者的，由劳动行政部门责令改正；给劳动者造成损害的，应当承担赔偿责任。

（二）劳动合同的无效

劳动合同无效是指用人单位与劳动者签订的合同因严重欠缺生效要件，在当事人间不发生约定的法律效力。《劳动合同法》第26条规定，下列劳动合同无效或者部分无效：（1）以欺诈、胁迫的手段或者乘人之危，使对方在违背真实意思的情况下订立或者变更劳动合同的；（2）用人单位免除自己的法定责任、排除劳动者权利的；（3）违反法律、行政法规强制性规定的。劳动合同无效与劳动合同订立的基本原则密切相关，在第（1）情形中，欺诈、胁迫或乘人之危，使对方违背其真实意思的，是违反了公平

---

① 王利明．合同法研究（第一卷）．北京：中国人民大学出版社，2002：165.

原则、平等自愿原则以及协商一致原则；第（2）种情形则是违反了公平原则，使得用人单位和劳动者之间的权义配置不对等；第（3）种情形则是违反了合法原则。

当事人双方对劳动合同无效或者部分无效有争议的，由劳动争议仲裁机构或者人民法院确认。而劳动合同部分无效的，不影响其他部分效力的，其他部分仍然有效。

由于劳动者的劳动给付具有不可返还性，因此，劳动合同无效不能产生《合同法》第58条所规定的返还原物的效果。《劳动合同法》第28条规定了劳动合同无效的补充规则，劳动合同被确认无效，劳动者已付出劳动的，用人单位应当向劳动者支付劳动报酬。劳动报酬的数额，参照本单位相同或者相近岗位劳动者的劳动报酬确定。

四、导引案例解析

在导引案例中，A公司向范某发出的录取通知书应为要约，而范某前往公司人资部门报到并办理入职手续应为承诺。在双方订立劳动合同的过程中，有下列问题值得注意：（1）A公司对范某的问题避而不答，违反《劳动合同法》第8条的规定，如果A公司所隐瞒的信息导致范某作出错误的意思表示而订立劳动合同的，范某可以欺诈为由要求仲裁机构确认劳动合同无效；（2）由于招聘广告性质上为要约邀请，且劳动合同中未有“一经录用，将派其赴国外培训一年”的约定，因此，原则上公司不负有派其出国培训的义务；（3）范某存在简历造假的行为，若其造假简历与工作岗位的任职之间具有密切联系，则A公司可以其欺诈为由，要求确认劳动合同无效。实践中，对于求职者简历造假的，仲裁机构和法院在确认劳动合同无效时都较为慎重，会严格审查造假资历与任职要求的关联程度以及求职者个人能力对工作职责的胜任情况；（4）A公司提供的劳动合同文本欠缺部分必备条款，原则上不影响劳动合同的效力，当事人需对相关条款再进行协商。

第三节 劳动合同的履行和变更

案例及问题导引

范某与甲地A建筑公司订立了书面劳动合同，约定的工作地点为甲地，且合同最低工资、劳动保护等劳动条件按照甲地标准约定。

（1）某日，范某因需紧急处理个人事务，为了不影响个人考勤，范某要自己的双胞胎弟弟代为前往工地上班，是否可以？

（2）劳动合同履行过程中，A公司未提供安全的工作条件，且强令范某违章作业，范某是否可以拒绝履行?

(3) 若A公司在乙地承揽了某项目，A公司能否单方决定派范某前往乙地工作?

(4) 若范某同意前往乙地工作，甲、乙两地关于最低工资等劳动条件的标准不一，如何履行?

(5) 若A公司被B公司兼并，则范某与A公司之间的劳动合同如何处理?

一、劳动合同的履行

劳动合同的履行是指劳动合同的双方当事人按照劳动合同的约定完成各自义务的行为。劳动合同的履行实际就是劳动的实现过程。《劳动合同法》第29条规定:“用人单位与劳动者应当按照劳动合同的约定，全面履行各自的义务。”而全面履行具体包含以下内容:

(一) 实际履行

实际履行是指劳动合同的双方当事人严格按照约定的权利、义务切实履行，包括履行内容、履行方式、履行地点、履行时间、履行期限等方面。因此，《劳动合同法》第30条规定:“用人单位应当按照劳动合同约定和国家规定，向劳动者及时足额支付劳动报酬。用人单位拖欠或者未足额支付劳动报酬的，劳动者可以依法向当地人民法院申请支付令，人民法院应当依法发出支付令。”第31条规定:“用人单位应当严格执行劳动定额标准，不得强迫或者变相强迫劳动者加班。用人单位安排加班的，应当按照国家有关规定向劳动者支付加班费。”

(二) 亲自履行

亲自履行是指劳动合同当事人必须以自己的行为切实履行约定的义务，不得有他人替代履行。这是劳动关系的人身属性所决定的。劳动合同亲自履行原则决定劳动合同当事人只负有向相对方履行的义务，除非法律有规定或者当事人双方协商同意的。因此，实践中，劳动者将自己的工作转交他人代办、委托他人代为上班打卡等行为都有违亲自履行的原则。

(三) 协作履行

劳动合同的履行过程是劳动的实现过程，需要劳动者与生产资料提供者密切配合，因此劳动合同的当事人双方必须合作，这是诚信原则在劳动合同履行阶段的具体体现。

二、劳动合同的变更

劳动合同的变更是指劳动合同依法订立后，在合同尚未履行或者尚未履行完毕之前，经劳动合同当事人双方或者单方对劳动合同内容作部分修改、补充或者删减的法律行为。因此，劳动合同变更的对象应是已经生效，但尚未履行或者尚未履行完毕的劳动合同。

（一）劳动合同变更的类型

劳动合同的变更可以分为以下几种类型：一是双方变更和单方变更，即根据变更的方式是由劳动合同的当事人双方协商一致变更，还是由用人单位或劳动者一方变更。劳动合同的变更原则上以双方变更为主，只有法律有规定或者当事人有约定的情形下，用人单位或劳动者可单方变更劳动合同，如根据《劳动合同法》第40条规定，在解除劳动合同前，用人单位可单方变更患病或者非因工负伤劳动者以及不能胜任工作的劳动者的岗位。

二是内容变更，即在劳动合同的主体不变的情形下，变更劳动合同约定的内容，包括：劳动合同期限、工作内容和工作地点、工作时间和休息休假、劳动报酬、社会保险、劳动保护、劳动条件和职业危害防护、试用期、培训、保守秘密、补充保险和福利待遇等其他事项。

三是主体变更，即劳动合同的当事人发生变更。基于劳动关系的特点，劳动合同的主体变更原则上仅限于用人单位的变更，而不包括劳动者的变更。《劳动合同法》第33条规定："用人单位变更名称、法定代表人、主要负责人或者投资人等事项，不影响劳动合同的履行。"第34条规定："用人单位发生合并或者分立等情况，原劳动合同继续有效，劳动合同由承继其权利和义务的用人单位继续履行。"

（二）劳动合同变更的原则、程序和形式

劳动合同变更的原则与劳动合同订立时应遵循的原则相同，《劳动法》第17条规定："订立和变更劳动合同，应当遵循平等自愿、协商一致的原则，不得违反法律、行政法规的规定。"

劳动合同的变更方式不同，其程序也不尽相同，如是当事人双方协商一致变更，则亦须遵循要约、承诺的程序，如果是用人单位或劳动者单方变更，原则上需以书面形式通知对方，通知到达对方时，劳动合同发生变更。

变更劳动合同，应当采用书面形式，必须由双方当事人签字或盖章生效。《劳动合同法》第35条规定："用人单位与劳动者协商一致，可以变更劳动合同约定的内容。变更劳动合同，应当采用书面形式。变更后的劳动合同文本由用人单位和劳动者各执一份。"该规定是《劳动合同法》第10条和第16条相关规定的延续。

三、导引案例的解析

根据上述分析，对导引案例的问题，（1）范某不得要其双胞胎弟弟代为前往工地上班，因为根据劳动合同的亲自履行原则，劳动合同不得由他人代为履行。

（2）A 公司未提供安全的生产条件，且强令违章作业的，构成根本违约，范某可以基于同时履行抗辩权拒绝劳动给付，且用人单位不得以此为由拒绝支付劳动报酬，或者解除劳动合同。《劳动合同法》第 32 条规定："劳动者拒绝用人单位管理人员违章指挥、强令冒险作业的，不视为违反劳动合同。"《安全生产法》第 46 条规定，从业人员有权拒绝违章指挥和强令冒险作业。生产经营单位不得因从业人员对本单位安全生产工作提出批评、检举、控告或者拒绝违章指挥、强令冒险作业而降低其工资、福利等待遇或者解除与其订立的劳动合同。笔者以为，《劳动合同法》、《安全生产法》以及《职业病防治法》关于劳动者拒绝劳动给付权的规定限于"违章指挥、强令冒险作业的"，适用范围过于狭窄，而应予以扩张。原则上只要用人单位的违约行为构成根本违约，劳动者都可根据同时履行抗辩权而拒绝劳动给付，其后果一是劳动者不再负有劳动给付义务；二是取得劳动报酬请求权。

（3）原则上劳动合同的变更需当事人双方协商一致，所以，未与范某协商一致，A 公司不得单方要求范某前往乙地工作。

（4）甲、乙两地关于最低工资等劳动条件的标准不一的，应按照有利于劳动者的原则，采取相对更高的标准。《劳动合同法实施条例》第 14 条规定："劳动合同履行地与用人单位注册地不一致的，有关劳动者的最低工资标准、劳动保护、劳动条件、职业危害防护和本地区上年度职工月平均工资标准等事项，按照劳动合同履行地的有关规定执行；用人单位注册地的有关标准高于劳动合同履行地的有关标准，且用人单位与劳动者约定按照用人单位注册地的有关规定执行的，从其约定。"

（5）范某与 A 公司的劳动合同中关于用人单位的权利、义务，应由 B 公司承继。

第四节　劳动合同的解除和终止

案例及问题导引

范某被 A 食品公司聘为食品调剂师，双方签订了为期 3 年的劳动合同，合同约定的试用期为 5 个月：

（1）范某和 A 公司要如何在试用期内解除劳动合同？

（2）若范某无法达到岗位的要求，A 公司要如何解除劳动合同？

（3）A 公司因为食品安全不合格，被工商行政部门吊销营业执照，则其与范某的劳动合同如何处理？

(4) 劳动合同期间，A公司生产经营发生严重困难，需要裁减范某等二十多名员工，A公司要如何解除与范某的劳动合同？

一、劳动合同的解除和终止概述

(一) 劳动合同解除概述

劳动合同的解除是指劳动合同订立之后，履行完毕之前，当具备合同解除条件时，由当事人一方或者双方的意思表示而导致合同效力提前消灭的法律行为。根据不同的标准，可对劳动合同的解除进行以下分类：

1. 根据解除的方式，可分为双方解除和单方解除。前者是指劳动合同的双方当事人用人单位和劳动者协商一致解除劳动合同；后者则是用人单位或劳动者一方根据法律规定解除劳动合同。

2. 根据解除的依据，可分为法定解除和约定解除。法定解除权是指基于法律、法规的规定而享有的解除劳动合同的权利。而约定解除权则是基于劳动合同约定的情形而享有的解除劳动合同的权利。

3. 根据解除的原因，可分为过错解除和无过错解除。过错解除是指劳动合同解除是因为当事人的过错，包括用人单位的过错和劳动者过错，如《劳动合同法》第38、39条规定；无过错解除是指劳动合同的解除并非因为对方当事人的过错，而是基于法律的规定，如《劳动合同法》第37、40、41条规定。

4. 根据解除的程序，可分为预告解除和即时解除。预告解除是指解除权人解除劳动合同的，需提前一定期限通知对方当事人，如《劳动合同法》第37条规定："劳动者提前30日以书面形式通知用人单位，可以解除劳动合同。劳动者在试用期内提前3日通知用人单位，可以解除劳动合同。"即时解除则是指解除权人解除劳动合同时，无需提前通知，只需通知对方当事人，解除通知到达对方当事人时劳动合同解除。

上述第3、4种分类之间具有密切联系，通常而言，过错解除的情形都属于即时解除；而无过错解除的情形都属于预告解除。

(二) 劳动合同终止概述

劳动合同终止，也称为劳动合同的消灭。合同终止有广义的终止和狭义的终止之分，广义的终止既包括合同关系向未来的消灭，也包括合同关系溯及既往的消灭。而狭义的终止仅指合同关系消灭，仅向将来发生效力，当事人不发生恢复原状的义务。① 劳动合同的终止仅为狭义的终止，即劳动合同的效力向未来消灭。

① 王利明. 合同法研究（第二卷）. 北京：中国人民大学出版社，2003：309.

《劳动合同法》第44条规定："有下列情形之一的，劳动合同终止：（1）劳动合同期满的；（2）劳动者开始依法享受基本养老保险待遇的；（3）劳动者死亡，或者被人民法院宣告死亡或者宣告失踪的；（4）用人单位被依法宣告破产的；（5）用人单位被吊销营业执照、责令关闭、撤销或者用人单位决定提前解散的；（6）法律、行政法规规定的其他情形。"根据上述规定，导致劳动合同终止的原因主要有以下两大类，一是期限届满，权利义务终止；二是劳动合同的当事人相应的权利能力和行为能力灭失或存有瑕疵，如劳动者死亡、用人单位被注销等。

（三）劳动合同解除和终止的关系

劳动合同的解除和终止都是有关合同效力消灭的合同制度，其二者之间的关系，学界有不同观点：

1. 合同的终止包括合同的解除说。① 该观点采用广义的合同终止的概念，将合同解除涵盖在终止之下。我国《合同法》就是采取的这种立法模式。

2. 合同终止与合同解除并列说。该观点采用狭义的合同终止概念，严格区分合同终止与合同解除，《劳动合同法》采取这种立法模式，第四章规定劳动合同的解除和终止。

由于合同终止概念的广狭义之分，使得合同解除的相对于终止的地位会有所变化，但是，我们认为，合同终止与合同解除存在以下区别：

第一，合同效力的消灭方向不同，狭义合同终止使得合同效力向后消灭，即对于已经履行的部分不具有溯及力，当事人也不负有恢复原状的义务；而合同解除使得合同效力自始消灭，即合同的解除溯及已经履行部分，对此当事人负有恢复原状的义务；

第二，导致合同终止和解除的原因不同。一般而言，合同终止主要适用于非违约行为，如：劳动合同当事人主体资格的丧失等；而合同解除被常常视为对违约的一种补救措施，认为合同解除是对违约方的一种制裁，是一种特殊的合同责任，因而合同解除只适用于违约的场合，并以解除权的存在及行使为必要。②

需要注意的是，在劳动合同领域，由于劳动的给付具有不可撤销性，"劳动关系已按双方的意愿完全履行，按照不当得利返还清算不能对雇员进行特别社会保护的必要性协调一致，而且对于那些非财产交换的给付（比如劳动、休息），在返还清算上还存在特别的现实的困难。"③ 因此，《劳动合同法》中劳动合同的终止和解除的区分主要是

---

① 王全兴．劳动法（第二版）．北京：法律出版社，2004：143.

② 王利明．合同法研究（第二卷）．北京：中国人民大学出版社，2003：273.

③ ［德］W·杜茨著，张国文译．劳动法．北京：法律出版社，2005：47.

基于原因的不同。

二、劳动合同的解除

（一）双方协商解除

协商解除是指劳动合同的双方当事人在平等协商的基础上一致同意终止尚未履行或尚未履行完毕的劳动合同的效力。《劳动合同法》第36条规定："用人单位与劳动者协商一致，可以解除劳动合同。"劳动合同的双方解除应注意以下几点：（1）当事人之间已存在合法有效的劳动合同，且该合同尚未履行或者尚未履行完毕；（2）当事人双方平等协商，意思表示一致解除劳动合同；（3）用人单位和劳动者均有权提出协商解除劳动合同。

（二）劳动者单方解除

在符合法律规定的条件下，劳动者可单方解除劳动合同，解除通知到达用人单位时或者满一定期限时，劳动合同即告解除。根据《劳动合同法》的规定，劳动者的单方解除权具体包括：

1. 试用期解除权

试用期是指用人单位和劳动者为相互了解、选择而约定的考察期。《劳动合同法》第37条规定："……劳动者在试用期内提前三日通知用人单位，可以解除劳动合同。"因此，劳动者试用期解除，属于预告解除，其行使需符合以下条件：（1）在试用期内；（2）提前三天通知用人单位，书面、口头通知均可。

2. 预告解除权

《劳动法》第31条规定："劳动者解除劳动合同，应当提前三十日以书面形式通知用人单位。"《劳动合同法》第37条规定："劳动者提前三十日以书面形式通知用人单位，可以解除劳动合同。"原劳动部《关于〈劳动法〉若干条文的说明》（劳办发〔1994〕289号）第31条规定："本条规定了劳动者的辞职权，除此条规定的程序外，对劳动者行使辞职权不附加任何条件。"因此，有学者将之称为"无条件的一般性解除"① 但是，该解除权的行使并非无条件，而需遵循以下条件：（1）需提前30日通知用人单位，即通知到达用人单位满30日时，劳动合同解除；（2）需以书面形式通知；（3）该解除权受到服务期的限制，即存有服务期约定的情形下，劳动者不得提前30日书面通知解除劳动合同。

由于该解除权的行使只需遵循相应的程序性条件，而未设置实体性的条件限制，因此，实践中对其非议较多，有人认为，其导致用人单位和劳动者的利益失衡，违反公平

---

① 冯彦君．解释与适用——对我国〈劳动法〉第31条规定之检讨．吉林大学学报，1999（2）．

原则。① 因此，有人提出对该解除权予以限定，为用人单位提供救济，包括：（1）确认放弃一般解除权的“弃权条款”的效力，即劳动者可和用人单位在劳动合同中约定放弃预告解除权；（2）针对不同类型的劳动者行使一般解除权，应有所区别对待，对某些关键人员适用第31条规定应有所限制；（3）劳动者行使一般解除权有违法情形，自当判令其承担赔偿责任。② 而原劳动部《关于贯彻执行〈中华人民共和国劳动法〉若干问题的意见》（劳部发［1995］309号）第32条规定：“按照劳动法第31条的规定，劳动者解除劳动合同，应当提前三十日以书面形式通知用人单位。超过三十日，劳动者可以向用人单位提出办理解除劳动合同手续，用人单位予以办理。如果劳动者违法解除劳动合同给原用人单位造成经济损失，应当承担赔偿责任。”原劳动部《关于〈劳动法〉若干条文的说明》（劳办发〔1994〕289号）也规定，“但违反劳动合同约定者要依法承担责任。”

然而，对于劳动者的单方预告解除权，需注意以下几点：

（1）劳动者单方预告解除权的设立是劳动法倾斜保护原则在劳动合同解除方面的具体体现，从某种意义上说，劳动合同的期限制度的约束对象仅为用人单位，对劳动者而言，由于劳动给付的人身属性和劳动者的择业自主权，不得强迫劳动者履行劳动合同，因此，对于劳动合同期限利益与劳动者的择业自主权的冲突，劳动合同法倾斜的保护劳动者的择业自主权，劳动者可单方预告解除劳动合同；

（2）劳动者预告解除权并未完全忽视用人单位的利益保护，要求劳动者提前30日通知用人单位，其目的在于使用人单位有较为足够的时间对于劳动者的离去采取补救措施，确保用人单位生产经营的连续性和稳定性，如重新招录人员替代离职劳动者。

（3）劳动者依法单方预告解除劳动合同的，应为合法行为，不构成违约，因此无需承担赔偿责任。若劳动者行使预告解除权未遵循相应的程序性条件给用人单位造成损失的，即未提前30日书面通知，应该承担赔偿责任。

（4）除双方有服务期的约定外，劳动者单方解除权的行使不受劳动者职业特点的限制和劳动合同类型的限制。

（5）劳动者不得事先与用人单位约定放弃单方预告解除权，因为，一方面，由于用人单位和劳动者之间的缔约地位实质不平等，难以确定劳动者是否是在平等协商、意思自治的基础上放弃单方预告解除权；另一方面，由于劳动法具有公私兼容的社会法属性，劳动合同不仅涉及到用人单位和劳动者双方的私利益，还涉及到公利益，因此，劳

---

① 马强．劳动合同若干问题研究．中国人民大学学报，2001（1）．

② 马强．劳动合同若干问题研究．中国人民大学学报，2001（1）．

动者的权利受到公法强制，并不能完全自由处分。

3. 推定解雇的解除权（constructive discharge）

推定解雇的解除权是指由于用人单位的违法行为或者违约行为，导致劳动合同难以继续履行，迫使劳动者解除劳动合同（辞职）。推定解雇则是指虽然用人单位未解雇劳动者，但是在劳动合同履行过程中，用人单位存在违法或者违约行为，从而推定用人单位主管上有解雇劳动者的意思，所以，推定解雇的解除属于即时解除和过错解除。

推定解雇的解除权的行使应符合以下条件：一是用人单位违反了劳动合同约定或法律规定的行为，如用人单位拖欠劳动者工资、未提供安全的工作环境等；

二是用人单位的违法或者违约行为构成根本违约，即用人单位的违法或者违约行为导致劳动合同的目的难以实现，从而使劳动者能够终止劳动合同。

三是劳动者解除劳动合同是由于该违约的直接效果，即用人单位的违约行为和劳动者的辞职有直接的因果关系。

四是劳动者在终止劳动合同时没有拖延，劳动者必须及时行使解除权。根据合同法的减轻损失原则，一方当事人违约，另一方当事人应当及时采取措施，防止损失扩大。在劳动合同法领域，用人单位的违法行为或违约行为给劳动者造成损失，劳动者基于自我保护应该及时行使推定解雇的权利。此外，从劳动合同的持续性来看，用人单位的违法行为或违约行为发生后，劳动者却不及时解除合同而还继续履行劳动合同，若该变更不违反法律的强行性规定，则从该事实可以推定劳动者接受了这种变更。

《劳动合同法》第 38 条为推定解雇的解除权的权利基础，其规定：“用人单位有下列情形之一的，劳动者可以解除劳动合同：（1）用人单位未按照劳动合同约定提供劳动保护和劳动条件的；（2）用人单位未及时足额支付劳动报酬的；（3）用人单位未依法为劳动者缴纳社会保险费的；（4）用人单位的规章制度违反法律、法规的规定，损害劳动者权益的；（5）因本法第 26 条第一款规定的情形致使劳动合同无效的；（6）法律、行政法规规定的其他情形。用人单位以暴力、威胁或者非法限制人身自由的手段强迫劳动者劳动的，或者用人单位违章指挥、强令冒险作业危及劳动者人身安全的，劳动者可以立即解除劳动合同，无需事先告知用人单位。”

然而，第 38 条第一款规定为“用人单位有下列情形之一的，劳动者可以解除劳动合同……”；第二款规定为“……劳动者可以立即解除劳动合同，不需事先告知用人单位。”上述表述区别的原因在于，第 38 条第一、二款的适用情形中，用人单位不当行为的严重程度存有差异。其中第一款中用人单位的不当行为主要为违反劳动合同约定的行为；而第二款规定的行为则不仅是违约行为，且其危害到劳动者的人身安全。而事实上，《劳动合同法》草案征求意见稿中相关条款中并未区分上述内容，但《劳动合同法》制订过程中，山西“黑砖窑”事件曝光，为了在立法上强化劳动者的权利保障，因此，从《劳动合同法》草案二审稿开始，将劳动者推定辞职解除权区分为上述两款规定。有学者将第一款称为“随时解除劳动合同”的情形，第二款称为“立即解除劳动合同”的情形。① 我们认为，此种观点具有一定的合理性，但是有以下几点值得注意：

第一，第38条第一款应为即时解除，非随时解除，即劳动者无需预先告知，其解除通知到达用人单位时，劳动合同解除。作为解除权其性质应为形成权，原则上受到除斥期间的限制，此外，从劳动合同的实践性来看，劳动合同履行过程中，如果用人单位单方变更合同约定，如未及时足额支付劳动报酬等，且持续较长期限的，劳动者若未提出异议，以及行使推定解雇的解除权，则可能被视为以实际行动接受劳动合同的变更。然而，《劳动合同法》未设定劳动者根据第38条第一款规定解除劳动合同的除斥期限，且《劳动合同法》原则上仅允许当事人双方协商一致变更劳动合同，而未规定以实际行动变更劳动合同。

第二，第38条第二款的立法目的在于保障劳动者的人身安全，因此，其突出强调无需“事先告知用人单位”。然而，该款规定的问题在于，无需“事先告知用人单位”是指无需“告知”还是无需“事先”告知，语意不详。一方面，从解除权的行使规则来看，合同的解除都需通知对方当事人，因此，不能理解为无需“告知”；另一方面，从过错解除来看，原则上应为即时解除，而无需“事先”预告，因此，在此款情形下，本身就无需“事先告知”。

从实务的角度来看，对该款仅可理解为只要用人单位以暴力、威胁或者非法限制人身自由的手段强迫劳动者劳动的，或者用人单位违章指挥、强令冒险作业危及劳动者人身安全的，劳动合同即告解除，无需劳动者通知用人单位。然而，此种理解有违解除权的行使规则，且与《劳动合同法》第32条关于用人单位违章指挥、强令冒险作业与劳动者劳动给付拒绝权的规定存在体系性冲突，因为，如用人单位管理人员实施违章指挥、强令冒险作业危及劳动者人身安全，劳动合同即告解除，那又何来劳动者拒绝劳动给付？

（三）用人单位单方解除

1. 试用期解除权

《劳动合同法》第39条第（一）项规定，在试用期间被证明不符合录用条件的，

① 林嘉．劳动法和社会保障法．北京：中国人民大学出版社，2009：146－147.

用人单位可以解除劳动合同。① 用人单位据此解除劳动合同的应该符合以下条件：

(1) 用人单位需承担劳动者不符合录用条件的证明责任

实践中，用人单位滥用试用期解除权的情形较为普遍，甚至有人认为试用期可随意“炒鱿鱼”。然而，事实并非如此。根据《劳动合同法》第39条第（一）项规定，用人单位行使试用期解除权的，需证明劳动者试用期间不符合录用条件。

录用条件是用人单位在试用期内与劳动者解除劳动合同的法律依据。② 但何谓“录用条件”学界和司法实践中存有争议，有学者将录用条件严格地限定在招工条件或招聘广告等。其认为“录用条件是用人单位确定所要聘用的劳动者的素质条件。用人单位在招聘过程中所发布的各种信息，如招聘广告、招工条件、笔试面试等均可作为录用条件。”“绩效考核标准不是录用条件”业绩目标是企业对员工的长期考核指标，也可以是录用条件的一部分。且用人单位应将录用条件明确告知员工。③

有学者则主张将录用条件作宽泛解释。其认为“单位对于劳动者的要求，决不会仅限于工作能力、工作态度等简单指标，而是包含了劳动者的诚信度以及由此引伸出的对用人单位的忠诚度、劳动者的合作和团队精神、劳动者的个人品行和文明素养等等的综合指标。换言之，如果用人单位对劳动者的评判标准包含着这些要素，其评判标准的正当性不应被轻易否定。”④ 即“用人单位可在试用期内考查职工所具备的基本素质和品行，看其是否与劳动职责相称。”⑤“对劳动者从各个方面进一步全面地、严格地考查，发现不符合合同条款或有关规定的，如身体条件、年龄条件、文化程度、个人专业、职业道德、个人文化修养、品德修养等不符合录用条件的，或是经试用期培训后仍不能胜任其工作岗位要求的，用人单位有权解除劳动合同。”⑥

---

① 我们认为，《劳动合同法》第39条第（一）项关于用人单位试用期解除权的规定，与第39条其他项的规定存有差别，如第（二）项规定“严重违反用人单位的规章制度的”等。一是行使期限不同。第39条第（一）项仅能在试用期间行使，而其他项则不仅能在试用期行使，还能在正式期行使；二是性质不同。第39条第（一）项规定“试用期间不符合录用条件”一般并非劳动者的过错，而多为劳动能力欠缺等；而其他项规定则均为劳动者过错的违约或者违法行为；三是解除的理论基础不同。第39条第（一）项规定是基于试用期制度的特点而设置的，因为，试用期为当事人双方的考察期，试用期间不符合录用条件的，用人单位当然可解除劳动合同；而其他项的规定则是基于根本违约制度，因为，劳动者严重违反规章制度等违约行为致使劳动合同履行不能，所以，用人单位可解除劳动合同。因此，本教材将第39条第（一）项试用期解除权与第39条其他项关于推定辞职的解除权的规定相区分。且笔者以为，根据前文论述以及《劳动合同法》第37条关于劳动者试用期解除权的规定，用人单位的试用期解除权原则上也应为预告解除，而不应为即时解除。

② 刘磊．如何完善试用期的录用条件．中国劳动保障报，2006-2-14.

③ 刘磊．如何完善试用期的录用条件．中国劳动保障报，2006-2-14.

④ 郭文龙．《劳动法》第25条关于试用期内的录用条件应作宽泛理解．中国劳动，2005（11）.

⑤ 黎剑飞．劳动法的理论与实践．北京：中国人民公安大学出版社，2004：311.

⑥ 黎剑飞．劳动法的理论与实践．北京：中国人民公安大学出版社，2004：331.

我们认为，后一种观点更为合理。其原因在于：从试用期的制度目的来看，用人单位在招工时就事先将全部录用条件明确似乎难以实现，因为，部分录用条件需要在工作单位和劳动者磨合过程中确立的，并且，事先由用人单位单方确立录用条件不一定合理且有利于劳动者。此外，招工主要是由用人单位的管理层来负责，而劳动者被录用后，是否符合“录用条件”则需要用人单位整体来评价，不仅包括管理者可能还包括其他的劳动者。但是，过于宽泛的解释“录用条件”，可能会产生不利于劳动者的后果，因此，应予以适当的限定：

一方面，从劳动者与劳动岗位的关系角度所确立的条件，即岗位条件，包括：身体条件、年龄条件、文化程度、个人专业以及岗位的技能条件等；另一方面，从劳动者与用人单位以及其他劳动者相互之间的关系角度确立，即劳动者的素养条件，包括：道德素养、为人素养等。岗位条件一般会由用人单位在招工条件中明确列明，而对于素养条件则会一言概之或不予列明。我们认为，对“录用条件”的宽泛解释主要是素养条件，如道德素养可以解释包括对用人单位的忠诚度，为人素养的解释可以包括团队精神等。

（2）劳动者“试用期间不符合录用条件”应与工作（岗位、职责）具有一定的关联性

并非劳动者试用期内任何不适当的表现都可被认定“不符合录用条件”，用人单位在认定劳动者的表现不符合录用条件时，应举证证明劳动者“不符合录用条件的表现”与工作（岗位、职责）具有一定的关联性。一是可较为有效地防止用人单位滥用试用期的解雇权，侵害劳动者权益；二是这也更符合试用期的制度目的，即通过试用使用人单位考察了解劳动者是否符合工作需要。

（3）解除通知需在试用期内送达劳动者

试用期内用人单位的解除权为形成权，具有单方性和即时性。用人单位必须在试用期内行使，即用人单位的解除通知必须在试用期届满之前到达劳动者。原劳动部《对关于如何确定试用期内不符合录用条件可以解除劳动合同的请示的复函》中明确指出：“对试用期内不符合录用条件的劳动者，企业可以解除劳动合同；若超过试用期，则企业不能以试用期内不符合录用条件为由解除劳动合同。”

（4）用人单位以不符合录用条件行使解除权必须向劳动者说明理由，劳动者可以提出异议

用人单位行使试用期解除权的，应向劳动者说明理由，因为，实践中“录用条件”多由用人单位单方确定，但是，劳动者并非对于录用条件无能为力，听之任之。劳动者对于用人单位“录用条件”有知情权，即用人单位在与劳动者签订劳动合同时，必须将相应的岗位条件和素质条件告知劳动者。换言之，“录用条件”也不应由用人单位自己说了就算，不能是个天知、地知、雇主知的“玄机”，而应当是经过公布，由用人单

位和劳动者共知的。

对用人单位试用期解除权，有以下几点值得注意：

第一，用人单位试用期解除权不能等同于用人单位试用期间可行使的解除权。用人单位试用期解除权仅能在试用期间行使，且基于试用期的制度目的，其解除理由仅为“试用期间不符合录用条件”。而用人单位试用期间可行使的解除权，则不限于试用期解除权，还包括推定辞职的解除权、法定解除权以及经济性裁员的解除权等，在符合一定条件下，这些解除权不仅可在正式期内行使，也可在试用期内行使，因此，《劳动合同法》第21条规定：“在试用期中，除劳动者有本法第三十九条和第四十条第一项、第二项规定的情形外，用人单位不得解除劳动合同。”

第二，用人单位试用期解除权和劳动者的试用期解除权存在较大的区别，前者的行使附条件，即用人单位需证明劳动者“试用期间不符合录用条件”；而后者的行使则为附期限，即劳动者在试用期内，提前三日通知用人单位即可。

2. 推定辞职的解除权

推定辞职的解除权是指因为劳动者的过错，导致用人单位解除劳动合同的情形，即劳动合同履行过程中，劳动者存在严重的违法或违约行为，虽未主动提出辞职，但是从其履行表现推定他有辞职的主观意愿，因此，推定辞职的解除权性质上应属于过错解除和即时解除。

《劳动合同法》第39条规定，劳动者有下列情形之一的，用人单位可以解除劳动合同：

（1）严重违反用人单位的规章制度的

规章制度，是指用人单位单方面制定的用人本单位的劳动组织和管理的规则。规章制度作为劳动关系调整的重要依据，对于劳动关系的双方当事人都具有重要意义，一方面，规章制度的制订是用人单位经营管理权的重要体现，是用人单位对劳动者进行管理指挥的重要依据；另一方面，对劳动者而言，规章制度则是劳动合同履行的重要依据。《最高人民法院关于审理劳动争议案件适用法律若干问题的解释》（一）第19条规定：“用人单位根据《劳动法》第四条之规定，通过民主程序制定的规章制度，不违反国家法律、行政法规及政策规定，并已向劳动者公示的，可以作为人民法院审理劳动争议案件的依据。”

严重违反用人单位的规章制度，应该符合以下条件：（1）用人单位的规章制度必须符合内容合法、制订程序合法，且依法公示三个条件。《劳动合同法》第4条规定：“用人单位应当依法建立和完善劳动规章制度，保障劳动者享有劳动权利、履行劳动义务。用人单位在制定、修改或者决定有关劳动报酬、工作时间、休息休假、劳动安全卫生、保险福利、职工培训、劳动纪律以及劳动定额管理等直接涉及劳动者切身利益的规章制度或者重大事项时，应当经职工代表大会或者全体职工讨论，提出方案和意见，与工会或者职工代表平等协商确定。在规章制度和重大事项决定实施过程中，工会或者职工认为不适当的，有权向用人单位提出，通过协商予以修改完善。用人单位应当将直接涉及劳动者切身利益的规章制度和重大事项决定公示，或者告知劳动者。"（2）劳动者未遵守规章制度的规定，且程度严重。实践中主要是由规章制度来具体化"严重"违反的行为，如多次迟到、连续旷工等。

（2）严重失职，营私舞弊，给用人单位的利益造成重大损害的

劳动合同的履行过程中，劳动者应该严格按照约定和工作规程履行自己的劳动给付义务，同时应该基于忠诚义务，为了用人单位的利益恪尽职守。本项规定严重失职，营私舞弊的情形是属于劳动者违反合同的劳动给付义务和忠诚义务，并且给用人单位造成重大损害。原劳动部《关于贯彻执行〈劳动法〉若干问题的意见》（劳部发［1995］309号）第87条规定："劳动法第25条第（三）项中的'重大损害'，应由企业内部规章来规定，不便于在全国对其作统一解释。若用人单位以此为由解除劳动合同，与劳动者发生劳动争议，当事人向劳动争议仲裁委员会申请仲裁的，由劳动争议仲裁委员会根据企业类型、规模和损害程度等情况，对企业规章中规定的'重大损害'进行认定。"

（3）劳动者同时与其他用人单位建立劳动关系，对完成本单位的工作任务造成严重影响，或者经用人单位提出，拒不改正的

《劳动合同法》出台前，我国司法实践中对双重劳动关系持否定态度，若劳动者已存在一个劳动关系，与其他单位之间建立的关系通常被视为劳务关系。但"一个已经产生的劳动关系不会阻止签订其他有效的劳动合同。这里只产生履行问题、双方解约或者双方劳动关系解除以及损害赔偿的问题。"①《劳动合同法》放松了对双重劳动关系的限制。但为了防止劳动关系多重化影响劳动关系的履行以及用人单位利益，《劳动合同法》第39条第（四）项规定：劳动者同时与其他用人单位建立劳动关系，对完成本单位的工作任务造成严重影响，或者经用人单位提出，拒不改正的，用人单位可解除劳动合同。而用人单位据此解除劳动合同的，需符合以下条件：一是劳动者与两个以上的用人单位建立劳动关系；二是其他劳动关系对本单位的工作任务的完成造成了严重影响，或者虽未影响本单位工作任务的完成，但经单位提出，拒不改正的。

（4）因本法第26条第一款第一项规定的情形致使劳动合同无效的

《劳动合同法》第26条第（一）项规定，以欺诈、胁迫的手段或者乘人之危，使对方在违背真实意思的情况下订立或者变更劳动合同的，劳动合同无效。然而，《劳动

---

① ［德］W·杜茨著、张国文译．劳动法．北京：法律出版社，2005：44.

合同法》第39条第（五）项规定的令人生疑之处在于，既然劳动合同无效，又如何解除呢？其原因在于《劳动合同法》采取严格的要式主义，劳动关系和劳动合同相区别，劳动合同无效的，并不必然导致劳动关系无效，所以，劳动者以欺诈、胁迫的手段或者乘人之危，使用人单位在违背真实意思的情况下订立或者变更劳动合同的，用人单位可以解除的并非是无效的劳动合同，而是劳动关系。

（5）被依法追究刑事责任的

劳动合同的履行具有高度的人身属性和继续性，因此，通常情形下，劳动者被追究刑事责任将导致劳动合同履行不能，因此，用人单位享有单方解除劳动合同的权利。原劳动部《关于〈劳动法〉若干条文的说明》（劳办发〔1994〕289号）第29条规定："'被依法追究刑事责任'是指：被人民检察院免予起诉的、被人民法院判处刑罚的、被人民法院依据刑法第三十二条免予刑事处分的。劳动者被人民法院判处拘役、三年以下有期徒刑缓刑的，用人单位可以解除劳动合同。"原劳动和社会保障部办公厅《关于职工被人民检察院作出不予起诉决定用人单位能否据此解除劳动合同问题的复函》（劳社厅函［2003］367号）规定："人民检察院根据《中华人民共和国刑事诉讼法》第一百四十二条第二款规定作出不起诉决定的，不属于《劳动法》第二十五条第（四）项规定的被依法追究刑事责任的情形。因此，对人民检察院根据《中华人民共和国刑事诉讼法》第一百四十二条第二款规定作出不起诉决定的职工，用人单位不能依据《劳动法》第二十五条第（四）项规定解除其劳动合同。但其行为符合《劳动法》第25条其他情形的，用人单位可以解除劳动合同。"

3. 法定解除（雇）权

法定解除（雇）权是指用人单位基于法律规定的情形，预先提前三十日以书面形式通知劳动者或者多支付一个月工资，可单方解除劳动合同。其主要适用于非因为劳动者个人过错导致其不能按照约定履行劳动合同的情形，因此，其属于无过错解除和预告解除。根据《劳动合同法》第40条规定，用人单位法定解除（雇）权的三种情形如下：

（1）劳动者患病或者非因工负伤，在规定的医疗期满后不能从事原工作，也不能从事由用人单位另行安排的工作的；

根据《企业职工患病或非因工负伤医疗期规定》（劳部发［1994］479号）的规定，医疗期是指企业职工因患病或非因工负伤停止工作治病休息不得解除劳动合同的时限。企业职工因患病或非因工负伤，需要停止工作医疗时，根据本人实际参加工作年限和在本单位工作年限，给予三个月到二十四个月的医疗期。

在此种情形下，用人单位行使法定解除（雇）权解除劳动合同的，应该符合以下条件：一是劳动者患病或非因工负伤，且医疗期届满；二是经过考核，劳动者不能从事原工作；三是用人单位另行安排工作；四是经再考核，劳动者不能从事另行安排的工作。

（2）劳动者不能胜任工作，经过培训或者调整工作岗位，仍不能胜任工作的；

用人单位在此种情形下，解除劳动合同的，应该符合以下条件：一是证明劳动者不能胜任工作。劳动者不能胜任工作主要是指劳动者的工作表现未实现岗位职责的要求和预期。而岗位职责以及相应的劳动定额标准的设置应该合理、客观，不能基于用人单位负责人的主观意愿随意变更，原则上岗位职责及相应的劳动定额标准应该事先告知劳动者，若用人单位未有相关的岗位职责及相应的劳动定额标准则可根据相同或者相近行业、相同或者相近规模的用人单位的相同或相近岗位的职责及相应的劳动定额标准作为参考。

二是经过培训或者调整工作岗位。劳动者不能胜任工作，用人单位不能直接解除劳动合同，而需对其提供相应的技能提升的培训，以使其能够胜任工作；或者根据其工作表现和工作技能等，调整工作岗位，且与原工作岗位相比，调整后的工作岗位职责及劳动定额标准应该相对更低，以使其能够胜任工作。

三是经过培训或者调整工作岗位，仍不能胜任工作。

（3）劳动合同订立时所依据的客观情况发生重大变化，致使劳动合同无法履行，经用人单位与劳动者协商，未能就变更劳动合同内容达成协议的。

“契约严守”原则是指劳动合同履行的重要原则，然而在某些时候，按照约定履行劳动合同则可能产生不公平的后果，因此，基于诚信原则，当劳动合同依法成立后，发生了不可预见，且不可归责于双方当事人的事情，动摇了合同订立的基础时，允许用人单位解除劳动合同，这就是“契约严守”原则的例外——情势变更原则。

用人单位基于“情势变更”解除劳动合同的应符合以下条件：一是有情势变更的事实，即作为劳动合同订立基础的客观事实确实发生了变化；二是发生在劳动合同成立后，但尚未履行或者未履行完毕之前；三是情势变更是当事人双方在劳动合同订立时所无法预见，且不可归责于双方当事人；四是因情势变更而使原劳动合同的履行显失公平，而重新协商变更合同及解除合同的目的则是维持契约公平。

在劳动合同履行过程中，发生变化的客观情况需达到“重大”的程度，致使劳动合同无法履行。通常情形下，可被视为情势变更的事项包括：政策变更、原材料上涨、战争等。然而情势变更并不当然产生变更或解除劳动合同的效果，通常而言情势变更则产生以下两个法律效果，一是重新协商，又称“再交涉义务”，即一方当事人可以要求对方就合同的内容重新协商。二是在协商无果的前提下，解除劳动合同。

综上，在上述情形下，用人单位可解除劳动合同，但是需符合一定的程序性条件，即提前 30 日书面通知，或者额外支付劳动者一个月工资，且书面通知可解除劳动合同。

由于非因劳动者的不当行为而解除劳动合同，为了使劳动者获得寻找工作的时间，因此，用人单位需提前30日书面通知劳动者，用人单位也可额外支付劳动者一个月工资来替代30日的预告期限。[①]《劳动合同法实施条例》第20条规定："用人单位依照劳动合同法第四十条的规定，选择额外支付劳动者一个月工资解除劳动合同的，其额外支付的工资应当按照该劳动者上一个月的工资标准确定。"

4. 经济性裁员的解除权

经济性裁员，是用人单位濒临破产进行法定整顿期间或者生产经营状况发生严重困难等，为改善生产经营状况而辞退成批人员。经济性裁员通常具有大规模的特点，即用人单位为了缓解经营困境，需要一次性裁减数量较多的员工，而大规模的裁减员工将极大地影响劳动关系乃至社会的稳定，因此，对于经济性裁员设有严格的限制，具体包括：

一是裁减人数规模的限制。根据《劳动合同法》第41条规定："需要裁减人员二十人以上或者裁减不足二十人但占企业职工总数百分之十以上的"，才适用经济性裁员的规定。

二是裁员的程序性限制。原劳动部《企业经济性裁减人员规定》（劳部发［1994］447号）第4条规定："用人单位确需裁减人员，应按下列程序进行：（1）提前三十日向工会或者全体职工说明情况，并提供有关生产经营状况的资料；（2）提出裁减人员方案，内容包括：被裁减人员名单，裁减时间及实施步骤，符合法律、法规规定和集体合同约定的被裁减人员经济补偿办法；（3）将裁减人员方案征求工会或者全体职工的意见，并对方案进行修改和完善；（4）向当地劳动行政部门报告裁减人员方案以及工会或者全体职工的意见，并听取劳动行政部门的意见；（5）由用人单位正式公布裁减人员方案，与被裁减人员办理解除劳动合同手续，按照有关规定向被裁减人员本人支付经济补偿金，出具裁减人员证明书。"

三是裁减对象及裁减顺序限制。《劳动合同法》第41条第二款规定："裁减人员时，应当优先留用下列人员：（1）与本单位订立较长期限的固定期限劳动合同的；（2）与本单位订立无固定期限劳动合同的；（3）家庭无其他就业人员，有需要扶养的老人或者未成年人的。"原劳动部《企业经济性裁减人员规定》（劳部发［1994］447号）第5条规定："用人单位不得裁减下列人员：（1）患职业病或者因工负伤并被确认丧失或者部分丧失劳动能力的；（2）患病或者负伤，在规定的医疗期内的；（3）女职

---

① 有人将用人单位额外支付劳动者一个月的工资称为"代通知金"，此种表述并不准确，因为，额外支付劳动者的一个月工资并非是用来替代通知的，而是替代30日的预告期限，所以，用人单位额外支付劳动者一个月工资外，还需书面通知劳动者，才能解除劳动合同。

工在孕期、产期、哺乳期内的；（4）法律、行政法规规定的其他情形。”

四是重新招聘对象的限制。《劳动合同法》第41条第三款规定：“用人单位依照本条第一款规定裁减人员，在六个月内重新招用人员的，应当通知被裁减的人员，并在同等条件下优先招用被裁减的人员。”

五是实体条件的限制，即只有在以下四种情形下，用人单位才可实施经济性裁员：

（1）依照企业破产法规定进行重整的；

《企业破产法》第70条规定：“债务人或者债权人可以依照本法规定，直接向人民法院申请对债务人进行重整。”破产重整是指用人单位不能清偿到期债务，经由利害关系人的申请，在审判机关的主持和利害关系人的参与下，对具有重整原因和重整能力的债务人进行生产经营上的整顿和债权债务关系上的清理，以期摆脱财务困境，重获经营能力的特殊法律程序。而经济性裁员只是破产重整的重要内容之一，以通过裁减人员减轻企业负担，使企业能够“重生”。

（2）生产经营发生严重困难的；

生产经营发生严重困难，是指用人单位的生产经营难以为继，不得不进行裁员。原劳动部《关于〈劳动法〉若干条文的说明》（劳办发〔1994〕289号）第27条规定：“生产经营状况发生严重困难的界定，需要根据地方政府的规定进行。”但是，各地未在劳动合同领域对何谓“生产经营发生严重困难”作出直接的规定，而在就业促进和社会保险中明确了“困难企业”的条件及申报程序，如宁波市政府的规范性文件确定的“困难企业”是指受金融危机影响面临暂时性生产经营困难、处于停产或半停产状态但恢复有望，生产经营活动符合国家、地方产业和环保政策，已采取在岗培训、轮班工作、协商薪酬等稳定员工队伍措施，申报期当季主营业务收入比上季下降30%及以上且当季末利润总额为负的困难企业。”而企业要获得“困难企业”的认定需经过行业主管部门、财政（地税）部门等的审核批准。我们认为，用人单位以企业“生产经营发生严重困难”，解除劳动合同的，也应设定严格审核条件和程序，非经审核，用人单位不得滥用该规定。

（3）企业转产、重大技术革新或者经营方式调整，经变更劳动合同后，仍需裁减人员的；

企业转产是指企业改变主营业务。重大技术革新则可能改进生产方式，提高生产率，相应的减少员工的需求量。经营方式调整则是指企业生产经营活动所采取的形式，如自产自销、代购代销、批发零售、来料加工等。

企业转产、重大技术革新或者经营方式调整后，可能有以下两种后果：一是需要的人员减少，导致劳动者冗员；二是原有的技术工人无法胜任新的生产任务的需要。然而，用人单位并不能直接解除劳动合同，而须先与相应的劳动者协商变更劳动合同，只有在劳动合同变更后，仍需裁员的，用人单位方能解除劳动合同。

（4）其他因劳动合同订立时所依据的客观经济情况发生重大变化，致使劳动合同无法履行的。

该项为兜底性规定，以弥补上文所列举的三项规定的不足，对于该项规定有以下几点值得注意：一是发生变化的为经济情况，而非别的事项，且为客观的，即不可归责于用人单位；二是程度上达到“重大”，其具体的判断标准较为多元，如损失数额大小、政策影响的大小等；三是劳动合同无法履行。

综上，劳动合同的解除是用人单位和劳动者双方或一方通过意思表示结束劳动合同效力的一种方式。然而，由于劳动给付的人身性，因此，基于倾斜保护劳动者的原则，在劳动合同解除方面对劳动者设有解雇保护，其具体包括以下几方面：第一，从用人单位和劳动者的解除权的比较来看，劳动者解除劳动合同容易，除非劳动合同约定了服务期，其只需提前30日书面通知即可解除劳动合同；而用人单位解除劳动合同难，用人单位单方解除劳动合同，都有重重的实体性限制；第二，根据《劳动合同法》第42条规定，除非协商解除和劳动者自身存在推定辞职的不当行为，用人单位不得基于法定解除（雇）权和经济性裁员的解除权解除劳动合同。该条规定：“劳动者有下列情形之一的，用人单位不得依照本法第四十条、第四十一条的规定解除劳动合同：（1）从事接触职业病危害作业的劳动者未进行离岗前职业健康检查，或者疑似职业病病人在诊断或者医学观察期间的；（2）在本单位患职业病或者因工负伤并被确认丧失或者部分丧失劳动能力的；（3）患病或者负伤，在规定的医疗期内的；（4）女职工在孕期、产期、哺乳期的；（5）在本单位连续工作满十五年，且距法定退休年龄不足五年的；（6）法律、行政法规规定的其他情形。”

三、劳动合同的终止

《劳动合同法》第44条规定：“有下列情形之一的，劳动合同终止：（1）劳动合同期满的；（2）劳动者开始依法享受基本养老保险待遇的；（3）劳动者死亡，或者被人民法院宣告死亡或者宣告失踪的；（4）用人单位被依法宣告破产的；（5）用人单位被吊销营业执照、责令关闭、撤销或者用人单位决定提前解散的；（6）法律、行政法规规定的其他情形。”第45条规定：“劳动合同期满，有本法第四十二条规定情形之一的，劳动合同应当续延至相应的情形消失时终止。但是，本法第四十二条第二项规定丧失或者部分丧失劳动能力劳动者的劳动合同的终止，按照国家有关工伤保险的规定执行。”《工会法》第18条规定：“基层工会专职主席、副主席或者委员自任职之日起，其劳动合同期限自动延长，延长期限相当于其任职期间；非专职主席、副主席或者委员自任职之日起，其尚未履行的劳动合同期限短于任期的，劳动合同期限自动延长至任期期满。但是，任职期间个人严重过失或者达到法定退休年龄的除外。”

《劳动法》第23条规定，当事人约定的劳动合同终止条件出现，劳动合同即行终止。因此，实践中，诸多用人单位滥用其优势地位，迫使劳动者同意在劳动合同中约定终止条件，损害劳动者的权益。因此，《劳动合同法实施条例》第13条规定：“用人单位与劳动者不得在劳动合同法第四十四条规定的劳动合同终止情形之外约定其他的劳动合同终止条件。”

四、经济补偿金和赔偿金

（一）经济补偿金

1. 经济补偿金概述

经济补偿金是指劳动合同解除或终止时，用人单位一次性支付的经济补助。《劳动法》颁布实施前，经济补偿金又被称作“一次性安置费”或“生活补助费（补偿金）”，我国台湾地区《劳动基准法》则称为“资遣费”。

理论争鸣

关于经济补偿金的性质的争议

对于经济补偿金的性质学界存有争议，主要有以下几种观点：

（1）劳动贡献补偿说。持该观点的学者认为，“经济补偿是劳动者在劳动关系存续期间为用人单位已贡献的积累给予的物质补偿，是对劳动者过去劳动成果的肯定，因此经济补偿的数额当与在本单位的工龄挂钩，劳动部颁发的文件采用的就是这种学说。”①

（2）违约金说。持该观点的学者认为，经济补偿金是“企业未能履行劳动合同规定的义务所承担的责任”。②

（3）社会保障说。持该观点的学者认为，“基于宪法、劳动法对公民生存权保护的需要，国家要求用人单位在解除劳动合同时必须支付给劳动者一定的经济补偿，以帮助劳动者度过失业和生活消耗、医疗费用无来源的阶段，保障劳动者权益。”③

（4）特殊的解约补偿说。持该观点的学者认为，“无论是劳动贡献补偿说，还是违

① 王全兴．劳动法．第二版．北京：法律出版社，2004：153.

② 傅静坤．劳动合同解约金问题研究．现代法学，2000（5）.

③ 刘京州．浅议解除劳动合同的经济补偿．甘肃科技，2004（6）.

约金说或社会保障说都不能圆满的解释经济补偿金的性质。因此，经济补偿金是劳动法上一项极有特色的制度，充分体现了劳动法对劳动者倾斜保护的原则和目的。经济补偿金应被视为是劳动法上特有的和独立的解约经济补偿形式。”①

（5）用人单位的帮助义务说。经济补偿金是用人单位在劳动者被动解除合同这一最需要帮助的时候给予劳动者的资助，是国家分配给用人单位的法定义务，是“用人单位帮助义务化或法定化”。②

上述学说均有一定道理，但又都有一些不足。③笔者以为，基于劳动关系的人身性和继续性，劳动者对劳动合同的履行和劳动关系的维持享有信赖利益，因此，经济补偿金是对劳动者的信赖利益的保护。而对信赖利益损失的赔偿责任具有补偿性，而不具有惩罚性，以劳动者的工资和该单位的工作年限作为计算损失赔偿的标准，并非仅是为了补偿其劳动贡献，而是随着劳动合同的履行，劳动者对于劳动合同和劳动关系继续的信赖投入愈多，因此，因不可归责于劳动者的原因，导致劳动合同解除或终止时，用人单位需要承担劳动者的信赖利益损失的补偿责任，应随着其工作年限的增长而提高。

2. 经济补偿金的适用范围。

根据《劳动合同法》第46条规定，有下列情形之一的，用人单位应当向劳动者支付经济补偿：

（1）劳动者依照本法第三十八条规定解除劳动合同的，即劳动者推定解雇解除劳动合同的情形；

（2）用人单位依照本法第三十六条规定向劳动者提出解除劳动合同并与劳动者协商一致解除劳动合同的；《劳动法》第28条规定，用人单位依据本法第二十四条（双方协商解除）、第二十六条、第二十七条的规定解除劳动合同的，应当依照国家有关规定给予经济补偿。因此，《劳动法》未区分用人单位还是劳动者提出解除协议的动议。原劳动部《违反和解除劳动合同的经济补偿办法》第5条规定：“经劳动合同当事人协商一致，由用人单位解除劳动合同的，用人单位应……发给经济补偿金。”原劳动部《对河北省劳动厅〈关于终止或解除劳动合同计发经济补偿金有关问题的请示〉的复函》则明确指出：“用人单位依据《劳动法》第二十四条向职工提出并经双方协商一致解除劳动合同的，应当向劳动者支付经济补偿金，由劳动者本人提出解除劳动合同的，

① 党世强．劳动合同中的经济补偿金法律制度研究．法律图书馆，http：//www. law-lib. com/lw/lw_view. asp？no＝9945。最后浏览：2011年1月4日。

② 董保华．劳动合同法中经济补偿金的定性及其制度构建．河北法学，2008（5）．

③ 林嘉，杨飞：《劳动合同解除中的经济补偿金、违约金和赔偿金问题研究》，林嘉．社会法评论（第一卷）．北京：中国人民大学出版社，2005：16－19．

用人单位可以不支付经济补偿金。”

（3）用人单位依照本法第四十条规定解除劳动合同的，即用人单位单方法定解除（雇）劳动合同的情形；

（4）用人单位依照本法第四十一条第一款规定解除劳动合同的，即用人单位根据经济性裁员解除劳动合同的情形；

（5）除用人单位维持或者提高劳动合同约定条件续订劳动合同，劳动者不同意续订的情形外，依照本法第四十四条第一项规定终止固定期限劳动合同的；即劳动合同期限届满时，因不可归责于劳动者的原因，导致劳动合同续订失败的情形；

（6）依照本法第四十四条第四项、第五项规定终止劳动合同的，即因用人单位的丧失相应的主体资格（依法宣告破产、被吊销营业执照、责令关闭、撤销或者用人单位决定提前解散的）导致劳动合同终止的情形；

（7）法律、行政法规规定的其他情形。如《劳动合同法实施条例》第22条规定："以完成一定工作任务为期限的劳动合同因任务完成而终止的，用人单位应当依照劳动合同法第四十七条的规定向劳动者支付经济补偿。"

3. 经济补偿金的支付标准

根据《劳动合同法》第47条的规定，经济补偿金的支付取决于以下因素：

（1）本单位工作的年限，指劳动者在本单位内连续工作的时间。①

《劳动合同法实施条例》第10条规定："劳动者非因本人原因从原用人单位被安排到新用人单位工作的，劳动者在原用人单位的工作年限合并计算为新用人单位的工作年限。原用人单位已经向劳动者支付经济补偿的，新用人单位在依法解除、终止劳动合同计算支付经济补偿的工作年限时，不再计算劳动者在原用人单位的工作年限。"

（2）工资。根据《劳动合同法》的规定，作为经济补偿金支付基数的劳动者的月工资，即劳动者在劳动合同解除或者终止前十二个月的平均工资。《劳动合同法实施条例》第27条规定："劳动合同法第四十七条规定的经济补偿的月工资按照劳动者应得工资计算，包括计时工资或者计件工资以及奖金、津贴和补贴等货币性收入。劳动者在劳动合同解除或者终止前12个月的平均工资低于当地最低工资标准的，按照当地最低工资标准计算。劳动者工作不满12个月的，按照实际工作的月数计算平均工资。"《劳

① 工龄问题是劳动法的重要内容，我国颁布了大量的部门规章等规范性文件，根据相关规定，工作年限应包括：（1）企业经转让、改组成合并，原有职工仍留企业工作的，其在转让、改组合并前后的本企业界工龄；（2）职工因工负伤停止工作的医疗期间，应全部作为本企业工龄计算；（3）职工因患疾病或非因工负伤停止工作的医疗期间，在6个月以内者，作为本企业连续工龄计算；（4）超过6个月病愈后仍回原企业工作者，除超过6个月的期间不作为工龄外，其前后本企业工龄仍应合并计算；（5）职工留职停薪期间、留用察看期间，应计入本企业工龄，等。

动合同法》第 47 条对高收入劳动者的经济补偿金支付基数的月工资进行了限制，即“……劳动者月工资高于用人单位所在直辖市、设区的市级人民政府公布的本地区上年度职工月平均工资三倍的，向其支付经济补偿的标准按职工月平均工资三倍的数额支付，向其支付经济补偿的年限最高不超过十二年。”

（3）支付方式。《劳动合同法》第 47 条规定：“经济补偿按劳动者在本单位工作的年限，每满一年支付一个月工资的标准向劳动者支付。六个月以上不满一年的，按一年计算；不满六个月的，向劳动者支付半个月工资的经济补偿。……”第 97 条规定：“……本法施行之日存续的劳动合同在本法施行后解除或者终止，依照本法第四十六条规定应当支付经济补偿的，经济补偿年限自本法施行之日起计算；本法施行前按照当时有关规定，用人单位应当向劳动者支付经济补偿的，按照当时有关规定执行。”

根据原劳动部《违反和解除劳动合同的经济补偿办法》（劳部发［1994］481 号）的规定，在下列情形下，用人单位还需支付额外经济补偿金：

（1）用人单位克扣或者无故拖欠劳动者工资的，以及拒不支付劳动者延长工作时间工资报酬的，除在规定的时间内全额支付劳动者工资报酬外，还需加发相当于工资报酬百分之二十五的经济补偿金。

（2）用人单位支付劳动者的工资报酬低于当地最低工资标准的，要在补足低于标准部分的同时，另外支付相当于低于部分百分之二十五的经济补偿金。

（3）用人单位解除劳动合同后，未按规定给予劳动者经济补偿的，除全额发给经济补偿金外，还须按该经济补偿金数额的百分之五十支付额外经济补偿金。

（二）赔偿金

劳动合同解除中的赔偿金，是指用人单位或劳动者违法解除或者终止劳动合同或者违反合同约定给对方造成损失时给付对方的一定数量的金钱，是承担违约责任的形式之一。

《劳动合同法》第 48 条规定：“用人单位违反本法规定解除或者终止劳动合同，劳动者要求继续履行劳动合同的，用人单位应当继续履行；劳动者不要求继续履行劳动合同或者劳动合同已经不能继续履行的，用人单位应当依照本法第八十七条规定支付赔偿金。第 87 条规定：“用人单位违反本法规定解除或者终止劳动合同的，应当依照本法第四十七条规定的经济补偿标准的二倍向劳动者支付赔偿金。”《劳动合同法实施条例》第 25 条规定：“用人单位违反劳动合同法的规定解除或者终止劳动合同，依照劳动合同法第八十七条的规定支付了赔偿金的，不再支付经济补偿。赔偿金的计算年限自用工之日起计算。”

《劳动合同法》第 90 条规定：“劳动者违反本法规定解除劳动合同，或者违反劳动合同中约定的保密义务或者竞业限制，给用人单位造成损失的，应当承担赔偿责任。”

原劳动部《违反〈劳动法〉有关劳动合同规定的赔偿办法》（劳部发［1995］223 号）第 4 条规定：“劳动者违反规定或劳动合同的约定解除劳动合同，对用人单位造成损失的，劳动者应赔偿用人单位下列损失：（1）用人单位招收录用其所支付的费用；（2）用人单位为其支付的培训费用，双方另有约定的按约定办理；（3）对生产、经营和工作造成的直接经济损失；（4）劳动合同约定的其他赔偿费用。

五、劳动合同解除和终止后的附随义务

基于诚信原则，劳动合同解除和终止后用人单位和劳动者互负给付义务外之义务，即附随义务。《劳动合同法》第 50 条将劳动合同解除和终止后的附随义务具体为：

1. 用人单位出具离职证明的义务。《劳动法》和《劳动合同法》规定，用人单位招用与其他用人单位尚未解除或者终止劳动合同的劳动者，给其他用人单位造成损失的，应当承担连带赔偿责任。因此，为了证明劳动者的劳动关系已经结束，劳动合同解除或者终止时，用人单位应该为劳动者出具解除或者终止劳动合同的证明。《劳动合同法实施条例》第 24 条规定：“用人单位出具的解除、终止劳动合同的证明，应当写明劳动合同期限、解除或者终止劳动合同的日期、工作岗位、在本单位的工作年限。”除了上述事项外，用人单位是否可在离职证明中记载不利于劳动者再就业的事项？法律未有明确规定，而实践中则存有争议，我们认为，无论不利事项是否真实，在离职证明中均不得记载，因为，离职证明的功能主要在于证明劳动关系已经结束，而非证明劳动者个人劳动能力或品行等的优劣。《劳动合同法》第 89 条规定：“用人单位违反本法规定未向劳动者出具解除或者终止劳动合同的书面证明，由劳动行政部门责令改正；给劳动者造成损害的，应当承担赔偿责任。”

2. 用人单位办理档案和社会保险关系转移手续的义务。劳动合同解除和终止之日起十五日内为劳动者办理档案和社会保险关系转移手续。最高人民法院《关于审理劳动争议案件适用法律若干问题的解释（二）》（法释〔2006〕6 号）第 5 条规定，劳动者与用人单位解除或者终止劳动关系后，请求用人单位……办理劳动者的人事档案、社会保险关系等移转手续产生的争议，经劳动争议仲裁委员会仲裁后，当事人依法起诉的，人民法院应予受理。《劳动合同法》第 84 条规定，劳动者依法解除或者终止劳动合同，用人单位扣押劳动者档案或者其他物品的，由劳动行政部门责令限期退还劳动者本人，并以每人五百元以上二千元以下的标准处以罚款；给劳动者造成损害的，应当承担赔偿责任。

3. 劳动者办理工作交接的义务。劳动合同解除和终止后，劳动者应当按照双方约定，办理工作交接。

此外，《劳动合同法》第 50 条第三款规定：“用人单位对已经解除或者终止的劳动

合同的文本，至少保存二年备查。”

第五节　劳务派遣和非全日制用工

案例及问题导引

某公司为了规避《劳动合同法》的相关义务和责任，要求范某等员工都与A劳务派遣公司订立劳动合同：

（1）劳动派遣与一般的劳动法律关系有何区别？

（2）某公司和A劳务派遣公司各自承担什么义务？享有何种权利？

一、劳务派遣

（一）劳务派遣概述

劳务派遣是指劳务派遣单位作为用人单位与派遣劳动者订立劳动合同，在得到派遣劳动者同意的基础上，将劳动者派遣到用工单位，被派遣劳动者在用工单位的指挥监督下从事劳动的新型用工形式。劳务派遣具有以下特点：

（1）与正规就业相比，劳务派遣应属于非正规就业，劳务派遣劳动关系具有临时性、不稳定性的特点；

（2）劳务派遣具有三方性。传统的劳动关系仅涉及到劳动者和用人单位双方主体，而劳务派遣则具有三方性，其涉及到劳务派遣单位、用工单位和被派遣劳动者三方，其中劳务派遣单位为用人单位，享有相应的权利，承担相应的义务和责任，其招录劳动者的目的主要是为了提供给用工单位使用；而用工单位则实际使用被派遣劳动者，对他们行使指示命令的权利；

（3）劳务派遣中，三方主体通过劳动合同、劳务派遣协议以及实际用工关系形成劳动者雇佣和使用分离。传统的劳动关系中，劳务给付请求权和指示命令权都是由用人单位享有的，但在劳务派遣关系中，二者却发生了分离。劳务派遣单位与劳动者订立劳动合同，从而基于劳动合同对劳动者享有劳务给付的请求权和指示命令权；而用工单位与劳务派遣单位订立劳务派遣协议，支付相应的对价，从劳务派遣单位取得对劳动者的指示命令权；劳动者被派遣到用工单位，用工单位对其进行指示命令，尽管他们之间不存在任何的合同关系，但是基于指示命令以及生产经营的接触，用人单位对劳动者负有安全保障之义务。

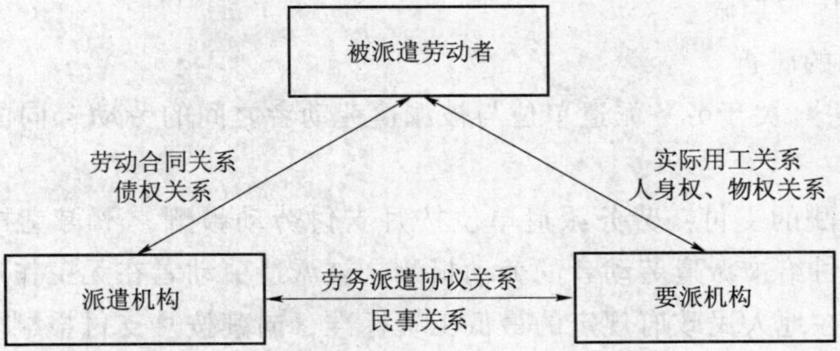

图 3-1　劳务派遣法律关系的结构图

（二）劳务派遣单位与被派遣劳动者的劳动合同关系

根据《劳动合同法》规定，劳务派遣单位与被派遣劳动者之间应该订立劳动合同。从法律规定的关系来看，一般劳动关系的劳动合同的规定与劳务派遣中的劳动合同的相关规定是一般和特殊的关系，除非法律、行政法规有特别规定，劳务派遣单位与被派遣劳动者之间劳动合同的订立、履行、变更、解除和终止都应遵循一般性的规定。

1. 劳务派遣单位的主体资格

根据《劳动合同法》的规定，劳务派遣单位为用人单位，因此，劳务派遣单位应具有用人单位的主体资格，但由于劳务派遣中劳动者雇佣和使用分离，使得劳动权益保障的监督管理面临更大的困难，为了确保劳动者权益的实现，因此，《劳动合同法》对劳务派遣单位注册资本作出了限定性的规定，《劳动合同法》第 57 条规定："劳务派遣单位应当依照公司法的有关规定设立，注册资本不得少于五十万元。"而《公司法》规定有限责任公司注册资本的最低限额为三万元。劳务派遣单位的最低注册资本更高，一方面，反映了其承担责任的限额，从而作为债权人的劳动者提供信用担保；另一方面，反映了劳务派遣单位的规模和国家对其管理的要求，从而更有利于被派遣劳动者的权益保障。

2. 劳动合同的订立

《劳动合同法》第 58 条规定："劳务派遣单位是本法所称用人单位，应当履行用人单位对劳动者的义务。劳务派遣单位与被派遣劳动者订立的劳动合同，除应当载明本法第十七条规定的事项外，还应当载明被派遣劳动者的用工单位以及派遣期限、工作岗位等情况。劳务派遣单位应当与被派遣劳动者订立二年以上的固定期限劳动合同……"

根据该规定可知，劳务派遣单位与被派遣劳动者间在订立劳动合同的程序、原则、劳动合同的形式方面，与一般劳动关系中劳动合同的订立相同，但是，在劳动合同的内容方面，除了《劳动合同法》第 17 条规定的内容外，有以下内容需注意：（1）须载明以下必备条款：被派遣劳动者的用工单位、派遣期限、工作岗位等；（2）劳动合同期限：二年以上的固定期限。

3. 劳动合同的履行

《劳动合同法》关于劳务派遣单位与被派遣劳动者之间的劳动合同的履行有以下规定值得注意：

（1）劳动报酬的支付：劳务派遣单位按月支付劳动报酬，不得克扣用工单位按照劳务派遣协议支付给被派遣劳动者的劳动报酬。被派遣劳动者在无工作期间，劳务派遣单位应当按照所在地人民政府规定的最低工资标准，向其按月支付报酬。

（2）禁止收取费用：劳务派遣单位和用工单位不得向被派遣劳动者收取费用。

（3）告知劳务派遣协议的内容：劳务派遣单位应当将劳务派遣协议的内容告知被派遣劳动者。

（4）履行标准的选择：劳务派遣单位跨地区派遣劳动者的，被派遣劳动者享有的劳动报酬和劳动条件，按照用工单位所在地的标准执行。

4. 劳动合同的解除、终止

《劳动合同法》第65条第一款规定："被派遣劳动者可以依照本法第三十六条、第三十八条的规定与劳务派遣单位解除劳动合同。"根据该款规定，被派遣劳动者一是可与劳务派遣单位协商解除劳动合同；二是可基于推定辞职的情形下单方解除劳动合同；但是，关于该规定有以下两点值得注意：

一是被派遣劳动者是否可以依照《劳动合同法》第37条规定，提前30日书面通知解除劳动合同？劳动法学界对此存有争议，有人认为，《劳动合同法》第65条第一款仅规定，被派遣劳动者可以依照该法第三十六条、第三十八条的规定解除劳动合同，而未涉及第37条，并且，劳动合同的履行涉及到用工单位的利益，具有涉他性，因此，被派遣劳动者不可提前30日书面通知解除劳动合同。我们认为，此种观点并不合理，其原因在于：（1）从劳动合同的私法属性来看，原则上"法不禁止即自由"，因此，《劳动合同法》第65条第一款虽仅规定了被派遣劳动者可依据第36、第38条解除劳动合同，但并未禁止依据第37条解除劳动合同；（2）从劳务派遣的性质来看，其仅适用于临时性、辅助性或者替代性的工作岗位，因此，与一般的劳动关系相比，被派遣劳动者与劳务派遣单位之间的劳动关系应该更加灵活，所以，在一般的劳动关系中，劳动者可提前30日书面通知解除劳动合同，而在劳务派遣中，限制劳动者预告解除不具合理性；（3）从合同的相对性来看，尽管劳动合同的履行涉及到用工单位的利益，但是因劳动者预告解除劳动合同，导致劳务派遣单位违反劳务派遣协议的，应该由债务人劳务派遣单位承担相应的责任，不应限制被派遣劳动者的自主择业权，而此种风险，也应是劳务派遣单位日常的经营风险，不应转嫁给被派遣劳动者。

二是被派遣劳动者依照《劳动合同法》第38条规定解除劳动合同的，应不仅包括劳务派遣单位的违约或违法行为，还包括用工单位在用工过程中的部分违法行为，如未依法提供劳动保护或者劳动条件、强令冒险作业等，因为，用工单位基于劳务派遣协议从劳务派遣单位处取得指示命令的权利，同样也应代为履行相应的法定义务，所以，其相应的行为也应视同为劳务派遣单位的行为。

《劳动合同法》第65条第二款规定："被派遣劳动者有本法第三十九条和第四十条第一项、第二项规定情形的，用工单位可以将劳动者退回劳务派遣单位，劳务派遣单位依照本法有关规定，可以与劳动者解除劳动合同。"我们认为，除了该规定的《劳动合同法》第39条和第40条第一项、第二项规定情形外，劳务派遣单位还可依据《劳动合同法》第36条、第40条第三项、第41条的规定解除劳动合同，其原因在于：

第一，《劳动合同法》第65条第二款规定的该法第39条和第40条第一项、第二项的情形都是被派遣劳动者在劳动合同履行过程中的违法或违约行为以及不能胜任工作的表现，由于劳务派遣单位不实际接受劳动者的劳动给付，而是由用工单位行使相应的指示命令权利，因此，被派遣劳动者在劳动合同履行过程中的表现必须由用工单位来考核、评价，所以，第65条第二款的适用的前提为"用工单位可以将劳动者退回劳务派遣单位"；

第二，从法律适用规则来看，除了第65条第二款关于劳动合同履行过程中涉及到用工单位的情形外，在劳动合同订立所依据的客观情况发生重大变化（情势变更）的，或者劳动合同用人单位（劳务派遣单位）出现《劳动合同法》第41条规定的情形的，由于相关规范性文件未有特殊规定，则应该适用一般性规定，即《劳动合同法》第36条、第40条第三项、第41条的规定。

在法律规定的情形下，劳务派遣中劳动合同解除、终止的，劳务派遣单位也应支付经济补偿金和赔偿金。《劳动合同法实施条例》第31条规定："劳务派遣单位或者被派遣劳动者依法解除、终止劳动合同的经济补偿，依照劳动合同法第四十六条、第四十七条的规定执行。"第32条规定："劳务派遣单位违法解除或者终止被派遣劳动者的劳动合同的，依照劳动合同法第四十八条的规定执行。"

（三）劳务派遣单位与用工单位的劳务派遣协议关系

《劳动合同法》第59条规定："劳务派遣单位派遣劳动者应当与接受以劳务派遣形式用工的单位订立劳务派遣协议。劳务派遣协议应当约定派遣岗位和人员数量、派遣期限、劳动报酬和社会保险费的数额与支付方式以及违反协议的责任。用工单位应当根据工作岗位的实际需要与劳务派遣单位确定派遣期限……。"

学界对劳务派遣协议的性质有争议，多数观点认为，劳务派遣协议属于民事关系，但亦有学者提出质疑，其认为，劳务派遣协议涉及到劳动者的权益问题，与一般的民事协议不同。后一种观点具有一定的合理性。但我们认为，从缔约主体、内容以及争议处理程序来看，劳务派遣协议应为民事合同，且为无名合同，但由于其涉及到劳动者的权益问题，因此，对于劳务派遣协议的法律规制应该要比一般的民事合同更加严格。

（四）用工单位与被派遣劳动者的实际用工关系

用工单位与被派遣劳动者之间虽无合同关系，且基于合同相对性的原则，被派遣劳动者违反相关约定或者规定的，也应由债务人劳务派遣单位承担相应的责任。但是，用工单位与被派遣劳动者之间则基于实际用工形成一定的权利义务关系，其中用工单位权利主要是指示命令权，而义务主要包括：（1）执行国家劳动标准，提供相应的劳动条件和劳动保护；（2）告知被派遣劳动者的工作要求和劳动报酬；（3）支付加班费、绩效奖金，提供与工作岗位相关的福利待遇；（4）对在岗被派遣劳动者进行工作岗位所必需的培训；（5）连续用工的，实行正常的工资调整机制。”《劳动合同法实施条例》第 29 条规定：“用工单位应当履行劳动合同法第六十二条规定的义务，维护被派遣劳动者的合法权益。”

被派遣劳动者的义务是服从用工单位指示命令的义务，而享有的权利主要包括：（1）同工同酬的权利，《劳动合同法》第 63 条规定：“被派遣劳动者享有与用工单位的劳动者同工同酬的权利。用工单位无同类岗位劳动者的，参照用工单位所在地相同或者相近岗位劳动者的劳动报酬确定。”（2）依法参加或组织工会的权利，《劳动合同法》第 64 条规定：“被派遣劳动者有权在劳务派遣单位或者用工单位依法参加或者组织工会，维护自身的合法权益。”

（五）劳务派遣的禁止性事项

（1）非临时性、辅助性、替代性岗位禁止采取劳务派遣。《劳动合同法》第 66 条规定：“劳务派遣一般在临时性、辅助性或者替代性的工作岗位上实施。”但法律并未明确何谓“临时性、辅助性或者替代性的工作岗位”，国务院在制订实施条例的过程中曾意图对其进行界定，《劳动合同法实施条例》（征求意见稿）第 48 条规定：“临时性，是指用工单位的工作岗位存续时间不超过六个月；辅助性，是指用工单位的工作岗位为非主营业务岗位；替代性，是指用工单位的劳动合同制职工在该岗位上无法工作的一定期间，可由被派遣的劳动者替代工件。用工单位在非临时性、辅助性、替代性岗位上用工的，视为直接用工。”最终颁布的《劳动合同法实施条例》中未有相关规定，尽管如此，草案的规定对于理解“临时性、辅助性或者替代性”仍具参考意义，且反向推理可认为，非临时性、辅助性、替代性岗位禁止采取劳务派遣。

（2）禁止以非全日制用工形式招用被派遣劳动者。《劳动合同法实施条例》第 30 条规定：“劳务派遣单位不得以非全日制用工形式招用被派遣劳动者。”

（3）禁止分割连续用工期限采取短期劳务派遣。《劳动合同法》第 59 条第二款规定：“用工单位应当根据工作岗位的实际需要与劳务派遣单位确定派遣期限，不得将连续用工期限分割订立数个短期劳务派遣协议。”

（4）禁止转派遣。《劳动合同法》第62条第二款规定：“用工单位不得将被派遣劳动者再派遣到其他用人单位。”

（5）禁止自己派遣。《劳动合同法》第67条规定：“用人单位不得设立劳务派遣单位向本单位或者所属单位派遣劳动者。”《劳动合同法实施条例》第28条规定：“用人单位或者其所属单位出资或者合伙设立的劳务派遣单位，向本单位或者所属单位派遣劳动者的，属于劳动合同法第六十七条规定的不得设立的劳务派遣单位。”

二、非全日制用工

（一）非全日制用工的概述

《劳动合同法》第68条规定：“非全日制用工，是指以小时计酬为主，劳动者在同一用人单位一般平均每日工作时间不超过四小时，每周工作时间累计不超过二十四小时的用工形式。”非全日制用工形式的出现，其重要目的是为了缓解就业压力，一方面，通过缩短工作时间能够相应的增加就业人口；另一方面，非全日制用工劳动标准方面相对更低，有利于促进就业困难群体就业，因此，与全日制用工相比，非全日制用工具有以下特点：劳动标准更低、工作时间更短、就业灵活性更强。

根据各地方的规定，如果非全日制劳动者在同一用人单位每日工作时间超过四小时的，则将被视为全日制用工。如北京市劳动和社会保障局《关于北京市非全日制就业管理若干问题的通知》规定：“劳动者在同一用人单位每日工作时间超过四小时的视为全日制从业人员”。

（二）非全日制劳动合同的形式

《劳动合同法》第69条规定：“非全日制用工双方当事人可以订立口头协议。从事非全日制用工的劳动者可以与一个或者一个以上用人单位订立劳动合同；但是，后订立的劳动合同不得影响先订立的劳动合同的履行。”

该规定充分体现了非全日制用工灵活性的特点，一是在劳动合同的形式方面，非全日制用工未采取严格的形式主义，当事人既可订立口头协议，也可协商一致，订立书面劳动合同；二是在多重劳动关系的建立方面，根据《劳动合同法》第39条第（四）项规定，对于全日制劳动者多重劳动关系的建立以限制为原则，以许可为例外，且是否许可原则上由先建立劳动关系的用人单位决定，而非全日制劳动者多重劳动关系的建立以许可为原则，以限制为例外，即只要不影响先订立的劳动合同的履行，原则上用人单位不得限制非全日制劳动者与其他用人单位建立非全日制用工关系。我们认为，非全日制劳动者多重就业的应遵守劳动时间的相关规定：（1）在单个用人单位的工作时间必须符合“平均每日工作时间不超过四小时，每周工作时间累计不超过二十四小时”的规定；（2）在多个用人单位的累积工作时间必须符合标准工时的规定，即“每日工作时间不超过八小时，每周工作时间累积不超过四十小时”。

（三）非全日制劳动合同的内容

根据法律适用的原则，非全日制劳动合同的内容原则上也应遵循第 17 条的规定，但是基于非全日制用工灵活性的特点，对于非全日制劳动合同的内容的管制也应更为宽松。《劳动合同法》关于非全日制劳动合同的内容的规定，主要为：

（1）不得约定试用期。第 70 条规定：“非全日制用工双方当事人不得约定试用期。”

（2）劳动报酬的支付。第 72 条规定：“非全日制用工小时计酬标准不得低于用人单位所在地人民政府规定的最低小时工资标准。非全日制用工劳动报酬结算支付周期最长不得超过十五日。”

（3）工作时间。非全日制劳动合同的工作时间必须“平均每日工作时间不超过四小时，每周工作时间累计不超过二十四小时”。与此同时，《劳动法》第 38 条规定：“用人单位应当保证劳动者每周至少休息 1 日。”因此，用人单位应该确保非全日制劳动者每周至少休息 1 日。

（4）社会保险。原劳动和社会保障部《关于非全日制用工若干问题的意见》（劳社部发［2003］12 号）规定：“用人单位应当按照国家有关规定为建立劳动关系的非全日制劳动者缴纳工伤保险费。”根据该规定，原则上用人单位仅需为非全日制劳动者缴纳工伤保险费，而养老保险、医疗保险则由非全日制劳动者个人按照个体工商户或者灵活就业人员的标准参加相应的社会保险，而通常认为，用人单位支付给非全日制劳动者的工资中应该包含养老保险、医疗保险费用等。

（四）非全日制劳动合同的终止

《劳动合同法》第 71 条规定：“非全日制用工双方当事人任何一方都可以随时通知对方终止用工。终止用工，用人单位不向劳动者支付经济补偿。”

问题与思考

1. 何谓劳动合同？劳动合同包括哪些类型？
2. 《劳动合同法》的适用范围。
3. 简述劳动合同的形式。
4. 简述劳动合同的内容
5. 简述劳动合同的订立。
6. 简述劳动合同的效力。

7. 简述劳动合同的变更。
8. 简述劳动合同的解除。
9. 简述劳动合同的终止。
10. 什么是经济补偿金和赔偿金？
11. 什么是劳务派遣与非全日制用工？

第四章

集体合同法

第一节 集体合同与集体合同法概述

案例及问题导引

2010年上半年，全国各地接连发生工人“罢工”事件，其中以广东南海本田“罢工”事件为代表。2010年5月17日，广东佛山南海本田汽车零部件有限公司数百名工人，因工资过低、公司工资分配体系不合理且多次向公司反映仍得不到解决，宣告罢工。罢工持续了近20天，最终在上级工会组织以及政府的协调下，劳资双方进行集体谈判，于6月4日达成增加工资34%的劳资集体协议。

请问：何谓集体协议？集体协议有何作用？集体协议应该包括哪些内容？

一、集体合同的概念

集体合同，又称团体协约或劳资合约，有综合性集体合同与专项集体合同之分。国际劳工组织《关于集体合同建议书》（第91号）第2条规定，集体合同为“以一个雇主或一群雇主，或者一个或几个雇主组织为一方，一个或几个有代表性的工人组织为另一方，如果没有这样的工人组织，则根据国家法律和法规由工人正式选举并授权的代表为另一方，上述各方之间缔结的关于劳动条件和就业条件的一切书面协议。”欧美各国对集体协议的定义大抵如此。我国《集体合同规定》第3条规定：“集体合同是指用人单位与本单位职工根据法律、法规、规章的规定，就劳动报酬、工作时间、休息休假、劳动安全卫生、职业培训、保险福利等事项或部分事项，通过集体协商签订的书面协议。”《劳动法》第33条亦作了类似规定。比较而言上述两个概念界定的区别在于：

其一，二者所强调的主体不同。我国将集体合同的主体限定在一个用人单位之内，即一方为工会（或职工推举的代表），另一方为单一用人单位（企业），而国际通行的集体合同主体，其雇主方可以是单一雇主，也可以是多个雇主或雇主团体。尽管《劳动合同法》第 53 条为了因应日趋频繁的群体性劳资争议而将集体合同的主体扩大到行业和区域范围内，但仍限制在“县级以下区域”。

其二，二者的侧重点不同。我国相关立法强调的是集体合同的内容，多集中于合同的订立、变更、终止等具体操作性层面，而国际通行的团体协约重在强调“团体”、“团体交涉”，团体协约不过是团体交涉的产物，交涉过程才是制度重心所在。

此种区别的原因在于我国现行集体合同制度“重结果，轻过程，重内容，轻形式”。我国现行集体合同的签订“完全缺乏谈判、交涉的色彩，名为协商，实为地方总工会对用人单位之敦促，而相关争议一旦发生，则往往进入政府协调程序”，① 规范意义上的集体劳动争议程序在我国法律体系中几乎不存在，在实践中也难取得合法地位，而被视为危害社会安全与稳定的“群体性突发事件”。

资料链接

集体合同、集体协商与集体谈判

集体劳动关系是市场经济条件下劳动关系运行的基本形态，市场经济条件下劳动关系的法律调整应以集体劳动关系的法律调整为主。其核心是劳动条件集体谈判制度，集体合同为劳资双方集体谈判（我国为集体协商）之产物。就集体谈判制度之原理而言，有两种可能，一是谈判顺利结束，签订集体合同；另一种则是谈判陷入僵局或谈判破裂，进入集体劳动争议程序，通过罢工、怠工、闭厂等集体博弈，双方相互妥协，签订集体合同，或依劳动仲裁制度（如澳大利亚的强制仲裁制度）而得以处理，因此，签订集体合同只不过是集体谈判的最终结果，以谈判的方式不断寻找双方利益共同点，进而达成双方均可接受的妥协才是集体谈判制度的重心所在；没有实际的谈判过程，所签订的“集体合同”只能是一种形式。

1994 年，《劳动法》首次将集体合同置于与劳动合同并列的地位。其后，随着我国劳动关系的变化，集体劳动关系法律协调的重要性愈加凸显，因此，1994 年，原劳动部颁布了《集体合同规定》，2004 年，劳动和社会保障部对该规定进行了修订；2007 年，《劳动合同法》对集体合同更设有专节规定。然而，集体协商制度、集体合同制度

① 郑尚元，李海明，扈春海．劳动和社会保障法学．北京：中国政法大学出版社，2008：201.

在我国基本沦为形式主义，缺乏必要的实效。究其原因，除了缺乏团结权的前提（即工会体制的异化）与争议权的保障这一根本原因外，我国的集体协商、集体合同制度设计自身也存在诸多问题，具体言之：

一方面，制度理念偏离。当前的集体协商、集体合同制度与规范意义上的集体谈判制度，"所规范之事相同，但所阐释的法理却不同。"① 当前的集体协商制度，背后的理论基础是"劳资利益一致论"，将雇主、管理层、劳动者看作是一个利益完全一致、统一的整体。然而，"利益一致是计划经济下劳动关系的基本特点……向市场经济过渡，劳动关系最突出的变化就是劳动关系的双方作为利益主体独立和区别开来。"②时至今日，劳资间利益结构的对立与冲突已经成为无法回避的现实，为劳动关系的基本特征。

更关键的是，正如国际劳工组织集体谈判专家约翰·P·温德姆勒所言，"协商和集体谈判的不同之处在于，它不是一个决策过程，而是一个咨询过程，它强调在劳工关系中的合作而不是敌手关系……协商与集体谈判不同，谈判的结果取决于双方能否达成一致，而在协商中，决策的最终力量总是在管理者手中。"③ 换言之，集体协商制度下劳动者的意见是否被接纳，取决于管理者的态度；而集体谈判作为劳资双方的一种博弈机制、冲突机制，双方是在讨价还价的博弈过程中，迫使对方接受自己的条件。另一方面，制度的具体设计也存在偏差。当前我国的集体合同制度是以合同为制度重心，内容多集中于合同订立、变更、终止等具体操作性层面，对劳资集体谈判过程本身缺乏应有的关注，谈判环节缺位。

作为调整劳动关系的两大模式，集体合同与劳动合同主要存在以下区别：

（1）二者产生背景不同。劳动合同作为确定劳动者（雇员）与用人单位（雇主）之间权利义务关系的协议，伴随着劳动关系的产生而产生。集体合同的产生则相对较晚，是劳动者行使结社权的结果。

（2）当事人不同。劳动合同当事人为单个劳动者和用人单位；集体合同当事人，就规范意义上的集体合同而言，为代表职工团体利益的工会与用人单位或其团体。

（3）目的不同。订立劳动合同的主要目的，是确立劳动关系；订立集体合同的主要目的，是为确立劳动关系设定具体标准。

（4）内容不同。劳动合同确定的是单个劳动者与用人单位的劳动权利与劳动义务，

---

① 郑尚元，李海明，扈春海．劳动和社会保障法学．北京：中国政法大学出版社，2008：194.

② 常凯．劳动关系·劳动者·劳动权．北京：中国劳动出版社，1995：231.

③ ［美］约翰·P·温德姆勒，等．工业化市场经济国家的集体谈判．何平，等，译．北京：中国劳动出版社，1994：12；程延园．集体谈判制度研究．北京：中国人民大学出版社，2004：38.

一般包括劳动关系的各个方面；集体合同确定的是一个企业、一个行业甚至几个行业劳动者的共同权利和义务，内容具有整体性，意在改善劳动者的经济地位、提升整体劳动条件，可能涉及劳动关系的各个方面，也可能只涉及劳动关系的某个方面。

（5）形式不同。劳动合同在有的国家为要式合同，在有的国家则为非要式合同；集体合同一般均为要式合同。

（6）效力不同。劳动合同只对劳动者个人与用人单位具有法律效力，不得以此约束第三人；依法签订的集体合同，对签订合同的用人单位、用人单位团体所代表的全体用人单位，以及工会所代表的全体劳动者，都具有法律效力。此外，集体合同的法律效力高于劳动合同、集体合同的劳动条件可以成为劳动合同的内容也为各国法律的共识。

二、集体合同立法的发展

集体合同是产业革命以后随着工人运动的发展（特别是工会的兴起）而产生和发展起来的。国家对集体合同的态度，经历了一个从反对到承认再到保护的演变过程。

在 18 世纪末，英美等国出现了工人和雇主进行谈判达成协议的现象，如 1799 年美国费城制鞋工人与雇主举行谈判并达成协议，此为集体合同的萌芽。到了 19 世纪 50 年代，集体合同在许多行业中发展起来，工资协议等集体合同不断增多，适用范围逐渐扩大。不过，此时的集体合同并不具有法律效力，法院也不受理集体合同案件。

由于集体合同具有调整和稳定劳资关系、促进劳资关系和谐的作用，在集体合同自发存在一定时间后，资本主义各国开始改变态度，承认集体合同的合法性，并开始通过立法规范双方集体谈判的行为。1871 年，英国在其颁布的《工会法案》中首次对集体合同进行了规定，这是集体合同立法的开端。进入 20 世纪，各主要工业化国家都纷纷通过了有关集体合同的立法，如 1904 年的新西兰、1907 年的奥地利与荷兰、1911 年的瑞士等。不过，此时的集体合同立法还比较简单，很多国家是在民法中加以规定。

第一次世界大战结束后，出现了一些较有影响的单行集体合同法或劳动法典等基本法中的集体合同专章（篇）。如德国于 1918 年颁布了《劳动协约、劳动者及使用人委员会暨劳动争议调停令》、1921 年又颁布了《劳动协议法（草案）》；法国于 1919 年颁布了《劳动协约法》，后来将其编入《劳动法典》；美国 1935 年的《国家劳工关系法》也规定有集体合同的内容。到第二次世界大战结束，集体合同、集体谈判制度已为许多国家宪法所确认，成为世界主要工业化国家调整劳动关系的基本制度。与此同时，有关集体谈判的国际立法也不断涌现，如国际劳工组织 1949 年的《组织权与集体谈判权公约》、1951 年的《集体协议建议书》、1981 年的《促进集体谈判公约》等。

在我国，新中国成立后，特别是自1957年以后，受极“左”思潮和计划经济体制的影响，集体合同制度一度中止，直至1983年《中国工会章程》的出台。1994年，随着我国市场经济体制的建立和非公有制经济的发展，特别是国有企业产权制度改革的推进，劳资两大利益集团的界分日趋明显，基于此，《劳动法》首次将集体合同置于与劳动合同并列的地位，对集体合同的内容、订立和效力作了原则性规定；同年12月，劳动部颁布了《集体合同规定》，该规定于2004年经劳动与社会保障部修改后重新颁布；2000年，劳动和社会保障部专门颁布了《工资集体协商试行办法》；2006年劳动和社会保障部、中华全国总工会和中国企业联合会、中国企业家协会联合发布了《关于开展区域性行业性集体协商工作的意见》；到2007年，我国颁布了《劳动合同法》，在该法第5章对集体合同设有专节规定。所有这些都为我国集体合同的发展提供了法律上的准备和保证。

三、集体合同（与集体谈判制度[①]）的作用

（一）集体合同可以弥补劳动立法的不足

1. 劳动法所规定的关于劳动者利益的标准只能是最低标准，但劳动者能否获得高于法定最低标准的利益，则取决于劳资双方的集体博弈。通过集体合同制度，劳动者可以获得更高水平的利益保护，合理分享劳动成果。

2. 劳动法律法规，相对于现实生活中丰富复杂的劳动关系而言，疏漏在所难免。集体合同可以在一定范围内就劳动利益和劳动关系协调的共性问题作出约定，从而更具体地规范劳动关系，对劳动立法不完备起补充作用。

从世界劳动法制的发展来看，劳动立法与集体合同之间存在着此消彼长的态势。“假若集体谈判制度能够合理有效规范劳资问题，保护立法可相对减少。反之，假若集体谈判制度根本未能建立或名存实亡，则将多赖国家立法以保护劳工利益。”[②] 至于一国究竟以何者为重，取决于每个国家的历史传统和具体国情。

（二）集体合同可以弥补劳动合同的不足

1. “自由的契约是以存在于契约背后的平等当事人为前提。”[③] 但劳动合同缔结之

---

① 集体谈判制度除了这里所述的保护功能、节省缔约成本的功能、制度化功能（即弥补劳动立法的不足）外，至少还具备以下两个独特功能：（1）市场功能。作为市场经济条件下劳动力市场的定价机制与分配机制，集体谈判有利于社会的利益均衡，形成合理的利益分配格局，为劳动力市场健康运行、企业持续畅旺、经济可持续发展所不可或缺的必要条件；没有这种利益均衡机制，建设内需社会只能是一句空话。（2）稳定功能。集体谈判畅通了劳工的利益表达渠道，有利于劳资利益的协调，矫正劳资利益分配的失衡，预防、化解因此可能引发的劳资矛盾、劳资冲突，避免劳动者通过极端方式表达利益诉求，以致两败俱伤，进而危及社会稳定。

② 王泽鉴．民法学说与判例研究（第2集）．北京：中国政法大学出版社，1998：324.

③ ［美］伯纳德·施瓦茨．美国法律史．王军等译，北京：中国政法大学出版社，1990：137.

际，单个劳动者居于弱势地位，惟有藉由工会代表全体劳动者与用人单位交涉，可有效改善个别劳动者在缔约过程中的不利地位，实现双方平等协商，确保劳资交换的公平合理。

2. 劳动者之间彼此实力不尽相同，缔约能力也千差万别，仅以劳动合同来规范劳资双方的权利、义务，不仅容易导致部分劳动者受到歧视，更可能加剧劳动者之间的过度竞争。集体合同可以协调劳动者之间的利益差别，确保劳动者间的内部团结，维护以致增进劳动者的整体利益，并确保一定范围内全体劳动者间权利义务的平等性。

3. 由继续性特征所决定，劳动关系的内容极为复杂，若都由劳动合同具体规定，不仅缔约成本高昂，也不利于劳动关系的及时确立。集体合同对劳动关系的主要内容作出具体规定后，劳动合同只需就单个劳动者的特殊情况作出约定即可，这有利于简化劳动合同内容，节省缔约成本。

四、集体合同的体制

综观各国的集体合同，就其体制而言，可分为单一层次集体合同模式和多层次集体合同模式。在实行单一层次集体合同模式的国家，法律只允许存在一个层次的集体合同——基层集体合同，目前实行这种模式的国家并不多。2007 年《劳动合同法》出台前，我国基本属于该种模式。在实行多层次集体合同模式的国家，法律允许基层集体合同与若干宏观层次集体合同并存，后者包括产业集体合同、职业集体合同、地方性集体合同和全国性集体合同，它们分别由产业工会、职业工会、地方工会联合会、全国性联合工会和与其相对应的用人单位团体签订，各自对当事人双方所代表的全体劳动者和用人单位具有法律效力。现代西方国家多采取此种模式。

基层集体合同与宏观层次集体合同在保护劳动者权益、协调劳动关系方面，各有其优缺点，能够互补。

基层集体合同的优点主要有：（1）能够从各个企业的实际情况出发，对劳动关系作出具体规定，因而可以适应各个企业的特殊需要，对劳动者的权益保护更为缜密；（2）因涉及范围较小，易于协商和达成一致，签订时发生争议也易于解决，即使发生罢工、闭厂等劳动争议事件，对社会的震荡也相对较小。其缺点主要有：（1）各个企业劳资双方的力量对比，尤其是工会实力强弱，不尽相同，仅有基层集体合同，劳动者权益保护和劳动关系协调难免出现宏观上的不平衡，在劳方与工会实力不强的企业，基层集体合同不足以使劳动者摆脱不利地位；（2）很多国家均规定有劳动行政部门对集体合同的备案、审查程序，但基层集体合同众多，劳动行政部门的工作量过大，容易走形式。

宏观层次集体合同的优点主要有：（1）能够在行业、职业、地方乃至全国范围内对劳动关系进行规范，便于实现劳动者权益保护和劳动关系协调的宏观平衡；（2）在许多国家集体合同被视为劳动法的一种渊源，具有准法规的效力，对劳动者和用人单位的约束力不仅受到全国性、地方性、行业性、职业性工会组织和用人单位团体的保障，也受到国家强制力的保障，具有制度化的功能；（3）数量少，覆盖面广，有利于节约管理成本。其缺点主要有：（1）内容多为纲领性、原则性或轮廓性条款，难以适应各个企业的特殊情况；（2）其涉及面广，一旦发生争议，对社会影响极大，甚至引发社会动荡。

上述比较表明，基层集体合同与宏观层次集体合同能够互补；就单一层次集体合同模式与多层次集体合同模式而言，后者较为理想。①

在我国，《劳动法》规定了基层集体合同，但行业性、区域性集体合同在沿海一些经济较发达地区客观实际存在。对此，《劳动合同法》首次以法律形式对行业性集体合同与区域性集体合同作出规定。《劳动合同法》第53条规定："在县级以下区域内，建筑业、采矿业、餐饮服务业等行业可以由工会与企业方面代表订立行业性集体合同，或者订立区域性集体合同。"第54条规定："行业性、区域性集体合同对当地本行业、本区域的用人单位和劳动者具有约束力。"

根据《劳动合同法》第53条和原劳动与社会保障部《关于开展区域性行业性集体协商工作的意见》，我国区域性、行业性集体合同的适用范围为：（1）"县级以下区域"，包括县级。实践中一般多适用于小型企业，或同行业企业比较集中的乡镇、街道、社区和工业园区等，具备条件的地区可以根据实际情况在县级区域内开展行业性集体协商，签订集体合同。（2）"行业"以建筑业、采矿业、餐饮服务业等行业为主。因为这些行业非公性质较为明显，劳动者流动性较大，有必要开展集体协商。（3）主要适用于非公有制企业。因为这些企业大多规模较小，职工流动性较大，劳资矛盾相对突出。

五、集体合同的内容、形式与期限

（一）集体合同的内容

集体合同的内容，有的国家在立法中不作规定，完全取决于签约双方的合意，如日本；更多的国家则在立法中规定有集体合同的必备条款②与禁止性条款③。总体而言，

---

① 林嘉．劳动法和社会保障法．北京：中国人民大学出版社，2009：197.

② 工资与工时在任何国家都是集体合同的必备条款。此外，很多国家集体合同的必备条款还包括：雇主与雇员、工会的关系，晋升与调职，裁员与暂时性裁员，工作规则，申诉处理程序，等等。

③ 禁止性条款一般包括：封闭式工厂（即雇主所雇员工必须是该工会会员）、歧视性雇佣条件、所谓热货条款（即劳资双方均不得买卖、处理或运送正在发生劳资争议的公司的产品与货物）、强迫雇佣措施，以及其他违反有关法律法规强制性规定的条款。

集体合同内容所涉及的面愈来愈广，凡在劳动关系中可能发生的问题，都可能纳入集体合同的范围，甚至某些被认为专属于雇主权限的事项，如生产计划、经营决策等，也可以成为集体合同的内容。

我国《劳动法》、《劳动合同法》就集体合同的条款作了不完全的列举规定，《集体合同规定》则将集体合同的条款细化为15项，即劳动报酬、工作时间、休息休假、劳动安全与卫生、补充保险和福利、女职工与未成年工特殊保护、职业技能培训、劳动合同管理、奖惩、裁员、集体合同期限、变更、解除、终止集体合同的程序、履行集体合同发生争议时的协商处理办法、违反集体合同的责任以及双方认为应当协商的其他内容。此外，该《集体合同规定》还对上述各条款所应包括的要目作了具体规定。

一般认为，完整的集体合同内容，应当由下述几类条款构成：①

（1）标准性条款。其规定的是单个劳动关系内容的标准，主要为劳动报酬、工作时间、休息休假、劳动安全卫生等劳动条件，为劳动者与用人单位据以确定劳动合同内容的基础。劳动合同中有关劳动条件的约定，可以高于、但不得低于该标准。在集体合同的内容构成中，标准性条款居于最重要的地位，在集体合同的整个有效期间持续有效。

（2）目标性条款。其规定的是在集体合同有效期内应当达到的具体目标和实现该目标的主要措施，通常适用于基层集体合同。该目标一般不能成为劳动合同的内容，仅作为签约方的义务而存在。该种目标的实现，有的是用人单位的义务，有的是工会或全体职工的义务，有的是双方共同的义务。在合同有效期内，该种义务随着既定目标的实现而终止。实践中，劳动者的利益目标，如建成某项安全保护工程等，作为集体合同的内容，没有争议；对于可否设定生产经营目标，如产值、产量、营业成本、利润等，争议较大，大多持否定态度。

（3）劳动关系运行规则条款。它所规定的是关于个体劳动合同和集体合同如何运行的规则，主要包括劳动合同和集体合同的订立、续订、变更、解除、终止等，在立法不完备的情况下，这类条款尤为必要。

对于区域性、行业性集体合同的内容，根据《关于开展区域性行业性集体协商工作的意见》的规定，应当从本区域、本行业劳动关系的特点和企业实际出发，紧紧围绕劳动报酬、劳动定额、工作时间、休息休假、劳动安全卫生、保险福利、女职工和未成年工特殊劳动保护等问题来确定，既可以是综合性的，也可以是专项的。

为了使集体合同内容的构成完整化和规范化，考虑到当前我国的实际，有必要推

---

① 王全兴．劳动法．北京：法律出版社，2004：165－167.

行集体合同示范文本制度，即由集体合同管理机构会同工会和用人单位团体或有关经济管理部门，拟定各种类型的集体合同示范文本，作为签约人协商集体合同内容时参考。

（二）集体合同的形式

各国一般都规定集体合同必须采用书面形式，为要式合同，我国亦然。2004 年《集体合同规定》明确要求集体合同应当采用书面形式，口头形式的集体合同不具有法律效力。

在集体合同的形式中，特别有必要区分主件与附件。主件即综合性集体合同，其内容一般涉及到劳动关系的各个方面；附件即专项集体合同，是就劳动关系的某个方面签订的专项协议。二者是一般与特殊的关系。我国目前主要的附件为工资集体合同，《工资集体协商试行办法》规定，工资协议作为集体合同的附件，与集体合同具有同等法律效力。

（三）集体合同的期限

集体合同的期限可分为定期集体合同、不定期集体合同和以完成一定项目为期限的集体合同。各国一般采用定期集体合同，在立法中规定集体合同的最短期限（通常规定为 1 年）和最长期限（通常规定为 3 年至 5 年）；也有些国家采用不定期集体合同，立法中只规定其生效时间而不规定其终止时间，如法国、日本等，当事人可以随时提前一定期限通知对方终止；此外，个别国家采用以完成一定项目为期限的集体合同，如利比亚等，当这种集体合同约定的工作（工程）未能在法定最长期限内完成时，一般将法定最长期限视为该集体合同的有效期限。

在我国，只规定有定期集体合同，期限为 1 至 3 年；在合同约定的期限内，双方代表可对合同履行情况进行检查，每年可对合同进行修订。

第二节 集体合同的订立、履行、变更、解除与终止

案例及问题导引

2011 年 4 月 23 日，经过长达两年的酝酿和将近两个月的谈判，随着武汉市餐饮行业劳方首席代表、市商贸金融烟草工会联合会常务副主席周国华与资方首席代表、武汉市餐饮行业协会会长刘国梁在《武汉市餐饮行业工资专项集体合同》上签字，全国第一例餐饮行业工资专项集体合同正式诞生。4 月 30 日，该集体合同通过审核并生效。

根据该合同规定，餐饮行业最低工资标准为武汉市最低工资标准的130%，理论上，该合同将惠及武汉市餐饮行业的将近50万从业人员。

请问：集体合同的订立应该遵循何种程序？

一、集体合同的订立

（一）集体合同的订立主体

集体合同的订立主体，又称集体合同签约人，为分别代表双方当事人（即工会、没有工会的用人单位职工推举的代表与用人单位或其团体）签订集体合同的主体，包括劳动者方签约人和用人单位方签约人。

劳动者方签约人，一般为具有集体合同当事人资格的工会组织的机关。关键在于工会当事人资格的确定，涉及到工会的代表权问题：

（1）在工会组织体系采取一元化模式的国家，各级工会组织依法成立即具有集体合同当事人资格。

（2）在工会组织体系采取多元化模式的国家，同一企业可能存在多个工会，此时当事人的产生要相对复杂，涉及到两个问题：一是对工会代表资格的确认；二是雇主对工会代表资格的认可。前者，只有当一定范围内达到一定比例（一般不少于50%，个别国家，如英国则只要求达到10%）的职工是该工会的会员时，该工会才有协商代表的资格而成为集体合同当事人；后者，一旦雇主认可了某一工会的协商代表资格，雇主就必须承担接受协商并公开有关信息的义务，如果雇主无正当理由对应认可具有协商资格的工会拒绝认可，将可能构成不当劳动行为，该工会可以依法向国家有关部门申请裁定。

（3）个别国家甚至还规定，工会组织的集体合同当事人资格，必须经政府以法定方式予以确认。

用人单位方签约人，一般为用人单位团体的机关和用人单位的负责人（法定代表人）。用人单位团体的机关有资格与对应等级的工会机关签订集体合同，单位负责人或企业主一般只有与基层工会机关签订集体合同的资格，但有些大型联合企业的行政方也有同产业或职业工会机关签订集体合同的资格。用人单位团体机关的签约权限，一般由本团体章程规定，特殊情况下也可由本团体成员大会或成员代表大会的决议确定。

区域性和行业性集体合同的签约人与当事人，从劳动者一方而言，其当事人为区域性工会组织或行业工会组织，签约人为区域性工会组织或行业工会组织选派的代表，首席代表由工会主席担任。企业方的当事人为区域内的企业联合会、企业家协会或其他雇主组织，签约人由其选派，或由上级企业联合会、企业家协会组织区域内的企业经民主推选或授权委托等方式产生，首席代表由企业方代表民主推选产生。

（二）集体合同订立的原则

《集体合同规定》第5条规定：“进行集体协商，签订集体合同或专项集体合同，应当遵循下列原则：（1）遵守法律、法规、规章及国家有关规定；（2）相互尊重，平等协商；（3）诚实守信，公平合作；（4）兼顾双方合法权益；（5）不得采取过激行为。”其中，“不得采取过激行为”的规定，从某种程度上是基于公共秩序的考虑。但对何为“过激行为”？我国未有明确的解释与说明。按照通常理解，“过激行为”包括了罢工、闭厂等传统的促成集体协议达成的手段。然而，罢工作为国际劳动组织以及世界上绝大多数国家所承认的劳动基本权，是劳动者作为弱者迫使用人单位进行集体协商、接受某些劳动条件行之有效的手段，“工人罢工的权利是集体谈判原则中最重要的组成部分”①，是“工人强迫雇主满足其要求的潜在武器和手段”，②“没有罢工权的集体协商将无异于集体行乞。”③ 因此，将罢工等行为视为“过激行为”予以禁止并不可取。

资料链接

我国罢工的规范

1982年《宪法》对公民的罢工权未作规定，但“罢工”现象并未因此消失，相反，近年来罢工现象愈演愈烈。由于缺乏必要的法律规制，各种自发的罢工行为往往无序、无规则，对社会消极作用极大。因此，我国应将罢工逐步纳入法制化的轨道，健全我国的罢工制度，依法对罢工权予以确认、保障及规范，做到趋利避害、有序引导、合理规制，以消除因自发罢工给社会带来的负面影响。借鉴各国罢工立法经验，合法罢工一般应具备以下要件：（1）罢工行为的发动主体原则上应为工会，但考虑到我国工会的实际，应允许达到相当比例的职工以民主程序投票决定是否发动罢工，至于参与主体，除公务人员、军人、特定涉及国计民生的公共服务行业的人员外，均应有权参与罢工；（2）罢工的发动、进行应以配合集体谈判、签订集体合同为目的，意在维持原有权益或争取更佳的劳动条件、工作保障。非为劳动关系上的经济利益目的不得罢工，尤

---

① John Bowers & Simon Honeyball, Labor law, Blackstone press limited, 1996 4th ED. 382.

② David P. Twomey, Labor and employment Law, South-western publishing Co, 1994, 9th ED. 257.

③ 黄越钦．劳动法新论．北京：中国政法大学出版社，2003：306.

其是纯为政治目的的罢工应绝对禁止。有问题的是，对于与劳动者有直接关系的、其所在单位直接面临的经济与社会政策问题，能否发动罢工以确保自己的工作机会、利益？对此，一般认为应持允许态度；（3）符合社会妥当性原则，罢工行为应采取和平的手段，以“正当”、“非暴力”的方式进行，同时，接受“最后手段法则”的限制，即“必须是已毫无其他解决途径时才能采取的最后的、不得已而为之的特殊解决方式”①；（4）罢工还应遵循严格的法定程序，尤其是在罢工实际进行前的一定时间内应以书面形式通知用人单位，使用人单位事先能做必要之应对。

（三）集体合同的签订程序

集体合同的签订一般要经过集体协商、签订协议、政府确认、生效等几个阶段，区域性、行业性集体合同的订立程序另有特别规则。

1. 集体合同签订程序的模式比较

按照合意过程中是否含有集体谈判，集体合同签订程序可分为谈判型与非谈判型两种模式。

集体谈判，又称团体交涉，从应然角度，是指劳动关系双方当事人为签订集体合同，就相关劳动条件进行交涉、讨价还价的一种法律行为。一般有谈判准备、谈判的实际进行、争议处理（尤其是集体行动、或强制仲裁）等环节，为世界上绝大多数国家所采用。

非谈判型签约程序，一般仅为社会主义国家所适用，我国也有少量实践。其主要环节有：（1）起草，由单位行政和工会各派代表若干人组成起草小组，拟出集体合同草案；（2）讨论，由工会组织全体职工讨论集体合同草案，并将讨论中的意见汇交起草小组；（3）审议，起草小组根据职工讨论中提出的意见对集体合同草案进行修改后，提交职代会或职工大会审议通过；（4）签字，双方在经审议通过的集体合同文本中签字。

对于我国应如何确定签约程序的模式，学界有两种主张：（1）两种类型并存。由于谈判型和非谈判型签约程序各自所需客观条件不尽相同，而各个企业所具备的客观条件又千差万别，所以，对基层集体合同的签约程序应当允许两种类型并存，由签约双方从实际情况出发，通过协商来选择签约何种类型。至于宏观层次的集体合同，以适用谈判型签约程序为宜。（2）两种类型合并。将谈判型和非谈判型签约程序中的若干环节组合成一套签约程序，即由谈判准备、谈判举行、职代会（职工大会）审议通过和双方代表签署环节依次衔接的签约程序。当前我国关于集体合同签约程序的立法，《劳动

① 黄程贯．劳动法．台湾：空中大学出版社，1997：255.

法》所规定的基本上属于非谈判型签约程序；1994 年的《集体合同规定》所规定的则接近于谈判型签约程序；2001 年《工会法》、2004 年的《集体合同规定》则采取的是两种类型合并的模式。

2. 集体协商的提出

2004 年《集体合同规定》第 32 条规定，协商任何一方均可就签订集体合同以及相关事宜，以书面形式向对方提出进行协商的要求。一方提出该要求的，另一方应当在收到该要求之日起 20 日内以书面形式给以回应，无正当理由不得拒绝进行协商。

3. 集体协商的准备

（1）确定集体协商代表。集体协商代表是指按照法定程序产生并有权代表本方利益进行集体协商的人员，由劳方代表和用人单位方代表所组成。《集体合同规定》第 19 条规定，双方代表人数应当对等，每方至少 3 人，并各确定 1 名首席代表。

第一，劳方代表的产生

企业内有工会组织的，工会就成为职工与用人单位进行集体协商的当然代表，具体人选由其选派；没有工会的企业，由职工民主推举代表，被推举的代表必须得到半数以上职工的同意，上级工会可以指导职工代表与企业进行集体协商；进行区域性或行业性集体协商的职工方代表只能是相应工会的代表。职工一方的首席代表由本单位工会主席担任。工会主席可以书面委托本单位以外的专业人员作为本方协商代表，委托人数不得超过本方代表的 1/3，也可以书面委托其他协商代表代理首席代表，但该协商代表必须是本单位人员。工会主席空缺的，首席代表由工会主要负责人担任。未建立工会的，职工方的首席代表从协商代表中由民主推举产生。

为防止企业通过解除与职工谈判代表的劳动合同等手段阻扰集体协商的进行，或打击报复职工代表，我国《集体合同规定》27、28 条对职工方的协商代表做了保护性的规定："企业内部的协商代表参与集体协商视为提供了正常劳动"；"职工一方协商代表在履行其协商代表职责期间劳动合同期满的，劳动合同期限自动延长至完成履行协商代表职责之时，除出现下列情形之一的，用人单位不得与其解除劳动合同：（一）严重违反劳动纪律或用人单位依法制定的规章制度的；（二）严重失职、营私舞弊，对用人单位利益造成重大损害的；（三）被依法追究刑事责任的。职工一方协商代表履行协商代表职责期间，用人单位无正当理由不得调整其工作岗位。"

第二，用人单位方代表的产生

用人单位的代表因集体协商范围的不同而不同。如果是企业层级的集体协商，企业方的代表由其法定代表人担任或指派，首席代表由单位法定代表人担任或由其书面委托的其他管理人员担任；如果是行业或地区集体协商，那么用人单位的代表可以是相应行业或区域的用人单位协会的代表，或者相应行业或区域的企业推举的代表。

用人单位协商代表与职工协商代表不得兼任。

（2）协商代表的准备工作。为了集体协商的顺利进行，双方协商代表在协商前应该就协商做充分的准备，具体包括：熟悉与协商内容有关的法律、法规、规章和制度；了解与协商内容有关的情况和资料，收集用人单位和职工对协商意向所持的意见；拟定协商议题，该议题可由提出协商一方起草，也可由双方派代表共同起草；确定协商的时间、地点等事项，共同确定一名非协商代表担任协商记录员。记录员应保持中立、公正，并为集体协商双方保密。

（3）协商代表的职责与义务。2004年《集体合同规定》第25、26条规定，集体协商代表的职责为：参加集体协商；接受本方人员质询，及时向本方人员公布协商情况并征求意见；提供与集体协商有关的情况和资料；代表本方参加集体协商争议的处理；监督集体合同的履行；维护本单位正常的生产、工作秩序，不得采取威胁、收买、欺骗等行为；保守在集体协商过程中知悉的用人单位的商业秘密；法律、法规和规章规定的其他职责。代表履行职责的期限由被代表方确定。

4. 集体协商的过程

第一，协商程序

协商会议由双方首席代表轮流主持，并按下列程序进行：（1）宣布议程和会议纪律；（2）一方首席代表提出协商的具体内容和要求，另一方首席代表作出回应；（3）双方就商谈事项发表各自的意见，展开充分讨论；（4）双方首席代表归纳意见。达成一致的应当形成集体合同草案，或专项集体合同草案，并由双方首席代表签字。

在集体协商（或谈判）中，可能会出现几种情况：（1）协商双方对集体合同的内容意思表示一致，顺利地形成由双方首席代表签字的集体合同草案或专项集体合同草案；（2）未达成一致意见或出现事先未预料的问题时，经双方协商，可以中止协商，中止期限及下次协商时间、地点、内容由双方商定；（3）双方对集体合同条款各执己见，谈判陷入僵局，调解无效，进入劳动争议阶段，双方采用罢工、闭厂等激烈手段，迫使相对方让步，或者交由有关部门对争议条款强制仲裁，直至协议的最终达成。当前我国立法对劳资双方的罢工、闭厂等集体行动问题持回避态度，也缺乏对利益争议的强制仲裁制度，集体协商过程中双方不能达成协议的，由当地人民政府劳动行政部门组织有关方面协调处理，但政府协调处理后双方依然达不成协议的，立法缺乏相应的规定。

第二，协商过程中的政府介入与上级工会参与

协商过程中的政府介入包括直接介入和间接介入，前者是指政府或其劳动行政部门直接参与协商过程，对双方进行协调，促使协议的达成。包括：主动介入与被动介入、

争议前介入与争议后介入之分。而后者则是指政府有针对性地运用经济社会政策、经济杠杆等宏观调控手段，影响集体协商的进程和结果。在西方国家，政府多采取间接介入方式，但近年来直接介入也越来越多，发展中国家则多采取直接介入方式。

协商过程中的上级工会参与，是指上级工会以指导、帮助、协调、监督等方式参与下级工会与相对用人单位或其团体的协商谈判过程，以维护劳动者合法权益。这已现诸很多国家的实践。在我国现阶段，各企业的工会组织状况不平衡，缺少签订集体合同的经验，因此，应当重视上级工会对企业工会签订集体合同的参与。对此，中华全国总工会的《工会参加平等协商和签订集体合同的试行办法》、《工会法》等均有详细规定。

5. 签订协议与职代会讨论通过

双方就集体合同的内容意思表示一致，应签订书面的协议（草案）。根据法律规定，“集体合同草案应当提交职工代表大会或全体职工讨论通过”。职代会和全体职工讨论草案，应当有2/3以上职工代表或职工出席，且需经全体职工代表或职工半数以上同意，草案方获通过。草案通过后，方能由集体协商双方首席代表签字。

6. 政府确认程序

为确保集体合同内容的合法、公平、公正，绝大多数国家的法律都规定由政府有关部门对当事人依法签订的集体合同的确认程序，确认的方式主要有登记、备案、审查或批准四种。其中登记与备案一般不影响集体合同的法律效力，当事人应登记、备案而未登记、备案的，集体合同继续生效，当事人只需承担相应的行政责任即可；而审查程序中，只要政府有关部门对集体合同未提出异议，集体合同即可生效，但当事人未依法报请政府有关部门审查的，集体合同不生效力；批准程序中，集体合同以政府有关部门的批准为生效要件，未经政府有关部门的批准，集体合同不生效。但是，在劳动关系市场化的条件下，以政府的批准作为集体合同的生效要件，显然构成对集体合同当事人意思自治空间的过度干涉，不甚合理。

在我国，2004年的《集体合同规定》规定了对集体合同的审查制度，并作出下述规定：

（1）审查机构及管辖范围。集体合同或专项集体合同实行属地管辖，由县级以上劳动行政部门的劳动合同管理机构负责审查。地方各类企业和不跨省的中央直属企业集体合同报送的管辖范围，由省级劳动行政部门确定；全国性集团公司、行业性公司以及跨省企业的集体合同报送国务院劳动行政部门或其指定的省级劳动行政部。

（2）报送期限和材料。集体合同签订后，应当在7日内将集体合同文本一式三份及说明材料报送劳动行政部门。说明材料应当包括：企业的所有制性质、职工人数、企业法人营业执照复印件和工会社团法人证明材料；双方首席代表、谈判代表或委托人的身份证复印件、授权委托书；职工方谈判代表的劳动合同书复印件；谈判情况及集体合同条款征求职工意见的记录；职代会（职工大会）审议通过集体合同草案的决议；集体合同条款的说明。

（3）审查内容和程序。内容审查包括三个方面：其一，资格审查，主要是审查合同的签约人资格、谈判代表资格等；其二，程序审查，主要是审查签约程序的各个环节是否齐备和合法；其三，内容审查，主要是审查合同条款是否符合法规政策，是否公平。

二、集体合同的履行

集体合同的履行，应当坚持实际履行、适当履行和协作履行的原则。其内容与劳动合同的履行原则相似，此处不再赘述。

在集体合同履行过程中，应针对不同的合同条款采用不同的履行方法。其中，标准性条款的履行，主要是在集体合同有效期内始终按集体合同规定的各项标准签订和履行劳动合同，确保劳动者利益的实现不低于集体合同所规定的标准；目标性条款的履行，着重在将集体合同所列各项目标具体落实在企业计划和工会工作计划之中，并采取措施实施计划。对于内容不够明确的条款，凡国家的法规、政策、劳动标准中有明确规定的，应按这些规定执行；凡国家无明确规定的，应当由当事人双方、关系人双方或当事人与关系人依法重新协商，按新商定的要求履行。

关键在于对集体合同履行的监督。在西方国家，作为职工参与形式之一的企业（职工）委员会，就负有监督集体合同履行的职责。在我国，企业工会、企业职代会及其职工代表、签约双方代表以及劳动行政部门、企业主管部门、地方和产业工会，都有权对集体合同的履行实行监督。就企业工会和职代会对集体合同履行的监督问题，中华全国总工会《工会参加平等协商和签订集体合同试行办法》规定：（1）企业工会应当定期组织有关人员对集体合同的履行情况进行监督检查，发现问题后，及时与企业协商解决；（2）企业工会可以与企业协商建立集体合同履行的联合监督检查制度，定期或不定期对履行集体合同的情况进行监督检查；（3）工会小组和车间工会应当及时向企业工会报告本班组和车间履行集体合同的情况；（4）职代会有权对集体合同履行实行民主监督，企业工会应当定期向职代会或全体职工通报集体合同履行情况，组织职工代表对集体合同履行地进行监督检查。

三、集体合同的变更、解除

（一）集体合同变更、解除的条件

集体合同的变更，包括主体变更与内容变更。集体合同的解除，则是指集体合同没有履行或没有完全履行之前，因订立集体合同所依据的主、客观条件发生了变化，致使合同履行成为不可能或不必要，当事人合意或依照法律规定的条件与程序，解除原集体合同。就一般法理而言，合同解除其法律效力朔及合同成立之时，但由于集体合同的继续性特征，对集体合同的解除，其法律效力仅向将来发生，故集体合同的解除往往构成集体合同终止的原因之一。

根据2004年《集体合同规定》第40条，有下列情形之一的，当事人可以变更或解除集体合同或专项集体合同：

（1）用人单位因被兼并、解散、破产等原因，致使集体合同或专项集体合同无法履行的。

（2）因不可抗力等原因致使集体合同或专项集体合同无法履行或部分无法履行的；

（3）集体合同或专项集体合同约定的变更或解除条件出现的；

（4）法律、法规、规章规定的其他形式。

（二）集体合同的变更和解除的程序

双方协议变更或解除集体合同，其程序基本与集体合同的订立程序相同：（1）一方提出建议，向对方说明需要变更的条款、变更或解除集体合同的理由等。一方提出变更或解除集体合同的建议后，另一方必须在集体合同或有关法律规定的期限内作出答复；（2）双方协商并达成协议。如果一方提出变更或解除集体合同的建议后，另一方也有相同的愿望，双方可以就变更或解除集体合同的具体内容和条件等进行协商谈判，在此基础上达成一致性的书面协议；（3）协议书应提交职工（代表）大会讨论通过，并报送劳动行政部门，经审查确认后，协议即告成立，原合同或原合同的有关条款即行终止。

集体合同一方当事人在法定或约定条件成就时，可单方面变更或解除集体合同，但须履行相关手续并提供必要的证明，在权利行使过程中与相对方发生争议的，可提请劳动争议仲裁委员会仲裁或向人民法院起诉。

四、集体合同的终止

集体合同的终止，从广义上来理解，包括下述几种情形：（1）因有效期届满而终止。集体合同在约定期限届满时，除依法延期者外，应当终止；依法延期者在所延长期限届满时，也应当终止。（2）因目的实现而终止。集体合同所规定的义务完全获得履行，表明其目的已实现，就应当终止。例如，以完成一定工作（工程）为期限的集体合同，在约定的工作（工程）完成时，即行终止。（3）因依法解除而终止。（4）因裁决或判决解除集体合同而终止。

第三节 集体合同的法律效力[①]

案例及问题导引

A纺织公司与工会协商订立了工资集体合同：（1）该集体合同订立后，公司新招录范某等一大批员工，该集体合同的约定是否对新招录的员工有效？

（2）A纺织公司决定在外地投资设立一个分厂，请问该集体合同是否适用新设分厂的职工？

（3）A公司所在地的纺织行业工会与纺织行业协会经过协商订立行业性集体合同，但在该集体合同关于行业最低工资的约定与A纺织公司内集体合同的约定不一致，该如何适用？

集体合同的法律效力，即集体合同的法律约束力，就广义而言，包括集体合同的效力范围、法律效力的具体表现形式，后者具体指当事人间的权利义务关系、违反集体合同的法律责任等等。

在集体合同的当事人中，工会、用人单位团体往往并不是合同权利义务的承担者，而是代表他人利益而订立合同，由此引发了集体合同对当事人（即代表人）、对关系人（即被代表人）是否具有法律约束力，以及如果有约束力，其效力依据何在等一系列问题。对此问题，各国法律理论界众说纷纭，未有定论。[②]

---

① 本节有关集体合同“效力范围”、“效力形式”部分，参见：王全兴．劳动法．北京：法律出版社，2004：173－176.

② 集体合同对当事人的法律效力，有肯定与否定两种观点。肯定的观点认为集体合同也是一种债的发生依据，按照“契约必须严守”原则，集体合同的双方当事人都必须履行合同约定的义务，否则应向相对方承担违约责任，如瑞士法律中就规定集体合同中可以约定违约金。否定的观点，如英国，其司法理论界与实务界认为，集体合同不是一种合同，因为当事人任何一方，无论是工会还是雇主都无意与对方建立一种法律关系，订立集体合同的目的是为了提高受雇人的利益，而非给自己设定权利或义务。因此，工会和雇主任何一方违反约定，都只需承担道义上的责任而非法律上的违约责任。

至于集体合同对关系人的法律效力，争议不大，但对于其效力依据，则众说纷纭，归纳起来，主要有以下几种：（1）代理说。认为鉴于劳动者的弱势地位，为了给劳动者争取较好的劳动条件，工会以组织的形式与雇主订立集体合同，二者是一种代理关系，按照代理理论，代理人为被代理人的利益与他人订立的合同，法律后果由被代理人承担。但该说无法说明集体合同为何对非工会会员、因反对订立某一集体合同而退出该工会的成员也具有法律约束力。（2）自治规章说。认为集体合同实际上是劳资双方共同制定的、作为劳资双方共同遵守的、规范集体劳动关系的自治规章，其法律效力不能依合同债的效力加以解释，而应按规章效力进行解释。（3）法律赋予说。认为集体合同之所以对当事人以外的关系人具有法律约束力，其效力来源在于法律的赋予。

在我国，劳动立法对集体合同的法律约束力，除个别条款外，基本未作明确规定。学界一般认为，集体合同只要完全具备法律规定的有效要件，即主体合格、内容和形式合法、意思表示自愿真实、订立程序合法，就具有法律效力，其条款在一定范围内成为劳动关系的规范，并设定债权债务。

一、集体合同的效力范围

（一）对人效力

即集体合同对什么人具有约束力。一般认为，受集体合同约束的人包括集体合同的当事人（当事团体）和关系人。前者是指订立集体合同并且受集体合同约束的主体，即工会（没有工会的为职工推举的代表）和用人单位（或其团体）；后者指无权订立、变更、解除集体合同，却直接由集体合同获得利益并且受集体合同约束的主体，即工会组织所代表的全体劳动者和用人单位团体所代表的各个用人单位。

集体合同对当事人的法律约束力，需视具体条款的性质而定，一般认为，除集体合同运行规则条款、个别过渡性条款外，集体合同对当事人不具有法律约束力。集体合同对关系人的法律效力，主要表现为关系人接受并遵守集体合同为其设定的条件，协助集体合同当事人履行合同约定的义务。对此，文章后面将有专门论述。

关键是集体合同关系人的范围。一般认为：（1）集体合同存续期间与受集体合同约束的用人单位存在、建立劳动关系者，均在集体合同关系人之列。（2）作为集体合同关系人的用人单位，除集体合同另有规定外，包括在用人单位团体订立集体合同后加入该团体者和失去该团体成员资格者。（3）作为当事团体成员的劳动者或用人单位，即使反对订立集体合同，也属于集体合同关系人。（4）当事人团体被依法解散后，在集体合同存续期间，作为前当事团体成员的劳动者或用人单位，仍然应受集体合同约束。（5）当某一用人单位的营业依法转移给另一用人单位后，如果前一用人单位及其劳动者的劳动合同也随之转移，在对该劳动合同具有约束力的集体合同存续期间，后一用人单位和劳动者也受该集体合同的约束。

（二）时间效力

即集体合同在多长的时间内具有约束力。它一般由集体合同依法自行约定，在有的情况下由法律直接规定。由于集体合同与劳动合同的缔结、有效期并不同步，为确保二者的协调、衔接，集体合同在时间效力方面较为复杂，主要有以下三种类型：

（1）当期效力，即集体合同在其存续期间内具有约束力。其生效时间，有的国家规定为集体合同经审查合格之日或依法推定审查合格之日，有的国家则规定为双方在合同上签字盖章之日。其失效时间，一般为定期集体合同的约定期满或依法终止之日，其他集体合同的约定或法定终止条件成就之日。

（2）溯及效力，即集体合同可追溯到对其成立前已签订的劳动合同发生效力。集体合同一般不具有溯及效力，但集体合同的约定较其成立前已签订的劳动合同对劳动者更为有利时，基于劳动权平等原则，也是对劳动者利益保护的考虑，应承认其具有溯及效力，此即有利追溯原则；且自动追溯，无需利害关系人主张。个别国家对此已有明文规定。

（3）余后效力，即集体合同终止后对依其订立并仍然存续的劳动合同还有约束力。由劳动合同订立的附和化特征所决定，劳动合同对劳动关系的作用只在于"启动劳动关系"①，"充其量只能发挥一种触发性作用"②，"具有不完全合约的性质，"③ 集体合同的约定往往构成劳动合同的主要内容。基于"契约严守"原则，也是对劳动者信赖利益的保护，集体合同终止后，在代替它的新集体合同生效前，原集体合同仍然有效；如未订立有效的新集体合同，则原集体合同应在依其订立的劳动合同的有效期内，对该劳动合同继续发生法律效力。

还需特别注意的是，当溯及效力与余后效力发生冲突时，应优先使用对劳动者更为有利的集体合同。

（三）空间效力

指集体合同在哪些地域、产业（职业）发生效力。全国集体合同、地方集体合同分别在全国或特定行政区域范围内有效；产业集体合同对特定产业的用人单位及其职工有效；职业集体合同对从事特定职业的职工及其用人单位有效。

在空间效力方面，关键是集体合同竞合问题，即两个以上集体合同可适用于同一劳动关系而又内容相异时，应优先适用哪个集体合同。解决此问题的方法主要有：

（1）如效力发生在前的集体合同对集体合同竞合时应优先适用哪个集体合同作了特别规定，就依其规定；若无此规定，就依其他规则确定。

（2）优先适用最适合该劳动关系特点的集体合同，如在产业（职业）集体合同和地方集体合同之间优先适用前者，在产业集体合同和职业集体合同之间优先适用后者。

（3）优先适用更具有普遍性的集体合同。如在全国集体合同和地方集体合同之间优先适用前者。

（4）优先适用更有利于劳动者的集体合同，即哪个集体合同对劳动者利益规定的标准更高，就适用哪个集体合同。

上述第（1）方法一般为第一顺序并普遍适用的方法，其他方法只能分别适用于特定范围。我国在实行多层次集体合同模式以后，立法时应当考虑规定上述方法。

---

① 董保华．劳动关系调整的法律机制．上海：上海交通大学出版社，2000：163.

② ［美］麦克尼尔．新社会契约论．雷喜宁，潘勤，译．北京：中国政法大学出版社，1994：45.

③ ［美］D·哈特．企业、合同与财务结构．费方域，译，上海：上海人民出版社，1997：2.

二、集体合同的效力形式

即集体合同法律效力的具体表现形式。集体合同有用人单位团体与工会（没有工会的为职工推举的代表）订立者（见图4－1），亦有单个用人单位与工会（没有工会的为职工推举的代表）订立者（见图4－2）。后者在我国为普遍，其实质为劳动合同的集合；前者，就利害关系人而言，至少涉及四方主体，分别是用人单位、用人单位团体、工会（没有工会的为职工推举的代表）、工会会员，为完整集体合同的典范。基于此，本文以前者为例，阐述集体合同法律效力的具体表现形式。

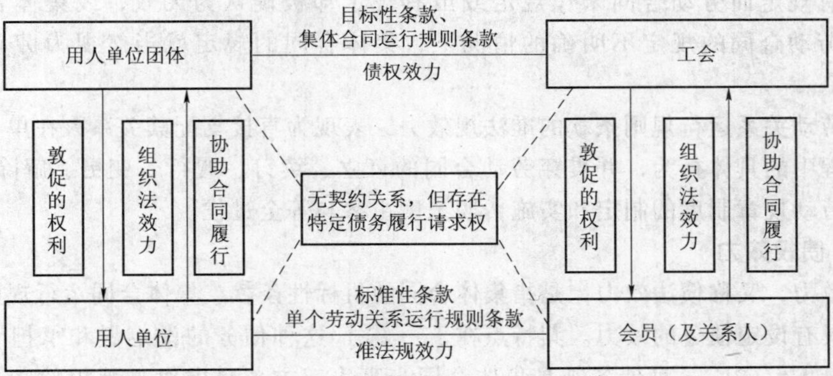

图4－1

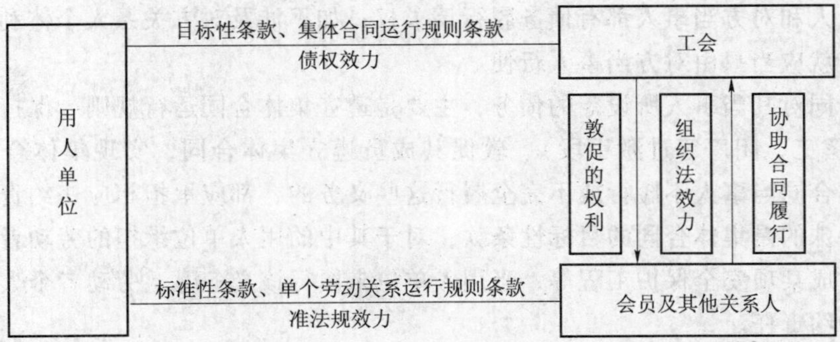

图4－2

（一）准法规效力

准法规效力又称规范效力，是指集体合同的标准性条款、单个劳动关系运行规则条款对其关系人（即个别劳动关系的当事人）具有相当于法律规范的效力。其特点在于：

(1) 该种条款不论关系人是否同意，得直接确定其相互间的权利义务；(2) 对于该条款赋予劳动者的权益劳动者无权放弃，相应之意思表示无效；(3) 该种条款被撤销，其法律效力仅向将来发生，无溯及力；(4) 该种条款从生效之日起对生效前已确立并仍然存续的劳动关系，也具有约束力。

标准性条款的准法规效力，表现为其直接支配关系人的劳动合同内容。具体形式有两种：(1) 不可贬低性效力，即劳动合同中关于劳动者利益的规定，可以高于但不得低于集体合同所规定的标准，否则将由集体合同的规定取而代之。(2) 补充性效力，即集体合同所规定的标准在一定条件下可以成为劳动合同内容的补充。申言之，在集体合同有规定而劳动合同未作规定或虽有规定却被确认为无效，或集体合同有明确规定而劳动合同的规定不明确的情况下，集体合同的规定就当然视为劳动合同内容的补充。

单个劳动关系运行规则条款的准法规效力，表现为直接支配其关系人在单个劳动关系运行过程中的具体行为，并贯穿劳动合同的订立、续订、履行、变更、解除和终止，用人单位劳动规章制度的制定和实施，职工民主参与等全过程。

（二）债权效力

债权效力，又称债法效力，是指集体合同的目标性条款、集体合同运行规则条款对其当事人具有设定债务的效力。其特点在于：(1) 这种债务的设定者和承担者都是集体合同当事人；(2) 这种债务既是集体合同当事人双方各自向对方承担的义务，也是向对方当事人所代表的关系人承担的义务。这种债务的履行如果涉及对方关系人的个体利益，或者既涉及对方关系人个体利益，又涉及对方全体或大部分关系人共同利益，那么，该关系人和对方当事人都有债务履行请求权；如不涉及对方关系人个体利益，债务履行请求权就应当只由对方当事人行使。

集体合同对其当事人所设定的债务，主要是遵守集体合同运行规则、保持劳动和平（即不使用罢工、闭厂等过激手段）、敦促其成员遵守集体合同、实现集体合同约定目标等。集体合同当事人不履行或不完全履行这些义务的，都应承担相应违约责任。

比较特殊的是集体合同的目标性条款，对于其中的用人单位承担的劳动者利益目标条款，如建成某项安全保护工程等，当用人单位未履行该义务时，劳动者个人亦可追究相对方的违约责任。

（三）组织效力

组织效力，又称组织法效力，是指集体合同的某些条款对其关系人具有设定组织法义务的效力。其特点在于：(1) 这种义务是集体合同关系人作为团体成员对其所属团体所承担的义务，是团体内部的义务；(2) 这种义务由集体合同而非团体规章直接设定，集体合同关系人是由于集体合同的存在才对其所属团体承担此义务；(3) 这种义务以集体合同关系人所属团体的组织法和团体规章为依据。换言之，它虽然不由所属团体的组织法和团体规章直接设定，但以其组织法和团体规章所确定的组织关系为依据。

集体合同关系人之所以对其所属团体承担这种义务，是因为：（1）集体合同关系人所属团体向对方当事人负有集体合同所约定的义务。例如，集体合同当事人双方彼此向对方负有保持劳动和平的义务，因而，集体合同关系人对其所属团体也就负有不实施过激行为并就此接受监督的义务。（2）维护所属团体的共同利益所必需。例如，集体合同当事团体在集体合同中为其成员约定应作为劳动合同内容标准的条款，由于集体合同关系人是否遵守这种条款对其所属的集体合同当事团体的履约信用有利害关系，集体合同当事团体就有权要求其成员遵守这种条款，遵守这种条款也就成为集体合同关系人对其所属团体所应承担的义务。

三、集体合同与劳动基准的效力关系

国家通过劳动基准法规定的用人单位应提供给劳动者的最低劳动条件，对劳动者维持其基本生活或保障其生命健康至关重要，故劳动基准是用人单位必须遵守的强行性规范。《劳动合同法》第55条规定：“集体合同中劳动报酬和劳动条件等标准不得低于当地人民政府规定的最低标准。”由于当地政府规定的劳动者利益最低标准不得低于其以上层次规范性文件规定的劳动基准，故该规定还应理解为，集体合同约定的劳动者利益标准，在当地政府没有规定相应的最低标准时，不得低于其以上层次规范性文件所规定的最低标准。可见，劳动基准对集体合同有“保底”的效力，集体合同约定的劳动者利益若低于劳动基准，无效，并由劳动基准替代。

问题与思考

1. 集体合同与劳动合同的关系是什么？
2. 简述集体合同的内容、形式与期限。
3. 简述集体合同的订立、履行、变更、解除与终止。
4. 简述集体合同的效力。

第五章

劳动基准法

第一节　劳动基准法概述

一、劳动基准法的概念

劳动基准（labor standard），亦称之为劳动标准，是国家对劳动过程中的基本劳动条件规定的最低限度。日本最早使用劳动基准的概念，从字面来解释，劳动基准即为劳动条件的基本标准，因此，劳动标准和劳动基准并无本质区别，皆为劳动条件的基本标准，或最低标准。

劳动基准是国家对劳动者必须拥有的基本保障而制定的最低保护标准，就其本质乃是对劳动关系双方利益的分配，而此种利益分配本源上其实是劳资双方协商或斗争的结果。社会化大生产条件下，劳动关系双方主体强弱差别较大，片面追求意思自治容易造成强势者压榨弱势者，使约定之劳动条件过于有利于强势者，而致弱势者沦落到生存挣扎的底线。因此，国家规定劳动标准的意义在于维护劳动者的基本权利，防止劳动条件的过分恶劣而影响到劳动力的生产再生产。同时，劳动基准对劳动者利益的倾斜应在合理限度范围，不可矫枉过正，以免造成新的劳资双方利益不均衡，如随意提高劳动基准，将导致用工成本上升，用人单位缺乏竞争力，也会影响劳动者就业。①

劳动基准主要有两种立法模式：一种是单独立法模式，如美国《公平劳动基准法》、《日本劳动标准法》和我国台湾地区的《劳动基准法》等；另一种是涵盖劳动基准的综合立法模式，如《法国劳动法典》。我国《劳动法》基本上属于后一种立法模式，在劳动法中存在一些劳动基准法规范。②

---

① 刘焱白．劳动基准法权利救济程序的冲突及其协调．法商研究，2010（3）.

② 董保华．中国劳动基准法的目标选择．法学，2007（1）.

资料链接

国际劳工标准

国际劳工组织制定的公约和建议书，形成了一个完整的国际劳动法体系，统称为国际劳工标准。国际劳工公约由国际劳工大会通过后，并非直接对会员国产生约束力。对一个公约批准与否，完全由会员国自主决定。建议书则不要求会员国批准，其涉及的范围比公约要大或者只处理那些不要求承担正式义务问题，因而也不产生国际法上的有约束力的义务，而是送交各国自行考虑是否以及如何通过国家立法或其他方法予以实施。

国际劳工公约和建议书以出席国际劳工大会2/3以上代表表决通过的方式制定、修改或注销。公约和建议书一经通过，会员国根据《国际劳工组织章程》的要求，有义务在大会闭幕12－18个月内将其提交给本国主管机构，以便根据国家法律和实践进行审查，并决定是否根据国家程序批准这一公约。

国际劳工标准除了公约和建议书外，还有议定书的形式。议定书实际上是对已有公约的部分内容进行修订时采取的一种形式。①

二、劳动基准法的特点

劳动基准是国家规定，要求用人单位必须遵守的最低劳动条件标准，劳动基准法具有以下的特点：

（1）公法性，劳动基准法是基于国家和社会公共利益，对劳动合同当事人双方的意思自治原则所做的一种必要限制，是国家对原属于私法领域的劳动条件进行干预的结果。劳动基准法规定劳动力使用者应履行的义务，乃是以国家为权利人，而劳动者仅是劳动力使用者义务履行行为的受益对象。

（2）强行性，劳动关系双方都必须执行劳动基准法，劳动合同和集体合同的约定违反劳动基准法，即使是劳动者“自愿”接受甚至主动提出，该约定也属无效条款，而劳动力使用者还应承担法律责任。

（3）补充性，如果劳动合同和集体合同约定的劳动条件低于劳动基准法的规定，

① 余云霞．国际劳工标准：演变与争议．北京：社会科学文献出版社，2006：48－49.

则该约定无效，双方之间的该项劳动条件自动适用劳动基准法中相关的规定。[①]

第二节　工作时间和休息休假

案例及问题导引

方某进入A酒店担任保安，双方约定劳动合同期限为2年。现双方解除劳动合同，就加班工资和夜班津贴发生争议。方某提供了在酒店工作期间，由保安队长记录的《排班登记表》、《出勤记录表》和《加班考勤表》，据此，方某主张酒店支付加班工资差额3 000元，并支付夜班津贴1 000元，但表格下有说明，加班需经理签字，而表上未见任何经理签字。A酒店提供了《加班工资核算表》，表明酒店已按该核算表支付方某加班费，且无夜间津贴和高温费发放依据。经查，双方当事人签订的书面劳动合同有约定，根据工作需要，雇主可以安排雇员加班，未经事前批准的加班无效。

本案中，方某要求支付加班工资和夜班津贴的主张能否成立，为什么？

一、工作权和休息权

《经济、社会和文化权利国际公约》规定，工作权是指人人应有机会凭其自由选择和接受的工作来谋生的权利。狭义的工作权是指就业权，即任何具有劳动能力并且愿意工作的人都有获得一份工作的权利。工作权是保障公民实现生存权的根本途径，在劳权中居于首要地位，是实现其他劳权的前提。公约还规定，人人都有权享受休息、闲暇和工作时间的合理限制，定期给薪休假以及公共假日报酬。因而，劳动者的休息权是劳动者享受休息和休养，并受工资保障的权利。劳动者通过休息恢复劳动能力，提高自身素质，提升生活质量，进行劳动力的生产和再生产。

工作权和休息权是我国宪法所保障的基本权利。我国宪法第42条规定："中华人民共和国公民有劳动的权利和义务。"第43条规定："中华人民共和国劳动者有休息的权利"；"国家发展劳动者休息和休养的设施，规定职工的工作时间和休假制度"。

---

① 周长征．劳动法原理．北京：科学出版社，2004：155.

二、工时制度的意义

历史回顾

工时制度的立法

自由资本主义阶段，劳动关系遵循契约自由，雇主为了最大限度地获取剩余价值，通过延长工人的工作时间来降低成本。长时间的劳动使劳动者的身心受到严重摧残，影响到劳动力的生产和再生产。劳动力再生产环节的断裂，意味着生产要素的短缺，剩余价值的丧失。资本主义国家从限制童工工作时间开始，逐步对所有劳动者的工作时间进行限制。最早的立法是1802年英国的《学徒工作时间与道德法》，规定纺织工厂童工工作时间每天不得超过12小时。

1866年第一届国际日内瓦代表大会，提出了“8小时工作、8小时自己支配、8小时休息”的口号，要求各国制定法律予以确认。随后，劳动者为争取8小时工作制进行了不懈努力。1886年5月1日，美国芝加哥工人进行大罢工，经过流血斗争，取得了8小时工作制的权利。1919年，《国际劳动宪章》规定，工厂的工作时间以每日8小时或每周48小时为标准；每周至少有一次连续24小时休息，并尽量以星期日为公休日。同年举行的第一届国际劳动大会通过了工业劳动1日8小时的公约。1921年的第三届大会上通过了工业中实行每周休息公约。

工作时间的立法具有以下意义：

1. 维持劳动力的生产和再生产

过长时间的工作会对劳动者的身体健康造成严重伤害，一旦超过身体的承受极限，还可能造成身体机能的丧失，保证劳动者的身体健康是维持劳动力生产和再生产的首要条件；对下一代的养育和教育也是劳动力再生产的必要环节，劳动力再生产的缺失将造成劳动力循环的断裂，进而影响社会稳定和人类进步。

2. 促进劳动者的心理健康和人格完善

劳动者的心理也有承压限度，超过极限可能导致心理疾病。近年来，因为超长加班导致劳动者尤其是白领中患抑郁症的比例不断攀升。除了工作之外，劳动者还承担了其他社会活动，且需要通过参加其他社会活动来保持其人格完善，因此，工作时间立法可以促进劳动者的心理健康和人格完善。

3. 缓解失业现象

劳动力的供需须与经济发展相适应，由于人口众多，就业压力大，在工作总量特定的情况下，缩短工作时间，能够为失业者提供更多的劳动岗位，缓解失业问题，因此，国家通过调整劳动者的工作时间，来调节劳动力供需与经济发展之间的矛盾。

资料链接

过 劳 死

Karoshi 源自日语“过劳死”。通常“过劳死”是因为工作时间长，劳动强度加重，心理压力大，存在精疲力竭的亚健康状态，由于积重难返，将突然引发身体潜在的疾病急性恶化，救治不及时而危及生命。根据世界卫生组织调查统计，在美国、英国、日本、澳大利亚等地都有过劳死流行率记载，而“过劳死”一词是近15年来才被医学界正式命名。

人体就像一个弹簧，劳累就是外力。当劳累超过极限或持续时间过长时，身体这个弹簧就会发生永久变形，免疫力大大下降，导致老化、衰竭甚至死亡。有关资料表明，直接促成“过劳死”的5种疾病依次为：冠状动脉疾病、主动脉瘤、心瓣膜病、心肌病和脑出血。除此以外，消化系统疾病、肾衰竭、感染性疾病也会导致“过劳死”。①

三、工作时间的概念和种类

（一）工作时间的概念

工作时间是指劳动者转让劳动力使用权，履行劳动义务的时间，也是按照雇主的工作安排，为雇主提供劳动的时间。工作时间的表现形式主要为工作日和工作周。工作日是指一昼夜期间，劳动者履行劳动义务的时间，而工作周是指一周期间劳动者履行劳动义务的时间。

工作时间不仅包括实际从事工作的时间，还包括为实现劳动目的花费的其他时间，包括：

（1）辅助工作时间，如必要的工前准备时间和工作结束整理时间，职业培训时间等。

（2）因用人单位原因造成的等待工作任务的时间，如停工待料的时间。对此，法

① 参见百度百科，http：//baike.baidu.com/view/745.htm 20110113，最后浏览：2011年1月13日。

律规定，“因用人单位的原因造成等待工作任务的，在一个工资周期内，用人单位应按照劳动合同发放劳动报酬，超过一个工资周期的，如果劳动者给付了劳动义务，用人单位应发放不低于最低工资标准的劳动报酬”。

（3）其他根据法律规定的时间，如必要的工间休息时间，女职工孕期检查、哺乳婴儿时间等。

（二）工作时间的类型

1. 标准工作时间

标准工作时间是法律规定的，正常情况下普遍实行的工作时间。标准工作时间是工时制度的基本形式，分为标准工作日和标准工作周。

《劳动法》规定：“国家实行劳动者每日工作时间不超过 8 小时、平均每周工作时间不超过 44 小时的工时制度”，“用人单位应当保证劳动者每周至少休息一日”。1994 年国务院《关于职工工作时间的规定》要求，国家实行职工每日工作 8 小时、平均每周工作 44 小时的工时制度。1995 年《国务院关于修改〈国务院关于职工工作时间的规定〉的决定》进一步规定，“职工每日工作 8 小时、每周工作 40 小时”。因此，我国目前的标准工作时间为，每天不超过 8 小时，每周不超过 40 小时，且每周至少休息一日。

2. 非标准工作时间

因工作性质或者生产特点的限制，企业不能实行标准工作时间的，按照国家有关规定，经劳动行政部门批准，可以实行其他工作和休息办法。非标准工作时间主要包括：

（1）缩短工作时间

缩短工作时间，即缩短工作的时间长度，是依法实行的比标准工作时间更短的工时制度。国务院《关于职工工作时间的规定》第 4 条规定：“在特殊条件下从事劳动和有特殊情况，需要适当缩短工作时间的，按照国家有关规定执行。”原劳动部、人事部《贯彻〈国务院关于职工工作时间的规定〉实施办法》第 4 条规定，在特殊条件下从事劳动和有特殊情况，需要在每周工作 40 小时的基础上再适当缩短工作时间的，应在保证完成生产和工作任务的前提下，按照有关规定，由企业根据实际情况决定。目前适用缩短工时制度的情形主要包括以下几种：

从事矿山、井下、高空、高温、低温、有毒有害特别繁重或过度紧张的劳动等职工，每日工作少于 8 小时。

夜班工作时间实行缩短 1 小时。夜班工作时间一般指当晚 10 时至次日晨 6 时从事劳动或工作的时间。夜班工作改变了正常的生活规律，增加了神经系统的紧张状态，因而夜班工作时间比标准工时减少 1 小时。

根据 1998 年国务院发布的《女职工劳动保护规定》，有不满 1 周岁婴儿的女职工可在每班劳动时间有两次哺乳（含人工喂养）时间，每次 30 分钟，多胞胎生育的，每多哺乳一个婴儿，每次哺乳时间增加 30 分钟。女职工每班劳动时间内的两次哺乳时间可以合并使用。

《未成年人保护法》规定，未成年工（年满 16 岁未满 18 周岁的劳动者）实行低于 8 小时工作日。

（2）不定时工作时间

不定时工作时间，是无法按照标准工作时间计算，而需要灵活计算工作时间的工时制度，适用于由于生产特殊需要或工作特殊性质，或需要机动作业的劳动者。可实行不定时工时制的人员包括：一是企业中的高级管理人员、外勤人员、推销人员、部分值班人员和其他因工作无法按标准工作时间衡量的劳动者；二是企业中的长途运输人员、出租汽车司机和铁路、港口、仓库的部分装卸人员以及因工作性质特殊，需要机动工作的人员；三是其他因生产特点、工作特殊需要或职责范围的关系，适合实行不定时工时制的劳动者。

实行不定时工作时间，应当履行审批手续。实行不定时工作时间的劳动者，不按标准工时制计算工作时间，可适当延长或缩短工作时间，用人单位依法无须给付加班工资，但用人单位在法定节假日安排职工工作的，仍然应当按照不低于本人工资标准的 300% 支付加班费。

（3）综合计算工作时间

综合计算工作时间是针对特殊行业的企业，由于受自然条件或技术条件的限制，不以日为单位来计算劳动者的劳动时间，而是以更长的周期：周、月、季度、年等来综合计算工作时间的工时制度。可实行综合计算工时制的人员包括：一是交通、铁路、邮电、水运、航空、渔业等行业中因工作性质特殊需要连续作业的职工；二是地质及资源勘探、建筑、制盐、制糖、旅游等受季节和自然条件限制的行业的部分职工；三是其他适合实行综合计算工时工作制的职工。

综合计算工时制与不定时工时制一样，须经过审批才能实行。依据法律规定，在综合计算周期内，总实际工作时间不应超过总法定标准工作时间，超过标准工作时间的，超过部分为延长工作时间，应按不低于本人工资标准的 150% 依法支付工资报酬。其中，法定休假日安排劳动者工作的，按不低于本人工资标准的 300% 支付工资报酬，且延长工作时间的小时数平均每月一般不得超过 36 小时。综合计算工时制的员工普遍采取集中工作、集中休息、轮流调休、弹性工作等适当方式，既确保生产工作任务的完成，又保证职工的休息休假权利。

（4）非全日制工作时间

非全日制工作时间是适应非全日制用工方式的工时制度，《劳动合同法》第 68 条规定："非全日制用工，是指以小时计酬为主，劳动者在同一用人单位一般平均每日工作时间不超过四小时，每周工作时间累计不超过二十四小时的用工形式。”

案例探讨

2008年底，刘某应聘至某单位成为一名保安。单位保安实行“轮班”工作制，每上一天班（24小时）后休息一天（24小时）。周末不休息，法定节假日也不安排休息时间。工作几年后，刘某感到特别辛苦，可工资还不到1 000元（每小时仅3元的劳动报酬）。2010年5月，刘某自动离职，随后提起仲裁，要求单位支付周末及节假日的加班工资共计19 296元。仲裁中，单位认为，保安实行的“不定时工作制”是经过劳动部门批准的，而“不定时工作制”的员工，周末或节假日上班，是允许不给加班费的。

劳动仲裁委员会经审理后认为，刘某工作性质特殊，单位的不定时工作制经过劳动部门批准，刘某要求单位支付周末或节假日的加班工资的主张不予支持。

评议：

本案中，刘某为保安人员，由于工作的特殊性质，属于可实行不定时工时制的劳动者。因此，单位经过劳动部门批准，实行不定时工时制。

刘某不按标准工时制计算工作时间，可适当延长或缩短工作时间，用人单位依法无须给付加班工资，但是劳资双方应参照标准工作时间，合理确定不定时工作时间劳动者的工作定额和考核标准，且用人单位在法定休假日安排职工工作的，仍然应当按照不低于本人工资标准的300%支付加班费。

因此，劳动仲裁委员会对刘某要求单位支付周末的加班工资的主张应不予支持，而对刘某要求单位支付节假日的加班工资的主张应作出支持的裁决决定。

四、休息休假的概念和种类

休息时间是劳动者免于履行劳动义务，无须为雇主提供劳动而自行支配的时间。休息时间是实现劳动者休息权的保障，雇主不得任意侵占劳动者的休息时间。

（一）工作日内的休息时间

工作日内的休息时间，是指一个工作日的工作时间内劳动者享有的自由支配时间，亦称工间休息时间，主要包括用餐时间和休息时间。工间休息时间最少不得少于半小时，工作不能中断的单位也应保证劳动者在工作时间内有用餐时间，工间休息时间一般不计入工作时间。

（二）工作日间的休息时间

工作日之间的休息时间，是指两个连续的工作日之间的休息时间，一般情况下为

15－16小时，应保证劳动者休息时间的连续性。实行轮班制的劳动者，其班次需平均调换，调换班次时，不得让工人连续工作两班。

（三）公休日

公休日又称周休日，是劳动者工作满一周享有的休息时间。《劳动法》第38条规定，用人单位应当保证劳动者每周至少休息1日，也就是至少保证劳动者有一个连续24小时不间断的休息时间。

（四）法定休假日

法定休假日是劳动者依照法律规定，在正常工作时间内免于工作但享受工资保障的休息时间。法律免除劳动者在正常工作时间内的劳动义务基于多种因素，如节假日、探亲以及婚丧生育等。

1. 节假日

节假日是国家法律规定，特别用于欢度节日，举行纪念、庆祝活动的休息时间。2007年修订出台的《全国年节及纪念日放假办法》对法定休假日进行了调整，主要内容包括：

（1）全体公民的节日包括：新年，放假1天（元月1日）；春节，放假3天（农历除夕、初一、初二）；清明节，放假1天（农历清明当日）；劳动节，放假1天（5月1日）；端午节，放假1天（农历端午当日）；中秋节，放假1天（农历中秋当日）；国庆节，放假3天（10月1日、2日、3日），共计11天。

（2）部分公民的节日及纪念日包括：妇女节（3月8日），妇女放假半天；青年节（5月4日），14周岁以上青年放假半天；儿童节（6月1日），不满14周岁的少年儿童放假1天；中国人民解放军建军纪念日（8月1日），现役军人放假半天。

《全国年节及纪念日放假办法》还规定，少数民族习惯的节日，由各少数民族聚居地区的地方人民政府，按照该民族习惯，规定放假日期，二七纪念日、五卅纪念日、七七抗战纪念日、九三抗战胜利纪念日、九一八纪念日、教师节、护士节、记者节、植树节等其他节日、纪念日，均不放假。

2. 探亲假

探亲假是指劳动者的工作地点与父母或配偶的居住地不在一起，公休假日不能团聚时享受的探望父母或配偶的带薪休息时间。国务院《关于职工探亲待遇的规定》第2条规定，凡在国家机关、人民团体和全民所有制企业、事业单位工作满一年的固定职工，与配偶或与父亲、母亲都不住在一起，又不能在公休假日团聚的，可以享受本规定探望配偶或父母的待遇。但是，职工与父亲或与母亲一方能够在公休假日团聚的，不能享受本规定探望父母的待遇。该规定对于探亲假期以及探亲待遇作出了明确规定。

(1) 探亲假期

职工探望配偶的，每年给予一方探亲假一次，假期为30天；未婚职工探望父母，原则上每年给假一次，假期为20天；如果因为工作需要，本单位当年不能给予假期，或者职工自愿两年探亲一次的，可以两年给假一次，假期为45天；已婚职工探望父母的，每四年给假一次，假期为20天。

探亲假期一般是职工与配偶、父、母团聚的时间，根据实际需要给予路程假。上述假期均包括公休假日和法定节日在内。凡实行休假制度的职工（例如学校的教职工），应该在休假期间探亲；如果休假期较短，可由本单位适当安排，补足其探亲假的天数。

(2) 探亲假期待遇

职工在规定的探亲假期和路程假期内，按照本人的标准工资发给工资。职工探望配偶和未婚职工探望父母的往返路费，由所在单位负担。已婚职工探望父母的往返路费，在本人月标准工资30%以内的，由本人自理，超过部分由所在单位负担。

理论争鸣

探亲假的存废之争

据媒体的一项调查，九成上班族不知道探亲假的存在，更多的从来没有享受过探亲假。《国务院关于职工探亲待遇的规定》出台30年后，探亲假面临一系列的尴尬与无奈。对于探亲假究竟该存还是该废除有不同观点。

主张保留探亲假的理由为：1. 公民福利增加是不可阻挡的趋势，一项社会福利不能因为没有得到稳固的保障就自然失去了享有的权利，应予以完善，增强其普惠性和覆盖面，使权利得到落实。2. 探亲假能起到增进和谐、关爱员工、促进消费等良好作用，对空巢老人尤为一种社会福利，须与时俱进进行修改。

主张废除探亲假的理由为：1. 探亲假规定与当时的计划经济的模式相适应，已不能适用于目前多种所有制形式并存的局面，在不同职工之间造成了不平等；2. 探亲假规定的交通、通讯、用工制度、公休假日等情况已与当今不可同日而语，严重过时，规定年休假制度后应取消；3. 就业形势的紧张使得劳动者享受探亲假难有保障。①

3. 带薪年休假

年休假是劳动者工作满一定年限后，依法每年享有的连续带薪休息时间。《劳动

① 编辑部. 探亲假政策是“改”还是“废”. 决策探索，2010 (3).

法》第45条规定，“国家实行带薪年休假制度。劳动者连续工作一年以上的，享受带薪年休假。”根据《职工带薪年休假条例》以及《企业职工带薪年休假实施办法》、《机关事业单位工作人员带薪年休假实施办法》的规定，我国的带薪年休假制度包括：

（1）带薪年休假的适用对象

机关、团体、企业、事业单位、民办非企业单位、有雇工的个体工商户等单位的职工连续工作1年以上的，享受带薪年休假。单位应当保证职工享受年休假。职工在年休假期间享受与正常工作期间相同的工资收入。

职工有下列情形之一的，不享受当年的年休假：（1）职工依法享受寒暑假，其休假天数多于年休假天数的；（2）职工请事假累计20天以上且单位按照规定不扣工资的；（3）累计工作满1年不满10年的职工，请病假累计2个月以上的；（4）累计工作满10年不满20年的职工，请病假累计3个月以上的；（5）累计工作满20年以上的职工，请病假累计4个月以上的。已享受当年的年休假，年度内又出现后四种情形之一的，不享受下一年度的年休假。劳动者由于法律规定，不能享受当年年休假的，不影响劳动者下一年的年休假。

（2）带薪年休假的期限

职工工作年限越长，可享受的带薪年休假越长。职工累计工作已满1年不满10年的，年休假5天；已满10年不满20年的，年休假10天；已满20年的，年休假15天。国家法定休假日、休息日不计入年休假的假期。

（3）不安排职工带薪年休假的补偿

单位确因工作需要不能安排职工休年休假的，经职工本人同意，可以不安排职工休年休假。对职工应休未休的年休假天数，单位应当按照该职工日工资收入的300%支付年休假工资报酬。用人单位安排职工休年休假，但是职工因本人原因且书面提出不休年休假的，用人单位可以只支付其正常工作期间的工资收入。

（4）带薪年休假的实施方式

年休假在1个年度内可以集中安排，也可以分段安排，一般不跨年度安排。单位因生产、工作特点确有必要跨年度安排职工年休假的，可以跨1个年度安排。

4. 其他假期

（1）婚丧假

婚丧假是劳动者本人结婚或其直系亲属死亡时，依法享有的处理相关事务的假期。《关于国营企业职工请婚丧假和路程假问题的通知》规定，职工本人结婚或其直系亲属（父母、配偶和子女）死亡时，由本单位领导批准，可享受1天至3天的婚丧假；职工请婚丧假在3个工作日以内的，工资照发；职工结婚时双方不在一地工作的，或职工在外地的直系亲属死亡时需要职工本人去外地料理丧事的，可以根据路程远近，另给予路程假；在批准的婚丧假和路程假期间，职工的工资照发。职工结婚可享受婚假，晚婚晚育的，还可以延长婚假和生育假以及享受其他福利待遇。

（2）产假

产假是女职工生产生育后享有的休息时间，产假的目的是保证女职工更好的恢复身体健康。我国《劳动法》第 62 条规定，女职工生育享受不少于九十天的产假。《女职工劳动保护规定》第 8 条规定，女职工产假为九十天，其中产前休假十五天。难产的，增加产假十五天。多胞胎生育的，每多生育一个婴儿，增加产假十五天。女职工怀孕流产的，其所在单位应当根据医务部门的证明，给予一定时间的产假。为使男子更好的照顾生育的妻子，有国家规定，男子也可以休产假，如西班牙等，我国则将男性“产假”作为计划生育的奖励措施。

五、延长工作时间

（一）延长工作时间的概念

延长工作时间是劳动者按照用人单位的要求，超出法律规定的正常工作时间进行工作，有加班和加点两种形式。加班是用人单位安排劳动者在公休日或法定休假日从事劳动，加点是用人单位安排劳动者在正常工作日内超过法定标准工作时间从事劳动。

（二）延长工作时间的限制措施

1. 延长工作时间适用对象的限制

《劳动法》第 61 条和 63 条规定，“对怀孕七个月以上的女职工，不得安排其延长工作时间和夜班劳动”，“不得安排女职工在哺乳未满一周岁的婴儿期间延长工作时间和夜班劳动”，《女职工劳动保护规定》和《未成年人保护法》也有类似规定。

2. 延长工作时间的程序限制

《劳动法》第 41 条规定，用人单位由于生产经营需要，经与工会和劳动者协商后可以延长工作时间，一般每日不得超过一小时；因特殊原因需要延长工作时间的，在保障劳动者身体健康的条件下延长工作时间每日不得超过三小时，但是每月不得超过三十六小时。因此，延长工作时间的前提是基于生产经营需要，程序是与工会和劳动者协商，并征得工会同意。

3. 延长工作时间的长度限制

延长工作时间的长度为：（1）一般每日不得超过一小时；（2）特殊原因需要延长工作时间的，在保障劳动者身体健康的条件下延长工作时间每日不得超过三小时；（3）每月不得超过三十六小时。

4. 延长工作时间的补偿

延长工作时间是劳动者在正常工作时间之外进行劳动，意味着额外的体力和精力付出，因此，用人单位应给予劳动者高于正常工资标准的报酬或以补休的方式进行补偿。

（1）补休

根据原劳动部《对〈工资支付暂行规定〉有关问题的补充规定》的规定，一般规定，公休日安排劳动者加班的，应先安排补休，不能补休时，依法发放加班加点报酬。

（2）支付加班工资

延长工作时间的加班工资的支付标准为：（1）安排劳动者延长工作时间的，支付不低于工资的150%的工资报酬；（2）休息日安排劳动者工作又不能安排补休的，支付不低于工资的200%的工资报酬；（3）法定休假日安排劳动者工作的，支付不低于工资的300%的工资报酬。

用人单位安排加班不支付加班费的，由劳动行政部门责令限期支付加班费；逾期不支付的，责令用人单位按应付金额50%以上100%以下的标准向劳动者加付赔偿金。

（三）延长工作时间限制的例外

涉及国家利益，公共利益或者其他重大利益的特殊情形时，由于不及时处理可能导致严重后果，法律允许不受延长工作时间的限制，为法定例外情形，具体包括：

（1）发生自然灾害、事故或者因其他原因，使人民的安全健康和国家资财遭到严重威胁，需要紧急处理的；

（2）生产设备、交通运输线路、公共设施发生故障，影响生产和公众利益，必须及时抢修的；

（3）必须利用法定节日或公休假日的停产期间进行设备检修、保养的；

（4）为完成国防紧急任务，或者完成上级在国家计划外安排的其他紧急生产任务，以及商业、供销企业在旺季完成收购、运输、加工农副产品紧急任务的。

六、导引案例的解析

本案中，劳动双方签订的劳动合同中已明确约定了公司的排班和加班审批制度，《项目点加班考勤表》等也注明了加班需事先向项目经理申请，否则，公司将不予认可，劳动关系双方对酒店的加班制度皆已知晓，而方某提供的《排班登记表》、《出勤记录表》和《加班考勤表》均并未见相关经理审批签字，与公司的加班审批制度不符，因此，方某的主张不能得到支持。

第三节 工 资

案例及问题导引

江某与单位签订的劳动合同约定，江某实行计件工资制，完成劳动定额时工资为1 000元，多完成或未完成劳动定额的，按照比例相应多发或扣发工资，直至扣完为止。某月，江某因患病初愈，仅完成定额70%，单位据此发放其当月工资700元，双方发生劳动争议。江某认为，自己因患病导致身体状况不佳未能完成劳动定额，但自己正常出勤，即使单位减发工资也不能低于最低工资标准。单位认为江某已经病愈上班，其未完成劳动定额，不受最低工资标准的限制。本案中，江某的劳动是否属于正常劳动？用人单位对江某支付的工资是否受最低工资标准的限制？（当地最低工资标准为800元）

一、工资概述

（一）工资的概念

工资是劳动者依据国家规定以及集体合同和劳动合同的约定，因履行劳动义务而从用人单位获得的各种劳动报酬，有货币形式和非货币形式两种。货币形式的工资包括计时工资、计件工资、奖金、津贴和补贴、延长工作时间的工资报酬以及特殊情况下支付的工资等，非货币形式的工资，如各种福利待遇，公司股票期权等。工资是劳动者劳动收入的主要组成部分，狭义的工资通常是指劳动者工资中的基本工资部分。

（二）劳动者的工资权

工资是劳动者的主要收入来源，是劳动者支出劳动力的物质补偿。劳动者要实现劳动力的生产和再生产须具备一定的物质基础，而工资是满足劳动者基本物质需要的主要手段，工资作为劳动力的价格，其直接作用就是维持劳动力的再生产。① 因此，工资权是劳动者生存权的基本内容。

劳动者的工资权具体有：（1）工资协商权，依据国家规定，劳动者与雇主之间，劳动者集体通过工会或者代表与雇主或雇主组织就劳动报酬问题进行协商的权利；（2）工资请求权，劳动者请求雇主依法支付工资的权利。劳动者依照法律和约定，履行劳动给付义务，可以向用人单位请求支付工资；（3）工资支配权，劳动者对自己取

① 常凯．劳权论．北京：中国劳动与社会保障出版社，2004：164.

得的全部工资有权自由支配，不受他人非法干预；（4）工资保障权，劳动者所领取的工资应不低于最低工资，工资支付及实际工资应受到保障，在雇主破产清算等丧失支付能力的情况下，劳动者的工资债权优先于其他债权的保障。①

二、工资的构成

（一）基本工资

基本工资是劳动者在正常工作时间履行劳动义务所获得的劳动报酬，是劳动者工资的基本组成部分。基本工资相对固定，变动较少，同岗位劳动者之间的基本工资相同，劳动者依照法律规定和劳动合同约定提供正常劳动的，可以获得基本工资。基本工资是确定其他辅助工资以及社会保险、公积金和福利的基准，其计算方式有两种，计时工资和计件工资。

1. 计时工资

计时工资是按照计时工资标准和工作时间支付给劳动者的劳动报酬，是最基本的工资形式。目前，我国施行的计时工资主要有：月工资标准、日工资标准和小时工资标准。计时工资的特点是整齐统一，其优点在于：操作规范易行，适用于各类企业和工种，便于规范化生产和常规化操作；其缺点在于：统一的标准不能区分劳动者，不能反映不同劳动者的劳动数量和劳动质量，体现不出差别性和激励性。

2. 计件工资

计件工资是对劳动者完成的合格产品的数量以规定的计件单价支付的工资形式。计件工资是计时工资的转化形式，与单位时间内劳动者的计时工资相当。劳动者在单位时间内完成产品数量一定的情况下（一般以此作为劳动定额），计件工资主要由计件单价来调节，因此，计件单价 = 单位时间内的计时工资/单位时间内的产品数量。

计件工资计算简单直观，其优点在于操作方便，能够区别劳动者，反映不同劳动者的劳动数量和质量，具有激励效果，有利于提高劳动效率；其缺点在于使用范围有限，只适用于劳动工序相对独立，产量或工作量能够精确计算，有较明确产品质量标准的企业。劳动效率较高的劳动者能提高其工资水平，劳动效率较低的劳动者则工资较低。

（二）辅助工资

辅助工资是基本工资以外，对劳动者的额外劳动消耗，特殊贡献或在特定情况下给予劳动者的特别物质补偿，主要有奖金、津贴和补贴等。

---

① 有学者使用工资谈判权的概念，目前，我国劳动关系双方当事人就工资可以进行协商，法律也规定有工资集体协商制度，但并未规定工资的谈判制度，因此，这里使用工资协商权。胡玉浪．劳动报酬权研究．北京：知识产权出版社，2009：86－207；王全兴．劳动法．北京：法律出版社，2008：286.

1. 奖金

奖金是用人单位对劳动者的超额劳动和增收节支所支付的劳动报酬，是用人单位对劳动者优异表现进行物质奖励的形式。奖金的种类很多，包括超产奖、质量奖、节约奖、效益奖、安全生产奖以及其他奖。

2. 津贴

津贴是补偿劳动者额外的和特殊的劳动消耗而支出的工资，是用人单位对劳动者在法定情形下的额外劳动消耗，或特殊劳动消耗给予的补偿。津贴的种类主要有以下几类：为补偿职工额外消耗而支出的津贴，如高空津贴、高温津贴、夜班津贴、林区、高原、水下作业津贴；为补偿职工生活费额外支出而建立的津贴，如外勤工作津贴、铁路乘务津贴；为补偿职工的特殊贡献而设立的津贴，如教育津贴、科研津贴、工龄津贴等。在一些事业单位，基本工资中的活动工资部分也称为奖金或津贴。

3. 补贴

补贴是为了保障劳动者的生活不受特殊因素的影响而支付给劳动者的工资，如房贴、价格补贴，菜篮子补贴等，以维持劳动者一定的生活水平和生活质量。特殊因素主要是物价上涨较快等因素，因此，补贴的发放并不固定，只在特定情况下，根据国家有关政策发放。

（三）不属于工资的收入

不属于工资范围的收入包括：（1）单位支付给劳动者个人的社会保险和福利费用，如丧葬抚恤救济费、生活困难补助费、计划生育补贴等；（2）劳动保护方面的费用，如劳动使用者支付的劳动者的工作服、解毒剂、清凉饮料费等；（3）按规定未纳入工资总额的各种劳动报酬及其他劳动收入，如根据国家规定发放的创造发明奖、国家星火奖、自然科学奖、合理化建议和技术改进奖、中华技能大奖等，以及稿费、讲课费、翻译费等。

三、工资支付规则

工资的支付是指用人单位按照法律规定或者集体合同和劳动合同的约定，将劳动报酬发放给劳动者。工资支付规则是为保障劳动者获得其应得的劳动报酬，要求劳动力使用者依据工资支付规则，即法定的支付形式，及时向劳动者足额支付工资，禁止任意克扣和拖欠。《工资支付暂行规定》明确规定，维护劳动者通过劳动获得劳动报酬的权利，规范用人单位的工资支付行为。

（一）工资支付形式

《劳动法》第 50 条规定，工资应当以货币形式按月支付给劳动者本人。劳动部《工资支付暂行规定》第 5 条也规定，工资应当以法定货币支付，不得以实物及有价证券替代货币支付。我国的法定货币是人民币，因此，我国用人单位应以人民币进行工资支付。

（二）工资支付对象

工资支付对象指的是依法有权领取工资的主体。《工资支付暂行规定》第6条规定，用人单位应将工资支付给劳动者本人；劳动者本人因故不能领取工资时，可由其亲属或委托他人带领；用人单位可委托银行代发工资；用人单位必须书面记录支付劳动者工资的数额、时间、领取者的姓名以及签字，并保存两年以上备查；用人单位在支付工资时应向劳动者提供一份其个人的工资清单。

（三）工资支付时间

用人单位应按照法律规定或合同约定的时间发放工资，如遇节假日或休息日，则应提前在最近的工作日支付。月薪制的单位，工资必须每月发放。实行小时工资制、日工资制、周工资制的单位工资也可以按日或按周发放。对完成一次性劳动任务或具体工作任务的劳动者，用人单位应按有关合同约定在劳动任务完成后即支付工资，如果劳动关系双方依法解除或终止劳动合同的，劳动者的工资应在劳动合同解除或终止时一次结清。非全日制用工劳动报酬结算支付周期最长不得超过15日。

用人单位应及时足额支付工资，不得无故拖欠劳动者工资。以下情形不属于无故拖欠：（1）用人单位遇到非人力所能抗拒的自然灾害、战争等原因，无法按时支付工资；（2）用人单位确因生产经营困难、资金周转受到影响，在征得本单位工会同意后，可暂时延期支付劳动者工资。

（四）工资足额支付

《劳动法》第50条和《劳动合同法》第30条规定，用人单位应当按照劳动合同约定和国家规定，向劳动者及时足额支付劳动报酬。因此，用人单位不得无故克扣员工工资，无正当理由扣减劳动者应得工资（在劳动者已提供正常劳动的前提下用人单位按劳动合同规定的标准应当支付给劳动者的全部劳动报酬）。

不属于无故克扣工资的情形：（1）用人单位代扣代缴的个人所得税；（2）用人单位代扣代缴的应由劳动者个人负担的各项社会保险费用；（3）法院判决、裁定中要求代扣的抚养费、赡养费；（4）法律、法规规定可以从劳动者工资中扣除的其他费用。

因劳动者本人原因给用人单位造成经济损失的，用人单位可按照劳动合同的约定要求其赔偿经济损失。经济损失的赔偿，可从劳动者本人的工资中扣除。但每月扣除的部分不得超过劳动者当月工资的20%。若扣除后的剩余工资部分低于当地月最低工资标准，则按最低工资标准支付。

《劳动合同法》规定，用人单位未及时足额支付劳动报酬的，劳动者可以解除劳动合同；用人单位未按照劳动合同的约定或者国家规定及时足额支付劳动者劳动报酬的，由劳动行政部门责令限期支付劳动报酬；逾期不支付的，责令用人单位按应付金额50%以上100%以下的标准向劳动者加付赔偿金。

（五）特殊情况下的工资支付

特殊情况下的工资支付是指依照法律规定，集体合同和劳动合同的约定，在特殊情况下支付给劳动者的工资。

1. 法定节假日、婚丧假以及社会活动期间工资支付

法定节假日、婚丧假以及产假、探亲假等是劳动者依照法律享有的假期，国家法律保障劳动者在此期间的工资权。《劳动法》第51条规定，“劳动者在法定休假日和婚丧假期间以及依法参加社会活动期间，用人单位应当依法支付工资。”《工资支付暂行规定》第10条规定，劳动者在法定工作时间内依法参加社会活动期间，用人单位应视同其提供了正常劳动而支付工资。

2. 企业停工、破产期间工资支付

非因劳动者原因造成的单位停工、停产，在一个工资支付周期内的，用人单位应按劳动合同规定的标准支付劳动者工资。超过一个工资支付周期的，若劳动者提供了正常劳动，则支付给劳动者的劳动报酬不得低于当地最低工资标准；若劳动者没有提供正常劳动，应按国家有关规定办理。用人单位依法破产时，劳动者有权获得其工资，破产清偿中，用人单位应按《企业破产法》规定的清偿顺序，首先支付其欠付的劳动者的工资。

3. 特殊人员的工资支付

（1）职工生病和工伤期间的工资支付。职工因工作遭受事故伤害或者患职业病需要暂停工作接受工伤医疗的，在停工留薪期内，原工资福利待遇不变，由所在单位按月支付。工伤职工评定伤残等级后，按照有关规定享受伤残待遇。

（2）职工脱产学习的工资支付。职工经单位同意，在职期间脱产学习的，应享受与其他劳动者同等的待遇，用人单位应依法支付劳动者工资。

（3）劳动者与用人单位形成或建立劳动关系后，试用、熟练、见习期间，在法定工作时间内提供了正常劳动，其所在的用人单位应当支付其不低于最低工资标准的工资。

（4）劳动者受处分后的工资支付。劳动者受行政处分后仍在原单位工作（如留用察看、降级等）或受刑事处分后重新就业的，应主要由用人单位根据具体情况自主确定其工资报酬；劳动者受刑事处分期间，如收容审查、拘留（羁押）、缓刑、监外执行或劳动教养期间，其待遇按国家有关规定执行。

（5）新就业复员军人的工资待遇由用人单位自主确定，分配到企业的军队转业干部的工资待遇，按照有关规定执行。

（6）劳动合同无效后劳动报酬的支付。劳动合同被确认无效，劳动者已付出劳动的，用人单位应当向劳动者支付劳动报酬。劳动报酬的数额，参照本单位相同或者相近岗位劳动者的劳动报酬确定。

四、工资集体协商制度

工资集体协商，是指职工代表与企业代表依法就企业内部工资分配制度、工资分配形式、工资收入水平等事项进行平等协商，在协商一致的基础上签订工资协议的行为。2000 年，劳动和社会保障部颁布了《工资集体协商试行办法》，为企业开展工资集体协商、签订工资协议提供了法律依据。

工资集体协商的内容一般包括：（1）工资协议的期限；（2）工资分配制度、工资标准和工资分配形式；（3）职工年度平均工资水平及其调整幅度；（4）奖金、津贴、补贴等分配办法；（5）工资支付办法；（6）变更、解除工资协议的程序；（7）工资协议的终止条件；（8）工资协议的违约责任；（9）其他事项。

1. 工资集体协商代表的产生：职工一方由工会代表。未建工会的企业由职工民主推举代表，并得到半数以上职工的同意。企业代表由法定代表人和法定代表人指定的其他人员担任。协商双方各确定一名首席代表。协商双方可书面委托本企业以外的专业人士作为本方协商代表。

2. 工资集体协商代表的程序：职工和企业任何一方均可提出进行工资集体协商的要求。工资集体协商的提出方应向另一方提出书面的协商意向书，明确协商的时间、地点、内容等。另一方接到协商意向书后，应于 20 日内予以书面答复，并与提出方共同进行工资集体协商。

3. 工资协议的审查生效：县级以上劳动保障行政部门依法对工资协议进行审查，审查内容包括对工资集体协商双方代表资格、工资协议的条款内容和签订程序等，劳动保障行政部门经审查对工资协议无异议的，应及时向协商双方送达《工资协议审查意见书》，工资协议即行生效。

工资集体协商一般情况下一年进行一次。职工和企业双方均可在原工资协议期满前 60 日内，向对方书面提出协商意向书，进行下一轮的工资集体协商，做好新旧工资协议的相互衔接。

4. 工资协议的效力：依法订立的工资协议对企业和职工双方具有同等约束力。双方必须全面履行工资协议规定的义务，任何一方不得擅自变更或解除工资协议。职工个人与企业订立的劳动合同中关于工资报酬的标准，不得低于工资协议规定的最低标准。

五、工资支付保障制度

（一）工资资金来源保障制度①

1. 工资基金制度

工资基金是国家要求用人单位依法设置的一种专项货币基金，用于一定时期内（通常为一年）给单位全体职工支付劳动报酬。国家对各用人单位工资基金的提取、储存和使用实行统一管理，即工资基金管理。

依照工资基金管理办法和通知，工资基金管理制度主要包括：（1）建立工资基金专户，用人单位只能在一家银行设立一个工资基金专户，凡是单位提取的工资总额必须存入工资基金专户，工资总额范围内的支出都必须从工资基金专户中列支，专户中的资金只能用做工资支付，不能挪作他用；（2）计划管理，用人单位依法编制年度、季度和分月工资基金使用计划，用人单位应按计划专项使用工资基金，不能提前使用，也不能窜项挪用；（3）银行监督，银行有权对用人单位使用工资基金实行监督，对未经劳动、人事行政部门批准或审批手续不全的超计划支取工资基金，开户银行一律拒付。

2. 工资保证金制度

工资保证金，对于已发或易发工资违法行为的用人单位，国家强制其依法存入劳动行政部门指定银行账户的，专门用于用人单位出现工资违法行为时支付工资及赔偿金的资金。工资保证金制度的目的是为防范用人单位的工资违法行为，促使用人单位依法履行工资义务。

工资保证金制度的内容：（1）用人单位的范围：已经出现工资违法行为的用人单位是指有已被劳动行政部门或其他部门查实存在工资违法行为的记录的用人单位，易发工资违法行为的用人单位是指如建筑施工、路桥建设和其他工程企业等容易发生工资违法行为的行业、企业；（2）存入标准和方式：劳动行政部门依据用人单位月工资总额，违法工资行为等因素具体确定工资保证金的标准，要求用人单位按照标准一次性存入；（3）使用和补足：用人单位如发生工资违法行为，经劳动行政部门责令限期整改而逾期不改的，对于用人单位不支付的工资及赔偿金，由劳动行政部门从该单位的工资保证金中直接向劳动者支付，且用人单位应在规定期限内补足，使工资保证金达到标准；（4）退还：如果用人单位在存入工资保证金后一定期间内未发生工资违法行为，劳动行政部门应将工资保证金退还给用人单位。

3. 欠薪保障基金制度

欠薪保障基金，是特定机构依法筹集建立的，专门用于雇主由于无力或故意欠薪

---

① 王全兴．劳动法．北京：法律出版社，2008：303－304.

时，向劳动者垫付欠薪的基金。

欠薪保障基金的内容（1）基金的来源，各国规定不同，大致有几种情况：雇主捐款；雇主捐款和公款负担；公款负担；雇主和劳动者共同负担；（2）基金的管理，有的为劳动行政机构或社会保障行政机构，有的为特定的社会保障机构，有的为专门设置机构；（3）基金的收益对象，除法定情形外，全体劳动者都可以成为基金援助的对象；（4）基金保障的欠薪范围，各国立法对于可以用基金支付的欠薪都有一定的限制，限制主要分为：对欠薪构成的限制，是对维持基本生活需要的部分，还是大部分项目，还是包括拖欠的解雇补偿；对欠薪数额的限制，有的只限于一定期限的，有的只限于最高限额内的欠薪；对欠薪原因的限制，有的限于企业倒闭或停业，有的包括雇主无力偿付产生的欠薪等；（5）基金支出的程序，各国对动用基金向劳动者支付欠薪都规定有严格的程序，其中，关键程序包括：劳动者向基金管理机构或雇主提出索赔请求；索赔得到雇主的承认或者受到劳动争议处理机构或司法机构的支持；雇主无力偿付的诉讼程序已经开始；索赔的正当性已经查实等；（6）基金支出的法律后果，基金管理机构用基金向劳动者支付欠薪后，就所垫付部分代位取得欠薪索赔权。深圳市 1996 年颁布的《深圳经济特区企业欠薪保障条例》是我国第一个有关欠薪保障的法规。

（二）工资支付程序保障制度

1. 工资优先权制度

优先权，又称先取特权，是指有法律直接规定的，特种债券的债权人所享有的、就债务人的一般或特定财产优先受偿的担保物权。①

工资优先权是根据法律规定，劳动者享有的因从事有偿劳动而获得相应的报酬请求权，就债务人的一般财产获得优先受偿的权利，是解决我国欠薪问题的制度之一。② 我国《企业破产法》第 113 条规定，破产财产在优先清偿破产费用和共益债务后，依照下列顺序清偿：（1）破产人所欠职工的工资和医疗、伤残补助、抚恤费用，所欠的应当划入职工个人账户的基本养老保险、基本医疗保险费用，以及法律、行政法规规定应当支付给职工的补偿金；

（2）破产人欠缴的除前项规定以外的社会保险费用和破产人所欠税款；

（3）普通破产债权。《海商法》和最高院关于建设工程价款优先受偿问题的批复中规定了依附于船舶优先权和建设工程价款优先权的工资优先权。

因此，工资优先权的行使须满足以下条件：（1）适用前提：用人单位因破产进行资产清算，或者通过行驶船舶优先权和建设工程价款优先权行使。

---

① 郭明瑞，仲相，司艳丽．优先权制度研究．北京：北京大学出版社，2004：1.

② 魏丽．工资优先权制度的和理性分析及其立法完善．江西社会科学，2007（6）.

（2）适用对象：所有依法享有工资债权的劳动者。

（3）适用内容：劳动者依法享有工资和医疗、伤残补助、抚恤费用，所欠的应当划入职工个人账户的基本养老保险、基本医疗保险费用，以及法律、行政法规规定应当支付给职工的补偿金。

2. 工资支付令制度

支付令，是人民法院根据债权人提出的给付金钱或者有价证券的申请，不经过开庭就直接向债务人发出支付令，如果债务人不在法定期间内提出异议，则该支付令就具有强制执行力的程序，是民事诉讼中的督促程序。劳动报酬的追索，除了支付令，民事诉讼法还规定有法定条件下的先予执行程序。①

工资支付令是指，当用人单位拖欠或者未足额支付劳动报酬，或因支付拖欠劳动报酬达成调解协议而用人单位在协议约定期限内不履行的，劳动者依法向当地人民法院申请的支付令，人民法院应当依法发出工资支付令。劳动报酬是大部分劳动者生活的主要来源，及时足额支付是其本质要求。在支付令程序中，劳动者为债权人和申请人，用人单位为债务人和被申请人。

申请支付令的条件包括：（1）申请人为劳动者；（2）申请标的为依法取得的劳动报酬；（3）申请给付的劳动报酬的支付期限已到期且数额确定；（4）劳动者和用人单位没有其他债务纠纷；（5）支付令能够送达用人单位；（6）申请支付令须同时提交请求给付劳动报酬的相关证据，如双方的调解协议等。支付令的申请须以书面形式，向有关有管辖权的基层法院提出。

案例探讨

张某为曹县农民，2008 年初到山东省曹县 A 建筑公司上班，并与其签订劳动合同。到 2010 年 12 月 31 日合同期满时，经核算：张某在劳动合同期间的工资总额共计 46 082 元，山东 A 建筑公司已于 2008 年 10 月 31 日发放给张某 15 321 元，尚欠张某 30 761 元。张某多次索要被拖欠工资，山东 A 建筑公司都故意拖延，张某无奈，于 2011 年 7 月 3 日向曹县劳动争议仲裁委员会提出书面申请。

曹县劳动争议仲裁委员会经审查后裁决：山东 A 建筑公司支付拖欠张某的工资 30 761 元。案件受理费 30 元，由山东 A 建筑公司交纳。

---

① 张卫平．民事诉讼法．北京：法律出版社，2004：387－388.

评议：

本案中，依据劳动争议仲裁调解法，劳动争议申请仲裁的时效期间为一年。劳动关系存续期间因拖欠劳动报酬发生争议的，应当自劳动关系终止之日起一年内提出。张某于2011年7月3日提起劳动争议仲裁，劳动争议调解仲裁委员会应予以受理。

针对拖欠劳动者工资，除劳动法中有专项制度保障外，如支付令、欠薪仲裁时效、先予执行、一裁终局等，对于情节严重的，刑法还规定有恶意欠薪罪即以转移财产、逃匿等方法逃避支付劳动者的劳动报酬或者有能力支付而不支付劳动者的劳动报酬，数额较大，经政府有关部门责令支付仍不支付的，处3年以下有期徒刑或者拘役，并处或者单处罚金；造成严重后果的，处3年以上7年以下有期徒刑，并处罚金。

五、最低工资制度

（一）最低工资的概念

最低工资，是指劳动者在法定工作时间或依法签订的劳动合同约定的工作时间内提供了正常劳动义务的前提下，法律规定用人单位应支付的最低劳动报酬。

最低工资标准分为月最低工资和小时最低工资，月最低工资标准适用于全日制就业劳动者，小时最低工资标准适用于非全日制就业劳动者。

（二）最低工资的适用范围和组成

1. 最低工资的适用范围

最低工资标准的适用范围，指的是受最低工资标准保障的行业和劳动者。《最低工资标准》第2条规定，本规定适用于在中华人民共和国境内的企业、民办非企业单位、有雇工的个体工商户（以下统称用人单位）和与之形成劳动关系的劳动者。国家机关、事业单位、社会团体和与之建立劳动合同关系的劳动者，依照本规定执行。

最低工资制度不适用于：（1）公务员；（2）公益团体的工作人员（与公益团体建立正式劳动关系的劳动者除外）；（3）租赁经营企业或承包企业的赁人或承包人；（4）学徒工、学徒、利用假期勤工俭学的学生、残疾人等。

非全日用工的，其小时计酬标准不得低于用人单位所在地人民政府规定的最低小时工资标准；被派遣劳动者在无工作期间，劳务派遣单位应当按照所在地人民政府规定的最低工资标准，向其按月支付报酬；劳动者休假期间以及依法参加国家和社会活动，用人单位应当支付劳动者最低工资；实行计价工资或提成工资等工资形式的企业，必须进行合理折算，其相应的折算额不得低于按时、日、周、月确定的相应的最低工资。

劳动者由于本人原因造成在法定工作时间内或依法签订的劳动合同约定的工作时间内未提供正常劳动的，不适用最低工资标准。

2. 最低工资的构成

劳动者在正常劳动时间内提供正常劳动所获得的工资项目一般都属于最低工资的组成部分，但劳动者额外的或特殊的劳动给付而获得的工资项目不纳入最低工资的范畴。《最低工资规定》第12条规定，在劳动者提供正常劳动的情况下，用人单位应支付给劳动者的工资在剔除下列各项以后，不得低于当地最低工资标准：（1）延长工作时间的工资；（2）中班、夜班、高温、低温、井下、有毒有害等特殊工作环境、条件下的津贴；（3）法律、法规和国家规定的社会保险福利待遇等。实行计件工资或提成工资等工资形式的用人单位，应科学合理确定劳动定额，其支付劳动者的工资不得低于相应的最低工资标准。

（三）最低工资标准的确定和保障

我国幅员辽阔，各地区之间经济发展差异较大，没有全国统一的最低工资标准，而是由各省、自治区、直辖市根据自身经济发展状况具体确定，且省、自治区、直辖市范围内的不同行政区域也可以有不同的最低工资标准。《劳动法》第48条规定，最低工资的具体标准由省、自治区、直辖市人民政府规定，报国务院备案。

1. 最低工资标准参考因素

最低工资标准应保障劳动力的生产和再生产，并和企业状况及经济发展水平相适应。《劳动法》第49条规定，最低工资标准的制定应考虑下列因素：（1）劳动者本人及平均赡养人口的最低生活费用；（2）社会平均工资水平；（3）劳动生产率；（4）就业状况；（5）地区之间经济发展水平的差异。《最低工资规定》第6条进一步规定，确定和调整月最低工资标准，应参考当地就业者及其赡养人口的最低生活费用、城镇居民消费价格指数、职工个人缴纳的社会保险费和住房公积金、职工平均工资、经济发展水平、就业状况等因素。

小时最低工资标准应在颁布的月最低工资标准的基础上，考虑单位应缴纳的基本养老保险费和基本医疗保险费因素，同时还应适当考虑非全日制劳动者在工作稳定性、劳动条件和劳动强度、福利等方面与全日制就业人员之间的差异来确定。

最低工资标准发布实施后，如法规规定的相关因素发生变化，应当适时调整。最低工资标准每两年至少调整一次。

2. 最低工资标准的保障

最低工资标准是维持劳动力生存的基本要求。《劳动法》规定，国家实行最低工资保障制度。用人单位支付劳动者的工资不得低于当地最低工资标准。集体合同和劳动合同约定的工资标准如果低于最低工资标准，则约定无效，按照最低工资标准执行。

用人单位低于当地最低工资标准支付劳动者工资的，由劳动行政部门责令限期支付其差额部分；逾期不支付的，责令用人单位按应付金额50%以上100%以下的标准向劳动者加付赔偿金。

六、导引案例的解析

本案中，江某正常出勤并在用人单位指挥下工作，是为正常工作，因身体原因没有完成劳动定额时，其工资也不应低于最低工资标准。原劳动部颁发的《关于贯彻执行〈中华人民共和国劳动法〉若干问题的意见》第56点提到：“劳动合同中，双方当事人约定的劳动者在未完成劳动定额或承包任务的情况下，用人单位可低于最低工资标准支付劳动者工资的条款不具有法律效力。”

第四节　劳动保护法

案例及问题导引

2008年7月，王某应聘到扬州某电池公司与单位签了一年的劳动合同，王某被安排从事属于有毒有害的工种。劳动合同到期后，王某没有续约。离职时，单位没有给王某安排离岗前的健康检查，直到2009年8月底，单位才为王某进行了离岗前的职业健康体检。由于王某没有进行离岗前的体检，开不出职业病证明，他找了两个月工作，没单位敢接受他，造成他社保断缴，生活出现危机。王某要求单位为他缴纳离职后两个月的社会保险，并支付两个月的工资。王某的主张是否符合法律规定？

一、劳动保护法的概念及意义

（一）劳动保护法概述

劳动保护法是为了保证用工单位的工作环境，规范用工单位的用工行为，保护劳动者在劳动过程中的安全和健康而制定的法律法规。劳动保护法具有以下特征：

（1）保护基本性权利。劳动保护法保护的是劳动者的生命权和健康权，是劳动者行使其他权利，从事其他活动的基础和前提。劳动法对劳动者的保护是从保护劳动者的安全和健康开始的。

（2）偏重技术性规范。避免职业伤害要尊重科学，遵循规律，劳动保护法通过把规律规范化，技术法律化，保障劳动者的安全和健康。技术性规范强调的是客观性、稳定性、严谨性，用工单位和劳动者必须掌握技术，遵守规范，不允许主观臆断和任意变动。

（3）强行性法规为主。劳动保护法大多是强行性规范，非任意性规范。劳动保护法是对劳动者生命权和健康权的保护，必须使其具有严格的法律约束力。

（4）预防性法规为主。根据“安全第一、预防为主”和“预防为主、防治结合”的基本方针，劳动保护法大多数是预防性规范，防止劳动过程中的不安全、不健康的因素，预防职业伤害。

（二）劳动保护的意义

1. 有利于保护劳动者的生命权和健康权

现代生产带来的职业伤害对劳动者的生命安全和身体健康有极大的危害，必须通过立法保障劳动者的生命权和健康权，防止职业伤害的发生。劳动保护立法保障安全卫生的工作环境，减少或消除劳动过程中出现伤亡事故或者患职业病的几率，保护劳动者的生命权和健康权。

2. 有利于改善工作环境，促进技术升级和产业转型

劳动保护立法要求用人单位保障劳动者的职业安全权，改善劳动条件和劳动环境，进一步推动用人单位改进生产技术和生产工具，淘汰落后产能，完成生产进步和技术升级，实现企业向先进、绿色和生态产业转化，促进企业工作环境的整体改善。

（三）劳动保护的方针

劳动安全的基本方针是安全第一、预防为主。安全第一就是要把安全放在生产的首要位置，预防为主是防患于未然，重在消除生产过程中的不安全不卫生因素。《安全生产法》提出：安全生产管理，坚持安全第一、预防为主的方针。《建设工程安全生产管理条例》规定，建设工程安全生产管理，坚持安全第一、预防为主的方针。

劳动卫生的基本方针是预防为主、防治结合。预防为主是指职业病的防治重在预防，这是基于职业病好预防，难治疗的特点提出的。防治结合是在预防的同时，对于患有职业病的劳动者及时予以治疗。《职业病防治法》规定，职业病防治工作坚持预防为主、防治结合的方针，实行分类管理、综合治理。

二、劳动者的职业安全权

劳动者的职业安全卫生权是指劳动者在工作中有权获得安全卫生保障，而工作环境权是劳动者在能够保障其生命安全和身体健康，保持身体舒适的环境中进行工作的权利。工作环境权比职业安全卫生权的内容更广泛，还包括，工作时劳动者身体上与心理上是否舒适。国际劳工组织对于健康的定义，采用了世界卫生组织的观点，是指完全的身心舒适与幸福感，不仅限于没有病痛，[①] 这与 1999 年国际劳动组织提出的“体面劳动”的提法一致。目前，我国法律保障的主要是劳动者的职业安全卫生权。

---

① 黄越钦．劳动法新论．台北：翰芦图书出版有限公司，2000：627.

广义的工作权包含职业安全卫生权，而职业安全卫生权是实现工作权的条件，也就是说，劳动者有权在一个安全健康的环境中工作。

劳动者的职业安全卫生权具体包括：

（1）获得职业卫生教育、培训的权利。劳动者有权接受安全生产教育和培训，掌握所需的安全生产知识，提高安全生产技能，增强事故预防和应急处理能力。从事特种作业的劳动者必须经过专门培训并取得特种作业资格。

（2）获得职业健康检查、工伤和职业病诊疗、康复等服务的权利。

（3）了解其作业场所和工作岗位存在的危险因素、危害后果、防范措施及事故应急措施的权利。用人单位应当如实告知劳动者，不得隐瞒或者欺骗。

（4）要求用人单位提供符合防治职业病要求的职业病防护设施和个人使用的职业病防护用品，改善工作条件的权利。

（5）参与用人单位职业卫生工作的民主管理，对本单位的安全生产和职业病防治工作提出意见和建议，对用人单位在工作中存在的问题和违法行为提出批评、检举和控告的权利。

（6）拒绝违章指挥和强令冒险作业以及强令进行没有职业病防护措施的作业的权利。劳动者发现直接危及人身安全的紧急情况时，可以停止作业或者在采取可能的应急措施后撤离作业场所。

用人单位应当保障劳动者的上述权利，不得因劳动者依法行使正当权利而降低其工资、福利等待遇或者解除、终止与其订立的劳动合同。

劳动者也承担一定的职业安全卫生义务：

（1）接受安全生产教育和培训的义务，这既是劳动者的权利也是劳动者的义务。劳动者还应遵守安全生产规章制度和职业病防治法律法规以及操作规程，服从管理。

（2）正确佩戴和使用劳动防护用品的义务，正确使用、维护职业病防护设备和个人使用的职业病防护用品。

（3）发现事故隐患或者其他不安全因素，发现职业病危害事故隐患应当及时报告。

历史回顾

我国劳动保护的立法

不断改善劳动条件、保护劳动者的安全和健康一直是我国的一项基本政策。中国人民政治协商会议通过的《共同纲领》中，明确规定“保护女工的特殊利益”，“实行工矿监察制度，以改进工矿的安全和卫生设备”。第一部《宪法》也明确规定，“逐步扩大就业，加强劳动保护，改善劳动条件和工资待遇，以保障公民享有这些权利”。

1951 年 9 月，劳动部在北京召开了第一次全国劳动保护工作会议。国家在劳动保护方面进行了大规模的立法工作，其中最重要的是国务院颁发的《工厂安全卫生规程》、《建筑安装工程安全技术规程》、《工人职员伤亡事故报告规程》等。

1994 年的《劳动法》第六章专章规定了“劳动安全卫生”，以劳动基本法的形式对劳动安全卫生作了原则性规定。与此同时，还颁布了一系列的法规，如《女职工劳动保护规定》、《未成年工特殊保护规定》等。2001 年全国人大常委会通过了《中华人民共和国职业病防治法》，使我国的职业病防治工作进一步规范化、法制化。①

三、劳动安全卫生技术规程

劳动安全卫生技术规程是为保障劳动者在劳动过程中的安全卫生，法律规定、确认的各种规程，其目的在于完善企业安全保护措施，预防和减少由于技术规程执行不到位而导致生产安全事故。《劳动法》第 52 条规定，用人单位必须建立、健全劳动安全卫生制度，严格执行国家劳动安全卫生规程和标准，对劳动者进行劳动安全卫生教育，防止劳动过程中的事故，减少职业危害。

（一）劳动安全技术规程

劳动安全技术规程，是为防止和避免劳动过程中的职业伤亡事故，保护劳动者的安全，以相关技术规则为基本内容的法律规范。《劳动法》规定，劳动安全卫生设施必须符合国家规定的标准。工厂必须遵守安全技术规程；劳动者在劳动过程中也必须遵守安全操作规程。

工业生产中，各行业的安全技术规程各有不同，劳动保护法对普通工厂的建设规定了安全卫生规程，对一些特殊行业和特殊设备，如矿山（尤其是矿山建设和矿山开采），化工，建筑等行业和压力设备、电气设备等也规定了特别的安全卫生规程。

（二）劳动卫生技术规程

劳动卫生技术规程是为防止职业危害和预防职业病的发生，保护劳动者在劳动过程中的健康的技术规范性法规。《劳动法》第 54 条规定，用人单位必须为劳动者提供符合国家规定的劳动安全卫生条件和必要的劳动防护用品。2010 年卫生部发布的《工业企业设计卫生标准》对工业企业的选址与整体布局，防尘与防毒，防暑与防寒，防噪声与振动，防非电离辐射及电离辐射，生产辅助设施和个人防护用品等方面予以规范，以保证工业企业的设计符合卫生标准。

---

① 黎建飞．劳动与社会保障法教程．北京：中国人民大学出版社，2008：308.

四、安全生产管理制度

安全生产管理制度是为保障劳动者在劳动过程中的安全，法律规定的各项生产管理制度，以提高企业安全生产管理水平，防止由于管理制度缺失或管理缺陷而导致生产安全事故。安全生产管理制度主要有：

（一）安全技术措施计划制度

安全技术措施计划制度是指用人单位在编制生产、技术、财务等计划的同时，须编制安全卫生技术措施计划的制度。以改善劳动条件，防止伤亡事故、预防职业病和职业中毒为目的的各项安全技术措施，不能与生产、基建和福利等措施混淆。原劳动部和全国总工会发布的《安全技术措施计划的项目总名称表》中，安全技术措施计划的项目主要有：安全技术措施，工业卫生技术措施，辅助房屋及设施，宣传教育措施，减轻劳动强度等其他安全技术措施等。

（二）安全生产责任制度

国家实行生产安全事故责任追究制度，企业生产相关的各级人员应保证安全生产的条件，对其职务或业务范围内的安全生产负责，一旦出现生产事故，将追究责任人员，包括审查人员的法律责任。《安全生产法》第4条规定，生产经营单位必须遵守本法和其他有关安全生产的法律、法规，加强安全生产管理，建立、健全安全生产责任制度，完善安全生产条件，确保安全生产。

（1）生产经营单位的主要负责人对本单位的安全生产工作全面负责，主要负有下列职责：建立、健全本单位安全生产责任制；组织制定本单位安全生产规章制度和操作规程；保证本单位安全生产投入的有效实施；督促、检查本单位的安全生产工作，及时消除生产安全事故隐患；组织制定并实施本单位的生产安全事故应急救援预案；及时、如实报告生产安全事故。

（2）生产经营单位应当具备的安全生产条件所必需的资金投入，由生产经营单位的决策机构、主要负责人或个人经营的投资人予以保证，并对由于安全生产所必需的资金投入不足导致的后果承担责任。

（3）生产经营单位的主要负责人和安全生产管理人员必须具备与本单位所从事的生产经营活动相应的安全生产知识和管理能力。

此外，矿山企业必须建立、健全安全生产责任制，矿长对本企业的安全生产工作负责。建设项目安全设施的设计人、设计单位，审查部门及其负责人员，施工单位，投入生产或者使用前的验收部门及其验收人员对各自的工作负责。

（三）安全卫生设施“三同时”制度

安全卫生设施“三同时”制度，是指生产经营单位新建、改建、扩建工程项目的劳动安全卫生设施，必须与主体工程同时设计、同时施工、同时投入生产和使用，以确保劳动者在生产过程中的安全和健康。

《劳动法》第53条规定，劳动安全卫生设施必须符合国家规定的标准。新建、改建、扩建工程的劳动安全卫生设施必须与主体工程同时设计、同时施工、同时投入生产和使用。《安全生产法》也明确了“三同时”制度，并要求安全设施投资应当纳入建设项目概算。《矿山安全法》和《职业病防治法》中也有类似规定。

（四）安全生产检查与监察制度

安全生产检查与监察制度是指有关行政部门对企业劳动安全卫生情况进行检查监督，及时发现和消除事故隐患，查处违法行为，确保安全生产。目前负责安全生产监督检查的主要是各级安全生产监督管理部门，此外，法律规定，国务院劳动行政主管部门对全国矿山安全工作实施统一监督，县级以上地方各级人民政府劳动行政主管部门对本行政区域内的矿山安全工作实施统一监督；国务院设立的煤矿安全监察机构依照条例对煤矿实施安全监察。

《安全生产法》规定，负有安全生产监督管理职责的部门行使下列监督检查职权：(1) 进入生产经营单位进行检查，调阅有关资料，向有关单位和人员了解情况。(2) 对检查中发现的安全生产违法行为，当场予以纠正或者要求限期改正；对依法应当给予行政处罚的行为，依照本法和其他有关法律、行政法规的规定作出行政处罚决定。(3) 对检查中发现的事故隐患，应当责令立即排除；重大事故隐患排除前或者排除过程中无法保证安全的，应当责令从危险区域内撤出作业人员，责令暂时停产停业或者停止使用；重大事故隐患排除后，经审查同意，方可恢复生产经营和使用。(4) 对有根据认为不符合保障安全生产的国家标准或者行业标准的设施、设备、器材予以查封或者扣押，并应当在十五日内依法作出处理决定。

（五）安全卫生认证制度

安全卫生认证制度是在生产经营进行之前，对安全卫生的各种影响因素，包括参与生产经营活动的主体，特定危害性的设备等进行审查评价并在确认其能力、资格和条件的情况下，允许其从事生产经营活动的制度。该制度主要涉及企业资格的认证，人员资格的认证和对特殊设备的认证。

1. 安全卫生生产企业资格的认证

特定企业因为生产的特殊性，只有企业的安全生产条件、安全生产管理符合法律规定才能取得企业安全卫生生产资格认证，以保证生产安全，防止造成严重后果。

（1）矿山企业、建筑施工企业和危险化学品、烟花爆竹、民用爆破器材生产企业是国家规定实行安全生产许可制度的企业；

（2）从事建设工程的新建、扩建、改建和拆除等活动的施工单位应取得相应等级的资质证书，并在其资质等级许可的范围内承揽工程。

(3) 特种设备相关企业，如锅炉、压力容器、电梯、起重机械、客运索道、大型游乐设施及其安全附件、安全保护装置的制造、安装、改造单位，以及压力管道用管子、管件、阀门、法兰、补偿器、安全保护装置等的制造单位和场（厂）内专用机动车辆的制造、改造单位，应当经国务院特种设备安全监督管理部门的许可。

2. 安全卫生生产从业人员资格的认证

(1) 特殊岗位人员的资格认证

承担企业组织生产管理责任的管理人员，需具备特定的能力和资质：生产经营单位的主要负责人和安全生产管理人员必须具备与本单位所从事的生产经营活动相应的安全生产知识和管理能力；危险物品的生产、经营、储存单位以及矿山、建筑施工单位的主要负责人和安全生产管理人员，应当由有关主管部门对其安全生产知识和管理能力考核合格后方可任职。此外，建筑施工单位的项目负责人应当由取得相应执业资格的人员担任；矿长必须经过考核，具备安全专业知识，具有领导安全生产和处理矿山事故的能力。

(2) 特种作业人员的安全资格认证

《安全生产法》第23条规定，生产经营单位的特种作业人员必须按照国家有关规定经专门的安全作业培训，取得特种作业操作资格证书，方可上岗作业。特种作业人员包括：垂直运输机械作业人员、安装拆卸工、爆破作业人员、起重信号工、登高架设作业人员及其他矿山企业安全生产的特种作业人员等。

3. 特殊设备的认证

生产经营单位使用的涉及生命安全、危险性较大的特种设备，以及危险物品的容器、运输工具，必须按照国家有关规定，由专业生产单位生产，并经取得专业资质的检测、检验机构检测、检验合格，取得安全使用证或者安全标志，方可投入使用。检测、检验机构对检测、检验结果负责。如，出租的机械设备和施工机具及配件，应当具有生产（制造）许可证、产品合格证。

(六) 安全生产事故应急救援与报告调查处理制度

1. 安全生产事故应急救援

(1) 县级以上地方各级人民政府应当组织有关部门制定本行政区域内特大生产安全事故应急救援预案，建立应急救援体系。

(2) 危险物品的生产、经营、储存单位以及矿山、建筑施工单位应当建立应急救援组织；生产经营规模较小，可以不建立应急救援组织的，应当指定兼职的应急救援人员。危险物品的生产、经营、储存单位以及矿山、建筑施工单位应当配备必要的应急救援器材、设备，并进行经常性维护、保养，保证正常运转。

2. 安全生产事故的报告调查处理制度

（1）生产经营单位发生安全生产事故后，事故现场有关人员应当立即报告本单位负责人。单位负责人接到事故报告后，应当迅速采取有效措施，组织抢救，防止事故扩大，减少人员伤亡和财产损失，并按照国家有关规定立即如实报告当地负有安全生产监督管理职责的部门，不得隐瞒不报、谎报或者拖延不报，不得故意破坏事故现场、毁灭有关证据。

（2）负有安全生产监督管理职责的部门接到事故报告后，应当立即按照国家有关规定上报事故情况。负有安全生产监督管理职责的部门和有关地方人民政府对事故情况不得隐瞒不报、谎报或者拖延不报。

（3）有关地方人民政府和负有安全生产监督管理职责的部门的负责人接到重大生产安全事故报告后，应当立即赶到事故现场，组织事故抢救。任何单位和个人都应当支持、配合事故抢救，并提供一切便利条件。

（4）事故调查处理应当按照实事求是、尊重科学的原则，及时、准确地查清事故原因，查明事故性质和责任，总结事故教训，提出整改措施，并对事故责任者提出处理意见。

（5）生产经营单位发生生产安全事故，经调查确定为责任事故的，除了应当查明事故单位的责任并依法予以追究外，还应当查明对安全生产的有关事项负有审查批准和监督职责的行政部门的责任，对有失职、渎职行为的，依照本法追究法律责任。

（6）任何单位和个人不得阻挠和干涉对事故的依法调查处理。

五、职业病管理制度

职业病是指企业、事业单位和个体经济组织的劳动者在职业活动中，因接触粉尘、放射性物质和其他有毒、有害物质等因素而引起的疾病。职业病属于职业伤害，劳动者被确认患有职业病的，可要求用人单位给予工伤待遇。

（一）职业病危害项目申报制度

职业病危害项目是指存在或者产生职业病危害因素的项目。职业病危害项目申报制度是用人单位向卫生行政部门申报职业病危害的相关项目，接受卫生行政部门监督的制度。卫生行政部门中应建立职业病危害项目的申报制度，存在或者产生职业病危害项目的用人单位应当及时、如实向卫生行政部门申报，接受监督，以便卫生行政部门能及时掌握危害项目，加强对职业病危害项目的管理，保护劳动者免受职业病的危害。

职业病危害项目申报的内容包括：（1）用人单位的基本情况；（2）工作场所职业病危害因素种类、浓度或强度；（3）产生职业病危害因素的生产技术、工艺和材料；

（4）职业病危害防护设施，应急救援设施。

（二）职业病危害监测、检测、评价制度

职业病危害监测制度，是通过对新建、改扩建或技术改造的项目和工作场所的职业病危害因素进行监测，了解职业病危害因素的变化情况和规律，以评价职业病防护设施的效果，并为采取防护措施提供根据的制度。职业病危害检测、评价制度，是对新建、改扩建或技术改造的项目和工作场所的职业病危害因素进行检查、测定，并由卫生行政部门资质认证的职业卫生技术服务机构对各种数据进行总结和评价，对职业病危害情况进行评价的制度。

（1）用人单位应当建立、健全工作场所职业病危害因素监测及评价制度的职业病防治管理措施，用人单位应当实施由专人负责的职业病危害因素日常监测，并确保监测系统处于正常运行状态。

（2）新建、改扩建建设项目和技术改造、技术引进项目（以下统称建设项目）可能产生职业病危害的，建设单位在可行性论证阶段应当向卫生行政部门提交职业病危害预评价报告。

（3）职业病危害预评价、职业病危害控制效果评价、职业病危害因素检测、评价由依法设立的取得资质认证的职业卫生技术服务机构进行。发现工作场所的职业病危害因素不符合国家职业卫生标准和卫生要求时，用人单位应立即采取相应治理措施；仍然达不到国家职业卫生标准和卫生要求的，必须停止作业；职业病危害因素经治理后，符合国家职业卫生标准和卫生要求的，可重新作业。

（三）职业病信息披露、职业健康检查、职业健康档案保管制度

（1）职业病信息披露制度。用人单位与劳动者订立劳动合同时，应当将工作过程中可能产生的职业病危害及其后果、职业病防护措施和待遇等如实告知劳动者，并在劳动合同中写明，不得隐瞒或者欺骗。

（2）职业健康检查制度。对从事接触职业病危害作业的劳动者，用人单位应当按照规定组织上岗前、在岗期间和离岗时的职业健康检查，并将检查结果如实告知劳动者；用人单位不得安排未经上岗前职业健康检查的劳动者从事接触职业病危害的作业，对未进行离岗前职业健康检查的劳动者不得解除或者终止与其订立的劳动合同；用人单位发生分立、合并、解散、破产等情形的，应当对从事接触职业病危害的作业的劳动者进行健康检查，并按照国家有关规定妥善安置职业病病人。

（3）职业健康档案保管制度。用人单位应当建立、健全职业卫生档案和劳动者职业健康监护档案，并按照规定的期限妥善保存。职业健康监护档案应当包括劳动者的职业史、职业病危害接触史、职业健康检查结果和职业病诊疗等有关个人健康资料。劳动者离开用人单位时，有权索取本人职业健康监护档案复印件，用人单位应当如实、无偿

提供，并在所提供的复印件上签章。

资料链接

张某“开胸验肺”事件

张某是新密市老寨村村民，2004年6月到郑州A耐磨材料有限公司（下称A公司）上班，先后从事过杂工、破碎、开压力机等有害工种。2007年10月，感觉身体不适的张某从A公司离职后，先后到郑州市二院、省胸科医院、省人民医院、北京协和医院、首都医科大学朝阳医院、北京大学第三附属医院等数家医院检查，医生们都给出了一致的结论：职业病——尘肺。

由于A公司单方不配合，不予提供相关证明，张某无法到职防所进行诊断。无奈，张某于今年2月7日到新密市政府有关部门求助。5月25日，郑州市职防所出具了诊断证明，但诊断结果是“无尘肺0期（医学观察）合并肺结核“，给出的意见是：进行肺结核诊治，建议到综合医院进一步诊治。6月1日，张某来到郑大一附院门诊，6月9日住院，6月22日不顾医生劝阻，要求开胸验肺。在郑大一附院出具的张某的“出院诊断”中载明：“尘肺合并感染。”医嘱第1条就是：“职业病防治所进一步治疗。”

近两年维权求医，张某花费近9万元，早已是债台高筑，对于职业病鉴定，张某已无力应付。而在企业里，与他有相同遭遇的工友，绝不止他一个。①

评议：

按照《职业病防治法》的规定，职业病诊断由省级以上卫生行政部门批准的当地医疗卫生机构承担。由于职业病诊断须综合分析病人的职业史；职业病危害接触史和现场危害调查与评价；临床表现以及辅助检查结果等因素。大多数地方职业病防治条例都规定，职业病诊断需要用人单位出具相关证明，如存在劳动关系、从事工种、工作环境等。劳动者患上职业病后，由于用人单位不愿承担责任，不予提供相关证明，劳动者难以得到职业病诊断，导致大多数劳动者索赔无门。

职业病诊断和鉴定程序复杂，职业病诊断不仅需要用人单位提供证明，还要由用人单位支付费用，除对用人单位的依赖以外，未得到执行的职业病体检和劳动者健康档案

---

① 参见《工人为证明患职业病坚持开胸验肺》http://china.big5.huanbohainews.com.cn/system/2009/07/10/010399532.shtml，最后浏览日2011年6月2日。

制度等都是张某们开胸验肺的根源。

六、女职工劳动保护规定

（一）女职工劳动保护概述

女职工劳动权的保护主要是消除性别歧视，[①] 女职工应该享有与男职工平等的劳动权利，并实现同工同酬。《宪法》第48条规定，中华人民共和国妇女在政治的、经济的、文化的、社会的和家庭的生活等各方面享有同男子平等的权利。国家保护妇女的权利和利益，实行男女同工同酬，培养和选拔妇女干部。《妇女权益保障法》的第四章专门就妇女的劳动权益保护做了明确规定。

女职工的劳动保护主要是法律对女职工的特殊保护。由于女性身体结构和生理机能与男性不同，法律专门规定了女职工禁止从事的劳动范围和女职工特殊生理期间的保护，这是对女职工的生命权和健康权的保护，是对女职工劳动权的进一步保护。

（二）禁止女职工从事的劳动范围

《女职工禁忌劳动范围的规定》明确了女职工禁忌从事的劳动范围：（1）矿山井下作业；（2）森林业伐木、归楞及流放作业；（3）《体力劳动强度分级》标准中第四级体力劳动强度的作业；（4）建筑业脚手架的组装和拆除作业，以及电力、电信作业的高处架线作业；（5）连续负重（指每小时负重次数在6次以上）每次负重超过20千克，间断负重每次负重超过25千克的作业。

（三）女职工“三期”的劳动保护

1. 经期

《劳动法》第60条规定，不得安排女职工在经期从事高处、低温、冷水作业和国家规定的第三级体力劳动强度的劳动。《女职工劳动保护规定》也有类似规定。

2. 孕期

怀孕期间的女职工的法律保护包括：（1）不得安排女职工在怀孕期间从事国家规定的第三级体力劳动强度的劳动和孕期禁忌从事的活动；（2）对怀孕七个月以上（含七个月）的女职工，在劳动时间内应当安排一定的休息时间，不得安排其延长工作时间和夜班劳动；（3）怀孕的女职工，在劳动时间内进行产前检查，应当算作劳动时间。《女职工劳动保护规定》进一步规定：女职工在怀孕期间，用人单位都不得在正常劳动日以外延长劳动时间；对不能胜任原劳动的，应当根据医务部门的证明，予以减轻劳动量或者安排其他劳动。

---

① 贾俊玲．劳动法与社会保障法．北京：中国劳动社会保障出版社，2004：155.

3. 哺乳期

女职工在哺乳期间的法律保护包括：（1）不得安排女职工在哺乳未满一周岁的婴儿期间从事国家规定的第三级体力劳动强度的劳动和哺乳期禁忌从事的其他劳动；（2）不得安排其延长工作时间和夜班劳动。《女职工劳动保护规定》还要求对哺乳未满一周岁婴儿的女职工给予哺乳时间，并规定哺乳时间和在本单位内哺乳往返途中的时间，算作劳动时间。

资料链接

性 骚 扰

性骚扰是行为人为满足自己的性需求，通过语言、行为和环境设置等方式违背他人意愿故意实施的，侵犯受害人性自主权的不受欢迎的与性有关的行为。国际劳工组织认为：性骚扰是任何形式的非本人愿意的带有性色彩的关注，包括“侮辱、评论、玩笑、暗示等以及对人衣着打扮、提醒、年龄和家庭状况的不适当的品评等；有损人的尊严的故意讨好或家长式伤害人尊严的态度，无论伴随威胁与否；与性相关联的淫荡的表情或者姿态；无必要的身体接触，例如：抚摸、爱抚、拧捏或者伤害等。”①

七、未成年工劳动保护规定

未成年工指的是年满 16 周岁，未满 18 周岁的劳动者。针对未成年工未满 18 周岁，还处于生长发育期的特点，以及接受义务教育的需要，法律对其采取特殊的劳动保护措施。对未成年工的保护与对女职工的保护一样，体现了实质公平和社会利益，因为女职工承担着人类繁衍的职责，而未成年工担负着未来建设社会的重任，他们延续着人类的繁衍生息，保护女职工和未成年工有利于提高人类的体质和素质，对于整个人类的生存和发展都有重大意义。

（一）最低就业年龄

我国法律规定的最低就业年龄是年满 16 周岁，禁止用人单位招用未满十六周岁的未成年人（使用童工）。文艺、体育和特种工艺单位招用未满十六周岁的未成年人，必须经未成年人的父母或者其他监护人同意，依照国家有关规定，履行审批手续，并保障其身心健康，及其接受义务教育的权利。

---

① 林建军．性骚扰的法律界定．法学杂志，2007（5）．

学校、其他教育机构以及职业培训机构按照国家有关规定组织不满16周岁的未成年人进行不影响其人身安全和身心健康的教育实践劳动、职业技能培训劳动，不属于使用童工。

（二）禁止未成年工从事的劳动

法律规定，不得安排未成年工从事矿山井下、有毒有害、国家规定的第四级体力劳动强度的劳动和其他禁忌从事的劳动；用人单位不得安排未成年工从事接触职业病危害的作业；不得安排未成年工延长工作时间和夜班劳动。《未成年工特殊保护规定》对用人单位不得安排未成年工从事的劳动范围还予以了明确规定。

（三）未成年工的身体检查制度

为保障未成年工的健康成长，用人单位应当对未成年工定期进行健康检查。《未成年工特殊保护规定》规定：用人单位应在安排工作岗位之前，或对工作满一年的，或年满十八周岁，距前一次的体检时间已超过半年的劳动者对未成年工定期进行健康检查；未成年工的健康检查，应按《未成年工健康检查表》列出的项目进行；用人单位应根据未成年工的健康检查结果安排其从事适合的劳动，对不能胜任原劳动岗位的，应根据医务部门的证明，予以减轻劳动量或安排其他劳动。

（四）未成年工登记和审核制度

用人单位招收使用未成年工，除符合一般用工要求外，还须向所在地的县级以上劳动行政部门办理登记。劳动行政部门根据《未成年工健康检查表》、《未成年工登记表》，核发《未成年工登记证》，并按规定审核体检情况和拟安排的劳动范围，未成年工须持《未成年工登记证》上岗。未成年工上岗前用人单位应对其进行有关的职业安全卫生教育、培训。

八、导引案例的解析

根据《职业病防治法》的规定，从事接触职业病危害作业的劳动者离岗前需进行离岗前的职业健康检查，否则劳动合同应该延续至离岗体检结束。由于劳动者没有付出劳动义务，用人单位无需向其支付在此期间的工资，根据《江苏省社会保险费征缴条例》规定，用人单位就没有在此期间为其缴纳社会保险的义务。但计算劳动合同终止的经济补偿金年限时，可以将劳动合同顺延至2009年8月底，多补偿半个月的工资。

问题与思考

1. 简述劳动基准的概念及特点。
2. 工作时间的类型有哪些？

3. 休息休假的类型有哪些？
4. 什么是延长工作时间？
5. 简述工资的概念及构成。
6. 什么是工资支付规则？
7. 什么是工资支付保障制度？
8. 什么是劳动者的职业安全卫生保护？
9. 什么是女职工和未成年工的特殊劳动保护？

第六章

劳动权利救济法

第一节 劳动监察

案例及问题导引

根据2010年11月25日《新京报》等多家媒体报道，在江苏无锡新区某公司工作的周某因公司不支付加班费，向当地劳动保障监察大队实名举报，要求补偿加班费，但问题始终得不到解决。为此，周某给当地劳动监察大队送上一幅“不为人民服务”锦旗。此事引起了社会各界的极大关注，周某也被网友称为“锦旗哥”而名噪一时。请问：劳动监察在处理劳动争议、维护劳动者权益的过程中有何重要作用？劳动保障监察部门应当履行什么职责？如果劳动保障监察部门不作为，应该承担什么责任？

一、劳动监察的定义、作用

（一）劳动监察的定义

1. 劳动监察的定义

劳动监察，一般是指具有法定监督检查权的机构，以国家的名义，依法对用人单位执行劳动法律、法规的情况进行监督检查，并对发现的违法行为予以处理和处罚的一系列活动的总和。劳动监察制度是国家维护劳动基准的贯彻实施，干预用人单位内部劳动关系，保护劳动者利益的重要手段。

2. 劳动监察的特征

（1）法定性。劳动监察的所有事项，包括监察主体、监察权力、监察手段、监察程序、监察处理等都是通过法律强制性规定的。劳动监察主体必须严格依照法律法规规章实施监察活动。

（2）行政性。劳动监察活动是发现和纠正用人单位的违法行为，并实施处罚的具体行政行为，用人单位对于劳动监察机构的行政处理决定或行政处罚决定不服的，可以依法申请行政复议或者向人民法院提起行政诉讼。

（3）专门性。劳动监察机构是经法律授权代表国家行使监察权力，劳动监察职权只能由劳动行政部门内部的法定、专门机关行使，其他机构和组织必须经法定授权或依法委托才能进行劳动监察工作。

（4）全面性。劳动监察机关有权对用人单位执行劳动法律法规的情况进行全面的监督，任何用人单位，不分行业和性质，都属于劳动监察的对象范围。

3. 劳动监察与劳动监督的关系

《劳动法》第11章规定，县级以上各级人民政府劳动行政部门依法对用人单位遵守劳动法律、法规的情况进行监督检查；县级以上各级人民政府有关部门在各自职责范围内，对用人单位遵守劳动法律、法规的情况进行监督；各级工会依法维护劳动者的合法权益，对用人单位遵守劳动法律、法规的情况进行监督；任何组织和个人对于违反劳动法律、法规的行为有权检举和控告。由此可见，劳动监察与劳动监督是两个不同的法律概念。劳动监督是一个制度体系，包括劳动监察、其他行政部门监督、工会监督和其他组织和个人的监督，劳动监察属于劳动监督制度体系的一个组成部分。在劳动监督体系中，劳动监察是主体和核心，但不是全部。

（二）劳动监察的作用与意义

1. 有利于促进劳动法律法规的贯彻实施

徒法不足以自行。"劳动政策与法令的推行，有三部曲，即：制订法令政策→公布执行→监督检查处罚，一步也不能或缺，才能竟功。"① 劳动监察是国家公权力机关运用公法手段对用人单位遵守劳动法律法规的情况进行监督检查，及时发现并处理违法行为，以保障劳动法的各项规定落到实处。

2. 有利于促进劳动者利益的法律保护

由于劳动者相对于用人单位明显处于弱势地位，因此劳动者的权利容易受到侵害。协商、调解、仲裁和诉讼等劳动争议解决途径对于保护劳动者的合法利益起到了重要作用，但也存在被动性、事后性和滞后性等缺陷。劳动监察的主要特点是主动性、预防性和及时性。通过劳动监察，发现用人单位的违法行为可以及时要求纠正，发现劳动者权利受侵害可以要求用人单位及时予以补救，因此有利于避免或减少用人单位侵害劳动者行为的发生，即使发生劳动争议也可以获得及时的解决。

3. 有利于规范劳动监察部门依法行政

依法行政是建设社会主义法治国家的必然要求，加强劳动监察法律制度建设对于促

---

① 林振贤．新版劳基法的理论与实务．台中：捷太出版社，2003：488.

进依法行政工作具有重要的意义。劳动监察是由劳动行政执法人员按照法定程序、采用具体方法实现的，劳动监察的程序和方法都必须符合法律法规的要求，并且受到法律的限制。

二、劳动监察主体

1. 劳动监察机构的设置与权限

劳动监察机构是指依法享有监察权并代表国家对用人单位执行劳动法的情况实施监督的专门机构。根据《劳动保障监察条例》的规定，县级以上劳动行政部门均设置了综合性劳动监察机构。地方各级劳动监察机构分别受同级劳动行政部门和上级劳动监察机构的业务指导。设区的市、县（市、区）人民政府劳动保障行政部门可以委托符合监察执法条件的组织实施劳动监察。

劳动监察机构的职权由法律规定，不同于劳动保障行政部门的其他内设一般职能机构，其他内设一般职能机构不具有独立性，其职权也是通过劳动保障行政部门的内部分工确定。

对于劳动监察部门而言，依法实施劳动监察不仅是一种权力，同时也是一种职责。《劳动保障监察条例》第10条规定：劳动保障行政部门实施劳动保障监察，履行下列职责：（1）宣传劳动保障法律、法规和规章，督促用人单位贯彻执行；（2）检查用人单位遵守劳动保障法律、法规和规章的情况；（3）受理对违反劳动保障法律、法规或者规章的行为的举报、投诉；（4）依法纠正和查处违反劳动保障法律、法规或者规章的行为。

根据《劳动法》第85条和第86条、《劳动保障监察条例》第15条、《劳动合同法》第75条，劳动监察机构在履行劳动监察职责时，具有如下权力：

（1）检查权。劳动监察机构和劳动监察人员有权根据工作需要随时进入用人单位的劳动场所进行检查，查阅和复制被检查单位的有关资料，就调查、检查事项询问有关人员，必要时还可以发出调查询问书。

（2）建议权。劳动监察机构就监督检查过程中发现的问题，如事故隐患的排除等轻微违法行为提出修改建议的权利。建议权是在行使检查权的基础上实现的，目的在改善工作，防范、补救可能出现的问题和造成的损失。

（3）处罚权。劳动监察机构对于用人单位违反劳动法律、法规的行为，有权依法给予警告、通报批评、罚款和没收违法所得、吊销许可证等行政处罚。

《劳动保障监察条例》第16条、第31条规定，劳动监察主体在履行监察职责的过程中，必须履行下列义务：（1）劳动保障监察人员进行调查、检查时，不得少于2人，并应当佩戴劳动监察标志、出示劳动保障监察证件；（2）遵守有关法律法规，秉公执法，不滥用权力，不营私舞弊；（3）不得泄露在履行职责过程中知悉的商业秘密；（4）为检举和举报者保密。

2. 劳动监察员

劳动监察员是劳动行政部门从事劳动监察工作，代表国家行使劳动监察权力的行政执法人员。县级以上劳动行政部门应配备专职监察员和兼职监察员，其中专职监察员是劳动行政部门专门从事劳动监察的人员，兼职监察员主要负责与其业务有关的单项监察。兼职监察员在行使行政处罚权时，应会同专职监察员进行。专职监察员和兼职监察员应当经过相应的考核或者考试录用。

《劳动监察员管理办法》第7条规定，劳动监察员应当具备以下任职条件：（1）认真贯彻执行国家法律、法规和政策；（2）熟悉劳动业务，熟练掌握和运用劳动法律、法规知识；（3）坚持原则，作风正派，勤政廉洁；（4）在劳动行政部门从事劳动行政业务工作三年以上，并经国务院劳动行政部门或省级劳动行政部门劳动监察专业培训合格。

《劳动监察员管理办法》第11条规定，劳动监察员的任命程序是：劳动行政部门专职劳动监察员的任命，由劳动监察机构负责提出任命建议并填写中华人民共和国劳动监察员审批表，经同级人事管理机构审核，报劳动行政部门领导批准；兼职劳动监察员的任命，由有关业务工作机构按规定推荐人选，并填写中华人民共和国劳动监察员审批表，经同级劳动监察机构和人事管理机构进行审核，报劳动行政部门领导批准。经批准任命的劳动监察员由劳动监察机构办理颁发中华人民共和国劳动监察证件手续。劳动监察员任命后，地方各级劳动行政部门按照规定填写《劳动监察证件统计表》，逐级上报省级劳动行政部门，由省级劳动行政部门汇总并报国务院劳动行政部门备案。

获得任命的劳动监察员每3年进行一次考核验证，验证合格换发新证，并在有关报刊上予以公告。不能胜任或因其他原因调离的监察员，在任命机关撤销任命后，由发证机关收回有关证件。

三、劳动监察的对象和范围

1. 劳动监察的对象

劳动监察制度是劳动行政部门依据法律授权，按照法律规定和法定程序对用人单位侵犯劳动者合法权益的行为进行检查、约束、制止和处罚的劳动行政执法制度。《劳动法》第85条规定："县级以上各级人民政府劳动行政部门依法对用人单位遵守劳动法律、法规的情况进行监督检查"；《劳动保障监察条例》第2条规定："对企业和个体工商户（以下称用人单位）进行劳动保障监察，适用本条例。对职业介绍机构、职业技能培训机构和职业技能考核鉴定机构进行劳动保障监察，依照本条例执行。"由此可见，我国劳动监察的对象只能是用人单位和劳动中介服务主体。

关于劳动监察的对象，还有两个问题需要探讨：

（1）非法用工主体能否成为劳动监察的对象？我们认为，从保护劳动者的利益出发，应当把非法用工主体纳入劳动监察的范围。如《劳动保障监察条例》第28条规定："未经劳动保障行政部门许可，从事职业介绍、职业技能培训或者职业技能考核鉴定的组织或者个人，由劳动保障行政部门、工商行政管理部门依照国家有关无照经营查处取缔的规定查处取缔。"

（2）劳动者能否成为劳动监察的对象？1993年原劳动部颁发的《劳动监察规定》第3条规定："本规定所称劳动监察，是指由劳动行政主管部门对单位和劳动者遵守劳动法律、法规、规章情况进行检查并对违法行为予以处罚。"但其后制定颁布的《劳动法》和《劳动保障监察规定》都不再将劳动者作为劳动监察的对象。

2. 劳动监察的范围

《劳动保障监察条例》第11条规定："劳动保障行政部门对下列事项实施劳动保障监察：（一）用人单位制定内部劳动保障规章制度的情况；（二）用人单位与劳动者订立劳动合同的情况；（三）用人单位遵守禁止使用童工规定的情况；（四）用人单位遵守女职工和未成年工特殊劳动保护规定的情况；（五）用人单位遵守工作时间和休息休假规定的情况；（六）用人单位支付劳动者工资和执行最低工资标准的情况；（七）用人单位参加各项社会保险和缴纳社会保险费的情况；（八）职业介绍机构、职业技能培训机构和职业技能考核鉴定机构遵守国家有关职业介绍、职业技能培训和职业技能考核鉴定的规定的情况；（九）法律、法规规定的其他劳动保障监察事项。"

《劳动合同法》第74条规定："县级以上地方人民政府劳动行政部门依法对下列实施劳动合同制度的情况进行监督检查：（一）用人单位制定直接涉及劳动者切身利益的规章制度及其执行的情况；（二）用人单位与劳动者订立和解除劳动合同的情况；（三）劳务派遣单位和用工单位遵守劳务派遣有关规定的情况；（四）用人单位遵守国家关于劳动者工作时间和休息休假规定的情况；（五）用人单位支付劳动合同约定的劳动报酬和执行最低工资标准的情况；（六）用人单位参加各项社会保险和缴纳社会保险费的情况；（七）法律、法规规定的其他劳动监察事项。"

从上述劳动监察事项的内容看，我国劳动监察的范围非常广泛，涉及劳动规章制度的制订与执行、劳动合同的订立与履行、劳务派遣、工资、工作时间与休息休假、女职工和未成年工特别劳动保护、社会保险、职业介绍等各个方面。在理解这些内容时，应当注意以下几点：第一，劳动监察的范围并不是越宽越好，因为劳动监察的范围过于宽泛，将导致劳动执法力量的不足，最终影响劳动监察的法律效果；第二，劳动监察主要是对用人单位贯彻执行劳动基准的监察，而不能过度介入劳动合同、集体合同的运行过程，压缩劳资双方当事人的意思自治空间。

四、劳动监察的实施

（一）劳动监察的管辖

劳动保障监察管辖，是指不同劳动保障行政部门之间对于用人单位遵守劳动保障法律法规和规章的情况下进行监督检查以及对违法行为进行行政处理的权限和分工。《劳动保障监察条例》第13条规定，对用人单位的劳动保障监察，由用人单位用工所在地的县级或者设区的市级劳动保障行政部门管辖。上级劳动保障行政部门根据工作需要，可以调查处理下级劳动保障行政部门管辖的案件。劳动保障行政部门对劳动保障监察管辖发生争议的，报请共同的上一级劳动保障行政部门指定管辖。省、自治区、直辖市人民政府可以对劳动保障监察的管辖制定具体办法。《劳动保障监察条例》第18条规定，劳动保障行政部门对违反劳动保障法律、法规或者规章的行为，应作出处理，如果发现违法案件不属于劳动保障监察事项的，应当及时移送有关部门处理；涉嫌犯罪的，应当依法移送司法机关。

（二）劳动监察的形式

《劳动保障监察条例》第14条规定，劳动保障监察的形式包括：

（1）日常巡视检查，是指劳动监察人员巡视用人单位及劳动场所，即时发现违法行为，并依法处理的过程。这是世界各国劳动监察机构通行的工作方式。巡视监察最为突出的特点是主动性和经常性。

（2）书面审查。劳动监察书面审查工作制度是劳动监察机构审查用人单位按照要求报送的书面材料的措施，是劳动监察的一项有效形式。

（3）举报投诉。《劳动法》第88条规定："任何组织和个人对于违反劳动法律、法规的行为有权检举和控告。"

根据不同的标准，劳动监察还可以分为专门机构监察和专任人员监察、自行监察和委托监察、综合监察和专项监察、普通监察和特殊监察等。专门机构监察，是指由法定专门机构实行的劳动监察；专任人员监察，是指由依法任命的专职或兼职的劳动监察员实施的劳动监察。自行监察，是指劳动监察机构和劳动监察员在其法定职权范围内亲自对监察对象进行劳动监察；委托监察，是指劳动监察机构和劳动监察员将其职权范围内的监察事务，依法委托给特定机构和人员代为实施。综合监察，是指在劳动监察机构和劳动监察员的法定职权范围内实施的包括多项监察内容的监督检查；专项监察，是指将技术性、专业性很强的劳动监察项目单列，分别设立专门机构并按其特定规则行使监察权。普通监察，是以一般的国家经济部门为监察范围的劳动监察；特殊监察，通常是对国防军工部队的企业实施的劳动监察。①

（三）劳动监察的程序

1. 不立案检查程序

不立案检查程序，是指因尚未发现用人单位有违法行为而不立案，而对用人单位进行例行检查、不定期检查的程序。根据《劳动监察程序规定》第6条的规定，劳动监察人员对用人单位遵守劳动法律、法规情况进行例行检查、不定期检查时，应遵循下列规定：（1）应有两名以上劳动监察员共同进行，并出示劳动监察证件，说明身份；（2）告知用人单位检查的目的、内容、要求、办法；（3）了解用人单位遵守劳动法律、法规情况，并巡视劳动场所；（4）现场检查情况应有笔录，笔录应由劳动监察员和用人单位法定代表人（或法定代表人委托的代理人）签名或盖章，用人单位法定代表人拒不签名或盖章的，应注明拒签情况。在监督、检查过程中，劳动监察机构认为有必要时，可以向用人单位发出《劳动监察询问通知书》，用人单位应当在收到通知书之日起10日内向劳动监察机构作出书面答复，以了解、核实用人单位遵守劳动法律法规的情况。

2. 立案检查程序

立案检查程序，是指立案查处违反劳动法案件的程序。主要步骤是：

（1）登记立案。劳动监察主体发现用人单位有违反劳动法律、法规行为，需要进行调查处理的，应当登记立案。登记立案应当填写立案审批表，报劳动监察机构负责人审查批准。劳动监察机构负责人批准之日为立案起始时间。

（2）调查取证与回避。劳动保障行政部门对违反劳动保障法律、法规或者规章的行为的调查，应当自立案之日起六十个工作日内完成；对情况复杂的，经劳动保障行政部门负责人批准，可以延长三十个工作日。劳动监察人员办理的劳动监察事项，与本人或其近亲属有利害关系的，应当回避。当事人认为承办人员应当回避的，有权向承办查处工作的劳动行政部门提出书面回避申请。承办人员的回避，由劳动监察机构负责人决定；劳动监察机构负责人的回避，由劳动行政部门负责人决定。回避决定应在收到回避申请之日起三日内作出。作出回避决定前，承办人员不得停止对案件的调查处理。对驳回回避申请的决定，应当向申请人说明理由。

（3）案件处理。劳动监察人员在案件调查取证之后，应当根据调查、检查的结果，对劳动监察案件进行审议，并分别作出不同处理：事实清楚，证据确凿，依法应当给予行政处罚的，依法作出处罚决定书；对应当改正未改正的，依法责令改正或者作出相应的行政处理决定。证据不足的，应退回原承办人补充调查，补充调查应自退回之日起十

---

① 王全兴．劳动法．3版．北京：法律出版社，2008：466.

五日内结束，经补充调查，证据仍然不足的，应作出撤销案件的决定。对情节轻微，且已改正，或违法事实不能成立的，撤销立案。用人单位有违反其他法律、法规行为的，应建议有处理权的行政机关处理；涉嫌犯罪的，应及时移送司法机关处理。

（4）制作处理决定书。劳动监察处理决定由劳动行政部门作出，并制作劳动监察处理决定书。劳动监察处理决定书应当载明下列事项：当事人姓名、住址等基本情况；劳动行政部门认定的违法事实；适用的法律、法规、规章或规范性文件；处理结论；处理决定的履行方式和期限；当事人依法享有的申请行政复议或者提起行政诉讼的权利；作出处理决定的行政机关名称；作出处理决定的日期。

（5）送达与执行。劳动行政部门应当在作出处理决定之日起七日内，将劳动监察处理决定书送达用人单位，决定书自送达之日起生效。送达方式参照民事诉讼法的规定执行。用人单位对处理决定不服的，可以依照《行政复议法》和《行政诉讼法》的规定，申请复议或提起诉讼。对处理决定在法定期限内不申请复议，不起诉又不履行的，劳动行政部门可以申请人民法院强制执行。劳动行政部门及其工作人员因劳动监察行为违法，给用人单位造成损害的，依照《国家赔偿法》的有关规定给予赔偿。

《劳动保障监察条例》第20条规定，违反劳动保障法律、法规或者规章的行为在两年内未被劳动保障行政部门发现，也未被举报、投诉的，劳动保障行政部门不再查处。该期限自违反劳动保障法律、法规或者规章的行为发生之日起计算；违反劳动保障法律、法规或者规章的行为有连续或者继续状态的，自行为终了之日起计算。

五、劳动监察法律责任

（一）劳动监察相对人的法律责任

根据《劳动保障监察条例》第30条的规定，有下列行为之一的，由劳动保障行政部门责令改正；对有第（1）项、第（2）项或者第（3）项规定的行为的，处2 000元以上2万元以下的罚款：（1）无理抗拒、阻挠劳动保障行政部门依照本条例的规定实施劳动保障监察的；（2）不按照劳动保障行政部门的要求报送书面材料，隐瞒事实真相，出具伪证或者隐匿、毁灭证据的；（3）经劳动保障行政部门责令改正拒不改正，或者拒不履行劳动保障行政部门的行政处理决定的；（4）打击报复举报人、投诉人的。违反前款规定，构成违反治安管理行为的，由公安机关依法给予治安管理处罚；构成犯罪的，依法追究刑事责任。

（二）劳动监察机构和劳动监察人员的法律责任

依法进行劳动监察，既是劳动监察部门的职权，也是职责和义务。对于国家和法律赋予的这些权力、职责和义务，劳动保障行政部门必须依法行使和履行，不得懈怠，否则可能承担赔偿责任、行政责任甚至刑事责任。如《劳动合同法》第95条规定：“劳动行政部门和其他有关主管部门及其工作人员玩忽职守、不履行法定职责，或者违法行使职权，给劳动者或者用人单位造成损害的，应当承担赔偿责任；对直接负责的主管人员和其他直接责任人员，依法给予行政处分；构成犯罪的，依法追究刑事责任。”根据《劳动保障监察条例》第31条规定：“劳动保障监察员滥用职权、玩忽职守、徇私舞弊或者泄露在履行职责过程中知悉的商业秘密的，依法给予行政处分；构成犯罪的，依法追究刑事责任。劳动保障行政部门和劳动保障监察员违法行使职权，侵犯用人单位或者劳动者的合法权益的，依法承担赔偿责任。”

第二节　劳动争议处理

案例及问题导引

李某经人介绍应聘到A公司工作，双方在签订劳动合同时约定，李某每周上班6天，每天工作8小时，每月工资为950元，该数额正好等于当地的最低工资标准。李某在A公司工作一个月后，A公司以暂时存在经济困难为由要求延期支付工资，此后A公司又以同样的理由拖欠李某第二个月的工资950元。双方发生劳动争议。在街道劳动争议调解组织的调解下，双方达到调解协议，约定由A公司于协议签订之日起五日内一次性支付李某两个月工资1 500元，双方解除劳动关系。但是在约定的履行期限结束之后，A公司并未依协议履行工资支付义务。为此，李某向人民法院起诉，A公司以该争议未经劳动争议仲裁委员会裁决为由，要求驳回李某的起诉。请问该案中，街道劳动争议调解组织能否主持劳动争议调解？在街道劳动争议调解组织主持下双方达成的调解协议是否存在违法之处？在A公司不履行调解协议的情况下，李某能否直接向人民法院提起民事诉讼？如果李某向人民法院起诉的同时，A公司也向劳动仲裁部门申请仲裁，当地劳动仲裁部门是否应当受理该案件？能否对该案件按“一裁终局”程序进行处理？

一、劳动争议处理概述

（一）劳动争议的概念、特点

根据不同的标准，劳动争议可以分为个体劳动争议和集体劳动争议、权利争议和利益争议、国内劳动争议和涉外劳动争议等。其中，个体劳动争议，是指因个体劳动关系所发生的争议，集体劳动争议是指因集体劳动关系而发生的争议；权利争议是指因实现劳动法、劳动合同和集体合同所规定的权利和义务所发生的争议，利益争议，是指因主张有待确定的权利和义务所发生的争议。但是从我国《劳动法》和《劳动争议调解仲裁法》的规定看，所谓劳动争议，实际上是指个体劳动争议，即劳动者与用人单位因劳动权利义务而产生的争议。

劳动争议具有以下特点：

第一，主体的特定性。劳动争议的当事人，一方为劳动者，另一方为用人单位。如果争议不是发生在劳动关系双方当事人之间，即使争议的内容涉及劳动问题，也不构成劳动争议。

第二，内容的广泛性。《劳动争议调解仲裁法》第 2 条规定，劳动争议的内容涉及劳动关系的确认、劳动合同、工作时间、休息休假、社会保险、福利、培训、劳动保护等与劳动权利和劳动义务有关的事项，范围相当广泛。

第三，形式的对抗性。双方当事人对劳动权利和劳动义务的确定或实现发生争议，主要表现为一方当事人向另一方当事人主张劳动权利或要求履行劳动义务，另一方对此予以否认和拒绝，双方之间发生冲突。

（二）劳动争议处理体制

根据《劳动法》第 77 条、第 79 条以及《劳动争议调解仲裁法》第 5 条的规定，发生劳动争议，可以协商解决，当事人不愿协商、协商不成或者达成和解协议后不履行的，可以向调解组织申请调解；不愿调解、调解不成或者达成调解协议后不履行的，可以向劳动争议仲裁委员会申请仲裁；对仲裁裁决不服的，除法律另有规定的外，可以向人民法院提起诉讼。

1. 协商

发生劳动争议，劳动者可以与用人单位协商，也可以请工会或者第三方共同与用人单位协商，达成和解协议。工会参与协商时，不是作为第三方，而是劳动者利益的代表者，在协商中工会要站在劳动者的立场上发表意见。协商贯穿于劳动争议处理的全过程，既包括争议发生后，调解、仲裁、诉讼前的协商，也包括调解、仲裁、诉讼过程中的协商。作为一种争议处理方式，协商具有灵活、方便、快捷等特点，无法定的规则和程序，有利于劳资双方以诚相见，继续合作，不伤和气，因此被认为是解决劳动争议的最好的方式。

2. 调解

所谓调解，是指第三方在劳动争议主体之间进行斡旋、劝导，促成双方当事人互谅互让、相互妥协，最终达成解决纠纷的合意。狭义上的调解仅指劳动关系双方当事人在劳动争议调解组织的主持下进行的调解，广义上的调解则包括劳动争议调解组织主持的调解、劳动争议仲裁组织主持的调解以及人民法院主持的调解。较和解而言，调解的优势在于由第三方主持协商，有助于加速纠纷解决的进程；较劳动仲裁和劳动诉讼而言，以调解方式解决纠纷具有及时灵活的特点，可以促使当事人尽快取得谅解，减少对立情绪，防止矛盾激化，在调解基础上达成的协议更具自觉执行性。调解不是劳动争议处理的必经程序，当事人在劳动争议调解组织主持下达成的调解协议也没有强制力。与此同时，由于作为劳动争议调解组织之一的企业劳动争议调解委员会设在企业内部，其是否能够保持中立是值得怀疑的，其调解结果也不排除存在强迫的因素。①

3. 仲裁

劳动争议仲裁是由依法设立的劳动争议仲裁委员会按照法定程序对劳动争议所进行的裁决活动。与和解、调解相比，劳动仲裁更具有权威性；与劳动诉讼相比，劳动仲裁体现出更充分的程序自主权。同时，与民商事仲裁不同，在我国劳动仲裁是劳动争议案件进入劳动诉讼的前置程序和必经程序。

历史回顾

劳动仲裁与劳动诉讼的关系

《劳动法》第79条规定，劳动争议发生后，当事人“对仲裁裁决不服的，可以向人民法院提起诉讼”。但是劳动者能否不经劳动仲裁直接提起诉讼？劳动争议仲裁委员会不予立案或者受理劳动争议案件后逾期不作出仲裁裁决的，劳动者能否提起诉讼？法律没有作出明确的规定。1998年6月8日《最高人民法院关于劳动仲裁委员会逾期不作出仲裁裁决或者作出不予受理通知的劳动争议案件人民法院应否受理的批复》指出：“根据《中华人民共和国劳动法》第七十九条规定的精神，劳动争议案件经劳动争议仲裁委员会仲裁是提起诉讼的必经程序。劳动争议仲裁委员会逾期不作出仲裁裁决或者作出不予受理的决定，当事人不服向人民法院提起行政诉讼的，人民法院不予受理；当事人不服劳动争议仲裁委员会作出的劳动争议仲裁裁决，可以向人民法院提起民事诉讼。”由此确立了我国现行的“先裁后审、一裁两审”的劳动争议处理程序。

4. 诉讼

劳动争议诉讼是法院通过审判程序处理劳动争议的活动。与调解、仲裁相比，劳动争议诉讼具有更严格的程序性、规范性和强制执行力，是解决劳动争议的最权威方式，并能使劳动争议得到最终解决，但是劳动诉讼程序复杂、时间长、成本高，容易形成诉累，不利于双方当事人特别是处于弱势地位的劳动者的权利获得及时、

---

① 郑尚元，李海明，扈春海．劳动和社会保障法学．北京：中国政法大学出版社，2008：228.

充分的救济。

（三）劳动争议处理的原则

劳动争议处理的原则，是指劳动争议处理机构在处理劳动争议时必须遵循的基本准则，它贯穿于劳动争议处理的全过程，体现了国家劳动立法关于劳动争议处理的指导思想和行为准则。根据《劳动争议调解仲裁法》第2条规定，我国劳动争议处理的原则包括：

1. 合法原则

所谓合法原则是指劳动争议处理机构处理劳动争议的所有活动都必须符合法律法规的规定。具体包括两个方面：一是实体合法，劳动争议处理决定的内容必须有实体法依据，不得违背法律、行政法规的强制性规定，不能损害国家、集体和其他公共利益；二是程序合法，劳动争议处理的过程必须符合法律规定的程序。

2. 公正原则

所谓公正原则，是指劳动争议处理机构及其工作人员在处理劳动争议的过程中，必须公正地对待双方当事人，确保双方当事人拥有平等的法律地位，保障双方当事人的实体法律权利和请求解决争议、举证、陈述、反驳、辩论、要求回避等程序性权利，对劳动争议进行合乎正义要求的裁决，保证当事人双方都获得平等的保护。

3. 及时原则

所谓及时原则，是指劳动争议处理机构受理劳动争议案件后，应当尽快查明事实，分清是非，并在此基础上尽快调解、裁决或判决，不得违背办案时限方面的法定要求。

4. 着重调解原则

着重调解原则，是指在劳动争议处理过程中，应当注意运用调解方式解决劳动争议，不仅劳动争议调解组织应当争取双方当事人达成调解协议，劳动争议仲裁机构在裁决前、人民法院在判决前，对适合调解的劳动争议案件也应当先行调解。贯彻着重调解原则，必须注意以下几点：第一，必须尊重当事人的意愿，不得强制调解，否则无效；第二，必须遵守法定的时限，对于双方当事人不愿调解或调解不成的，应当及时裁决或判决；第三，必须依法进行调解，这是因为劳动争议处理程序中的调解原则与民事诉讼中的调解原则不同。民事诉讼中的调解原则，是以私法的意思自治和契约自由原则为基础的，而劳动法中的公法规范（如劳动基准法规范）不是任意性规范，它所体现的劳动者利益标准不得以协议方式降低。所以，劳动争议案件只能实行有限调解原则，即有的案件或事项不宜调解，否则就违反了合法调解原则。①

---

① 王全兴．劳动法．第三版．北京：法律出版社，2008：453.

二、劳动争议调解组织调解

（一）劳动争议调解的概念

劳动争议调解组织调解与基层人民调解都属于民间性质的调解，都是以当事人自愿申请调解为前提，调解过程不受固定的调解程序和形式的限制。两者的主要区别是：

（1）调解主体不同。劳动争议调解组织调解的主体包括企业劳动争议调解委员会、依法设立的基层人民调解组织以及在乡镇、街道设立的具有劳动争议调解职能的组织。基层人民调解的调解主体主要是村民委员会、居民委员会、企业事业单位以及乡镇、街道、社会团体或者其他组织依法设立的人民调解委员会。

（2）调解依据不同。劳动争议调解组织调解的主要依据是劳动法方面的法律法规及其他规范性文件，而基层人民调解的主要依据是民事方面的法律法规及其他规范性文件。

（3）调解内容不同。劳动争议调解组织调解的内容是劳动争议，而基层人民调解的内容主要是普通民事纠纷。

（4）调解协议的法律效力不同。当事人在劳动争议调解组织的主持下达成调解协议后，一方当事人在协议约定期限内不履行调解协议的，另一方当事人可以依法申请仲裁。经人民调解委员会调解达成的调解协议，具有法律约束力，当事人应当按照约定履行。

（二）劳动争议调解组织

1. 劳动争议调解机构

《劳动争议调解仲裁法》第10条规定，发生劳动争议，当事人可以到下列调解组织申请调解：第一，企业劳动争议调解委员会；第二，依法设立的基层人民调解组织；第三，在乡镇、街道设立的具有劳动争议调解职能的组织。

（1）企业劳动争议调解委员会。即企业内部依法设立的，负责调解本单位劳动争议的组织。委员会由劳动者代表和企业代表组成，劳动者代表由工会成员担任或者由全体劳动者推举产生，企业代表由企业负责人指定。企业劳动争议调解委员会主任由工会成员或者双方推举的人担任。

（2）基层人民调解组织。根据《人民调解法》的规定，人民调解委员会是依法设立的调解民间纠纷的群众性组织。村民委员会、居民委员会设立人民调解委员会。企业事业单位根据需要设立人民调解委员会。在人民调解委员会被赋予劳动争议调解职能后，应当根据劳动争议调解的特点制定相应的特殊规则，依法开展劳动争议调解工作。

（3）乡镇、街道劳动争议调解组织。即在企业比较集中的乡镇、街道依法设立的调解劳动争议的区域性或行业性组织。严格来讲，区域性或行业性组织的设立不限于乡镇、街道的范围，例如，全国性或地区性的行业组织也可以设立劳动争议调解组织。例如《工会法》第10条规定：企业职工较多的县镇、城市街道，可以建立基层工会的联合会；同一行业或者性质相近的几个行业，可以根据需要建立全国的或者地方的产业工会。

2. 劳动争议调解员

劳动争议调解员，即依法履行调解职能的工作人员。其中，村民委员会、居民委员会的人民调解委员会委员由村民会议或者村民代表会议、居民会议推选产生。企业劳动争议调解委员会由职工代表和企业代表组成。职工代表由工会成员担任或者由全体职工推举产生，企业代表由企业负责人指定。企业劳动争议调解委员会主任由工会成员或者双方推举的人员担任。劳动争议调解组织的调解员应当由公道正派、联系群众、热心调解工作，并具有一定法律知识、政策水平和文化水平的成年公民担任。

（三）劳动争议调解程序

1. 申请调解

劳动争议发生后，当事人可以向劳动争议调解组织申请调解。其要点是：第一，申请调解必须自愿，不得强制。第二，当事人申请劳动争议调解可以书面申请，也可以口头申请。口头申请的，调解组织应当当场记录申请人基本情况、申请调解的争议事项、理由和时间；书面申请的，当事人应当提交劳动争议调解申请书，申请书应当包括以下内容：申请人的姓名、工作单位、部门和岗位或工种、联系方式；被申请人的名称、地址、法定代表人、联系方式等基本情况；调解请求；事实和理由。

2. 争议受理

劳动争议调解组织接到调解申请后，应对当事人申请调解的事项是否属于劳动争议、申请人和被申请人是否适格、调解请求和事实依据是否明确、被申请人是否愿意调解等进行审查，经审查认为符合受理条件的，予以受理并通知双方当事人。不符合受理条件的，决定不予受理，以书面形式通知申请人不予受理。

3. 调解准备

劳动争议调解组织受理案件后，为保证调解工作的顺利进行，应事先做好如下准备：（1）进一步审查申请书内容，如发现内容缺失，应及时通知申请人补充；（2）要求双方当事人就申请实体请求、事实、理由提出意见和建议；（3）指派调解员对争议事项进行全面调查核实，收集相关证据；（4）拟定调解方案和调解建议；（5）告知双方当事人调解时间和地点；（6）就当事人对调解员回避请求进行审查并作出决定。

4. 实施调解

在劳动争议调解过程中，调解员应当充分听取双方当事人对事实和理由的陈述，耐心疏导，帮助其达成协议。经调解达成协议的，应当制作调解协议书。调解协议书由双方当事人签名或者盖章，经调解员签名并加盖调解组织印章后生效，对双方当事人具有约束力，当事人应当履行。自劳动争议调解组织收到调解申请之日起十五日内未达成调解协议的，当事人可以依法申请仲裁。

（四）劳动争议调解协议的法律效力

（1）具有劳动权利义务内容的调解协议具有劳动合同的约束力。《最高人民法院关于审理劳动争议案件适用法律若干问题的解释（二）》第17条规定：当事人在劳动争议调解委员会主持下达成的具有劳动权利义务内容的调解协议，具有劳动合同的约束力，可以作为人民法院裁判的根据。

（2）调解协议对当事人具有约束力，但不具有强制执行力。根据《劳动争议调解仲裁法》的规定，当事人在劳动争议调解组织主持下经调解达成协议的，应当制作调解协议书。调解协议书由双方当事人签名或者盖章，经调解员签名并加盖调解组织印章后生效，对双方当事人具有约束力，当事人应当履行。自劳动争议调解组织收到调解申请之日起十五日内未达成调解协议的，当事人可以依法申请仲裁。达成调解协议后，一方当事人在协议约定期限内不履行调解协议的，另一方当事人可以依法申请仲裁。

（3）因支付拖欠劳动报酬、工伤医疗费、经济补偿或者赔偿金事项达成调解协议的，劳动者可以依法申请支付令。《劳动争议调解仲裁法》第16条规定，当事人在劳动争议调解组织主持下，就支付拖欠劳动报酬、工伤医疗费、经济补偿或者赔偿金事项达成调解协议，用人单位在协议约定期限内不履行的，劳动者可以持调解协议书依法向人民法院申请支付令。人民法院应当依法发出支付令。人民法院裁定终结督促程序后，劳动者可依据调解协议直接向人民法院提起诉讼，也可以申请劳动仲裁。

《劳动合同法》第30条规定，用人单位拖欠或者未足额支付劳动报酬的，劳动者也可以依法向人民法院申请支付令，如果该申请符合《民事诉讼法》第十七章督促程序规定的，人民法院应予受理，并依法发出支付令。人民法院裁定终结督促程序后，劳动者就劳动争议事项直接向人民法院起诉的，人民法院应当告知其先向劳动争议仲裁委员会申请仲裁。

三、劳动仲裁

（一）劳动仲裁的定义、特征

劳动仲裁，是指劳动争议仲裁委员会依用人单位或劳动者的申请，就劳动关系双方当事人之间发生的劳动争议依法进行审理并进行调解、裁决等活动的总称。

劳动仲裁与民商事仲裁相比，具有如下特点：

（1）主体不同。劳动争议仲裁委员会是设在劳动行政部门内部的机构，具有一定的行政性。民商事仲裁机构具有民间性，从法律主体的角度讲属于事业单位法人，在名称上一般称为经济贸易仲裁委员会。

（2）裁决事项不同。劳动仲裁的对象是用人单位与劳动者之间发生的劳动权利义务纠纷，民商事仲裁的对象是在平等主体之间发生的民事纠纷。

（3）法律性质不同。劳动仲裁具有强制性，当事人一方启动仲裁程序后，另一方必须接受；如果当事人想获得具有终局力的诉讼结果，也必须经过仲裁程序。民商事仲裁一般是自愿性的，当事人申请仲裁必须在合同中订立仲裁条款或者于争议发生后达成申请仲裁的协议。

（4）法律效力不同。除《劳动争议调解仲裁法》第47条规定的小额劳动争议案件和劳动基准案件对用人单位实行一裁终局外，劳动仲裁实行"仲裁前置、一裁二审"的原则，当事人对仲裁裁决不服的，可以向人民法院提起诉讼。民事仲裁实行或裁或审、一裁终局的原则，仲裁裁决具有终局效力，当事人对仲裁裁决不服的，不得向人民法院提起诉讼。

（二）劳动仲裁的受案范围

劳动仲裁的受案范围是指各级劳动争议仲裁机构受理劳动争议案件的范围，决定着劳动争议仲裁机构和其他仲裁机构在处理劳动争议案件中的分工和权限，关系到劳动关系当事人的权利救济方式以及权利保护力度，具有特别重要的意义。

《劳动争议调解仲裁法》第2条规定，中华人民共和国境内的用人单位与劳动者发生的下列劳动争议，适用本法：（1）因确认劳动关系发生的争议；（2）因订立、履行、变更、解除和终止劳动合同发生的争议；（3）因除名、辞退和辞职、离职发生的争议；（4）因工作时间、休息休假、社会保险、福利、培训以及劳动保护发生的争议；（5）因劳动报酬、工伤医疗费、经济补偿或者赔偿金等发生的争议；（6）法律、法规规定的其他劳动争议。从劳动仲裁实践看，所谓法律、法规规定的其他劳动争议，主要包括以下两个方面：一是因履行集体合同发生的争议。根据《劳动法》第84条、《劳动合同法》第56条的规定，因签订集体合同发生争议，当事人协商解决不成的，当地人民政府劳动行政部门可以组织有关各方协调处理；因履行集体合同发生争议，当事人以协商解决不成的，可以向劳动争议仲裁委员会申请仲裁；对仲裁裁决不服的，可以自收到仲裁裁决书之日起十五日内向人民法院提起诉讼。二是其他争议。包括因劳动者要求支付生活费、医疗补助费等引发的争议，因劳动者单方解除劳动合同用人单位追索违约金引发的争议等。

（三）仲裁管辖

仲裁管辖，是指不同劳动争议仲裁委员会受理劳动争议案件的分工和权限，它向当事人表明，劳动争议发生后，应当向哪一级和哪一个劳动争议仲裁委员会申请仲裁，也为各级和各个劳动争议仲裁委员会行使仲裁权界定了空间范围。确定劳动争议仲裁管辖权的划分，应当坚持下列原则：（1）方便当事人参加仲裁的原则；（2）方便仲裁委员会审理案件的原则；（3）保证案件公正审理的原则；（4）不同劳动争议仲裁委员会均衡分工的原则；（5）原则性与灵活性相结合的原则。

1. 地域管辖

所谓地域管辖，是指相同级别的仲裁委员会之间受理劳动争议案件的职权划分。根据法律规定，劳动争议由劳动合同履行地或者用人单位所在地的劳动争议仲裁委员会管辖。双方当事人分别向劳动合同履行地和用人单位所在地的劳动争议仲裁委员会申请仲裁的，由劳动合同履行地的劳动争议仲裁委员会管辖。其中，劳动合同履行地为劳动者实际工作场所地，用人单位所在地为用人单位注册、登记地。用人单位未经注册、登记的，其出资人、开办单位或主管部门所在地为用人单位所在地。案件受理后，劳动合同履行地和用人单位所在地发生变化的，不改变争议仲裁的管辖。多个仲裁委员会都有管辖权的，由先受理的仲裁委员会管辖。

2. 级别管辖

所谓级别管辖，是指不同级别的仲裁委员会之间受理劳动争议案件的职权划分。《劳动争议调解仲裁法》和《劳动人事争议仲裁办案规则》对级别管辖问题未做规定，因此，关于省（自治区、直辖市）、设区的市、县（市、区）劳动争议仲裁案件管辖范围的划分，由各省结合当地情况自行规定。在实践中，划分级别管辖的标准一般按照用人单位的级别、性质、案件的重大复杂程度等，主要目的是为了解决级别较低的劳动争议仲裁委员会在处理涉及较高级别用人单位劳动争议中的障碍，更好地解决劳动争议。

3. 移送管辖、指定管辖

《劳动人事争议仲裁办案规则》第 13 条规定，劳动争议仲裁委员会发现已经受理的案件不属于其管辖范围的，应当移送至有管辖权的仲裁委员会，并书面通知当事人。对上述移送案件，受移送的仲裁委员会应依法受理。受移送的仲裁委员会认为受移送的案件依照规定不属于本仲裁委员会管辖，或者在受理案件的过程中仲裁委员会之间因管辖权发生争议协商不成的，应当报请共同的上一级仲裁委员会主管部门指定管辖。

4. 管辖权异议与撤销

《劳动人事争议仲裁办案规则》第 14 条规定，当事人提出管辖异议的，应当在答辩期满前书面提出。仲裁委员会对当事人提出的异议，应当审查；异议成立的，应当征询申请人意见，并将案件移送至申请人确定的一个有管辖权的仲裁委员会；申请人未能确定的，应当移送到劳动合同履行地的仲裁委员会；异议不成立的，书面予以驳回。当事人逾期提出的，不影响仲裁程序的进行，当事人因此对仲裁裁决不服的，可以依法向人民法院起诉或者申请撤销，用人单位有证据证明劳动争议仲裁委员会无管辖权的，可以自收到仲裁裁决书之日起三十日内向劳动争议仲裁委员会所在地的中级人民法院申请撤销。

（四）劳动仲裁的主体

1. 劳动仲裁委员会

劳动争议仲裁委员会是经国家授权，依法独立对劳动争议案件进行仲裁的专门机构，它既不是民间组织、司法组织，也不是纯粹的行政机构。

（1）劳动仲裁委员会的设立。劳动争议仲裁委员会按照统筹规划、合理布局和适应实际需要的原则设立。省、自治区人民政府可以决定在市、县设立；直辖市人民政府可以决定在区、县设立。直辖市、设区的市也可以设立一个或者若干个劳动争议仲裁委员会。劳动争议仲裁委员会不按行政区划层层设立。各级劳动争议仲裁委员会不存在行政隶属关系，各自独立仲裁本行政区域内发生的劳动争议案件。

（2）劳动仲裁委员会的工作规则。国务院劳动行政部门依照本法有关规定制定仲裁规则。省、自治区、直辖市人民政府劳动行政部门对本行政区域的劳动争议仲裁工作进行指导。

（3）劳动仲裁委员会的组成和职责。劳动争议仲裁委员会由劳动行政部门代表、工会代表和企业方面代表组成。劳动争议仲裁委员会组成人员应当是单数。劳动争议仲裁委员会依法履行下列职责：聘任、解聘专职或者兼职仲裁员；受理劳动争议案件；讨论重大或者疑难的劳动争议案件；对仲裁活动进行监督。

2. 劳动争议仲裁院

为了解决劳动争议仲裁委员会在现实中缺乏实体机构支撑的问题，淡化劳动争议处理机构的行政色彩，相对独立于劳动行政部门开展工作，同时落实《劳动争议调解仲裁法》第19条关于“劳动争议仲裁委员会下设办事机构，负责办理劳动争议仲裁委员会的日常工作”的要求，目前我国大多数省市已经设立劳动争议仲裁院。作为劳动争议仲裁委员会的日常办事机构和办案机构，劳动争议仲裁院履行下列职责：（1）处理劳动争议案件；（2）就重大或者疑难争议案件向仲裁庭提出处理意见和建议；（3）管理劳动争议仲裁委员会的文书、档案、印鉴；（4）负责与劳动争议处理有关的法律、法规及政策的宣传；（5）组建仲裁庭，根据劳动争议仲裁委员会授权对仲裁庭和仲裁员进行管理。

3. 仲裁庭

劳动争议仲裁委员会处理劳动争议案件应当组成仲裁庭，实行一案一庭制。仲裁庭是代表仲裁委员会对具体劳动争议案件行使仲裁权，由经一定程序选出的仲裁员组成的处理劳动争议的专门机构。

仲裁庭的组织形式可分为独任制和合议制。对于事实清楚、权利义务关系明确、争议不大的简单的劳动争议案件，可以由劳动争议仲裁委员会指定一名仲裁员独任审理。

对于十人以上集体劳动争议、有重大影响的争议或者仲裁委员会认为应当由三名仲裁员组庭处理的其他案件，由劳动争议仲裁委员会（劳动争议仲裁院）指定三名或三名以上单数仲裁员组成普通仲裁庭合议审理。普通仲裁庭由一名首席仲裁员和两名仲裁员组成，首席仲裁员由劳动争议仲裁机构负责人指定，另两名仲裁员由劳动争议仲裁机构负责人指定或者由当事人双方各选一名。仲裁庭组成不符合规定的，仲裁委员会应当予以撤销并重新组庭。

仲裁庭在劳动争议仲裁委员会的领导下依法处理劳动争议。仲裁庭对于重大或疑难案件，可以提交劳动争议仲裁委员会讨论决定。劳动争议仲裁委员会的决定，仲裁庭必须执行。仲裁庭处理劳动争议案件结案时，应报劳动争议仲裁委员会主任审批。劳动争议仲裁委员会主任认为有必要时，也可以提交劳动争议仲裁委员会审批。仲裁庭制作的调解书或裁决书，由仲裁员署名，加盖劳动争议仲裁委员会印章，以劳动争议仲裁委员会的名义送达双方当事人。

4. 劳动仲裁员

劳动争议仲裁庭是由仲裁员组成的。仲裁员是劳动争议仲裁的实际执行者，仲裁员的素质和专业水平直接影响到仲裁的公平、公正和效率，关系到劳动者与用人单位的劳动争议解决和双方合法权益的保障，具有非常重要的地位和作用。

劳动争议仲裁委员会应当设立仲裁员名册。仲裁员包括专职仲裁员和兼职仲裁员。仲裁员应当公道正派并符合下列条件之一：（1）曾任审判员的；（2）从事法律研究、教学工作并具有中级以上职称的；（3）具有法律知识、从事人力资源管理或者工会等专业工作满五年的；（4）律师执业满三年的。

在案件处理过程中，仲裁员有下列情形之一，应当回避，当事人也有权以口头或者书面方式提出回避申请：（1）是本案当事人或者当事人、代理人的近亲属的；（2）与本案有利害关系的；（3）与本案当事人、代理人有其他关系，可能影响公正裁决的；（4）私自会见当事人、代理人，或者接受当事人、代理人的请客送礼的。劳动争议仲裁委员会对回避申请应当及时作出决定，并以口头或者书面方式通知当事人。当事人提出回避申请，应当说明理由，在案件开始审理时提出；回避事由在案件开始审理后知道的，也可以在庭审辩论终结前提出；当事人在庭审辩论终结后提出的，不影响仲裁程序的进行，当事人因此对仲裁裁决不服的，可以依法向人民法院起诉或者申请撤销。被申请回避的人员在仲裁委员会作出是否回避的决定前，应当暂停参与本案的处理，但因案件需要采取紧急措施的除外。仲裁员是否回避，由仲裁委员会主任或其授权的办事机构负责人决定。仲裁委员会主任担任案件仲裁员是否回避，由仲裁委员会决定。

仲裁员应当严格履行工作职责，遵守有关劳动争议处理的工作制度，依法公正办案。劳动争议仲裁委员会应当定期对仲裁员进行考核。仲裁员有下列情形之一的，劳动争议仲裁委员会应当予以解聘：(1) 在聘任期内因工作调动或者其他原因，不能履行仲裁职责的；(2) 经考核不能胜任仲裁员工作的；(3) 有违法违纪行为，或者不遵守职业道德，造成不良影响的；(4) 其他不宜担任仲裁员的情形。仲裁员和记录人员在处理劳动争议过程中，营私舞弊、收受贿赂、滥用职权、枉法裁判、泄露国家机密、商业秘密或个人隐私的，应当依法承担法律责任。

5. 劳动争议仲裁的参加人

仲裁参加人是指为维护劳动争议当事人的合法权益，依法参加劳动争议仲裁活动，享有仲裁权利、承担仲裁义务的人或单位。仲裁参加人包括仲裁当事人、共同当事人、仲裁第三人、仲裁代表人以及仲裁代理人等。

(1) 劳动争议当事人。发生劳动争议的劳动者和用人单位为劳动争议仲裁案件的双方当事人。劳务派遣单位或者用工单位与劳动者发生劳动争议的，劳务派遣单位和用工单位为共同当事人。发生争议的用人单位被吊销营业执照、责令关闭、撤销以及用人单位决定提前解散、歇业，不能承担相关责任的，依法将其出资人、开办单位或主管部门作为共同当事人。劳动者与个人承包经营者发生争议，依法向仲裁委员会申请仲裁的，应当将发包的组织和个人承包经营者作为当事人。

(2) 劳动仲裁代表人。用人单位由其法定代表人或主要负责人参加仲裁活动。发生争议的劳动者一方在十人以上，并有共同请求的，劳动者可以推举三至五名代表人参加仲裁活动。代表人参加仲裁的行为对其所代表的当事人发生效力，但代表人变更、放弃仲裁请求或者承认对方当事人的仲裁请求，进行和解，必须经被代表的当事人同意。

(3) 劳动仲裁代表人代理人。当事人可以委托代理人参加仲裁活动。委托他人参加仲裁活动，应当向劳动争议仲裁委员会提交有委托人签名或者盖章的委托书，委托书应当载明委托事项和权限。丧失或者部分丧失民事行为能力的劳动者，由其法定代理人代为参加仲裁活动；无法定代理人的，由劳动争议仲裁委员会为其指定代理人。劳动者死亡的，由其近亲属或者代理人参加仲裁活动。

(4) 第三人。与劳动争议案件的处理结果有利害关系的第三人，可以申请参加仲裁活动或者由劳动争议仲裁委员会通知其参加仲裁活动。

（五）仲裁时效

仲裁时效，是指劳动争议当事人向仲裁委员会提出仲裁申请的有效期限，如果劳动者或用人单位在法定期限内不向劳动争议仲裁机构申请仲裁，当时效届满时，将丧失通过仲裁程序保护其合法利益的权利。通过立法确立仲裁时效制度的主要意义是：(1) 有利于维持劳动关系的稳定，维护一种既存的社会秩序。(2) 有利于督促当事人及时行使权利，否则将丧失胜诉权。(3) 有利于当事人举证，正确处理劳动争议案件。

1. 期间与起算

《劳动争议调解仲裁法》第 27 条第 1 款规定，劳动争议申请仲裁的时效期间为一年。仲裁时效期间从当事人知道或者应当知道其权利被侵害之日起计算。所谓“知道”，是指权利人主观上已了解自己权利被侵害事实的发生；所谓“应当知道”，是指权利人尽管不承认其权利被侵害的事实，但根据他所处的环境、认识能力、客观事实和日常生活经验法则，有理由推定他已经了解已被侵害的事实。仲裁时效的起算应当以权利人的权利客观上受到了侵害，并且主观上已知晓权利被侵害的事实为构成要件。

历史回顾

我国关于仲裁时效的立法沿革

《劳动法》第 82 条规定：“提出仲裁要求的一方应当自劳动争议发生之日起六十日内向劳动争议仲裁委员会提出书面申请。”劳动部《关于〈劳动法〉若干条文的说明》规定，“劳动争议发生之日”指当事人知道或者应当知道其权利被侵害之日。由于受“先裁后审”程序的限制，因此，这里的“六十日”的仲裁时效实际上起了诉讼时效的作用。由于“六十日”的仲裁时效期间过短，导致现实中劳动者的权利经常因超过仲裁时效而不能得到法律的保护。为解决此问题，2006 年 10 月 1 日开始施行的《最高人民法院关于审理劳动争议案件适用法律若干问题的解释（二）》第 1 条规定：“人民法院审理劳动争议案件，对下列情形，视为劳动法第八十二条规定的‘劳动争议发生之日’：（一）在劳动关系存续期间产生的支付工资争议，用人单位能够证明已经书面通知劳动者拒付工资的，书面通知送达之日为劳动争议发生之日。用人单位不能证明的，劳动者主张权利之日为劳动争议发生之日。（二）因解除或者终止劳动关系产生的争议，用人单位不能证明劳动者收到解除或者终止劳动关系书面通知时间的，劳动者主张权利之日为劳动争议发生之日。（三）劳动关系解除或者终止后产生的支付工资、经济补偿金、福利待遇等争议，劳动者能够证明用人单位承诺支付的时间为解除或者终止劳动关系后的具体日期的，用人单位承诺支付之日为劳动争议发生之日。劳动者不能证明的，解除或者终止劳动关系之日为劳动争议发生之日。”第 2 条规定：“拖欠工资争议，劳动者申请仲裁时劳动关系仍然存续，用人单位以劳动者申请仲裁超过六十日为由主张不再支付的，人民法院不予支持。但用人单位能够证明劳动者已经收到拒付工资的书面通知的除外。”从而在很大程度上强化了劳动者利益的法律保护。

2. 仲裁时效的中断

根据《劳动争议调解仲裁法》第 27 条第 2 款以及《劳动人事争议仲裁办案规则》第 10 条的规定，在劳动争议申请仲裁的时效期间内，有下列情形之一的，仲裁时效中断；从中断时起，仲裁时效期间重新计算：(1) 一方当事人通过协商、申请调解等方式向对方当事人主张权利的；(2) 一方当事人通过向有关部门投诉，向仲裁委员会申请仲裁，向人民法院起诉或者申请支付令等方式请求权利救济的；(3) 对方当事人同意履行义务的。

3. 仲裁时效的中止

当事人能够证明在申请仲裁期间内因不可抗力或者其他客观原因无法申请仲裁的，仲裁时效中止。从中止时效的原因消除之日起，仲裁时效期间继续计算。根据《民法通则》第 153 条，所谓不可抗力，是指当事人不能预见、不能避免并不能克服的客观情况，如自然灾害。所谓“其他正当理由”，例如劳动者死亡或者丧失、部分丧失民事行为能力时其法定代理人未确定、无法定代理人，或者法定代理人死亡、丧失民事行为能力，劳动者患急病住院、分娩等。

4. 劳动报酬争议的特别仲裁时效

《劳动争议调解仲裁法》第 27 条第 4 款规定，劳动关系存续期间因拖欠劳动报酬发生争议的，劳动者申请仲裁不受本条第一款规定的一年仲裁时效期间的限制；但是，劳动关系终止的，应当自劳动关系终止之日起一年内提出。也就是说，因拖欠劳动报酬发生的争议，在劳动关系存续期间不受一年时效的限制，无论劳动者知道或应当知道用人单位未支付劳动报酬的时间已经过多长，劳动者都有权随时申请劳动仲裁，仲裁委员会也应该受理。但是，如果双方的劳动关系已经终止，劳动者就应当自劳动关系终止之日起一年内申请劳动仲裁。

案例探讨

申请人金某于 2005 年 5 月 8 日被福州某标准件有限公司聘为司机，双方没有签订劳动合同，没有办理社会保险，口头约定每月工资 1 100 元，后来涨到 1 600 元。2009 年 12 月 15 日申请人因身体不适，向被申请人提出解除劳动关系并支付相应补偿，经多次协商未果。2009 年 12 月 17 日申请人向台江区劳动监察大队投诉无果。2010 年 3 月 3 日申请人申请劳动仲裁，要求被申请人一次性支付 2008 年 1 月至 2009 年 12 月 15 日期间未签订劳动合同另一倍工资 36 800 元。

劳动争议仲裁委员会经审理后认为，申请人与被申请人之间虽然没有签订书面劳动合同，但双方存在事实劳动关系，根据2008年1月1日起施行的《劳动合同法》第82条以及《劳动合同法实施条例》第7条，被申请人应当自2008年2月1日至2008年12月31日向申请人支付双倍工资，并视自2009年1月1日起转化为无固定期限合同。《劳动争议调解仲裁法》第27条规定："劳动争议申请仲裁的时效期间为一年。"申请人在2009年12月17日向有关部门请求权利救济，至2010年3月3日申请劳动仲裁，该期间可视为仲裁时效中断，但其主张2009年12月17日之前的双倍工资已超过仲裁时效，仲裁委员会不予支持。根据《劳动合同法》第2条、第10条、第82条、第98条，《劳动合同法实施条例》第7条、《劳动争议调解仲裁法》第27条第1款、第2款之规定，裁决被申请人支付2008年12月17日至2008年12月31日期间未订立劳动合同另一倍工资750元。

评议：

本案的主要争点在于劳动争议仲裁时效如何计算？《劳动争议调解仲裁法》自2008年5月1日正式实施，根据法不溯及既往原则，2008年5月1日前发生的劳动争议适用《劳动法》规定的60日的仲裁时效，2008年5月1日以后发生的劳动争议适用一年的仲裁时效。本案中2008年2月1日至2008年4月30日期间的双倍工资显然已超过60日的仲裁时效。对于2008年5月1日以后请求支付双倍工资仲裁时效如何计算，实践中有两种做法：一是2008年5月的双倍工资最迟应在2009年5月底前主张，依此类推，2008年12月的工资最迟应当在2009年12月底前申请仲裁。申请人在2009年12月17日向有关部门请求权利救济，至2010年3月3日申请仲裁，该段期间可视为仲裁时间中断，因此，2008年5月1日至2008年11月30日之间的双倍工资已经超过仲裁时效。二是根据《劳动争议调解仲裁法》第27条规定的一年仲裁时效期间，申请人于2009年12月17日向有关部门请求权利救济，在此之前的双倍工资支付请求已超过仲裁时效，仲裁委员会不予支持。本案采用第二种观点。由于用人单位未订立书面劳动合同而依法应当额外支付的"工资"并非劳动报酬性质，应属于惩罚性赔偿金，只是其数额参照工资标准支付而已。因此，不适用《劳动争议调解仲裁法》第27条第4款关于劳动关系存续期间因拖欠劳动报酬发生争议的仲裁时效特别规定。

（六）劳动仲裁的程序

1. 申请与受理

申请人申请仲裁应当提交书面仲裁申请，并按照被申请人人数提交副本。仲裁申请书应当载明下列事项：（1）劳动者的姓名、性别、年龄、职业、工作单位和住所，用人单位的名称、住所和法定代表人或者主要负责人的姓名、职务；（2）仲裁请求和所根据的事实、理由；（3）证据和证据来源、证人姓名和住所。书写仲裁申请确有困难的，可以口头申请，由劳动争议仲裁委员会记入笔录，并告知对方当事人。

仲裁委员会收到仲裁申请后应当依法进行审查，审查内容包括：申请人是否与本案有直接利害关系的用人单位或者劳动者；是否有明确的被申请人；申请仲裁的争议是否属于劳动争议；是否有具体的仲裁请求、事实和理由；申请时间是否符合仲裁时效的规定；是否属于本仲裁委员会的管辖范围；申请材料是否齐备等。

劳动争议仲裁委员会收到仲裁申请之日起五日内，认为符合受理条件的，应当受理；认为不符合受理条件的，应当书面通知申请人不予受理，并说明理由。对劳动争议仲裁委员会不予受理或者逾期未作出决定的，申请人可以就该劳动争议事项向人民法院提起诉讼。劳动争议仲裁委员会受理仲裁申请后，应当在五日内将仲裁申请书副本送达被申请人。被申请人收到仲裁申请书副本后，应当在十日内向劳动争议仲裁委员会提交答辩书。劳动争议仲裁委员会收到答辩书后，应当在五日内将答辩书副本送达申请人。被申请人未提交答辩书的，不影响仲裁程序的进行。

被申请人可以在答辩期间提出反申请，仲裁委员会应当自收到被申请人反申请之日起五日内决定是否受理并通知被申请人。决定受理的，仲裁委员会可以将反申请和申请合并处理。该反申请如果是应当另行申请仲裁的争议，仲裁委员会应当书面告知被申请人另行申请仲裁；该反申请如果是不属于劳动仲裁部门应当受理的争议，仲裁委员会应当向被申请人出具不予受理通知书。被申请人在答辩期满后对申请人提出反申请的，应当另行提出，另案处理。

劳动争议仲裁不收费。当事人申请劳动争议仲裁不需缴纳仲裁费用。劳动争议仲裁委员会的经费由各级财政列入预算予以保障。

2. 开庭

仲裁庭对劳动争议案件应当开庭审理。开庭审理时，仲裁员应当听取申请人的陈述和被申请人的答辩，主持庭审调查、质证和辩论、征询当事人最后意见，并进行调解。

（1）开庭通知。仲裁庭应当在开庭五日前，将开庭日期、地点书面通知双方当事人。当事人有正当理由的，可以在开庭三日前请求延期开庭。是否延期，由仲裁委员会根据实际情况决定。申请人收到书面通知，无正当理由拒不到庭或者未经仲裁庭同意中途退庭的，可以视为撤回仲裁申请。被申请人收到书面通知，无正当理由拒不到庭或者未经仲裁庭同意中途退庭的，可以缺席裁决。

（2）开庭的形式。劳动争议仲裁应公开进行，但涉及国家秘密、商业秘密和个人隐私的除外。

（3）专门性问题鉴定。仲裁庭对专门性问题认为需要鉴定的，可以交由当事人约定的鉴定机构鉴定；当事人没有约定或者无法达成约定的，由仲裁庭指定的鉴定机构鉴定。根据当事人的请求或者仲裁庭的要求，鉴定机构应当派鉴定人参加开庭。当事人经仲裁庭许可，可以向鉴定人提问。

（4）质证和辩论。当事人在仲裁过程中有权进行质证和辩论。质证和辩论终结时，首席仲裁员或者独任仲裁员应当征询当事人的最后意见。

（5）证据。发生劳动争议，当事人对自己提出的主张，有责任提供证据。当事人提供的证据经查证属实的，仲裁庭应当将其作为认定事实的根据。劳动者无法提供由用人单位掌握管理的与仲裁请求有关的证据，仲裁庭可以要求用人单位在指定期限内提供。用人单位在指定期限内不提供的，应当承担不利后果。在法律没有具体规定，并且依《劳动争议调解仲裁法》、《劳动人事争议仲裁办案规则》也无法确定举证责任承担时，仲裁庭可以根据公平原则和诚实信用原则，综合当事人举证能力等因素合理确定举证责任的承担。

（6）开庭笔录。仲裁庭应当将开庭情况记入笔录。当事人和其他仲裁参加人认为对自己陈述的记录有遗漏或者差错的，有权申请补正。仲裁庭认为申请无理由或者无必要的，可以不予补正，但是应当记录该申请。仲裁员、记录人员、当事人和其他仲裁参加人应当在庭审笔录上签名或者盖章。当事人或者其他仲裁参加人拒绝在庭审笔录上签名或者盖章的，仲裁庭应记明情况附卷。

3. 和解、调解

（1）和解。仲裁和解是当事人在申请仲裁后，作出裁决之前，双方当事人通过平等协商，达成和解协议，解决纠纷，终结仲裁程序的活动。《劳动争议调解仲裁法》第41条规定，当事人申请劳动争议仲裁后，可以自行和解。达成和解协议的，可以撤回仲裁申请，也可以请求仲裁庭根据和解协议制作调解书。仲裁过程中的和解制度，充分体现了当事人对自己的实权权利和程序权利予以处分的权利，包括放弃权利请求以及要求终结仲裁程序。由于和解是当事人作出的，因此当事人自行达成的和解协议，并不直接具备法律上的强制执行力，如果一方当事人不履行和解协议，另一方当事人不能申请人民法院强制执行，但是可以重新申请仲裁。但是仲裁庭根据和解协议制作的调解书，经双方当事人签收后，发生法律效力。

（2）调解。仲裁庭在作出裁决前，应当先行调解。调解达成协议的，仲裁庭应当制作调解书。调解书应当写明仲裁请求和当事人协议的结果。调解书由仲裁员签名，加盖劳动争议仲裁委员会印章，送达双方当事人。调解书经双方当事人签收后，发生法律效力。调解不成或者调解书送达前，一方当事人反悔的，仲裁庭应当及时作出裁决。由此可见，调解是劳动仲裁的必须程序。在仲裁实践中，申请人往往向被申请人提出了多项权利请求，而双方可能就部分请求达成调解协议，但仍然对其他的请求存在争议。对此，《劳动人事争议仲裁办案规则》第48条规定，仲裁庭裁决案件时，其中一部分事实已经清楚，当事人就该部分达成调解协议的，可以先行出具调解书。

4. 裁决

（1）先行裁决。《劳动人事争议仲裁办案规则》第48条规定，仲裁庭裁决劳动争议案件时，其中一部分事实已经清楚，可以就该部分先行裁决，当事人对先行裁决不服的，可以依照调解仲裁法有关规定处理。所谓先行裁决，是指仲裁庭裁决案件时，对整个争议中的某一个或某几个问题已经审理清楚，为了及时保护当事人的合法权益和有利于专注继续审理其他问题，先行作出的对某一个或某几个问题的裁决。在仲裁实务中，先行裁决一般在两种情况下作出：一是未查清的案件事实比较复杂，短期内不能得出结论。在此情况下，可以就事实已经清楚的部分先行裁决；二是申请人的仲裁请求比较多，在法定的时间内难以全部审结查明，可就查清楚的部分先行裁决，否则，可能使其生产和生活受到重大影响，造成重大损失。①

（2）仲裁庭裁决案件，应当自仲裁委员会受理仲裁申请之日起四十五日内结束。案情复杂需要延期的，经仲裁委员会主任批准，可以延期并书面通知当事人，但延长期限不得超过十五日。有下列情形的，仲裁期限按照下列规定计算：第一，申请人需要补正材料的，仲裁委员会收到仲裁申请的时间从材料补正之日起计算；第二，增加、变更仲裁申请的，仲裁期限从受理增加、变更仲裁申请之日起重新计算；第三，仲裁申请和反申请合并处理的，仲裁期限从受理反申请之日起重新计算；第四，案件移送管辖的，仲裁期限从接受移送之日起计算；第五，中止审理期间不计入仲裁期限内；第六，有法律、法规规定应当另行计算的其他情形的。

裁决应当按照多数仲裁员的意见作出，少数仲裁员的不同意见应当记入笔录。仲裁庭不能形成多数意见时，裁决应当按照首席仲裁员的意见作出。裁决书应当载明仲裁请求、争议事实、裁决理由、裁决结果、当事人权利和裁决日期。裁决书由仲裁员签名，加盖仲裁委员会印章。对裁决持不同意见的仲裁员，可以签名，也可以不签名。对裁决书中的文字、计算错误或者仲裁庭已经裁决但在裁决书中遗漏的事项，仲裁庭应当及时予以补正并送达当事人。

5. 执行

（1）先予执行。《劳动争议调解仲裁法》第44条规定："仲裁庭对追索劳动报酬、工伤医疗费、经济补偿或者赔偿金的案件，根据当事人的申请，可以裁决先予执行，移送人民法院执行。仲裁庭裁决先予执行的，应当符合下列条件：（一）当事人之间权利义务关系明确；（二）不先予执行将严重影响申请人的生活。劳动者申请先予执行的，

---

① 人力资源和社会保障部调解仲裁管理司．劳动人事争议仲裁办案实务．北京：中国劳动社会保障出版社，2010：167.

可以不提供担保。”先予执行制度是为保护劳动者的利益而设计的，其目的是为了解决劳动者急需的生存费用。仲裁委员会在案件审理终结时，应当在最后裁决中对先予执行的裁决以及该裁决的执行情况予以说明并提出处理意见。申请人胜诉，先予执行正确的，仲裁委员会应在裁决书中说明申请人应享有的权利在先予执行中已得到全部或部分的实现并进行相应的核减；申请人败诉，先予执行错误的，仲裁委员会应当在裁决中指出先予执行是错误的，责令申请人返还因先予执行所取得的利益，被申请人因先予执行遭受损失的，申请人应当赔偿。

（2）裁决终结执行。根据《劳动争议调解仲裁法》第 50 条的规定，当事人对本法第 47 条规定以外的其他劳动争议案件的仲裁裁决不服的，可以自收到仲裁裁决书之日起十五日内向人民法院提起诉讼；期满不起诉的，裁决书发生法律效力。当事人对发生法律效力的调解书、裁决书，应当依照规定的期限履行。一方当事人逾期不履行的，另一方当事人可以依照民事诉讼法的有关规定向人民法院申请执行。受理申请的人民法院应当依法执行。

6. 简易程序

根据《劳动人事争议仲裁办案规则》第 54 条的规定，对于权利义务明确、事实清楚的简单争议案件或经双方当事人同意的其他争议案件，仲裁委员会可指定一名仲裁员独任处理，并可在庭审程序、案件调查、仲裁文书送达、裁决方式等方面进行简便处理。设置简易程序的主要意义是：一是尽快地解决一些简单的争议案件，提高仲裁效率；二是方便当事人参与仲裁活动，及时维护当事人的合法权益。

（七）劳动仲裁“一裁终局”规定的理解与适用

（1）适用范围。《劳动争议调解仲裁法》第 47 条规定“下列劳动争议，除本法另有规定的外，仲裁裁决为终局裁决，裁决书自作出之日起发生法律效力：（一）追索劳动报酬、工伤医疗费、经济补偿或者赔偿金，不超过当地月最低工资标准十二个月金额的争议；（二）因执行国家的劳动标准在工作时间、休息休假、社会保险等方面发生的争议。”这两类案件的共同特点是事实清楚或者争议较小。

2010 年颁发的《最高人民法院关于审理劳动争议案件适用法律若干问题的解释（三）》第 13 条规定：“劳动者依据调解仲裁法第四十七条第（一）项规定，追索劳动报酬、工伤医疗费、经济补偿或者赔偿金，如果仲裁裁决涉及数项，每项确定的数额均不超过当地月最低工资标准十二个月金额的，应当按照终局裁决处理。”即以“分项计算、裁决金额”为准。

（2）起诉与撤销。《劳动争议调解仲裁法》第 48 条规定：“劳动者对本法第四十七条规定的仲裁裁决不服的，可以自收到仲裁裁决书之日起十五日内向人民法院提起诉讼。”第 49 条规定：“用人单位有证据证明本法第四十七条规定的仲裁裁决有下列情形之一，可以自收到仲裁裁决书之日起三十日内向劳动争议仲裁委员会所在地的中级人民法院申请撤销裁决：（一）适用法律、法规确有错误的；（二）劳动争议仲裁委员会无管辖权的；（三）违反法定程序的；（四）裁决所根据的证据是伪造的；（五）对方当事人隐瞒了足以影响公正裁决的证据的；（六）仲裁员在仲裁该案时有索贿受贿、徇私舞弊、枉法裁决行为的。人民法院经组成合议庭审查核实裁决有前款规定情形之一的，应当裁定撤销。仲裁裁决被人民法院裁定撤销的，当事人可以自收到裁定书之日起十五日内就该劳动争议事项向人民法院提起诉讼。”上述规定有以下几层含义：

第一，如果劳动者未因不服裁决而依法起诉，且用人单位未依法申请撤销裁决的，裁决书自作出之日起发生法律效力。

第二，如果劳动者依据《劳动争议调解仲裁法》第 48 条规定向基层人民法院提起诉讼，用人单位依据《劳动争议调解仲裁法》第 49 条规定向劳动人事争议仲裁委员会所在地的中级人民法院申请撤销仲裁裁决的，中级人民法院应不予受理；已经受理的，应当裁定驳回申请。

第三，如果劳动者自收到仲裁裁决书之日起十五日内向人民法院提起诉讼，但是被人民法院驳回或者劳动者撤诉的，用人单位仍可以自收到裁定书之日起三十日内，向劳动人事争议仲裁委员会所在地的中级人民法院申请撤销仲裁裁决。用人单位依照《劳动争议调解仲裁法》第 49 条规定向中级人民法院申请撤销仲裁裁决，中级人民法院作出的驳回申请或者撤销仲裁裁决的裁定为终审裁定，不得上诉。

（3）如果劳动者的仲裁请求同时涉及终局裁决和非终局裁决的，该案件应如何处理?《劳动人事争议仲裁办案规则》第 49 条规定：“仲裁庭裁决案件时，裁决内容同时涉及终局裁决和非终局裁决的，应分别作出裁决并告知当事人相应的救济权利。”《最高人民法院关于审理劳动争议案件适用法律若干问题的解释（三）》第 14 条规定：“劳动人事争议仲裁委员会作出的同一仲裁裁决同时包含终局裁决事项和非终局裁决事项，当事人不服该仲裁裁决向人民法院提起诉讼的，应当按照非终局裁决处理。”两者之间并不一致。在实践中应如何处理这一问题，还需要进一步的研究。

四、劳动诉讼

（一）劳动诉讼的定义

劳动诉讼，是指劳动争议当事人不服劳动争议仲裁委员会的裁决，在法定期限内向人民法院起诉，由人民法院按照民事诉讼程序依法对该劳动争议案件进行审理的活动。此处，劳动诉讼还包括一方当事人不履行仲裁委员会已经发生法律效力的裁决书或调解书，另一方当事人向人民法院申请强制执行，人民法院对该裁决书或调解书进行审查，并决定是否采取强制执行措施的活动。《劳动法》第79条规定，当事人对仲裁裁决不服的，可以向人民法院提起诉讼。《劳动争议调解仲裁法》第50条规定，当事人对劳动争议案件的仲裁裁决不服的，可以自收到仲裁裁决书之日起十五日内向人民法院提起诉讼；期满不起诉的，裁决书发生法律效力。

（二）劳动诉讼的当事人

劳动争议当事人如果对仲裁裁决不服，依法向人民法院起诉的，在诉讼程序中就成为诉讼当事人。民事诉讼的当事人可以是任何自然人、法人或非法人组织。劳动诉讼当事人只限于劳动者和用人单位，其中，提起诉讼的一方为原告，另一方为被告。如果劳动争议一方当事人人数众多，但是只有部分当事人向人民法院起诉的，则起诉的当事人为原告，对方当事人为被告，没有起诉的当事人不是诉讼当事人。对劳动争议作出仲裁裁决的仲裁委员会不能作为劳动诉讼案件的当事人。在特殊情况下，劳动诉讼当事人的地位按下列要求确定：

1. 双方当事人不服劳动争议仲裁裁决均向人民法院起诉时的诉讼地位

当事人双方不服劳动争议仲裁委员会作出的仲裁裁决，均向同一人民法院起诉的，先起诉的一方当事人为原告，但对双方的诉讼请求，人民法院应当一并作出裁决。

2. 用人单位合并分立后发生的劳动争议当事人的确定

用人单位与其它单位合并的，合并前发生的劳动争议，由合并后的单位为当事人；用人单位分立为若干单位的，其分立前发生的劳动争议，由分立后的实际用人单位为当事人。用人单位分立为若干单位后，对承受劳动权利义务的单位不明确的，分立后的单位均为当事人。

3. 因双重劳动关系发生的劳动争议当事人的确定

用人单位招用尚未解除劳动合同的劳动者，原用人单位与劳动者发生的劳动争议，可以列新的用人单位为第三人。原用人单位以新的用人单位侵权为由向人民法院起诉的，可以列劳动者为第三人。原用人单位以新的用人单位和劳动者共同侵权为由向人民法院起诉的，新的用人单位和劳动者列为共同被告。

4. 因承包经营发生的劳动争议当事人的确定

劳动者在用人单位与其他平等主体之间的承包经营期间，与发包方和承包方双方或者一方发生劳动争议，依法向人民法院起诉的，应当将承包方和发包方作为当事人。

5. 劳动者与个体工商户发生劳动争议时当事人的确定

劳动者与起有字号的个体工商户产生的劳动争议诉讼，人民法院应当以营业执照上登记的字号为当事人，但应同时注明该字号业主的自然情况。

6. 因劳务派遣发生的劳动争议当事人的确定

劳动派遣法律关系涉及三方主体，即派遣单位、要派单位和劳动者。因劳动派遣关系产生的争议，在诉讼过程中当事人的地位如何确定，长期以来一直存在争议。《最高人民法院关于审理劳动争议案件适用法律若干问题的解释（二）》第10条规定："劳动者因履行劳动力派遣合同产生劳动争议而起诉，以派遣单位为被告；争议内容涉及接受单位的，以派遣单位和接受单位为共同被告。"《劳动争议调解仲裁法》第22条规定："劳务派遣单位或者用工单位与劳动者发生劳动争议的，劳务派遣单位和用工单位为共同当事人。"《劳动争议调解仲裁法》实际上已经修改了《最高人民法院关于审理劳动争议案件适用法律若干问题的解释（二）》第10条的规定，只要劳动派遣争议涉及劳务派遣单位或者用工单位中的任何一方，就应当对劳务派遣单位和用工单位为共同当事人。

（三）劳动诉讼的受案范围与管辖

1. 受案范围

由于仲裁程序强制前置，人民法院受理的劳动争议的范围，与劳动争议仲裁委员会受理的案件范围基本相同。例如，根据《劳动争议调解仲裁法》第2条规定的劳动争议，当事人对劳动争议仲裁委员会作出的仲裁裁决不服的，除该法第47条规定的针对用人单位而言的"一裁终局"案件外，可以自收到仲裁裁决书之日起十五日内向人民法院提起诉讼。但根据《最高人民法院关于审理劳动争议案件适用法律若干问题的解释（二）》第3条的规定，劳动者以用人单位的工资欠条为证据直接向人民法院起诉，诉讼请求不涉及劳动关系其他争议的，视为拖欠劳动报酬争议，按照普通民事纠纷受理，不受仲裁前置程序的限制。

根据最高人民法院关于审理劳动争议案件适用法律若干问题的解释，劳动者与用人单位之间发生的下列纠纷，当事人不服劳动争议仲裁委员会作出的裁决，依法向人民法院起诉的，人民法院应当受理：（1）劳动者与用人单位在履行劳动合同过程中发生的纠纷；（2）劳动者与用人单位之间没有订立书面劳动合同，但已形成劳动关系后发生的纠纷；（3）劳动者退休后，与尚未参加社会保险统筹的原用人单位因追索养老金、医疗费、工伤保险待遇和其他社会保险费而发生的纠纷；（4）用人单位和劳动者因劳动关系是否已经解除或者终止，以及应否支付解除或终止劳动关系经济补偿金产生的争议；（5）劳动者与用人单位解除或者终止劳动关系后，请求用人单位返还其收取的劳动合同定金、保证金、抵押金、抵押物产生的争议，或者办理劳动者的人事档案、社会保险关系等移转手续产生的争议；（6）劳动者因为工伤、职业病，请求用人单位依法承担给予工伤保险待遇发生的争议；（7）劳动者以用人单位未为其办理社会保险手续，且社会保险经办机构不能补办导致其无法享受社会保险待遇为由，要求用人单位赔偿损失而发生的争议；（8）因企业自主进行改制引发的争议；（9）劳动者依据劳动合同法第八十五条规定，向人民法院提起诉讼，要求用人单位支付加付赔偿金发生的争议；

(10) 企业停薪留职人员、未达到法定退休年龄的内退人员、下岗待岗人员以及企业经营性停产放长假人员，因与新的用人单位发生的用工争议。但是用人单位与其招用的已经依法享受养老保险待遇或领取退休金的人员发生用工争议，向人民法院提起诉讼的，人民法院应当按劳务关系处理；(11) 人民法院应当依法受理的其他劳动争议。

此外，为了协调劳动诉讼与劳动仲裁的关系，维护劳动法制的统一，人民法院还应当受理经劳动争议仲裁委员会裁决不予受理的一些劳动争议。(1) 劳动争议仲裁委员会以当事人申请仲裁的事项不属于劳动争议为由，作出不予受理的书面裁决、决定或者通知，当事人不服，依法向人民法院起诉的，人民法院应当分别情况予以处理：属于劳动争议案件的，应当受理；虽不属于劳动争议案件，但属于人民法院主管的其他案件，应当依法受理。(2) 劳动争议仲裁委员会逾期未作出受理决定或仲裁裁决，当事人直接提起诉讼的，人民法院应予受理，但申请仲裁的案件存在下列事由的除外：移送管辖的；正在送达或送达延误的；等待另案诉讼结果、评残结论的；正在等待劳动人事争议仲裁委员会开庭的；启动鉴定程序或者委托其他部门调查取证的；其他正当事由。(3) 劳动争议仲裁委员会以申请仲裁的主体不适格为由，作出不予受理的书面裁决、决定或者通知，当事人不服，依法向人民法院起诉的，经审查，确属主体不适格的，裁定不予受理或者驳回起诉。(4) 劳动争议仲裁委员会为纠正原仲裁裁决错误重新作出裁决，当事人不服，依法向人民法院起诉的，人民法院应当受理。(6) 仲裁委员会仲裁的事项不属于人民法院受理的案件范围，当事人不服，依法向人民法院起诉的，裁定不予受理或者驳回起诉。

下列争议人民法院不予受理：(1) 劳动者请求社会保险经办机构发放社会保险金的纠纷；(2) 劳动者与用人单位因住房制度改革产生的公有住房转让以及住房公积金缴纳发生的争议；(3) 劳动者对劳动能力鉴定委员会的伤残等级鉴定结论或者对职业病诊断鉴定委员会的职业病诊断鉴定结论的异议纠纷；(4) 家庭或者个人与家政服务人员之间的纠纷；(5) 个体工匠与帮工、学徒之间的纠纷；(6) 农村承包经营户与受雇人之间的纠纷；(7) 劳动者因对原国有、集体企业在改制过程中按安置方案支付的安置补偿费用发生的争议；(8) 劳动争议仲裁委员会作出的调解书已经发生法律效力，一方当事人反悔提起诉讼的，人民法院不予受理；已经受理的，裁定驳回起诉。(9) 依法不予受理的其他劳动争议。

2. 管辖

根据《劳动争议调解仲裁法》第 17 条的规定，劳动争议仲裁委员会不按行政区划层层设立，此点与法院系统按行政区划层层设立不同。由于仲裁管辖和诉讼管辖各有其规则，因此，当事人不服仲裁裁决提起诉讼的，不能要求仲裁管辖与法院管辖完全对应。根据《最高人民法院关于审理劳动争议案件适用法律若干问题的解释（二）》第 8

条、第 9 条的规定，劳动争议案件由用人单位所在地或者劳动合同履行地的基层人民法院管辖。劳动合同履行地不明确的，由用人单位所在地的基层人民法院管辖。即使是省、市级仲裁管辖的劳动争议案件，当事人不服仲裁裁决而起诉时，一般也应当由当地基层人民法院管辖，除非该案件符合法定的高级法院、中级法院管辖的标准。双方当事人就同一仲裁裁决分别向有管辖权的人民法院起诉的，后受理的人民法院应当将案件移送给先受理的人民法院。

（四）举证责任

举证责任就是当事人有义务提供证据证明其所主张的事实存在，否则就要承担对自己不利的法律后果。举证责任的分配和证据的认定是劳动争议处理的核心环节，直接关系到双方当事人在争议处理过程中是否处于有利地位。

1. 一般原则

“谁主张、谁举证”是民事纠纷举证责任的一般原则。由于从本质上讲劳动争议仍是当事人的私权之争，仍属于民事的范围。因此，在劳动诉讼过程中，仍然应当遵循“谁主张、谁举证”的原则。

2. 特别规定

在劳动合同履行过程中，用人单位处于管理和支配地位，劳动者处于被管理、被支配的地位，双方的地位不平等。特别是用人单位作为劳动者的管理者掌握和管理着一些劳动者的书面材料。当劳动者与用人单位发生纠纷时，劳动者根本无法提供这些证据和材料。出于公平、合理的考虑，劳动法对处于强势地位的用人单位一方提供证据的责任作了一些特殊规定。

（1）因用人单位单方作出决定发生的劳动争议，由用人单位负举证责任。根据《最高人民法院关于民事诉讼证据的若干规定》第 6 条、《最高人民法院关于审理劳动争议案件适用法律若干问题的解释》第 13 条的规定，在劳动争议纠纷案件中，因用人单位作出开除、除名、辞退、解除劳动合同、减少劳动报酬、计算劳动者工作年限等决定而发生劳动争议的，由用人单位负举证责任。

（2）工伤认定的举证责任。《工伤保险条例》（2010 年修改）第 19 条规定，职工或者其近亲属认为是工伤，用人单位不认为是工伤的，由用人单位承担举证责任。《工伤认定办法》进一步规定，用人单位拒不举证的，劳动保障部门可以根据受伤职工提供的证据依法作出工伤认定结论。

（3）职业病认定的举证责任。《职业病防治法》第 42 条规定，没有证据否定职业病危害因素与病人临床表现之间的必然联系的，在排除其他致病因素后，应当诊断为职业病。在劳动者与用人单位就用人单位有无职业病危害因素和劳动者患病是否由用人单位职业病危害因素所致发生争议时，用人单位对其无职业病危害因素和劳动者患病不是其职业病危害因素所致的主张负有举证责任。

(4) 加班工资举证责任的分配。《最高人民法院关于审理劳动争议案件适用法律若干问题的解释（三)》第9条规定："劳动者主张加班费的，应当就加班事实的存在承担举证责任。但劳动者有证据证明用人单位掌握加班事实存在的证据，用人单位不提供的，由用人单位承担不利后果。"本条文包括两层含义：第一，加班事实的举证责任由劳动者承担；第二，证明妨碍与劳动者举证责任的减轻。由于在劳动关系中，用人单位和劳动者之间存在管理与被管理的关系，用人单位处于强势地位，加班的工作记录、审批单、反映加班事实存在的工资单等，一般都由用人单位掌握，在此情况下，如果让作为劳动关系中被管理一方的劳动者对加班事实承担举证责任，明显是其力所不能及的，也对劳动者不公平。因此，《最高人民法院关于审理劳动争议案件适用法律若干问题的解释（三)》在规定劳动者对加班劳动承担举证责任的同时，也对用人单位承担举证责任的条件作出明确的规定，即劳动者主张加班事实存在，并且有证据证明用人单位掌握加班事实存在的证据，用人单位不提供的，推定劳动者所主张的加班事实成立。

（五）劳动争议诉讼程序

与德国等其他一些国家不同，由于我国并未设立专门的劳动法院来处理劳动争议，因此，劳动诉讼是法院以民事诉讼的方式来审理和解决劳动争议案件，实体上适用劳动法，程序上适用民事诉讼法。由于劳动争议诉讼程序与一般的民事诉讼程序相比，包括第一审普通程序、第二审程序和审判监督程序，并无太大的差异，因此，这里不对劳动诉讼程序进行详细探讨。

1. 起诉

劳动诉讼实行"不告不理"的原则，因此，起诉和受理是劳动诉讼不可缺少的启动程序。根据《劳动法》、《劳动争议调解仲裁法》和《民事诉讼法》的规定，当事人提起劳动诉讼应当具备下列条件：(1) 原告是与本案有直接利害关系的劳动者或用人单位；(2) 有明确的被告；(3) 有具体的诉讼请求和事实、理由；(4) 属于人民法院受理民事诉讼的范围和受诉人民法院管辖；(5) 原告起诉前该劳动争议已经经过劳动争议仲裁委员会的裁决；(6) 原告起诉应当在法定的期限内提出。

2. 受理

人民法院接到起诉状后，经审查，认为符合起诉条件的，应当在七日内立案，并通知当事人；认为不符合起诉条件的，应当在七日内裁定不予受理；原告对裁定不服的，可以提起上诉。

3. 审理与判决

人民法院受理案件后，应当按照民事诉讼法规定的程序，及时审理，并在查明事实、分清责任的基础上，依法做出判决。

(1) 劳动合同被确认无效后，用人单位对劳动者付出的劳动，一般可参照本单位同期、同工种、同岗位的工资标准支付劳动报酬。由于用人单位的原因订立的无效合同，给劳动者造成损害的，应当比照违反和解除劳动合同经济补偿金的支付标准，赔偿劳动者因合同无效所造成的经济损失。

(2) 用人单位有下列情形之一，迫使劳动者提出解除劳动合同的，用人单位应当支付劳动者的劳动报酬和经济补偿，并可支付赔偿金：以暴力、威胁或者非法限制人身自由的手段强迫劳动的；未按照劳动合同约定支付劳动报酬或者提供劳动条件的；克扣或者无故拖欠劳动者工资的；拒不支付劳动者延长工作时间工资报酬的；低于当地最低工资标准支付劳动者工资的。

(3) 劳动合同期满后，劳动者仍在原用人单位工作，原用人单位未表示异议的，视为双方同意以原条件继续履行劳动合同。一方提出终止劳动关系的，人民法院应当支持。用人单位应当与劳动者签订无固定期限劳动合同而未签订的，人民法院可以视为双方之间存在无固定期限劳动合同关系，并以原劳动合同确定双方的权利义务关系。

(4) 劳动争议仲裁委员会作出仲裁裁决后，当事人对裁决中的部分事项不服，依法向人民法院起诉的，劳动争议仲裁裁决不发生法律效力。

(5) 劳动争议仲裁委员会对多个劳动者的劳动争议作出仲裁裁决后，部分劳动者对仲裁裁决不服，依法向人民法院起诉的，仲裁裁决对提出起诉的劳动者不发生法律效力；对未提出起诉的部分劳动者，发生法律效力，如其申请执行的，人民法院应当受理。

(6) 人民法院对劳动争议案件进行审理后，根据案件情况依法作出判决：用人单位对劳动者作出的开除、除名、辞退等处理，或者因其他原因解除劳动合同确有错误的，人民法院可以依法判决予以撤销；对于追索劳动报酬、养老金、医疗费以及工伤保险待遇、经济补偿金、培训费及其他相关费用等案件，给付数额不当的，人民法院可以予以变更。

4. 财产保全

《最高人民法院关于审理劳动争议案件适用法律若干问题的解释（二）》第 14 条、第 15 条规定，在诉讼过程中，劳动者向人民法院申请采取财产保全措施，人民法院经审查认为申请人经济确有困难，或者有证据证明用人单位存在欠薪逃匿可能的，应当减轻或者免除劳动者提供担保的义务，及时采取保全措施。人民法院作出的财产保全裁定中，应当告知当事人在劳动仲裁机构的裁决书或者在人民法院的裁判文书生效后三个月内申请强制执行。逾期不申请的，人民法院应当裁定解除保全措施。

5. 执行

对于人民法院依法作出的生效的判决，当事人应当自觉履行，一方拒不履行的，另一方当事人可以向人民法院申请强制执行。

当事人申请人民法院执行劳动争议仲裁机构作出的发生法律效力的裁决书、调解书，当事人必须履行。一方拒绝履行的，对方当事人可以向人民法院申请执行。被申请人提出证据证明劳动争议仲裁裁决书、调解书有下列情形之一，并经审查核实的，人民法院可以根据《民事诉讼法》第213条的规定，裁定不予执行：（1）裁决的事项不属于劳动争议仲裁范围，或者劳动争议仲裁机构无权仲裁的；（2）仲裁庭的组成或者仲裁的程序违反法定程序的；（3）认定事实的主要证据不足的；（4）适用法律确有错误的；（5）仲裁员仲裁该案时，有贪污受贿，徇私舞弊、枉法裁决行为的；（6）人民法院认定执行该劳动争议仲裁裁决违背社会公共利益的。人民法院在不予执行的裁定书中，应当告知当事人在收到裁定书的次日起三十日内，可以就该劳动争议事项向人民法院起诉。

问题与思考

1. 劳动监察的概念及作用。
2. 劳动监察机构履行劳动监察职责时享有什么权利？负有什么义务？
3. 劳动监察的程序。
4. 劳动争议的概念及特点。
5. 劳动争议处理体制如何？
6. 劳动争议调解组织调解与基层人民调解有何联系与区别？
7. 如何理解仲裁调解书的法律效力？
8. 如何理解“一裁终局”仲裁裁决的法律效力？
9. 劳动仲裁受案范围与劳动诉讼受案范围的关系如何？
10. 劳动诉讼的当事人如何确定？
11. 劳动诉讼举证责任如何分配？

下篇

第七章

社会保障法概述

第一节　社会保障概述

案例及问题导引

2010年3月5日，国务院总理温家宝在政府工作报告中指出，加快完善覆盖城乡居民的社会保障体系，尽快构建更加完善的社会保障安全网，使人民生活有基本保障、无后顾之忧。2010年12月28日，第十一届全国人民代表大会常务委员会第十七次会议通过了《社会保险法》，确立了“广覆盖”的基本目标。2011年6月1日，国务院总理温家宝主持召开国务院常务会议决定，自2011年7月1日起，启动城镇居民社会养老保险试点工作，今年试点范围覆盖全国60%的地区，明年基本实现全覆盖。从我国近年的政府表态和立法来看，社会保障体系完善是政府的重要工作内容，但社会保障体系应包括哪些内容？其相互之间有何联系和区别？社会保障体系的建立和完善对于社会经济发展有何作用？

一、社会保障及相关概念

（一）社会保障的概念

社会保障（Social Security）一词最早使用于1935年美国颁布的《社会保障法》，此后新西兰、英国等国家先后使用。社会保障是指国家立法强制建立的、由国家财政和社会出资支撑的，对公民在年老、疾病、伤残、失业、生育、死亡、遭遇灾害、面临生活困难时给予物质帮助，旨在保障公民个人和家庭基本生活需要并提高生活水平、实现社会公平和社会进步的制度。社会保障具有以下特征：（1）社会保障具有强制性，由国家立法强制规定和实施；（2）社会保障的资金来源主要是国家财政或者社会主体的缴费等；（3）社会保障的内容是对公民在年老、疾病、伤残、失业、生育、死亡、遭遇灾害、面临生活困难时给予的帮助；（4）社会保障水平主要是满足公民的基本生活需要，但在某些项目上也具有提高公民生活水平的功能；（5）社会保障的价值在于实现社会公平和社会正义。

（二）与社会保障相关的概念

与社会保障概念相关的有社会福利（social welfare）、社会保险（social insurance）、社会救助（social assistance）、社会优抚等。

1. 社会福利

社会福利之概念有广狭义之分，西方国家采纳广义的社会福利概念，其外延比社会保障要广。我国则将社会福利的概念包含在社会保障概念之下，是狭义的概念。社会福利指由国家出资兴办的、旨在为社会大众谋利益的各种福利性事业以及国家为社会全体成员提供的各种福利性补贴。包括一般社会福利、职工福利和特殊社会福利。一般社会福利是指国家和社会有关部门及团体举办的社会文化教育事业以及市政建设、社会服务等，享受的对象是全体社会成员。职工福利是指职工所在单位通过举办集体福利设施、建立各种补贴或发放实物，以改善职工的物质文化生活，享受的对象是本单位的职工及其家属。特殊社会福利是国家和社会为残疾人和无劳动能力的人举办的福利事业，包括残疾人福利、儿童福利、老人福利等。①

2. 社会保险

社会保险是指国家通过立法强制建立，对被保险人在年老、疾病、失业、工伤、生育时可能遭受的风险予以帮助的制度。社会保险是社会保障制度的重要组成部分，其主要包括养老保险、疾病保险、失业保险、工伤保险和生育保险等项目。

3. 社会救助

社会救助（Social Assistance）是指国家和其他社会主体对于遭受自然灾害、失去劳动能力或者其他低收入公民给予物质帮助或精神救助，以维持其基本生活需求，保障其最低生活水平的各种措施。包括城乡居民最低生活保障、对农村无依靠老人、残疾人和贫困者的照顾、救灾救济、扶贫救济等。

4. 社会优抚

社会优抚是指政府或社会对军人等从事特殊工作者及其家属给予抚恤和优待的一种社会保障制度。社会优抚主要包括：（1）抚恤，即对因公伤残人员、因公牺牲及病故人员家属采取的一种物质抚慰方式，包括伤残抚恤和死亡抚恤；（2）优待，即从政治上和物质上给予优待对象良好的物质或资金待遇、优先照顾与专项服务；（3）退役安置，即国家和社会为退出现役的军人提供资金和服务，以帮助其重新就业的一项优抚保

---

① 王益英．社会保障法．北京：中国人民大学出版社，2000：4.

障制度。

（三）社会保障、社会福利、社会保险和社会救助概念的联系与区别

从上可知，我国的社会保障是一个上位概念，其下涵盖了社会保险、社会福利和社会救助等，而其相互之间的区别在于：

（1）适用对象不同。社会保险的适用对象以劳动者为主；而社会福利和社会救助实施的对象是全体社会成员。但近年社会保险的适用范围不断扩张，其也逐步扩张到适用于全体社会成员。

（2）资金来源不同。社会保险基金来源于用人单位和劳动者个人缴纳，国家财政作适当的补贴；而社会福利和社会救助资金则来源于国家财政和社会各界捐助，社会成员没有缴费的义务。

（3）实施条件不同。社会保险遵守权利义务对等的原则，即劳动者只有尽了劳动的义务和缴纳了社会保险费的义务后，才能享受各种社会保险待遇；社会福利和社会救助则强调国家和社会对全体社会成员的责任和义务，社会成员享受社会福利和社会救济不需要承担缴费的义务。

（4）实施方式不同。社会保险根据被保险人遭遇风险的不同而有不同的规定。我国《社会保险法》规定，被保险人的养老保险和医疗保险要视其缴费年限和金额而定，失业保险主要根据失业人员所在的当地生活水平而定，工伤保险和生育保险则取决于其受伤程度和生育费用。社会救助则是根据公民的收入水平、负担家庭成员的状况等因素来决定，如公民因发生意外或生活陷入困境后，可以向政府申请救济，政府有关部门应进行必要的调查，核定其符合救济条件后才发给救济金，救济金发放的标准一般以保证其最低生活需要为限。社会福利实施的方式主要是向社会提供福利设施和服务，符合条件的社会成员都有权利享受。

二、社会保障的功能

社会保障制度有着悠久的历史，从其历史发展来看，现代社会保障制度的建立和完善与工业劳动的发展息息相关，社会保障制度对于政治、经济和社会发展都具有极大的促进作用。

（一）社会保障的经济功能

社会保障是解决“市场失灵”（Market Failures）所产生社会问题的重要方式，其经济功能主要表现为以下几方面：（1）所得重分配的功能。社会保障就是通过所得重分配，缓解社会分配不公所造成的影响，为社会成员提供基本生活保障。其将一部分国民收入集中到政府预算，通过转移支付来保障一些特殊社会成员的基本生活需要；或者是以向单位和劳动者个人收缴费或征税的方式建立社会保障基金，实行统筹使用，对于

有困难和需要的人予以救助；（2）对储蓄、消费的影响。资金筹集的影响，因为筹集社会保障资金，会直接减少个人和企业的收入，从而影响个人和企业的消费倾向和储蓄倾向；其次是社会保障资金的储存过程对储蓄的影响，通常来说，社会保障资金的储存过程就是储蓄的过程；（3）对劳动力市场的影响。因经济原因，导致人们失业等面临生存困境，社会保障提供相应的生存保障，确保劳动力的生产和再生产，并且能够提升人们的就业能力，促进再就业。

（二）社会保障的政治功能

从社会保障的历史发展来看，其与民主政治密切相关，政治体制的差异导致了社会保障的具体实施模式的差异，一方面，社会保障是国家对公民的保护照顾义务的具体体现，是国家责任；另一方面，从社会保障的历史来看，因资本主义早期面临工人运动和社会主义思潮的冲击，为了缓解统治压力，资本主义采纳了工人的部分建议，吸收了社会主义的部分内容，从而建立了社会保障制度。因此，社会保障制度对于统治阶级的稳定和统治秩序具有重要意义。

（三）社会保障的社会功能

社会保障制度被称之为“社会安全网”、“社会稳定器”，其社会功能主要体现在以下几方面：(1）生存保障和社会促进的功能，此两项功能间具有递进关系，从而构成了社会保障制度的功能体系，其中社会救助、社会保险和社会优抚主要是生存保障功能，对因种种原因（如年老、失业、疾病等）在市场竞争中的“弱势群体”提供生存保障，而社会福利则主要是社会促进功能，其通过福利供给提升全体公民的生活水平；(2）化解社会矛盾，促进社会公平。分配不均导致的贫困是社会矛盾的根源，社会保障制度通过所得重分配，为弱势群体提供生存保障，实现社会的实质公平，化解社会矛盾，促进社会公平。

第二节　社会保障法概述

一、社会保障法的概念及特征

社会保障法是调整以国家、社会和全体社会成员为主体，为了保证社会成员的基本生活需要并不断提高其生活水平、以及解决某些特殊社会群体的生活困难而发生的经济扶助关系的法律规范的总和。社会保障法具有社会法属性，以行政给付为核心，具有强制性，因此，台湾学者认为其偏向于公法属性。

社会保障法具有以下特征：(1）广泛的社会性。社会保障法的社会性特征，主要体现在以下几方面：一是目的的社会性。社会保障设立之目的是为了社会利益，保障社会全体成员的生活安全。二是权利主体的普遍性。社会保障的权利主体应为全体社会成员，随着社会经济的发展，社会保障的适用范围不断扩张、项目不断增加，可能的权利主体也不断增加。三是社会保障资金来源的社会化。社会保障所需资金来源包括国家、用人单位和社会成员等多个主体；四是社会保障运行的社会化。社会保障制度的运行具有社会化的特征，社会保障制度的运行涉及多个方面，需要社会多方参与，如社会保障所需服务的提供、管理的参与等。

（2）严格的法定性。社会保障法严格的法定性包括了以下两方面的意思，一是社会保障的行政给付严格按照法律规定的条件和标准进行，原则上法律未规定的内容或者未满足法定条件的，国家不承担相应的行政给付职责；二是社会保障法具有强制性，排除当事人的意思自治，当事人不得通过约定的方式免除双方的社会保障的义务。

二、社会保障法律关系

社会保障的内容较为复杂，其包含了社会保险、社会救助、社会福利以及社会优抚，因此，难以确切地界定其法律关系的构成，但从性质而言，社会保障法律关系从根本上是以行政法律关系为主。

如果从行政给付的对价与否来分，可以分为具有对价给付性质的社会保障法律关系，主要是指社会保险；非对价给付的社会保障法律关系，主要是指社会救助、社会福利和社会优抚。而从法律关系的主次来分，则可以分为基础法律关系和辅助法律关系，通常而言，基础法律关系通常是发生在政府（给付义务人）和社会成员（给付的受益人）之间，而围绕基础法律关系形成辅助法律关系，如社会福利中，福利的提供者与社会成员之间的关系等。

（一）社会保障待遇给付主体与受益主体间的法律关系——基础法律关系

基于宪法规定，公民对国家享有社会保障基本权，国家承担相应的保护照顾义务，因此，在社会保障法律关系中，政府是社会保障待遇的给付主体，而公民则是受益主体，其二者间形成社会保障基础法律关系，其具体内容可能包括：相关费用的征缴法律关系，如社会保险费，以及社会保障待遇的给付法律关系，如符合条件的申请者，请求政府提供社会救助。在社会保障基础法律关系中，受益主体通常不承担相应的缴费义务，除养老保险、医疗保险、失业保险外，而承担缴费义务的主体除了受益人本身外，还包括用人单位。

（二）辅助主体与社会保障待遇给付主体、受益主体间的法律关系——辅助法律关系

1. 社会保障待遇给付主体与辅助主体间的法律关系

政府作为社会保障待遇的给付主体通常不是自己亲自履行给付义务，而主要承担相

应的财政支付，因此，为了履行相应待遇给付义务，一方面，政府需要建立完善的经办和管理机构，如社会保险经办机构，来行使相关的职责，如接受、审查申请等，这些管理经办机构具有独立的主体资格，并不承担直接给付义务，仅仅是为给付义务的履行提供相应的辅助服务；另一方面，政府不直接提供相关的服务或者物品，而是购买相应的服务或者物品，由其他辅助主体提供，如在社会福利中，政府指定养老院为老年人提供养老服务，而政府则支付相应的对价。

从性质上来看，社会保障待遇给付主体与辅助主体间的法律关系具有行政属性，给付主体与管理、经办机构之间具有行政管理关系；而给付主体与相应的服务提供者，如医院、养老院等则是行政合同关系。

2. 社会保障的受益主体与辅助主体间的法律关系

社会保障受益主体享受相关的待遇过程，也负有相应的义务，一方面，为了享受相应的待遇，受益主体须履行相应的程序性义务，如申请、接受调查等，因此，受益主体与相应的经办和管理机构之间形成法律关系，此种法律关系具有行政属性，如果受益主体对此不服，则可以采取行政复议或者诉讼的方式寻求救济；另一方面，在具有待遇享受方面，受益主体需要从相应辅助主体处接受服务，如医院、养老院等，他们之间形成相应的法律关系，该法律关系性质上应该为服务合同关系。

三、社会保障法的历史发展

（一）国外社会保障法的产生和发展

社会保障制度的发展与社会经济发展密切相关，因为，保障项目的多寡与保障水平的高低直接取决于政府的财政负担能力，所以，纵观社会保障法的历史发展，整体上呈现出先“保基本、保生存”，再“保提升”的规律。

1. 1601 年英国的《济贫法》——社会保障制度的萌芽

1601 年英国颁布的《济贫法》（Poor law）是社会保障制度的萌芽，而《济贫法》本质上应属于社会救助的范畴。由于欧洲中世纪末期，工商业逐步兴起，大量农民涌入城市，而无法获得生活来源，成为城镇游民或乞丐，为此，英国的伊丽莎白女皇于 1601 年颁布了《济贫法》（Poor law），该法规定全国普遍设立收容贫民的济贫院，对贫民实施救济，该法的内容一方面是强迫劳动，另一方面是实行慈善救济，以强迫为主，兼顾救济。因此，《济贫法》的主要目的是通过强迫劳动，解决贫民流浪问题。

2. 19 世纪末德国的“社会保险三法”——社会保障法的产生

真正现代意义的社会保障法出现在 19 世纪末的德国，德国先后于 1883 年颁布了《疾病保险法》、1884 年颁布《工伤事故保险法》、1889 年颁布《老年残疾保险法》，其原因在于：一是德国当时面临 19 世纪 70 年代的经济危机的冲击，为此，德国建立社会保险制度保障工人的生存；二是德国统治者面临巨大的压力，工人运动和社会主义运动蓬勃兴起，时任首相的俾斯麦除了采取镇压的方式外，还采纳社会主义的相关建议，制定社会政策和社会立法来保护劳动者，缓解劳资之间的矛盾。德国的社会保障法为欧洲各国树立了榜样，各国此后纷纷效仿制定社会保障法。

3. 1935 年美国的《社会保障法》——世界上第一部社会保障法

1929 - 1933 年的经济危机使许多美国人流离失所、倒毙街头，因此，美国被迫放弃一直坚持的自由主义，开始实行“新政”（New Deal），强调通过国家干预来解决经济危机。1934 年 6 月 8 日，罗斯福总统在给国会的信中提出了制定一项社会保障计划的设想，随后，颁布总统令成立“美国经济保障委员会”。1935 年 1 月，委员会向总统递交了研究报告，提出了社会保障法案。1935 年 8 月 14 日美国总统签发了《社会保障法》，该法在社会保障立法史上具有重要意义，因为其第一次使用了社会保障的概念，第一次在一部法中规定了社会保险、社会福利和社会救济等社会保障的内容，确立了社会保障普遍性和社会性原则，从此，社会保障作为一个基本法律制度被许多国家确立并实施。

4. 英国的“贝弗里奇报告”——福利国家的建立

20 世纪初期英国开始制定一系列社会政策和社会立法，如 1906 年的教育法，1908 年的儿童法和养老金法，1909 年的劳工介绍法，1911 年的国民保险法等，但这些立法并未从根本上解决国民的生存问题，尤其是第一次世界大战和 1929 - 1933 年世界性经济危机导致英国遭遇了长期的经济失调和严重的失业。1936 年凯恩斯发表了《就业、利息和货币通论》，其认为，资本主义不存在自动达到充分就业均衡的机制，而需政府干预经济。该论著为英国实施福利国家计划提供了理论基础。

1942 年 11 月，时任英国社会保险和相关服务部际协调委员会主席的贝弗里奇（William Beveridge）提出了《社会保险及有关服务》的报告，即著名的“贝弗里奇报告”，报告提出要以消灭贫困、疾病、肮脏、无知和懒散五大社会病害为目标，制定了一个以社会保险为核心的社会保障计划。1945 年英国工党上台后，开始实施贝弗里奇报告的内容，并随即进行了一系列社会保障立法：主要有 1945 年的《家庭补助法》，1946 年的《国民保险法》、《工业伤害保险法》和《国民健康服务法》，1948 年颁布《国民救济法》，五部法律同时于 1948 年 7 月 5 日生效，英国从此形成了包括失业、伤残、疾病、养老、死亡、家庭津贴等内容的福利国家型的社会保障体系。

英国实施的福利国家立法为西欧许多国家的社会保障立法提供了模式，包括丹麦、瑞典在内的许多北欧国家都接受了英国的模式来建立社会保障制度。

（二）我国社会保障制度的建立和发展

1. 建国初期我国社会保障制度的发展

1949 年新中国成立后，中央政府即着手建立新中国的社会保障制度。1951 年 2 月

26 日政务院正式颁布了《中华人民共和国劳动保险条例》，该条例的颁布实施，标志着我国除失业保险外，包括养老、工伤、疾病、生育、遗属等的职工社会保险制度已初步建立。与此同时，国家机关工作人员的社会保险制度也以颁布单行法规的形式逐步建立起来，如 1950 年的《革命工作人员伤亡褒恤暂行条例》，1952 年的《关于全国各级人民政府、党派、团体及所属事业单位的国家机关工作人员实行公费医疗预防措施的指示》，1955 年的《国家机关工作人员退休处理暂行办法》等。

1957 年开始，随着社会主义经济建设全面开展，国家对社会保障制度进行一些调整。1958 年国务院颁布了《关于工人、职员退休处理的暂行规定》和《实施细则》以及《关于工人、职员退职处理的暂行规定》和《实施细则》，统一了企业和国家机关的退休和退职办法。1957 年卫生部、全国总工会颁发了《批准工人、职员病、伤、生育假期的试行办法》和《医务劳动鉴定委员会组织通则》，同年卫生部还制定了《职业病范围和职业病患者处理办法的规定》，将职业病列入工伤保险的范围。1962 年国务院发布了《关于精简职工安置办法的若干规定》，规定了对精简职工的安置办法。在此期间，国家在城市开始兴建社会福利院，如养老院、残疾人习艺所、精神病院等，在农村开始建立农村合作医疗制度、集体五保户制度等。

“文化大革命”期间，我国的社会保险工作受到严重挫折。从中央到地方的劳动保险管理机构被撤销或停止工作；企业职工社会保险费用统筹制度被迫废弃，改变了社会保险原有的统筹调剂职能，使社会保险成为“企业保险”；易地支付社会保险待遇的办法也被迫停止。

2. 改革开放以来我国社会保障制度的发展

自上世纪 70 年底末起，我国开启了波澜壮阔的经济体制改革。与此同时，社会保障制度也进行了全面的改革和重构。改革开放三十年，我国社会保障法律制度经历了三个发展阶段：

（1）1978 年至 1992 年社会保障改革起步阶段

1978 年以来，随着我国经济体制改革的全面推进，我国社会保障制度也开始了改革探索。1983 年底，国家开始在一些省市实行医疗制度改革试点，1984 年开始实行退休基金社会统筹的试点。1986 年国务院颁布《国营企业实行劳动合同制暂行规定》，规定对劳动合同制工人的退休养老基金实行社会统筹，该规定正式拉开了社会保障改革的序幕。同年 7 月，国务院还颁布了《国营企业职工待业保险暂行规定》，在我国首次建立了失业保险制度。1991 年 6 月，国务院发布了《关于企业职工养老保险制度改革的决定》，提出了建立多层次养老保险的目标，基本养老保险实行社会统筹，先由市、县级统筹再逐步过渡到省级统筹。1993 年 4 月，国务院发布《国有企业职工待业保险规定》，将失业保险范围进一步扩大。与此同时，在农村社会保障制度方面，主要开展了以中央政府主导下的大规模扶贫运动。

这一阶段中国社会保障制度设计的目标主要是为当时国有企业改革配套、为国有企业与国有职工服务以及缓解农村贫困现象。社会保障的相关立法也主要围绕这一目标而展开。

（2）1993 年至 2003 年社会保障制度重构阶段

1992 年党的十四大报告提出了建立社会主义市场经济体制的目标。1993 年 11 月十四届三中全会通过了《关于建立社会主义市场经济体制的若干问题的决定》，明确将社会保障制度确认为市场经济正常运行的维系机制的五大支柱之一。为此，我国出台了一系列社会保障方面的法律、行政法规和规章。1994 年全国人大通过了《中华人民共和国劳动法》，专章规定了“社会保险和福利”，规定企业职工社会保险项目包括养老保险、疾病保险、工伤保险、失业保险、生育保险和死亡遗属津贴等。在养老保险方面，1995 年国务院发布《关于深化企业职工养老保险制度改革的通知》，确立了社会统筹和个人账户相结合的养老保险制度改革方案。1997 年国务院发布了《关于建立统一的企业职工基本养老保险制度的决定》，规定到本世纪末，要基本建立起适应社会主义市场经济体制要求，适用城镇各类企业职工和个体劳动者，资金来源多渠道、保障方式多层次、社会统筹与个人账户相结合、权利与义务相对应、管理服务社会化的养老保险体系。就医疗保险制度，1994 年经国务院批准，国家体改委、财政部、劳动部、卫生部印发了《关于职工医疗制度改革的试点意见》，明确提出职工医疗保障制度改革的目标是建立社会统筹医疗基金和个人账户相结合的制度，并使医疗保险制度逐步覆盖城镇所有劳动者。1996 年国务院再次批准了《关于职工医疗保障制度改革扩大试点的意见》，在全国范围内进行了医疗保险制度改革的试点。1998 年国务院正式发布《关于建立城镇职工基本医疗保险制度的决定》，规定城镇所有用人单位，包括企业、机关、事业单位、社会团体、民办非企业单位及其职工，都要参加基本医疗保险。在失业保险方面，1999 年国务院发布《失业保险条例》，将失业保险的范围扩大到城镇企业事业单位及其职工。在生育保险方面，1994 年劳动部颁发了《企业职工生育保险试行办法》，规定在企业实行职工生育保险制度。在工伤保险方面，1996 年劳动部发布了《企业职工工伤保险试行办法》，而后 2003 年国务院正式颁布《工伤保险条例》，规定各类企业及有雇工的个体工商户都应当参加工伤保险，工伤保险费由用人单位缴纳，职工个人不用缴纳。在社会保险费征缴方面，1999 年国务院发布《社会保险费征缴暂行条例》，对社会保险费的征缴作了明确规定。此外，在社会救济方面，国家开始更多地关注社会弱者，为了解决社会低收入人群的生活，1999 年国务院颁发《城市居民最低生活保障条例》，建立起了城市居民最低生活保障制度。

这一阶段的社会保障立法，主要是围绕市场经济制度的确立而展开的，在立法的指导思想方面，遵循了“效率优先，兼顾公平”的原则。在内容上，通过国务院一系列行政法规的出台，基本建立起了城镇职工养老、医疗、失业、工伤、生育等社会保险制度和城市居民最低生活保障制度。

（3）2004 年至今的社会保障全面深化阶段

2004 年十六届四中全会提出了构建社会主义和谐社会的目标，社会保障成为国家的基本社会政策。2005 年国务院颁布《关于完善企业职工基本养老保险制度的决定》，进一步扩大养老保险的覆盖范围，改革了养老金计发办法。2006 年国务院颁布《关于解决农民工问题的若干意见》，提出了积极稳妥地解决农民工社会保障问题。2007 年国务院颁布《关于在全国建立农村最低生活保障制度的通知》，规定在全国农村建立低保制度；同年国务院颁布《关于开展城镇居民基本医疗保险试点的指导意见》，决定将基本医疗保险逐步覆盖全体城镇非从业居民。

新时期我国社会保障制度的目标是要建立城乡统筹的社会保障制度，要着力解决我国社会长期存在的、由城乡二元结构导致的农村社会保障制度薄弱问题，在立法的指导思想上，社会公平的价值观进一步确立，政府责任得以加强。党的十七大明确提出“到 2020 年基本建立覆盖城乡居民的社会保障体系”。2010 年 10 月 28 日，全国人大常委会通过了《社会保险法》，明确了我国社会保险制度的基本原则和目标以及基本的制度框架，而《社会救助法》也起草制定过程中。

2011 年是我国“十二五”规划的开局之年，《中共中央关于制定国民经济和社会发展第十二个五年规划的建议》中明确提出，“十二五”期间健全覆盖城乡居民的社会保障体系的目标。坚持广覆盖、保基本、多层次、可持续方针，加快推进覆盖城乡居民的社会保障体系建设。实现新型农村社会养老保险制度全覆盖，完善实施城镇职工和居民养老保险制度，实现基础养老金全国统筹。推动机关事业单位养老保险制度改革。进一步做实养老保险个人账户，实现跨省可接续。扩大社会保障覆盖范围，逐步提高保障标准。发展企业年金和职业年金。发挥商业保险补充性作用。实现城乡社会救助全覆盖。积极稳妥推进养老基金投资运营。大力发展慈善事业。加强社会保障信息网络建设，推进社会保障卡应用，实现精确管理。

问题与思考

1. 社会保障的概念及其内容是什么？
2. 社会保障、社会福利、社会保险和社会救助概念的联系与区别是什么？
3. 社会保障的功能有哪些？
4. 社会保障法的概念和特征是什么？
5. 社会保障法律关系的构成如何？

第八章

社会保险法基础理论

第一节　社会保险概述

案例及问题导引

因为人口老龄化等因素的影响，使得我国目前养老保障面临极大冲击，据中国老龄事业发展基金会会长李宝库曾在一个公开会议上透露："中国农村老人的自杀率是世界平均水平的四倍到五倍。在湖北京山地区，甚至出现了自杀屋、自杀洞。相当一部分老人因为患病，不愿拖累子女，选择老屋或荒坡、树林、河沟，安静地自我了结。"① 因此，包括养老保险在内的统筹城乡社会保障体系的建立刻不容缓。

请问：社会保险具有哪些功能？

一、社会保险的产生

19 世纪末期，随着工业革命的发展，社会生产方式逐步由农业生产转变为工业生产，因此，社会风险的解决也逐步由依赖家庭和土地向社会化机制转变。与此同时，由于劳资矛盾加剧，工人运动此起彼伏，以马克思主义为主的社会主义思想也逐步形成，因此，19 世纪 80 年代，德国在俾斯麦时期先后颁布《劳工疾病保险法》、《工伤保险法》以及《伤残及养老保险法》，社会保险法律制度由此确立，并为各国效仿。

除了工业社会风险、社会主义思想以及工人运动之外，战争和经济危机对于社会保险的产生和发展也起到了重要作用，因为战争和经济危机所造成的社会问题逼迫犹豫不决的立法者加快脚步。如德国在颁布社会保险立法之前的 1873 - 1874 年开始爆发经济

---

① 参见兰方：《湖北惊现老人自杀屋 养老难或因独生子女政策》，载凤凰网，http：//finance. ifeng. com/news/special/cxcmzk/20100827/2559878. shtml。最后浏览：2011 年 5 月 28 日。

危机，并一直持续到70年代末，以及第一、二次世界大战促使社会保险立法在欧洲等资本主义国家蓬勃发展。

二、社会保险的概念、特点及功能

（一）社会保险的概念及特点

“社会保险”一词具有双重意义，其既可以指国家法律制度的目标，又可以指国家的有关的法律制度。而通常而言，我们所说的“社会保险”则是指后者。因此，社会保险是指国家为了预防和分担年老、失业、疾病以及死亡等社会风险，实现社会安全，而强制社会多数成员参加的具有所得重分配功能的非盈利性的社会安全制度。社会保险的特点为：

1. 社会性

社会保险的社会性具有多重含义，一是保险对象的社会性。社会保险是以全体社会成员为保险对象，是为了谋求社会多数人的福利，而非是针对某个特定的个体；二是保险经费的来源具有社会性。社会保险是基于缴费而形成的社会福利给付，其经费的来源多元，通常被保险人的劳动者及其用人单位承担缴费义务，而政府对于社会保险基金承担补充责任。三是社会保险的管理和运行具有社会性。社会保险经办机构作为事业单位，其具体负责社会保险的管理和提供相关的服务，而社会保险经办机构的组成往往是由雇员、雇主以及政府代表组成，而除了社会保险经办机构之外，实际参与社会保险运行的还包括，如：医药服务机构等辅助机构。

2. 保险性

社会保险的保险性具体体现为：一是社会保险费用与社会被保险人承担的社会风险相关联。商业保险保险费与风险发生机率直接相关，风险发生机率高，而保险费率也高，如果风险发生机率低，保险费率也低。而在社会保险中，保险费率与社会风险发生机率之间的联系不如商业保险那样直接，而仅仅是是粗略、大体上相联系；二是社会保险制度建立的基础是风险分担。被保险人通过参加社会保险，形成风险共担的团体，以满足社会风险事故所造成的经济需要。

3. 强制性

社会保险的社会性决定了社会保险制度的强制性，因为社会保险建立的目的是为了预防社会风险，实现社会安全。因此，个体作为社会成员所享有的个体自治，应该为了社会整体的利益而承担相应的社会强制。所以，社会保险具有强制性，具体包括：（1）社会保险关系的建立具有强制性。当事人无法自主决定是否建立社会保险关系，并且不能自主选择社会保险关系的相对人——社会保险经办机构，以及社会保险项目及内容。（2）社会保险费用的缴纳具有强制性。即社会保险的缴费义务主体必须按照法定的标准和期限及时、足额缴纳社会保险费用。违反法律规定未及时、足额缴纳社会保险费的，应依法承担相应的法律责任。（3）请求社会保险待遇给付的条件都具有强制性。如：申请给付养老金必须符合下列条件：个人缴费年限累计满 15 年、达到法定退休年龄以及相应的申请程序条件。

（二）社会保险的功能

社会保险的职能是指社会保险所具有的内在功能。它是社会保险的基本特征和地位所决定的，是社会保险本质内容的客观反映，也是社会保险的社会价值的集中体现。从整体而言，社会保险具有以下几方面的功能：

1. 生存保障功能

社会风险使得人们丧失生活来源陷入贫困，从而面临生存危机，而社会保险制度通过社会保险基金，化解社会风险，为面临生存危机的人们提供基本的生存保障。如劳动者失业，失去生活来源，而失业保险待遇能够帮助失业者失业期间维持基本的生活。

2. 秩序维持功能

社会风险往往威胁到社会多数人的生存安全，进而威胁社会秩序的安定，而社会保险作为社会安全网，其通过对于个体生存的保障，实现对于社会秩序的维持。因此，《社会保险法》第一条规定的立法目的为，……使公民共享发展成果，促进社会和谐稳定。

3. 激励自足功能

社会保险制度不仅通过保险机制将社会风险外部化，而且要强化社会成员的责任意识，即社会成员不仅要对自己和家庭成员的福利承担更大的责任，还要为维持新的制度和防止欺诈承担更多的责任。如失业保险制度不仅仅为失业劳动者提供生存保障，而且鼓励和帮助处于工作年龄的社会成员到其有能力工作的岗位工作，因此，如失业保险的对象为非自愿失业者。

三、社会保险与商业保险的区别

商业保险是指当事人自愿缔结保险合同，投保人根据合同约定，向保险公司支付保险费，保险公司根据合同约定在保险事故发生时对其所造成的财产损失给付赔偿金，或者当被保险人死亡、伤残、疾病或达到约定的年龄、期限时承担给付保险金责任。社会保险与商业保险具有密切联系，一方面，社会保险从商业保险引进了诸多的保险技术与保险原理，其二者都是基于风险预防而建立的责任分担机制，都具有“保险性”；另一方面，商业保险可以作为社会保险的补充，完善社会保险的体系。而社会保险与商业保险的主要区别包括：

1. 保险目的和性质不同

社会保险是为了预防社会风险，实现社会安全为基本目的，因此，其具有社会性和国家强制性。而商业保险主要是投保者为实现被保险人或者投保人自身的个体安全，其不具有强制性，而是有投保者自主决定与保险机构订立保险合同。因此，商业保险具有个体性和自主性。

2. 保险对象不同

社会保险的对象是劳动者，其适用范围是由法律强制规定的。而商业保险的被保险人则是根据保险合同约定所确定的。

3. 营利性不同

社会保险具有非营利性，社会保险基金的利息以及投资所得都应纳入社会保险基金，而商业保险具有营利性，商业保险机构经营商业保险业务的目的就在于营利，并且，商业保险机构利用投保人的保险费的投资收益，也有部分属于公司盈利。

4. 保障水平不同

社会保险待遇往往是根据劳动者的缴费情况、工资以及当地的经济发展情况所确定，其是为了保障劳动者的基本生活。而商业保险的保障水平完全取决于投保人缴纳保险费的多少和投保的长短。

5. 法律依据不同

社会保险属于社会法范畴，其主要的法律依据是劳动法、社会保险法等；而商业保险则是属于商法的范畴，其主要依据则是保险法。

6. 管理体制不同

社会保险是由主管社会保险事务的政府职能部门及所属的社会保险经办机构管理、运营。而商业保险则是由依法批准经营保险业务的公司承担管理、运行，各商业保险机构独立核算，自主经营。

第二节　社会保险法概述

案例及问题导引

甲为进城务工人员，被A公司聘为保安。A公司要求为甲办理社会保险，扣缴社会保险费，甲认为自己迟早要回家，交了保费，也不一定能享受社会保险待遇，因此，主动向公司人力主管提出不用交社会保险费，并签订了承诺书，承诺是个人主动要求不缴纳社会保险费的。请问当事人双方协商订立的不参加社会保险费的协议是否有效？

一、社会保险法的概念和地位

社会保险法是调整社会保险关系的法律规范的总和。社会保险关系作为社会保险法的调整对象，对于确定社会保险法的地位具有重要作用。社会保险关系的性质既不能等同于平等主体之间的私法关系，也不同于基于行政职权的服从而形成的公法关系，而是具有公私混合的社会法属性。其原因在于：一是从利益的来看，社会保险法以社会利益为本位；二是从法的价值来看，社会保险法是以实质正义为价值追求；三是从调整手段来看，社会保险法是以强制为主。

二、社会保险法的基本原则

社会保险法的基本原则是指维护社会保险法律体系协调统一，指导社会保险法律制度形成的基础性原理和价值准则。基本原则应该具有内容的根本性和效力的贯穿始终性的特点，对于指导立法、司法以及守法起到重要作用。

（一）社会安全原则

社会安全是指对于那些在现代社会生活所偶发的，而非个人能力所可预知的事件，如疾病、失业、老年、工伤事故等，给予个人或家庭保护，因此社会保险制度通过预防工业风险来实现社会安全。

（二）强制保险原则

强制保险原则体现了社会保险法律制度强制性和保险性。强制原则是指社会保险应考虑国民中多数人之利益以及费用负担之能力，由国家制定强制性法规，规定指定范围内之国民均应投保并缴交保费。① 保险原则则是指基于“风险分担”机制，被保险人可以通过保险费用分担其所面临的风险，而被保险人所承担的保费与其所承担的风险之间具有一定的“对价性”。社会保险由于“雇主责任”的理念以及政府的财政介入，使得社会保险的“对价性”呈现出大体性。

（三）所得重分配原则

所得重分配原则是社会保险法的社会性的体现，有学者将其表述为“社会适当性原则”。② 社会保险制度对于经济弱势者的照顾功能，有些类似于“劫富济贫”的观念。与“保险原则”所注重的“个人的”公平性不相同，强调的是追求基于“社会连

---

① 周怡君，钟秉正．社会政策与社会立法．台北：洪叶文化事业有限公司，2006：82.

② 钟秉正．社会保险法论．台北：三民书局，2005：137－138. 周怡君，钟秉正．社会政策与社会立法．台北：洪叶文化事业有限公司，2006：86.

带”思想的“整体公平”。[1]

（四）基本生活保障原则

基本生活保障原则并非是指“最低收入”保障，其包括以下两方面的含义：一方面，社会保险待遇应该不仅是维系被保险人的生存，而且应该是能够使其被保险有尊严的生活，因此，“一般情况下，社会保险的给付应当高于社会救助的‘满足最低生活需求’或‘维持最低生活水准’，否则不仅将混淆两种制度的功能，还可能引发‘道德危机’”；[2] 另一方面，基本生活保障原则上是指确立的社会保险待遇的给付应该与社会经济的整体发展水平相联系，因为，社会经济发展水平不仅仅影响社会保险制度的实施，同样也决定了社会成员的生活水平。《社会保险法》第二条规定，社会保险制度坚持保基本的方针。

（五）自给自足原则

社会保险与其他社会福利制度的区别在于其财务自主，即社会保险待遇的给付主要由社会保险的缴费承担，政府主要是在行政管理费用等承担补充责任。因此，社会保险的财务应根据保险精算确定保险费率，当保险事故的发生及损害的机率降低时，保险费率也应该降低，而反之，当事故发生及损害率上升时，则应该提高保险费率。社会保险财务自给自足的原因在于：

1. 社会保险待遇的给付与社会保险费用的缴纳具有一定的对价性，因此，确定财务自给自足的原则有利于社会保险制度的发展；

2. 社会保险具有社会性，强调风险责任的共担，但是，只有我为人人，才有人人为我，所以，财务的自给自足实际上是强调被保险人的自己责任。

第三节 社会保险法律关系[3]

一、社会保险法律关系概述

（一）概念及分类

社会保险法律关系的概念，有广义和狭义之分。广义的社会保险法律关系是指社会保险关系的主体，在社会保险活动中，依据社会保险法形成的权利义务关系。具体包括社会保险资金筹集关系、社会保险待遇支付关系、社会保险监督关系以及社会保险争议

---

① 钟秉正．社会保险法论．台北：三民书局，2005：137－138.

② 周怡君，钟秉正．社会政策与社会立法．台北：洪叶文化事业有限公司，2006：83.

③ 本节部分内容参考了中国人民大学法学院法学博士林海权的博士论文《社会保险法律关系研究》。

解决关系等。[①] 狭义的社会保险法律关系则仅指社会保险基础法律关系，即社会保险的被保险人与保险人之间依法形成收取和缴纳社会保险费、支付和享受社会保险待遇的相互权利义务关系。从具体内容上看，主要包括征缴主体、雇主和雇员基于社会保险费用的征缴而产生的法律关系以及给付主体、给付辅助机构与被保险人（包括被保险人之外的其他保险对象）基于社会保险待遇给付而发生的法律关系。

（二）社会保险法律关系的要素

社会保险法律关系的要素是指构成法律关系的必要条件，包括：主体、客体、内容以及法律事实。

1. 社会保险法律关系的主体

社会保险法律关系的主体是指依法参加社会保险法律关系，享受社会保险权利和承担社会保险义务的人。具体包括：

（1）社会保险经办机构

社会保险经办机构是指直接负责社会保险业务的机构，主要包括社会保险费用征缴主体和社会保险待遇给付主体。一般而言，社会保险费用的征缴主体与社会保险待遇给付主体是同一机构，但并非绝对，各个国家往往根据实际需要进行设置。我国当前的社会保险经办机构主要是由劳动保障行政部门按照国务院有关规定设立的，受劳动保障行政部门管理，在法律性质上属于相对独立的、事业性的、非盈利性的法人机构。

（2）被保险人

被保险人是指对社会保险标的享有保险利益，并享有社会保险待遇给付请求权的主体。有些国家以职业群体作为社会保险对象，其社会保险的被保险人以雇用劳动者为主，如德国；而有些国家被保险人则是全体社会成员，如英国的社会保险以全体国民为保险对象。根据被保险人资格取得方式，被保险人可以分为两种：强制被保险人和任意被保险人。强制被保险人是指依据法律规定必须参加社会保险的被保险人，其被保险人资格的取得是基于法律规定。而任意被保险人是指符合法定条件的人，通过申请而取得参加社会保险资格的被保险人。

（3）被保险人以外的其他保险对象

被保险人以外的其他保险对象是指除了被保险人外的其他享有社会保险待遇给付请求权的人，一般限于法定范围内的与被保险人存有亲属关系的主体。被保险人以外的其他保险对象与保险人之间并不存在社会保险关系，其保险待遇给付请求权是由被保险人权利移转或延伸而来。如劳动和社会保障部颁布《因工死亡职工供养亲属范围规定》对被保险人因工死亡时，其他可以请领工伤保险待遇的保险对象的资格的取得和丧失进

① 王昌硕．劳动和社会保障法学．北京：中国劳动社会保障出版社，2005：221.

行了规定，根据其规定，死亡职工供养亲属，是指该职工的配偶、子女、父母、祖父母、外祖父母、孙子女、外孙子女、兄弟姐妹。

（4）社会保险辅助机构

社会保险辅助机构是指为社会保险制度的运行起协助作用的专业机构，如医疗保险中和工伤保险中的定点医疗机构。因为庞大的医疗保险体系所涵盖的医疗服务，不可能由保险人本身直接来履行，因此，必然要通过委任此任务给第三人，以确保医疗保险基础关系中保险人所负义务能够适当地履行。① 而医疗服务机构主要分为三类：主管机关指定的医疗服务机构、社会保险经办机构指定的医疗服务机构以及社会保险经办机构开设的医疗服务机构。

（5）投保人

投保人是指为被保险人建立社会保险关系，缴纳社会保险费用的主体。投保人主要是指用人单位，而实践中投保人可能与被保险人相重合，如非雇用劳动者。

2. 客体

社会保险法律关系的客体是指社会保险法律关系的权利义务所指向的对象。法理学将所有法律关系的客体概括为四类，即物、行为、智力成果以及人身利益。我们认为，社会保险法律关系的客体是行为——主要是社会保险费用征缴行为以及社会保险待遇给付行为。

3. 内容

社会保险法律关系的内容是指社会保险法律关系主体在社会保险活动中依法所享有的权利义务。社会保险法作为社会法，基于其所产生的法律关系的内容具有公私混合性，包括公权利义务和私权利义务。其中公权利主要是指社会保险经办机构所享有的行政职权以及行政相对人基于公法的规定或者公法关系所享有的权利，如：社会保险经办机构所享有的行政处罚权以及用人单位等对于社会保险经办机构处罚不当而享有的获得行政救济的权利。公义务是指社会保险经办机构所承担的行政职责以及行政相对人所承担的义务。而私权利义务是指劳动者与用人单位因社会保险费用的征缴而产生的权利义务以及被保险人与社会保险辅助机构之间所产生的权利义务。

社会保险法作为社会法，具有公私混合性，具体表现在法律关系主体以及法律关系内容等具有公私混合性，因此，在此仅能概括地揭示社会保险法律关系的权利义务，而整体而言社会保险法律关系的内容的核心在于两个方面，即社会保险费用缴纳请求权、社会保险费用缴纳义务以及社会保险待遇给付请求权、社会保险待遇给付义务。

---

① 蔡维音．社会国之法理基础．台北：正典出版文化有限公司，2001：93.

4. 法律事实

法律事实是法律规范所规定的、能够引起法律后果即法律关系产生、变更和消灭的现象。[①] 社会保险法律事实是指社会保险法律规范所规定的，能够引起社会保险法律关系发生、变更或者消灭的各个事实。社会保险法律事实以是否以权利主体的意志为转移可以分为事件和行为，前者主要是指不以权利主体意志为转移的法律事实，主要包括：保险事故和缴费年限。而后者则是指以权利主体的意志为转移的法律事实，主要包括民事法律行为、行政行为以及行政合同。

实际上，引起社会保险法律关系发生、变更或者消灭的事实往往不是单一事实，通常情形下，是由多个事实相结合而整体上所引发的，因此属于事实构成。

（三）社会保险法律关系的性质

社会保险法作为社会法，公私兼容是其重要特性，因此，从整体而言，社会保险法律关系也呈现出公私兼容的属性。但是，作为社会保险法律关系的基础关系的保险人与被保险人的关系的性质则应属于公法关系，因此，我国《社会保险法》等法律规范的规定，社会保险争议应通过行政渠道寻求救济，由此可知立法者乃是将其定位为公法关系。

二、社会保险费用征缴法律关系

（一）社会保险的财源

1. 社会保险财源

（1）以保费为主要来源

根据《社会保险费征缴暂行条例》规定，缴费单位、缴费个人应当按时足额缴纳社会保险费。征缴的社会保险费纳入社会保险基金，专款专用，任何单位和个人不得挪用。此乃社会保险制度与其他社会保障制度的主要区别，即社会保险费用主要来自于社会保险费。包括基于社会保险费的征缴而延伸的费用，如利息、滞纳金等。

（2）以国家补贴为补充

社会保险虽然主要以保费为主要来源，但是通常情形下，国家仍然会通过财政预算支付社会保险行政所需费用，并负担若干比例的保费。但是，整体而言国家的预算补贴在社会保险财政中所占比重较小。而政府主要通过以下两种方式支助社保险财政：一是通过政府财政预算支出来负担社会保险组织的运作费用；二是当社会保险基金费用不能满足待遇支付需要时，则由政府的财政予以适当补贴。《社会保险法》第六十五条规定："社会保险基金通过预算实现收支平衡。县级以上人民政府在社会保险基金出现支

---

① 朱景文．法理学．北京：中国人民大学出版社，2008：445.

付不足时，给予补贴。”

2. 社会保险财政征缴的方式（或社会保险基金筹集的方式）

自20世纪80年代实行社会保险基金的强制统筹以来，一直由政府所属的社会保险机构征收社会保险费，但是社会保险费的收缴难度较大，如在养老保险方面，全国就出现收不抵支的情况。为此，一些地方开始进行社会保险收缴方式的改革，如1995年，武汉市开始实行由税务部门代征养老保险费的试点改革，此后全国陆续有部分省、市、自治区政府决定由税务机关征收或者代收养老保险费。《社会保险费征缴暂行条例》规定，社会保险费的征收机构由省、自治区、直辖市人民政府规定，可以由税务机关征收，也可以由劳动保障行政部门按照国务院规定设立的社会保险经办机构征收。截至2007年，五项社会保险费全部由经办机构征收的包括15个省份和新疆生产建设兵团以及大连、深圳和青岛3个计划单列市，占全国的51.3%。五项社会保险费全部由税务机关征收的有安徽省和宁波、厦门两个计划单列市，占全国的8.1%。五项社会保险费按险种或者市县不同，既有经办机构征收，也有税务机关征收的有15个省份，占全国的40.6%。这种统一地区多头征收的体制存在很大的弊端，社会保险法起草制定过程中，有人建议统一征收机构，但是立法过程中，各方面对统一由经办机构征收，还是由税务机关征收，存有较大分歧，① 因此，《社会保险法》仅明确了统一征收的基本原则，而具体征收机构授权国务院规定，其第五十九条规定：“县级以上人民政府加强社会保险费的征收工作。社会保险费实行统一征收，实施步骤和具体办法由国务院规定。”②

理论争鸣

社会保险费还是社会保险税？

近年来，随着我国社会保险制度深入实施，通过缴费筹集社会保险基金暴露出诸多问题，如征缴制度混乱，征缴难度大，征收成本高；以及社保基金缺少有效监督，“空

① 信春鹰．中华人民共和国社会保险法释义．北京：法律出版社，2010：169－170.

② 《社会保险法》在第七章、第九章分别规定了“社会保险费征缴”和“社会保险经办”，从理论上来看，社会保险经办理应包涵社会保险费征缴，但是，正是由于我国社会保险费征缴机构分离，形成了割裂，立法机关无法通过立法强制性的统一，因此，只是确定要统一征收，但具体统一由哪个机构征收则是授权国务院另行规定，从而不得不在立法中对“社会保险经办”和“社会保险费征缴”予以区别。本书中未专门对社会保险经办进行介绍，而是将经办的部分内容整合到社会保险费征缴法律关系和社会保险待遇给付法律关系中。

账”额度大，挤占挪用情况严重等。而且国家为了规范收费管理，清理整顿收费秩序，整体明确了“费改税”的改革方向，因此，有部分学者认为社会保险基金的筹集应该由“缴费”完全改为“征税”。而我们认为，无论是“缴费”还是“征税”的观点都具有可取之处，但是，比较而言，似乎“缴费”更为合理。其理由在于：

(1) 社会保险制度的核心在于实现国家的社会给付，而“费”或“税”仅仅是实现社会给付目的的手段，而且比较来看，“费”与“税”具有较多的共同特点，其二者都强制性。而目前我国社会保险费征缴中出现的问题并非是保费征收方式导致的，而是由于我国立法及执法的力度、客观经济因素、人口结构以及历史欠账所造成的。

(2) 尽管“费”与“税”具有共同性，但是税具有无偿性，而费则是具有一定的对价性。因此，“费”改“税”将会削弱社会保险的保险性。

(3) 税的征收是面向全体国民，无论在税率还是征缴方面都具有统一性，并且税收最终成为国家财政收入，因此，“费”改“税”也将会削弱社会保险的社会性，使得社会保险得以建立的责任分担机制丧失，纯粹变为国家责任，而人与人之间的社会连带破裂。

(4) 社会保险经费的筹集方式与各个国家的社会保险制度的模式密切相关。社会保险的形态愈接近国民保险，保费的性质愈接近税收，而保险给付亦愈类似国家给付。因此，社会保险“费”还是“税”实际上是与国家社会保险的制度模式密切相关，纵观世界各国，采取如德国的“俾斯麦模式”的国家或地区多是采用社会保险费的筹资方式，而采取如英国的“贝弗里奇模式”的国家或地区多是采用社会保险税的方式。

(5) 从目前我国的社会保险制度的现状来看，一是“缴费”是我国社会保险主要的筹资方式，且实施多年，如果改“税”，制度之间的衔接以及现有的社会保险基金的处理将会面临很大的困难；二是我国社会保险包括养老、医疗、工伤、失业以及生育等5项，而各个险种之间的保险对象差距较大，缴费模式也不一样。因此，用社会保险税的形式统一筹集社会保险基金似乎也面临较大的困难。此外，由于我国经济发展之间的地区差异、城乡差异，如何统一不同地区、不同统筹层次的社会保险税的税率以及征缴也是困难重重。

因此，将社会保险费改为社会保险税的方式来筹集社会保险基金的设想，需要进一步论证或者应当缓行。① 从《社会保险法》的规定来看，似乎立法者选择“缴费”的形式，因为，《社会保险法》中所有关于社会保险基金的筹集形式的规定都是采用“费”的表述。

---

① 林嘉．社会保障法的理念、实践与创新．北京：中国人民大学出版社，2002：288. 郑功成．社会保险费改税应当缓行．中国经济时报，2000－02－02.

3. 社会保险财务模式

（1）现收现付的模式

现收现付模式是指当期的缴费收入全部用于支付当期的养老金支出开支，不留或留很少的储备基金。现收现付制模式的优点在于较好地体现了社会保险的收入再分配职能，并且无需过高的管理成本，但是其缺点在于由于没有储备积累，因此，其无法应对突发的经济波动以及人口老龄化。采取此种模式的国家有英国、德国等。

（2）强制储蓄（基金制）模式

强制储蓄（基金制）模式是指雇员单一缴费或由雇主和雇员共同缴费，缴费全部进入个人账户。强制储蓄制度的优点在于能够增加储蓄和资金积累，能够应对人口结构的变化；但是其缺点在于由于大量的基金积累，容易受通货膨胀的影响以及需要较高额的管理成本。采取此种模式的国家如新加坡等。

鉴于上述两种社会保险基本财务机制具有不同的缺陷，且呈优势互补特征，部分国家或地区将二者结合形成第三种模式，即混合模式，也称为部分积累制。我国养老保险制度即采取此种模式，养老保险包括社会统筹和个人账户两部分，其中社会统筹部分实行现收现付制的财务制度，个人账户部分实行完全积累的财务制度。

（二）社会保险费用征缴法律关系的构成

社会保险费用征缴法律关系是指社会保险主体因为社会保险费用的征缴而发生的权利义务关系。根据我国目前社会保险的相关规定，社会保险费用缴纳义务人通常为劳动者与用人单位，而征缴权利人各地不尽相同，有的是由社会保险经办机构负责，有的则是由税务机关负责。因此，社会保险费用征缴法律关系主要有以下几个法律关系构成：

1. 征缴权利人与缴费义务人的关系

征缴权利人与征缴义务人相对应，一方享有社会保险费用缴纳请求权，而另一方则承担相应的义务。而根据缴费义务主体的不同，征缴权利人与缴费义务人的关系可以分为：征缴权利人与用人单位的关系以及征缴权利人与劳动者的关系。

2. 用人单位与劳动者之间的关系

基于社会保险费用的征缴，用人单位与劳动者之间的关系具有双重性，一方面，基于社会保险法律的规定，用人单位所承担的缴纳保费的义务不仅包括自己缴纳，还应该就其所雇用的劳动者所应履行缴费数额承担代扣代缴的义务，此种义务属于公法义务；另一方面，基于劳动合同的约定，由于社会保险的约定是劳动合同的必备条款，因此，用人单位为劳动者办理社会保险登记、缴纳社会保险费用属于劳动合同的义务。

（三）社会保险费用征缴法律关系的内容

社会保险费用征缴法律关系的内容是指社会保险主体在保费征收和缴纳过程中所享

有的权利义务。具体包括：

1. 征缴主体的权利义务

社会保险费用的征缴主体是依法履行行政职权的公法人，其作为政府的代表，一方面，基于公民所享有的社会权，具体承担着国家对于公民的保护照顾义务；另一方面，基于具体的行政法律规范，通常又享有相应的职权。因此，征缴主体所实施的行为具有权利义务的混合性，但更多是应承担履行相应职责的义务。

（1）征收社会保险费的职责

社会保险费的征收是社会保险制度得以建立的前提，征收社会保险费是征缴主体的主要职责，而该职责的核心是社会保险费用缴纳请求权。此外，围绕社会保险费的征缴，衍生出许多附属职责。如核定保费数额的职责，《社会保险法》第六十一条规定："社会保险费征收机构应当依法按时足额征收社会保险费，并将缴费情况定期告知用人单位和个人。"

（2）登记的职责

社会保险经办机构应当定期向社会公告社会保险费征收情况，并且要接受劳动保障行政部门的监督检查。而缴费单位、缴费个人有权查询社会保险费的缴纳记录。《社会保险法》第七十四条规定："社会保险经办机构通过业务经办、统计、调查获取社会保险工作所需的数据，有关单位和个人应当及时、如实提供。社会保险经办机构应当及时为用人单位建立档案，完整、准确地记录参加社会保险的人员、缴费等社会保险数据，妥善保管登记、申报的原始凭证和支付结算的会计凭证。社会保险经办机构应当及时、完整、准确地记录参加社会保险的个人缴费和用人单位为其缴费，以及享受社会保险待遇等个人权益记录，定期将个人权益记录单免费寄送本人。用人单位和个人可以免费向社会保险经办机构查询、核对其缴费和享受社会保险待遇记录，要求社会保险经办机构提供社会保险咨询等相关服务。"

（3）调查和检查权利

为了督促缴费单位和个人切实履行缴费义务，征缴主体可以对缴费单位履行社会保险登记、缴费申报等情形进行调查和检查。我国《社会保险费征缴监督检查办法》规定，社会保险经办机构受劳动保障行政部门的委托，可以对缴费单位履行社会保险登记、缴费申报、缴费义务的情况进行调查和检查，发现缴费单位有瞒报、漏报和拖欠社会保险费等行为时，应当责令其改正。

（4）告知、说明和咨询的义务

征缴主体所实施的社会保险费征缴行为属于行政行为，而根据行政程序公开原则，实施行政行为的机关应该要承担相应的说明和咨询的义务。如《工伤保险条例》规定，经办机构应该为工伤职工或者其直系亲属免费提供咨询服务。人力资源和社会保障部

《实施〈中华人民共和国社会保险法〉若干规定》第17条规定："社会保险经办机构应当每年至少一次将参保人员个人权益记录单通过邮寄方式寄送本人。同时，社会保险经办机构可以通过手机短信或者电子邮件等方式向参保人员发送个人权益记录。"

（5）申请查询、划拨、扣押、查封的权利

《社会保险法》第六十三条规定："用人单位未按时足额缴纳社会保险费的，由社会保险费征收机构责令其限期缴纳或者补足。用人单位逾期仍未缴纳或者补足社会保险费的，社会保险费征收机构可以向银行和其他金融机构查询其存款账户；并可以申请县级以上有关行政部门作出划拨社会保险费的决定，书面通知其开户银行或者其他金融机构划拨社会保险费。用人单位账户余额少于应当缴纳的社会保险费的，社会保险费征收机构可以要求该用人单位提供担保，签订延期缴费协议。用人单位未足额缴纳社会保险费且未提供担保的，社会保险费征收机构可以申请人民法院扣押、查封、拍卖其价值相当于应当缴纳社会保险费的财产，以拍卖所得抵缴社会保险费。"

2. 被保险人的权利义务

（1）请求用人单位履行登记、缴费义务的权利

对于雇用劳动者而言，其社会保险登记以及社会保险费用缴纳全都由雇主承担，而当雇主逾期未履行相关义务时，则劳动者可以请求雇主履行社会保险登记、缴费义务。

（2）自行办理社会保险登记和缴费的权利

为了督促雇主履行相应的义务，当雇主怠于履行其办理社会保险登记和缴纳社会保险费用的义务时，被保险人可以自行办理，然后再向雇主追偿。然而，目前我国的社会保险立法中，没有确定相应的权利，仅仅是规定非雇用劳动者享有自行办理社会保险登记和缴费的权利。《社会保险法》第五十八条规定："自愿参加社会保险的无雇工的个体工商户、未在用人单位参加社会保险的非全日制从业人员以及其他灵活就业人员，应当向社会保险经办机构申请办理社会保险登记。"

（3）请求征缴主体履行职责的权利

根据法律规定，社会保险征缴机构应该积极作为保障公民社会保障权的实现，如果社保经办机构怠于行使，则公民可以以行政不作为提起诉讼。如被保险人有权请求征缴主体履行相应的职责，当征缴主体怠于履行职责时，被保险人可以行政不作为寻求行政救济。

（4）查询、知情的权利

《社会保险法》第四条规定，个人有权查询缴费记录、个人权益记录，要求社会保险经办机构提供社会保险咨询等相关服务。

（5）缴费义务

基于社会连带，在部分社会保险险种中，被保险人需要自己承担缴费义务，如我国

有关养老保险、医疗保险以及失业保险的相关法规规定，劳动者应该缴纳部分社会保险费。根据《社会保险费征缴暂行条例》的规定，缴费个人应当缴纳的社会保险费，由所在单位从其本人工资中代扣代缴。

（6）协助义务

协助义务是指被保险人应该协助用人单位办理相关的社会保险登记、费用缴纳等手续。如告知相关信息、提供相应的身份证明材料等。被保险人的协助义务是基于劳动合同而产生，相当于合同法上的附随义务。

3. 用人单位的权利义务

在社会保险法中，用人单位的权利义务具有不对称性，其主要是义务承担者，其所享有权利多是在在履行社会保险的登记、费用缴纳过程中产生的程序性权利，如查询保费登记记录的权利、咨询的权利等。

（1）登记义务

用人单位应当自成立之日起三十日内凭营业执照、登记证书或者单位印章，向当地社会保险经办机构申请办理社会保险登记。社会保险经办机构应当自收到申请之日起十五日内予以审核，发给社会保险登记证件。用人单位的社会保险登记事项发生变更或者用人单位依法终止的，应当自变更或者终止之日起三十日内，到社会保险经办机构办理变更或者注销社会保险登记。

新招录的员工，用人单位应当自用工之日起三十日内为其职工向社会保险经办机构申请办理社会保险登记。未办理社会保险登记的，由社会保险经办机构核定其应当缴纳的社会保险费。

（2）申报和按时足额缴费的义务

雇主负有自行申报缴费额，并且按时足额缴费的义务，以及因为违反缴费义务产生的滞纳金和利息。《社会保险费》第六十条规定：“用人单位应当自行申报、按时足额缴纳社会保险费，非因不可抗力等法定事由不得缓缴、减免。职工应当缴纳的社会保险费由用人单位代扣代缴，用人单位应当按月将缴纳社会保险费的明细情况告知本人。”

（3）查询、知情的权利

用人单位可以免费向社会保险经办机构查询、核对其缴费记录，要求社会保险经办机构提供社会保险咨询等相关服务。

（4）协助义务

为了确定保险资格以及保险费数额，征缴主体必须要对登记的有关信息进行审查，在特定的情况下对雇主的其他材料甚至进入雇主的生产场所进行审查，而对于这些审查雇主应该承担相应的协助义务。

三、社会保险待遇给付法律关系

（一）社会保险待遇给付的内容及方式

1. 给付内容

（1）实物给付

实物给付包括劳务给付和物质给付两方面。其中劳务给付是泛指以通过“人力”提供的方式给予被保险人照顾或者帮助，实践中常见的是医疗保险种中医护人员的诊断行为，或者照护保险中的居家照顾，如德国1994年通过《长期照护保险法案》。物质给付是指社会保险给付主体以“物品”方式给予被保险人给付，如医疗保险中药品和医疗辅助器材的提供。

（2）金钱给付

现金给付则是指保险事故发生时，给付主体直接给予被保险人或者其他被保险兑现金钱，以弥补其因此而产生的经济损失。在社会保险金钱给付通常具有“所得替代”的功能，即是通过社会保险金钱给付防止被保险人因为社会保险事故所得中断而陷入生存困境，因此，金钱给付通常是以被保险人的工资作为给付标准。如生育津贴、工伤保险的伤残补助金、养老金等。

2. 给付方式

因为保险事故或者损失持续的时间的不同，社会保险给付方式也有所不同，大致可以分为一次性给付与持续性给付两种。

（1）一次性给付

一次性给付并非是指实际提供保险给付的次数，而是针对该次保险风险事件的给付。如医疗保险中，通常被保险人患病该社会风险具有短期性，一般而言，给付的期限通常是根据该疾病的治愈程度以及治愈的可能性来确定。如果被保险人恢复健康，则医疗服务机构应该改采适当的医疗给付或者停止医疗给付。一次性的保险给付方式，主要是为了适应被保险人“一定期限内风险”所产生的不同保障需求而设计的。①

（2）持续性给付

现金给付多是持续性给付，养老保险中养老金的给付是典型的持续性给付。持续性给付的优点在于可以为被保险人提供经济生活上的长期保障，尤其是劳动者退休后的所得替代需求。并且由于持续性给付能够根据经济发展以及生活水平对于给付的额度进行适时调整，能够更好地实现社会保险的生存保障职能。

社会保险待遇的给付方式并非确定如此，各个国家根据自身情况以及险种的特点

---

① 周怡君，钟秉正．社会政策与社会立法．台北：洪叶文化事业有限公司，2006：65－66.

确定相应的待遇给付方式，但总体而言，与“持续性给付”相比，“一次性给付”的优点在于可以节省保险金的管理以及多次给付的行政成本，而其缺点在于“以定额之给付用以保障不定期的老年生活，以及不确定的物价变动，其保障功能之不可期待。”①

（二）社会保险待遇给付法律关系的构成

1. 被保险人与给付主体之间的关系

被保险人与社会保险经办机构之间的法律关系是社会保险法律关系的基础关系，其相互之间的法律关系的性质为公法上的法定之债，因此，给付主体所实施的社会保险待遇的给付行为实质上是该债权债务关系的履行行为。

2. 给付主体与辅助机构之间的法律关系

给付主体与辅助机构之间的法律关系属于公法关系，而对于其具体性质，目前学界有两种观点：一是行政合同关系说；另一种是行政处分行为说。行政合同的特征在于必须以双方当时对等之合意为基础，而行政处分则是取决于行政机关单方的意思表示。

从我国目前的立法情况来看，给付主体与辅助机构之间应该属于行政合同关系。根据《城镇职工基本医疗保险定点零售药店管理暂行办法》以及《城镇职工基本医疗保险定点医疗机构管理暂行办法》的规定，愿意承担城镇职工基本医疗保险定点服务的医疗机构或零售药店，向统筹地区劳动保障行政部门提出书面申请，然后由劳动保障行政部门根据申请及提供的各项材料对相关机构和药店进行审查。审查合格的发给定点医疗机构资格证书或定点零售药店标牌，向社会公布。社会保险经办机构按规定在具备资格的医疗机构和零售药店范围内选择定点，依据本地区医疗机构、药店的实际情况，与定点医疗机构、定点零售药店签订服务协议。因此，我国定点医疗机构和定点零售药店与给付主体之间的法律关系应为行政合同关系。

3. 被保险人与辅助机构之间的法律关系

辅助机构经保险人的委任，为被保险人提供相应辅助服务。而被保险人与辅助机构之间的法律关系具有公私兼容的属性，一方面，基于社会保险基础关系，被保险人对保险人享有社会保险待遇给付请求权，保险人承担相应的给付义务，而该义务实际是由第三人——辅助机构来替代履行。该辅助机构替代履行的义务则是基于其与保险机构之间的行政行为或者行政合同关系，所以，被保险人的社会保险待遇给付请求权的产生以及辅助机构替代履行义务的产生都是基于公法上的关系；另一方面，被保险人与辅助机构之间由于相应的辅助服务，如医疗服务，所形成的关系，与一般人在辅助机构接受相应

---

①　郭明政．社会安全制度与社会法．台北：翰芦图书出版有限公司，1997：216.

服务形成的关系并无二致，因此，其相互之间还具有私法上的关系。

（三）社会保险待遇给付法律关系的内容

1. 给付主体的权利义务

（1）给付保险待遇义务

给付义务是指给付主体必须及时、足额的向符合条件的被保险人提供社会保险待遇。而给付义务是保险人对被保险人所负的公法上的法定之债，而对于给付义务的履行可以由保险人直接给付也可以由其委托第三人代为履行。

（2）支付服务费用的义务

给付主体基于行政合同将自己的保险待遇给付义务部分或者全部委托给辅助机构，因此，其应该向辅助机构支付相应的费用。《城镇职工基本医疗保险定点医疗机构管理暂行办法》规定，社会保险经办机构要按照基本医疗保险的有关政策规定和与定点医疗机构签订的协议，按时足额与定点医疗机构结算医疗费用。

在社会保险待遇给付法律关系中，给付主体主要是承担义务，其权利的享有通常是为了辅助更好地履行义务。如指定、监督和撤销辅助机构的权利，保险人作为依法履行与社会保险事务相关的行政职责的公法人，基于行政合同与辅助机构建立法律关系。因此，保险人应该享有选定、监督和撤销辅助机构的权利。①

此外，给付主体享有权利还包括确认社会保险请求权的权利以及对辅助机构的记录、处方、帐单、收据及有关文件资料进行审查的权利等。

2. 被保险人的权利义务

（1）请求给付保险待遇的权利

被保险人依法享有请求保险人给付保险待遇的权利，该请求权是基于法律的规定产生，是公法上法定的债权，而该请求权的行使必须满足法定的条件，包括参加社会保险、缴纳社会保险费用以及发生保险事故等。

（2）协助义务

被保险人在行使其社会保险待遇给付请求权时，必须承担相应的协助的义务，该义务一方面来自于其基于社会保险基础关系，具有公法义务的属性，如在接受辅助服务时提供相应的社保资格证明等；另一方面，则是来自于其与辅助机构的法律关系，具有私法义务的属性。如告知医疗服务机构自身的情况等。

---

① 根据《城镇职工基本医疗保险定点医疗机构管理暂行办法》以及《城镇职工基本医疗保险定点零售药店管理暂行办法》的相关规定，目前我国由劳动保障行政部门依法享有指定、监督和撤销辅助机构的权利，而社会保险经办机构仅能在医疗服务机构违反服务协议时享有依法解除合同的权利。这是我国社会保险行政管理和具体业务存在“政事不分”的具体体现。

3. 辅助机构的权利义务

（1）提供辅助服务的义务

辅助机构基于其与保险人的行政合同，对辅助保险人履行给付义务负有公法义务，而基于其与被保险人的一般的服务关系，则对被保险人负有私法义务。因此，在社会保险待遇给付法律关系中，辅助机构依法对保险人和被保险人负有提供辅助服务的义务。

（2）相应的辅助义务

辅助机构在主要履行提供辅助服务的义务时，也应该承担相应的辅助义务，如登记义务，《关于完善城镇职工基本医疗保险定点医疗机构协议管理的通知》（劳社厅函〔2003〕258号）规定，医疗服务机构要按医疗保险管理规定按时、准确录入并传输有关信息，保证信息的准确与完整，协助社会保险经办机构建立和完善各种基础数据库，及时完成信息的变更和维护等工作。定点医疗机构应严格按照医疗服务价格项目规范及相应的收费标准记帐、收费、申报。超项目规范及费用标准的，社保经办机构有权不予支付。

（3）请求支付服务费用的权利

辅助机构基于行政合同的委托，替代履行了相应的社会保险给付，因此，基于行政合同的约定，对给付主体享有支付服务费用的请求权。

（4）确认社会保险待遇请求权及其内容的权利

辅助机构在提供辅助服务时，享有确认社会保险待遇请求权及内容的权利。如：要求被保险人出示身份证以及相关的社会保险资格证明等。

四、社会保险监督法律关系

社会保险监督法律关系是指监督人在监督社会保险法律、法规、政策的执行和社会保险基金的运营所形成的权利（力）义务关系。根据《社会保险法》第十章“社会保险监督”的规定，而且第八章“社会保险基金”中也有部分条款的内容涉及到社会保险基金的监督。

（一）社会保险监督法律关系的类型

根据不同的标准，可将社会保险监督法律关系作以下的区分。一是根据监督对象的不同，可以将其区分为：（1）对社会保险参保个人和单位的义务履行情况的监督；（2）对社会保险管理人履行管理职责的监督；（3）对社会保险辅助主体履行辅助职责的监督。二是根据监督的发起方式不同，可以将其区分为：（1）依职权的监督，如社保行政部门根据职责规定，主动对于社会保险基金运营管理的监督；（2）依申请的监督，如参保职工认为用人单位未为其按时足额缴纳社会保险费，而向社保行政部门投诉，社保行政部门因此而发起的监督检查。三是根据监督所处的阶段不同，可以将其区分为：（1）对社会保险基金的筹集的监督；（2）对社会保险基金的投资运营的监督；（3）对社会保险待遇的支付的监督。

《社会保险法》第十章“社会保险监督”的规定，主要是根据监督主体及其内容的不同，将社会保险监督法律关系区分为：（1）人大的监督；（2）行政监督；（3）专门机关的监督；（4）社会监督；（5）财政和审计监督；（6）工会的监督；（7）司法监督。

（二）社会保险监督法律关系的内容

1. 监督人的监督职责

第一，人大监督的职责。根据《地方各级人民代表大会和地方各级人民政府组织法》以及《全国人民代表大会组织法》的规定，县级以上的地方各级人民代表大会享有在本行政区域内监督法律、法规的实施以及审查和批准本行政区域内的国民经济和社会发展计划、预算以及它们执行情况的报告的职权，因此《社会保险法》规定，各级人民代表大会常务委员会享有听取和审议本级人民政府对社会保险基金的收支、管理、投资运营以及监督检查情况的专项工作报告，组织对本法实施情况的执法检查等，依法行使监督职权。

第二，行政监督，即一方面，县级以上人民政府社会保险行政部门对用人单位和个人遵守社会保险法律、法规情况的监督检查；另一方面，社会保险行政部门对社会保险基金的收支、管理和投资运营情况进行监督检查，发现存在问题的，应当提出整改建议，依法作出处理决定或者向有关行政部门提出处理建议。社会保险基金检查结果应当定期向社会公布。社会保险行政部门对社会保险基金实施监督检查，有权采取下列措施：（1）查阅、记录、复制与社会保险基金收支、管理和投资运营相关的资料，对可能被转移、隐匿或者灭失的资料予以封存；（2）询问与调查事项有关的单位和个人，要求其对与调查事项有关的问题作出说明、提供有关证明材料；（3）对隐匿、转移、侵占、挪用社会保险基金的行为予以制止并责令改正。

第三，专门机关的监督，即统筹地区人民政府成立由用人单位代表、参保人员代表，以及工会代表、专家等组成的社会保险监督委员会，掌握、分析社会保险基金的收支、管理和投资运营情况，对社会保险工作提出咨询意见和建议，实施社会监督。社会保险监督委员会可以聘请会计师事务所对社会保险基金的收支、管理和投资运营情况进行年度审计和专项审计。审计结果应当向社会公开。社会保险监督委员会发现社会保险基金收支、管理和投资运营中存在问题的，有权提出改正建议；对社会保险经办机构及其工作人员的违法行为，有权向有关部门提出依法处理建议。

第四，财政、审计监督。《社会保险法》规定，社会保险基金存入财政专户，具体管理办法由国务院规定。财政部门、审计机关按照各自职责，对社会保险基金的收支、管理和投资运营情况实施监督。

第五，工会组织的监督。《社会保险法》规定，工会依法维护职工的合法权益，有权参与社会保险重大事项的研究，参加社会保险监督委员会，对与职工社会保险权益有关的事项进行监督。

第六，社会监督，即任何组织或者个人有权对违反社会保险法律、法规的行为进行举报、投诉。

此外，《社会保险法》第 83 条规定了用人单位或者个人与社会保险费征收机构、社会保险经办机构发生争议的，可以依法申请行政复议或者提起行政诉讼，而个人与所在用人单位发生社会保险争议的，可以依法申请调解、仲裁，提起诉讼，也可以要求社会保险行政部门或者社会保险费征收机构依法处理。上述社会保险争议的处理机制的构建及其实施实际上也是对于社会保险的监督。

2. 被监督人的义务

第一，社会保险费征收机构、社保经办机构等负责社会保险事务的机构负有以下义务：(1) 报告的义务，社会保险经办机构应当定期向社会保险监督委员会汇报社会保险基金的收支、管理和投资运营情况。(2) 依法处理职责范围的举报、投诉的义务。(3) 信息披露的义务，《社会保险法》规定，社会保险费征收机构和社会保险经办机构对于社会保险费的征收情况以及社会保险基金的情况有披露相关信息的义务。

第二，参保用人单位和个人在被监督检查的过程中，负有协助的义务。《社会保险法》规定，社会保险行政部门实施监督检查时，被检查的用人单位和个人应当如实提供与社会保险有关的资料，不得拒绝检查或者谎报、瞒报。

第三，社会保险的辅助主体也应接受相关机关的监督，在被监督监察的过程中，负有协助的义务。

第四节 社会保险基金

一、社会保险基金概述

社会保险基金是指由社会保险经办机构经办的基本养老保险基金、基本医疗保险基金、工伤保险基金、失业保险基金和生育保险基金的总称。社会保险基金具有以下特点：(1) 强制性。社会保险基金依国家法律强制筹集，并严格按照法律规定管理和使用，不得随意而为。(2) 储备性。社会保险制度的目的在于建立储备基金，以预防和化解可能的社会风险，因此，社会保险基金如同“蓄水池”，具有储备性的特征。(3) 互济性。社会保险基金是根据大数法则，统筹运用参保人的缴费，以分担社会成员共同承担风险，是社会成员之间互济性的反映。

我国社会保险基金主要是来自参保人（公民和用人单位共同缴纳或者公民或用人单位单方缴纳）的缴费，国家的财政补贴为补充，体现了雇主、雇员、国家在社会保险方面的责任共担机制。根据我国现行的制度规定，不同社会保险险种基金的缴费率不同，具体参见下表：

表 1　　　我国社会保险基金的来源及其筹集比例

类别	雇　主	雇　员	国家
职工基本养老保险基金	企业缴纳比例一般不超过企业工资总额的 20%	个人缴纳比例，1997 年不低于本人缴费工资的 4%，1998 年起每两年提高 1 个百分点，最终达到本人缴费工资的 8% 自愿参保的无雇工的个体工商户、未在用人单位参加基本养老保险的非全日制从业人员以及其他灵活就业人员的缴费率为 20%	
失业保险基金	用人单位按照本单位工资总额的 2% 缴纳	城镇企业事业单位职工按照本人工资的 1% 缴纳；招用的农民合同制工人本人不缴纳	财政补贴
基本医疗保险基金	用人单位缴费率应控制在职工工资总额的 6% 左右	职工缴费率一般为本人工资收入的 2%	
生育保险基金	企业缴费率最高不超过工资总额的 1%	职工个人不缴纳	

二、社会保险基金的监督与管理

（一）社会保险基金的管理原则

1. 分账管理、专款专用原则

为了确保社会保险基金的安全性，《社会保险法》确立了分账管理、专款专用的原则，即基本养老保险基金、基本医疗保险基金、工伤保险基金、失业保险基金和生育保险基金要按照社会保险险种分别建账，分账核算，执行国家统一的会计制度。而社会保险基金专款专用，必须按照其筹集的目的使用，任何组织和个人不得侵占或者挪用。

2. 收支平衡原则

收支平衡原则指社会保险基金在财务上应该自给自足、略有结余，确保制度的可持续性。《社会保险法》第六十五条规定：“社会保险基金通过预算实现收支平衡。县级以上人民政府在社会保险基金出现支付不足时，给予补贴。”

3. 透明、安全管理原则

社会保险基金具有公共属性，并且关系到社会风险的预防和化解，因此，社会保险基金的管理应该透明、公开，以预防内部控制，而社会保险基金的投资运营应该以安全为主，避免投资风险。《社会保险法》第六十九条规定：“社会保险基金在保证安全的前提下，按照国务院规定投资运营实现保值增值。社会保险基金不得违规投资运营，不得用于平衡其他政府预算，不得用于兴建、改建办公场所和支付人员经费、运行费用、管理费用，或者违反法律、行政法规规定挪作其他用途。”第七十条规定：“社会保险经办机构应当定期向社会公布参加社会保险情况以及社会保险基金的收入、支出、结余和收益情况。”

（二）社会保险基金的监督

1. 社会保险基金监督的内容

基金监督的主要内容是对基金征缴、基金支出和基金结余情况的监督检查，也可以说是对基金收入户、基金支出户和基金结余户（财政专户）的监督检查。

（1）基金征缴监督。主要是监督企业缴费行为，有无少报参保人数，少报工资总额、故意少缴或不缴费；经办机构征缴的保险费是否及时足额缴入收入户管理，有无不入帐，搞体外循环或被挤占挪用；收入户资金是否按规定及时足额转入财政专户等。

（2）基金支出监督。主要是经办机构是否按规定的项目、范围和标准支出基金，有无多支、少支或不支，有无挪用支出户基金；受益人有无骗取保险金行为等。

（3）结余基金（财政专户基金）监督。主要是有无挤占挪用基金、动用基金的行为；结余基金收益状况，是否合理安排存期以追求收益最大化；是否按规定及时足额拨入支出户等。

2. 社会保险基金的监督方式

基金监督的方式是指为履行基金监督职能，完成或达到基金监督任务或目的而采取的方式、方法。主要包括现场监督和非现场监督。

（1）现场监督

现场监督是监督机构实施有效监督的主要方法，也是社会保险基金监督过程至关重要的组成部分。现场监督是监督机构派人到被监督单位对基金管理水平、基金资产质量、基金收益水平、基金流动性等进行全面检查或专项检查。日常监督（在日常业务活动中开展的定期或不定期的基金监督工作）、专项监督（针对某项具体问题而开展的基金监督）和挪用基金案件的检查处理。

（2）非现场监督

非现场监督是现场监督的基础，也是基金监督的重要方式之一。监督机构通过报表分析，对经办机构和有关机构管理运营基金的活动进行全面、动态的监控，了解基金管理的状况、存在问题和风险因素，发现异常情况及时采取防范和纠正措施。

三、全国社会保障基金

《社会保险法》第七十一条规定："国家设立全国社会保障基金，由中央财政预算拨款以及国务院批准的其他方式筹集的资金构成，用于社会保障支出的补充、调剂。全国社会保障基金由全国社会保障基金管理运营机构负责管理运营，在保证安全的前提下实现保值增值。全国社会保障基金应当定期向社会公布收支、管理和投资运营的情况。国务院财政部门、社会保险行政部门、审计机关对全国社会保障基金的收支、管理和投资运营情况实施监督。"

全国社会保障基金是全国社会保障基金理事会负责管理的由中央政府集中的社会保障基金，包括国有股减持划入资金及股权资产、中央财政拨入资金、经国务院批准以其他方式筹集的资金及其投资收益。全国社会保障基金是我国重要的战略储备基金，成立于2000年8月，其目的是在养老保险基金遇到入不敷出时，用以支撑基本养老保险制度，应对人口老龄化高峰期社会养老保险待遇支付缺口需要。全国社会保障基金与社会保险基金有明显的区别（见表2）。

表2　社会保险基金与社会保障基金的主要区别

主要区别	社会保险基金	全国社会保障基金
资金性质和用途	用于社会保险待遇开支的专项社会保障基金	中央政府集中的战略储备基金，用于我国将来人口老龄化高峰时期养老保障的部分资金需要
资金来源	1. 企业缴费 2. 个人积累 3. 财政补贴	1. 中央财政预算拨款；2. 国有股减持划入资金；3. 经国务院批准的以其他方式筹集的资金；4. 投资收益；5. 股权资产（国家财政拨款和国有股减持划入资金是主要来源）
管理机构	主要由地方各级社会保险基金经办机构直接运营	由全国社保基金理事会管理运营

问题与思考

1. 简述社会保险的概念及特征。
2. 简述社会保险与商业保险的区别和联系。
3. 简述社会保险法的概念及特征。
4. 简述社会保险法的基本原则。
5. 社会保险法律关系的主体、客体是什么?
6. 社会保险征缴法律关系的内容是什么?
7. 社会保险待遇给付法律关系的内容是什么?
8. 社会保险监督法律关系的内容是什么?

第九章

养老保险法

第一节 养老保险法概述

案例及问题导引

2010年2月，范某与A公司签订劳动合同，约定年薪8万，同时约定鉴于公司处于创业阶段、经营艰难，故不再另行为范某缴纳养老保险，由其自行办理商业养老保险。同年8月，双方协商一致解除劳动合同，后范某诉至仲裁委员会，要求A公司为其补缴养老保险，公司则认为双方曾有约在先以高工资代替缴费义务，况且范某可以自行投保商业养老险，同样能起到养老保障的作用。那么，究竟什么是养老保险制度？它有什么特点？参加养老保险究竟是权利还是义务？

一、养老保险的概念和特征

（一）概念

养老保险，又称老年保险，是指国家通过各种途径筹集资金强制建立养老保险基金，参保人达到法定退休年龄且符合法定条件的，有权退出劳动岗位并从养老保险基金中获得养老保险待遇，以保证其基本生活的一种社会保险制度。在现代社会，通过工作和劳动获得收入是劳动者维持其生存和生活的主要途径，而当劳动者步入老年，其劳动能力势必减弱甚至丧失，无法再依靠自己的力量继续获得稳定的收入来源，为此，世界各国均建立起养老保险制度，通过由国家给付养老金的形式来对劳动者的老年生活进行保障，避免其陷入老无所依的境地。

（二）特征

养老保险作为社会保险制度的重要组成部分，其既有社会保险的共性，例如强制性，同时也具有自身的特殊性。具体来说，养老保险制度存在如下特征：

1. 养老保险的保障对象具有广泛性。在各项社会保险制度中，工伤保险主要保护参与各类工作的劳动者，生育保险主要保护怀孕的女性劳动者，失业保险主要针对失业人群，而养老保险的保障对象则是一国范围内的所有国民，即通过建立多支柱、多层次的养老保险体系，力争能够将各类人群都纳入养老保险保障。与其相类似的还有医疗保险制度。

2. 养老保险的保障风险具有确定性。医疗、工伤、失业、生育等社会保险所保障的风险均具有偶然性和不可预见性，但养老保险所针对的老年风险是对任何人而言都是必然可确定的。

3. 养老保险的待遇给付具有持续性。其他各项社会保险中，除工伤保险包含部分定期金支付项目外，均以一次性待遇给付的形式为主。而养老保险待遇则是从参保人退休并符合领取条件时起即由养老保险基金按月向其发放养老金，直至其死亡时为止，其时间跨度通常较大。

（三）导引案例分析

社会化的养老保险不同于普通商业养老保险，它是由国家通过立法强制推行的，属于公共政策和国家福利，参加养老保险既是劳动者的法定权利，同时也是用人单位和劳动者的法定义务，不能以约定加以免除。因此，仲裁庭最终裁定A公司应为范某补缴6个月的养老保险费。

二、养老保险的基本模式

从世界范围来看，各国实行的养老保险制度大致可以分为三种模式，即传统型、国家统筹型和强制储蓄型。[①] 随着社会的发展，越来越多的国家开始尝试从这三种模式中各取其长处，结合自身情况实行混合型养老保险制度。

（一）传统型养老保险制度

传统型养老保险制度，又称与雇佣相关模式或自保公助模式，是指国家通过立法强制雇主和雇员参加养老保险并缴纳保费，雇员退休时由国家统一发放养老金的养老保险模式，最早是在1889年由德国俾斯麦政府所创设，后被美国、日本等国家采纳。该模式在筹资方式上实行“现收现付制”，即将当期所收缴的保险费全部用于支付当期所应发放的养老金，简单来说就是由正在工作的一代人的缴费来支付同一时期已经退休的一代人的养老金。

（二）国家统筹型养老保险制度

国家统筹型养老保险制度可分为“福利国家型养老保险”和“社会主义型养老保

① 林嘉．社会保障法的理念、实践与创新．北京：中国人民大学出版社，2002：157.

险”两大类。

前者最早由英国创设，其后推广到瑞典、挪威等国。该模式亦采用“现收现付”的筹资方式，但不同之处在于养老保险费全部来源于政府税收，个人无需缴费，享受养老待遇的对象也不限于劳动者，而是包括全体社会成员。

后者顾名思义主要适用于社会主义国家，由前苏联所创设，后为东欧各国、朝鲜和我国改革前所采用。同福利国家型一样，该模式也是由国家总揽养老费用的筹集以及养老待遇的支付等各项事务，劳动者个人无需缴费，退休后按统一标准享受养老待遇。但其适用范围则仅限于在职劳动者，不包括全体社会成员，也没有建立多层次养老保险体系，且待遇水平不进行定期调整。由于政治、历史等原因，实行这种模式的国家已几乎不存在。

（三）强制储蓄型养老保险制度

强制储蓄型养老保险的最大特点就在于由国家通过立法强制个人在工作时预留一部分资金作为储蓄以为其退休后的生活提供保障，具体包括新加坡模式和智利模式两种。

由于强制储蓄型模式资金完全来源于雇主和雇员缴费，国家不承担任何筹资义务和补充责任，因此存在过分强调效率而忽视公平性的弊端。

（四）我国的养老保险模式

我国在不同历史时期采用了不同的养老保险模式。建国伊始，根据政务院颁布的《劳动保险条例》，我国实行社会主义型养老保险，职工个人无需缴费，由企业负责缴纳劳动保险金，所形成的劳动保险基金由国家统一调度安排，职工退休后由各级工会组织代表国家从劳动保险基金中向其发放养老金。从文革期间至改革开放前期，虽然仍实行社会主义型养老保险，但不再由国家进行社会统筹，企业停止提取劳动保险金，职工的养老金改由所在单位直接支付。

从 1991 年起，我国开始全面推行养老保险制度改革，不再由国家继续包办养老保险，转而采用经过改良的传统型和强制储蓄相结合的混合模式，即以传统型模式为制度基础，同时实行社会统筹和个人账户相结合，由国家、企业和个人三方共同负担养老保险费，其中社会统筹部分由企业和国家承担，个人账户则全部由个人缴费构成，具有强制储蓄的性质。与此相应，在费用筹集上由以往的现收现付制改革为以支定收、略有节余、留有部分积累的模式。

三、我国的养老保险法律制度

养老保险既是一项基本的社会制度，同时又是一项重要的法律制度，其各项具体程序、措施、环节都必须在特定法律框架中严格依照有关规定运行，这一法律框架就是养老保险法。

（一）养老保险法的概念

养老保险法，就是指调整养老保险法律关系，规范养老保险参与者相关的权利、义务和责任的法律规范的总称。养老保险法有形式意义和实质意义之分：形式意义的养老保险法是指按照一定的体例编撰并以法典形式呈现的养老保险法典，实质意义的养老保险法则是指所有调整养老保险法律关系的法律规范，既包括养老保险法典或专门法，也包括其他法律法规中涉及养老保险问题的有关规定。我国目前并未颁布形式意义上的养老保险法典，而实质意义上的养老保险法则主要见于《社会保险法》中关于养老保险的规定，以及国务院相继颁布的有关养老保险问题的若干政策性文件。

（二）我国养老保险法的发展历史

我国养老保险法的发展历史同养老保险制度建立发展的过程密切相关。1951 年，政务院颁布《劳动保险条例》，这是新中国第一部涉及职工养老待遇的法律，也标志着我国养老保险制度的初步建立。1955 年，国务院颁布《国家机关工作人员退休处理暂行办法》，为国家机关工作人员设计了不同于职工的退休养老制度。1958 年，国务院又颁布《关于工人、职员退休处理的暂行规定》，对原有养老保险制度作出重大调整，建立了企业职工和国家机关工作人员统一的养老保险制度。文革期间，养老保险的发展陷入停滞甚至倒退，由原来的社会统筹调剂演变为企业保险。文革结束后，国务院于 1978 年颁布《关于安置老弱病残干部的暂行办法》和《关于工人退休、退职的暂行办法》，将企业职工与国家机关工作人员的养老保险再次分离。1982 年宪法首次从根本法层面对退休制度和社会保障制度作了明确规定。而从 1983 年起，我国开始在部分市县的国有企内试点养老保险的社会化统筹改革。

经过多年的探索，1991 年国务院颁布《关于企业职工养老保险制度改革的决定》，正式拉开了我国养老保险制度全面改革的序幕。1995 年国务院发布《关于深化企业职工养老保险制度改革的通知》，明确了我国企业职工养老保险制度的改革目标，同时规定实行社会统筹与个人账户相结合的统筹模式。

1997 年，针对改革中出现的各地做法不统一、统筹层次低及管理不规范等问题，国务院发布《关于建立统一的企业职工基本养老保险制度的决定》，修正和完善了养老保险制度改革的总体目标，统一了企业和个人的缴费比例、个人账户的规模以及基本养老金的计法办法。2005 年，为了解决个人账户不做实、养老金计发办法不合理、覆盖范围不够广泛等问题，国务院再次颁布《关于完善企业职工基本养老保险制度的决定》，规定自 2006 年 1 月 1 日起统一个人账户的规模以及构成，同时进一步完善鼓励职工参保缴费的激励约束机制，合理调整基本养老金的计发办法。

（三）我国现行养老保险法的基本体系

2010 年 10 月 28 日颁布的《社会保险法》弥补了我国养老保险立法层级不高、缺乏基本法律支撑的缺憾，该法第二章针对与养老保险制度有关的基础性和原则性问题作了集中统一的规定。

由此，我国形成了现行养老保险法律制度的基本体系，即以《社会保险法》中有关养老保险的规定为核心，以国务院1991年《关于企业职工养老保险制度改革的决定》、1995年《关于深化企业职工养老保险制度改革的通知》、1997年《关于建立统一的企业职工基本养老保险制度的决定》以及2005年《关于完善企业职工基本养老保险制度的决定》四个政策性规范文件为主体，形成有关养老保险制度的基础法律框架，同时通过2011年人力资源和社会保障部《实施〈中华人民共和国社会保险法〉若干规定》、2009年国务院《关于开展新型农村社会养老保险试点的指导意见》、2008年原劳动和社会保障部《关于社会组织专职工作人员参加养老保险有关问题的通知》等行政法规和部门规章，对养老保险各项具体制度和问题作出规范。

第二节 职工基本养老保险

案例及问题导引

范某于1991年5月起受聘于A公司12年，但未签订书面劳动合同。2003年4月，A公司无故将其解聘，范某遂申请劳动仲裁。仲裁庭裁决A公司应为范某补缴1991年5月至2003年4月间的养老保险。A公司不服诉至法院，庭审中双方就补缴养老保险费的起始时间发生激烈争议，法院对此也存在三种不同看法。看似简单的时点确定问题缘何争议不断？其背后又有着怎样的法律适用难题？

一、基本养老保险的适用范围

《社会保险法》第10条规定，职工应当参加基本养老保险。但对于“职工”的定义，该法并没作明确界定。对此应当运用体系解释的方法，根据其他有关养老保险的规范性文件来确定基本养老保险的适用范围。据此，我国职工基本养老保险的覆盖范围应当包括：

1. 各类企业及其职工

从所有制形式来看，企业包括：国有企业、城镇集体企业、外商投资企业、城镇私营企业，而根据企业责任形式则包括：城镇公司制企业、合伙企业以及个人独资企业，但原则上企业经营资格的取得都必须经过工商登记。因此，《社会保险法》规定，用人单位应当自成立之日起三十日内凭营业执照、登记证书或者单位印章，向当地社会保险经办机构申请办理社会保险登记。

2. 民办非企业单位、社会组织及其专职工作人员

2008 年，劳动和社会保障部、民政部联合下发《关于社会组织专职工作人员参加养老保险有关问题的通知》，规定凡依法在各级民政部门登记的社会团体（包括社会团体分支机构和代表机构）、基金会（包括基金会分支行机构和代表机构）、民办非企业单位、境外非政府组织驻华代表机构及其签订聘用合同或劳动合同的专职工作人员（不包括兼职人员、劳务派遣人员、返聘的离退休人员和纳入行政事业编制的人员），都应当参加当地企业职工基本养老保险。据此，各类社会组织的专职职工也被纳入基本养老保险制度中。

3. 事业单位及其职工

由于我国存在三种类型的事业单位，（1）参照公务员法管理的事业单位；（2）实行企业化管理的事业单位；（3）科、教、文、卫等公益性事业单位，因此，关于事业单位职工参加基本养老保险问题情况较为复杂，其中第（1）种类型的事业单位及其职工参照公务员享受养老保障，第（2）种类型的事业单位及其职工则参加职工基本养老保险，第（3）种类型的事业单位及其职工也是实行参照公务员管理的方式，其退休后可直接从原单位领取退休金或离休金。随着基本养老保险社会化改革的推进，对第（3）种类型的事业单位职工的养老保险制度进行改革的呼声也日益高涨。为此，国务院于2008 年 3 月 14 日发布《事业单位工作人员养老保险制度改革试点方案》，明确了公益性事业单位工作人员养老保险的改革方向是参加职工基本养老保险。

《社会保险法》虽然没有就事业单位工作人员养老保险问题作出明确规定，但从第10 条的规定来看，其仅对公务员和参照公务员法管理的工作人员参加养老保险的办法作了例外规定，可见该法对事业单位工作人员原则上参加职工基本养老保险亦持肯定态度。

4. 个体工商户、非全日制从业人员和其他灵活就业人员

《社会保险法》第 10 条规定，无雇工的个体工商户、未在用人单位参加基本养老保险的非全日制从业人员以及其他灵活就业人员都可以参加基本养老保险。应当注意的是，该类人员是否参加基本养老保险完全遵循自愿原则，取决于其本人的意愿。这一点与前述三类人员存在很大不同：基于社会保险的强制性特征，前三类人员参加基本养老保险既是其法定权利，但同时也是其法定义务，不得以任何理由加以拒绝。

二、基本养老保险基金的筹集和管理

基本养老保险基金是基本养老保险制度顺利运行的重要物质基础和保证，职工各项养老保险待遇的享有均与基本养老保险基金密切相关。

（一）基本养老保险基金的构成

我国现行基本养老保险制度采取社会统筹和个人账户相结合的模式，因此，我国基本养老保险基金可分为两大部分，即基本养老保险统筹基金部分和个人账户部分。基本养老保险基金主要由用人单位、个人缴费和政府补贴等组成，其中，用人单位和个人缴费是基本养老保险基金的主要来源。而根据《社会保险法》第 12 条规定，政府在以下两种情况下承担责任：一是国有企业、事业单位职工参加基本养老保险前，视同缴费年限期间应当缴纳的基本养老保险费；二是基本养老保险基金出现支付不足时，政府给予补贴。此外，基金还包括基本养老保险基金运行中产生的利息和其他收益，向用人单位罚缴的滞纳金，以及其他依法应纳入基本养老保险基金的资金。

（二）基本养老保险基金的缴费基数

缴费基数，是指据以计算参保人所需缴纳基本养老保险费的基本数据参数。按照《社会保险法》第 12 条的规定，用人单位缴纳基本养老保险费的缴费基数是本单位职工的工资总额，而职工的缴费基数则是本人工资。对于灵活就业人员，其缴费基数按照国家有关规定执行。

1. 本单位职工工资总额

本单位职工工资总额是指用人单位在一定时期（通常以年为计算单位）直接支付给本单位全部职工的劳动报酬的总额。须注意的是，用人单位支付给劳动者的工资，不论是计入成本的还是不计入成本的，不论是按国家规定列入计征奖金税项目的还是未列入计征奖金税项目的，不论是以货币形式支付的还是以实物形式支付的，均应列入工资总额的计算范围。

2. 职工本人工资

职工本人工资是指用人单位依据国家有关规定或劳动合同的约定，以货币形式直接支付给本单位劳动者的劳动报酬。在养老保险实践中，职工本人工资通常是指本人上年度月平均工资。实践中不同行业和单位的劳动者工资收入间存在很大差距，为了从总体上平衡劳动者的缴费负担，防止畸轻畸重，原劳动部办公厅 1997 年印发的《职工养老保险个人账户管理暂行办法》规定，本人月平均工资低于当地职工平均工资 60% 的，按当地职工月平均工资的 60% 缴费；超过当地职工平均工资 300% 的，按当地职工月平均工资的 300% 缴费，超过部分不记入缴费工资基数，也不记入计发养老金的基数。此外，该《暂行办法》还对特殊情况下缴费基数的计算办法作了规定。

3. 灵活就业人员的缴费基数

关于灵活就业人员参加基本养老保险的具体措施和办法，主要由各省级政府结合本地区实际情况制定规范进行调整，目前仍处于改革和摸索阶段，因此《社会保险法》仅总括性地规定“按照国家规定”执行。按照 2005 年国务院颁布的《关于完善企业职工基本养老保险制度的决定》，城镇个体工商户和灵活就业人员参加基本养老保险的缴费基数为当地上年度在岗职工平均工资。为了鼓励灵活就业人员参保，许多地区还规定灵活就业人员可以在当地上年度职工月平均工资的 60% －300% 之间自由选择缴费基数进行缴费。

案例探讨

2005 年 7 月，赵小姐与北京某投资公司签订了一份为期 5 年的劳动合同，月薪 10 000 元，同时约定养老保险费缴费基数为 3 000 元。2008 年 7 月，赵小姐决定跳槽。经考虑，赵小姐以公司未足额缴纳养老保险费为由提出了辞职申请，要求公司支付经济补偿并补缴养老保险，公司不予理会。赵小姐遂诉至当地劳动争议仲裁委员会。庭审中，公司诉称以 3 000 元作为养老保险缴费基数是与赵小姐协商一致的结果，是赵小姐真实意思的表达，公司并无过错，赵小姐以此为由解除劳动合同不符合《劳动合同法》的规定，请求仲裁庭驳回赵小姐的诉求。

劳动争议仲裁委员会认为，公司以 3 000 元为基数为赵小姐缴纳社会保险费不符合法律规定，其约定无效。赵小姐以此为由解除劳动合同符合《劳动合同法》的规定。因此，裁决公司应为赵小姐补缴养老保险并依法支付 4 个月的工资作为经济补偿金。

评议：

本案的焦点在于用人单位与劳动者是否可以约定养老保险缴费基数。依照《劳动法》第 72 条的规定，用人单位应当依法为劳动者缴纳各项社会保险费。该条规定实际上包含着两层含义：第一，用人单位负有为劳动者缴纳社会保险费的义务，无正当且合法的理由不得拒绝履行其义务；第二，用人单位应当依照法定的社会保险缴费基数为劳动者缴费，不得以故意隐瞒、降低缴费基数等手段少缴或漏缴。本案涉及的就是第二种情况。

依照《北京市基本养老保险规定》第 12 条，缴费工资基数低于本市上一年度职工月平均工资 60% 的，以本市上一年度职工月平均工资的 60% 作为缴费工资基数；超过本市上一年度职工月平均工资 300% 的部分，不计入缴费工资基数，不作为计发基本养老金的基数。那么，是否意味着用人单位可以在北京市上一年度职工月平均工资的 60% －300% 之间任意选择一个数额作为缴费基数呢？答案是否定的。根据法律规定，用人单位必须以劳动者上一年度实发月平均工资作为缴费工资基数，只有当该工资基数的数额超出法定上下限时才可以适用法定缴费基数。同样，用人单位也不得与劳动者自行约定缴费工资基数，即使劳动者在签订劳动合同时自愿承诺，这样的约定条款也是无效的。关于缴费工资基数的规定属于法律的强制性规定，如果允许当事人任意降低缴费工资基数不仅会减少劳动者个人账户中的储蓄，更将削弱社会统筹部分的积累，直接危及社会利益，因此是被法律禁止的。

（三）基本养老保险基金的缴费比例

参保人应当按照缴费基数的一定比例缴纳基本养老保险费。缴费比例过低会导致无法满足当期基本养老保险的资金需求，缴费比例过高又会使参保人难堪重负，对社会经济的发展带来负面影响，因此需要综合考虑各方面因素进行确定。由于我国各地区的经济发展快慢程度不一，基本养老保险基金的负担能力也各不相同，因此《社会保险法》没有就参保人缴费比例问题作统一规定，仍适用有关的“国家规定”。

1. 用人单位的缴费比例

1997 年国务院《关于建立统一的企业职工基本养老保险制度的决定》中规定，企业缴纳基本养老保险费的比例，一般不得超过企业工资总额的 20%（包括划入个人账户的部分)，具体比例由省、自治区、直辖市人民政府确定。少数省、自治区、直辖市因离退休人数较多、养老保险负担过重，确需超过企业工资总额 20% 的，应报劳动部、财政部审批。据此，各省结合自身情况相继确定了本省的缴费比例，由于正处于改革初期，因此有部分省份缴费比例高于 20%，例如河南、江苏、山东、吉林、福建等，也有一些省份低于 20%，例如浙江、广东等。目前，高于 20% 的省份纷纷制订规划，以逐步减轻企业负担，将缴费比例逐渐降至 20% 的统一标准，而低于 20% 的省份则基本控制在 12－16% 之间。

2. 职工个人的缴费比例

根据 1997 年国务院《关于建立统一的企业职工基本养老保险制度的决定》，个人缴纳基本养老保险费的比例，1997 年不得低于本人缴费工资的 4%，1998 年起每两年提高 1 个百分点，最终达到本人缴费工资的 8%。有条件的地区和工资增长较快的年份，个人缴费比例提高的速度应适当加快。目前，全国各地个人缴纳基本养老保险费的比例已经统一为本人工资的 8%。

3. 灵活就业人员的缴费比例

1997 年国务院的决定中并未明确规定灵活就业人员的缴费比例，而是授权省、自治区、直辖市人民政府参照本决定精神确定。2005 年国务院在总结各地多年来实践经验的基础上，统一规定城镇个体工商户和灵活就业人员参加基本养老保险的缴费比例为 20%，全部由个人自行负担。

（四）基本养老保险的记账方式

我国基本养老保险实行社会统筹和个人账户相结合的模式，与之相应，《社会保险法》明确规定，参保人所缴纳的养老保险费也需按照不同比例分别记入基本养老保险统筹基金和个人账户。

按照1997年国务院《关于建立统一的企业职工基本养老保险制度的决定》，用人单位和劳动者所缴纳的养老保险费首先要按本人缴费工资11%的数额为职工建立基本养老保险个人账户，个人缴费全部记入个人账户，其余部分从企业缴费中划入。随着个人缴费比例的提高，企业划入的部分要逐步降至3%。企业缴费在扣除划入职工个人账户后的剩余部分则纳入当地的社会统筹基金。

2005年，为了解决个人账户空账运行问题，国务院在《关于完善企业职工基本养老保险制度的决定》中要求各地逐步做实个人账户，改革个人账户记账办法，规定从2006年1月1日起，个人账户的规模统一由本人缴费工资的11%调整为8%，全部由个人缴费形成，单位缴费不再划入个人账户，而是全部记入当地社会统筹账户中。

对于灵活就业人员，根据2005年国务院的决定，其按照当地上年度在岗职工平均工资的20%缴费，其中8%记入个人账户，剩余12%部分纳入社会统筹基金。

（五）个人账户的管理

个人账户是职工退休后领取基本养老金的重要依据，其主要用于记录参加基本养老保险的职工个人累计缴纳的养老保险费，以及2006年1月1日前从企业缴费部分中划转记入的养老保险费，还包括上述两部分的利息金额。为保证其顺利运行，《社会保险法》特别规定，个人账户不得提前支取，记账利率不得低于银行定期存款利率，免征利息税。个人死亡的，个人账户余额可以继承。人力资源和社会保障部《实施〈中华人民共和国社会保险法〉若干规定》第6条规定："职工基本养老保险个人账户不得提前支取。个人在达到法定的领取基本养老金条件前离境定居的，其个人账户予以保留，达到法定领取条件时，按照国家规定享受相应的养老保险待遇。其中，丧失中华人民共和国国籍的，可以在其离境时或者离境后书面申请终止职工基本养老保险关系。社会保险经办机构收到申请后，应当书面告知其保留个人账户的权利以及终止职工基本养老保险关系的后果，经本人书面确认后，终止其职工基本养老保险关系，并将个人账户储存额一次性支付给本人。参加职工基本养老保险的个人死亡后，其个人账户中的余额可以全部依法继承。"

三、基本养老保险的待遇给付

我国职工基本养老保险待遇主要包括基本养老金待遇以及遗属抚恤和病残津贴待遇。

（一）基本养老金待遇

基本养老金，又被称为退休金、退休费，是指在劳动者年老或丧失劳动能力后，根据他们对社会所作的贡献和所具备的享受养老保险资格或退休条件，由基本养老保险基金以货币形式支付的经济待遇。① 基本养老金是职工所能享有的养老保险待遇中最主要的一种，是职工退休后生活的基本保障。

1. 基本养老金的构成

《社会保险法》规定，基本养老金由统筹养老金和个人账户养老金组成。基本养老金根据个人累计缴费年限、缴费工资、当地职工平均工资、个人账户金额、城镇人口平均预期寿命等因素确定。

统筹养老金，在实践中也称基础养老金，是指从基本养老保险统筹基金中支付给退休人员的养老金。退休时的基础养老金月标准以当地上年度在岗职工月平均工资和本人指数化月平均缴费工资的平均值为基数，缴费每满 1 年发给 1%。

个人账户养老金则是指根据参保人员退休时其基本养老保险个人账户储存额计算所得的养老金。个人账户养老金的计算公式为：

个人账户养老金 = 个人账户储存额 ÷ 计发月数。

其中，计发月数并非指退休人员实际领取基本养老金的月数，而是根据城镇人口平均预期寿命等因素测算所得的系数。

基本养老保险除了向退休人员提供基本生活保障外，还具有调节收入分配的重要作用。为使退休人员也能分享国家经济发展的成果，《社会保险法》同时还规定国家应当建立基本养老金正常调整机制，根据职工平均工资增长、物价上涨情况，适时提高基本养老保险待遇水平，以此来保证基本养老金的购买力，从而维持和提高退休人员退休后的生活水平。

2. 基本养老金的给付条件

(1) 达到法定退休年龄

法定退休年龄，就是指职工退出工作岗位并有资格领取养老金的年龄。按照 1978 年国务院发布的《关于工人退休、退职的暂行办法》和《关于安置老弱病残干部的暂行办法》中的有关规定，我国法定的企业职工退休年龄是：男年满 60 周岁，女工人年满 50 周岁，女干部年满 55 周岁，连续工龄或工作年限满 10 年。职工如有以下情况可以办理提前退休：

① 从事井下、高空、高温、特别繁重体力劳动或其他有害身体健康工作，同时满足以下条件：第一，从事高空和特别繁重体力劳动工作累计满十年的；第二，从事井下、高温工作累计满九年的；第三，从事其他有害身体健康工作累计满八年的，退休年龄为男年满 55 周岁、女年满 45 周岁。

---

① 尹蔚民．中华人民共和国社会保险法释义．北京：中国劳动社会保障出版社，2010：65.

② 因病或非因工致残，由医院证明并经劳动鉴定委员会确认完全丧失劳动能力，且连续工龄或工作年限满10年的，退休年龄为男年满50周岁、女年满45周岁。

③ 因工致残，由医院证明并经劳动鉴定委员会确定，完全丧失劳动能力的。

此外，还有三种特殊职工可以办理提前退休：一是国务院确定的111个“优化资本结构”试点城市的国有企业中距离法定退休年龄不足5年的职工；二是有3年压锭任务的国有纺织企业中符合规定条件的纺纱、织布工种的挡车工；三是关闭破产的资源枯竭矿山的全民所有制职工。不符合以上条件的其他职工原则上不得办理提前退休手续。

（2）个人累计缴费满15年

职工在退休前需个人累计缴纳基本养老保险费满15年。之所以规定最低缴费年限要求，主要是为了保持基本养老保险缴费和待遇支出之间的大体平衡，如果允许职工短期参保就可领取长期退休待遇，无疑会使基本养老金的支出压力剧增，同时也会大幅削减职工可获得的基本养老金数额，使得养老保险制度无法正常发挥作用。

（3）退休时缴费未满15年的处理办法

由于我国基本养老保险制度仍处于起步阶段，实践中常会遇到职工达到法定退休年龄但缴费年限不满15年的情况。对此，2005年国务院《关于完善企业职工基本养老保险制度的决定》中的做法是，本决定实施后到达退休年龄但缴费年限累计不满15年的人员，不发给基础养老金；个人账户储存额一次性支付给本人，终止基本养老保险关系。该方法虽操作简单，但事实上剥夺了这部分职工享受养老保险待遇的权利，有违基本养老保险制度的设立初衷。为此，各地在实践探索出台了一些变通做法，以使这类职工能够满足领取条件。

在总结这些经验的基础上，《社会保险法》改变了2005年国务院决定的做法，为缴费未满15年的职工设计了两种替代方案：

一是可以缴费至满15年后按月领取基本养老金。在具体操作上，既可以通过一次性补缴的方式，也可采用后延缴费的方式，即职工在达到退休年龄后继续按月缴费直至补满15年。具体采用何种做法则由各地根据实际情况决定。

二是可以转入新型农村社会养老保险或者城镇居民社会养老保险，按照国务院规定享受相应的养老保险待遇。

人力资源和社会保障部《实施〈中华人民共和国社会保险法〉若干规定》第二、三条规定：“参加职工基本养老保险的个人达到法定退休年龄时，累计缴费不足十五年的，可以延长缴费至满十五年。社会保险法实施前参保、延长缴费五年后仍不足十五年的，可以一次性缴费至满十五年。参加职工基本养老保险的个人达到法定退休年龄后，累计缴费不足十五年（含依照第二条规定延长缴费）的，可以申请转入户籍所在地新型农村社会养老保险或者城镇居民社会养老保险，享受相应的养老保险待遇。参加职工基本养老保险的个人达到法定退休年龄后，累计缴费不足十五年（含依照第二条规定延长缴费），且未转入新型农村社会养老保险或者城镇居民社会养老保险的，个人可以书面申请终止职工基本养老保险关系。社会保险经办机构收到申请后，应当书面告知其转入新型农村社会养老保险或者城镇居民社会养老保险的权利以及终止职工基本养老保险关系的后果，经本人书面确认后，终止其职工基本养老保险关系，并将个人账户储存额一次性支付给本人。”

3. 基本养老金的计发办法

2005年国务院《关于完善企业职工基本养老保险制度的决定》在总结以往经验得失的基础上，改革了基本养老金的计发办法，建立起了“多工作、多缴费、多得养老金”的激励约束机制，并继续采取“新人新制度、老人老办法、中人逐步过渡”的改革方案。具体办法如下：

（1）新人新制度

“新人”是指1997年国务院《关于建立统一的企业职工基本养老保险制度的决定》实施后参加工作、缴费年限（含视同缴费年限）累计满15年的人员。这些人员退休后依照前述“统筹养老金+个人账户养老金”的模式按月发给基本养老金。

（2）老人老办法

2005年国务院决定实施前已经离退休的人员，仍按国家原来的规定发给基本养老金，同时执行基本养老金调整办法。

（3）中人逐步过渡

1997年国务院决定实施前参加工作，本决定实施后退休且缴费年限累计满15年的人员，在发给基础养老金和个人账户养老金的基础上，再发给过渡性养老金。各省、自治区、直辖市人民政府要按照待遇水平合理衔接、新老政策平稳过渡的原则，在认真测算的基础上，制订具体的过渡办法，并报劳动保障部、财政部备案。

（二）遗属抚恤和病残津贴待遇

《社会保险法》规定，参加基本养老保险的个人，因病或者非因工死亡的，其遗属可以领取丧葬补助金和抚恤金；在未达到法定退休年龄时因病或者非因工致残完全丧失劳动能力的，可以领取病残津贴。所需资金从基本养老保险基金中支付。

1. 遗属抚恤待遇

参加基本养老保险的个人如果因患有疾病或者由于非工作原因而死亡的，其遗属可以从基本养老保险基金中领取丧葬补助金和抚恤金。丧葬补助金是指发放给死者家属用于补偿其因办理丧事而支出费用的一次性补助金，抚恤金则是指为了保证由死亡职工生前供养的直系亲属的生活不致陷入困境而给予的基本生活费用。我国的遗属抚恤制度最早见于1951年政务院颁布的《劳动保险条例》，目前，关于遗属抚恤的具体支付范围和发放标准主要由各地自行规定，实际做法差异较大。考虑到各地区经济发展的不平衡性，《社会保险法》没有对此问题作更详细的规定。

2. 病残津贴待遇

病残津贴是为了补贴因病残而丧失劳动能力的未退休职工的收入损失而向其支付的基本生活费。参保人员在达到法定退休年龄前主要通过自己的劳动来获得收入以维持自身以及家庭的日常生活所需，此时如果其因病或非工作原因而导致完全丧失劳动能力，其本人和家庭将陷入丧失经济来源的困境。籍由支付病残津贴，对于维持无劳动能力职工本人及其家庭的基本生活无疑具有重要意义。关于病残津贴的支付标准有待国家相关配套政策和制度的出台进行明确。

四、基本养老保险的转移、接续

随着经济的发展，劳动者跨企业、跨地区就业的现象日益普遍。当劳动者更换工作岗位时，除了劳动关系的变更外，其基本养老保险关系的转移、接续也是一个重要问题。根据不同的情况，劳动者基本养老保险的转移、接续也要按照相应的程序进行操作。

（一）个人跨统筹地区企业就业

我国基本养老保险实行省级统筹，即以省级行政区划为单位进行基本养老保险基金的规划、筹集、运营和管理。因此，跨统筹地区就业就是指参加养老保险的个人跨省、自治区、直辖市就业。须强调的是，此处主要是指劳动者在不同统筹地区的企业单位就业的情形，不包括到跨统筹地区的国家机关或参照公务员管理的单位就业的情形。

职工跨统筹地区就业主要包括两种情况：一种是因城镇企业成建制跨省搬迁而异地就业的，一种是职工出于自主意愿而主动跨省就业的。原劳动和社会保障部《关于完善城镇职工基本养老保险政策有关问题的通知》和原劳动部办公厅印发的《职工基本养老保险个人账户管理暂行办法》分别就这两种情况作了规定，其基本做法是：职工在同一统筹范围内流动时，只转移基本养老保险关系和个人账户档案，不转移基金；职工跨统筹范围流动时，转移基本养老保险关系和个人账户档案，同时按照规定转移个人账户基金，但由单位负责缴纳的社会统筹部分则不能转移。实践中，一些地区出于地方利益考虑拒绝承认流动就业人员在原参保地的缴费年限。这使得劳动者根本无法享受基本养老保险待遇，极大地削弱了劳动者，尤其是农民工的参保意愿，以致“退保潮”在各地屡屡出现。

为了解决基本养老保险转移、接续的难题，切实保护参保人员的合法权益，《社会保险法》明确规定：“个人跨统筹地区就业的，其基本养老保险关系随本人转移，缴费年限累计计算。个人达到法定退休年龄时，基本养老金分段计算、统一支付。具体办法由国务院规定。”2009 年 12 月，国务院办公厅转发了《人力资源和社会保障部财政部城镇企业职工基本养老保险关系转移接续暂行办法》，就基本养老保险关系的转移接续问题作了明确统一的具体规定，其主要内容包括：

1. 基本原则

参保人员跨省流动就业的，由原参保所在地社会保险经办机构开具参保缴费凭证，其基本养老保险关系应随同转移到新参保地。参保人员达到基本养老保险待遇领取条件的，其在各地的参保缴费年限合并计算，个人账户储存额（含本息，下同）累计计算；未达到待遇领取年龄前，不得终止基本养老保险关系并办理退保手续；其中出国定居和到香港、澳门、台湾地区定居的，按国家有关规定执行。

2. 转移资金的计算方法

参保人员跨省流动就业转移基本养老保险关系时，按下列方法计算转移资金：

（1）个人账户储存额：1998 年 1 月 1 日之前按个人缴费累计本息计算转移，1998 年 1 月 1 日后按计入个人账户的全部储存额计算转移。

（2）统筹基金（单位缴费）：以本人 1998 年 1 月 1 日后各年度实际缴费工资为基数，按 12% 的总和转移，参保缴费不足 1 年的，按实际缴费月数计算转移。

3. 办理手续

跨省流动就业人员的基本养老保险关系转移接续按下列规定办理：

（1）参保人员返回户籍所在地（指省、自治区、直辖市，下同）就业参保的，户籍所在地的相关社保经办机构应为其及时办理转移接续手续。

（2）参保人员未返回户籍所在地就业参保的，由新参保地的社保经办机构为其及时办理转移接续手续。但对男性年满 50 周岁和女性年满 40 周岁的，应在原参保地继续保留基本养老保险关系，同时在新参保地建立临时基本养老保险缴费账户，记录单位和个人全部缴费。参保人员再次跨省流动就业或在新参保地达到待遇领取条件时，将临时基本养老保险缴费账户中的全部缴费本息，转移归集到原参保地或待遇领取地。

（3）参保人员经县级以上党委组织部门、人力资源社会保障行政部门批准调动，且与调入单位建立劳动关系并缴纳基本养老保险费的，不受以上年龄规定限制，应在调入地及时办理基本养老保险关系转移接续手续。

4. 待遇领取地

跨省流动就业的参保人员达到待遇领取条件时，按下列规定确定其待遇领取地：

（1）基本养老保险关系在户籍所在地的，由户籍所在地负责办理待遇领取手续，享受基本养老保险待遇。

（2）基本养老保险关系不在户籍所在地，而在其基本养老保险关系所在地累计缴费年限满 10 年的，在该地办理待遇领取手续，享受当地基本养老保险待遇。

（3）基本养老保险关系不在户籍所在地，且在其基本养老保险关系所在地累计缴费年限不满 10 年的，将其基本养老保险关系转回上一个缴费年限满 10 年的原参保地办理待遇领取手续，享受基本养老保险待遇。

（4）基本养老保险关系不在户籍所在地，且在每个参保地的累计缴费年限均不满 10 年的，将其基本养老保险关系及相应资金归集到户籍所在地，由户籍所在地按规定办理待遇领取手续，享受基本养老保险待遇。

5. 待遇计算方法

参保人员转移接续基本养老保险关系后，符合待遇领取条件的，按照 2005 年国务院《关于完善企业职工基本养老保险制度的决定》的规定，以本人各年度缴费工资、缴费年限和待遇领取地对应的各年度在岗职工平均工资计算其应得的统筹养老金，而个人账户养老金仍按原有方法计算，两者相加后即为基本养老金。

参保人员跨省流动就业，达到法定退休年龄时累计缴费不足 15 年的，按照有关待遇领取地的规定确定继续缴费地后，再根据延长缴费的有关规定办理。

资料链接

基本养老保险跨省转移接续手续简便

昨天，四川外来工刘某在海南省社会保险事业局保险关系管理处只花了几分钟，就办好了养老保险跨省转出手续。省社保局的工作人员对刘某说，到新的参保地参保时，只要拿出这张缴费凭证，当地社保部门就会把他在海南的养老保险关系转移到参保地的社保部门。

刘某说，自己在海口一企业工作已有 3 年半，有 36 个月的参保记录，父母一直催他回四川老家工作，但又考虑到社保问题，总是下不了决心。如果退保，36 个月的缴费年限就没有了，很不划算。现在这个问题可以解决了，他准备春节前回四川，过完春节就在老家找工作，以后就在四川参保，所以趁现在办理养老保险跨省转出手续的人还比较少，早点把手续办理完，不到 5 分钟，工作人员就给他开具了一张社保缴费凭证。

据介绍，参保人员在新就业地按规定建立基本养老保险关系和缴费后，由用人单位或参保人员向新参保地社保经办机构提出基本养老保险关系转移接续的书面申请。目前还没有在新就业地按规定建立基本养老保险关系和缴费的，现在只能到现参保地的社保机构申请开具参保缴费凭证。持有《参保缴费凭证》的人员继续参保时，凭《参保缴费凭证》到新参保地的社保部门，新参保地的社保机构就会把他在海南的保险关系转移到新的参保地。办理跨省转移的手续并不复杂，只要原单位已办理停保手续，个人凭本人身份证就可到当地社保经办机构办理继续参保的手续。①

评议：

《暂行办法》规定了各级社保机构经办跨地区转移接续工作的统一规程，其中最重要的是3个环节：

第一是发凭证。参保人离开原就业地，只要本人有要求，就要及时发给全国统一样式的参保缴费凭证。这是参保人累计养老保险权益的“存折”，也是政府对劳动者郑重承诺的载体。

第二是办手续。流动就业人员在新就业地参保缴费，本人提出转续申请，相关就业地社保机构必须按《暂行办法》规定的时限办理转续手续，不能延误，更不能相互扯皮推诿。

第三是转资金。各地必须坚决执行《暂行办法》明确规定资金转移基数和比例，实现“全国一盘棋”。

在此基础上，国家还将加快建立全国统一的基本养老保险参保缴费信息查询服务系统，发行全国通用的社会保障卡，为参保人员随时随地查询本人参保缴费信息提供更方便快捷的服务。

（二）个人在机关事业单位与企业间流动

目前，我国机关事业单位养老保险制度的改革已经起步，但进展较为缓慢，仍没有彻底纳入基本养老保险制度中来。因此，职工由机关事业单位转入企业工作，或者从企业进入机关事业单位，仍旧面临着协调两种养老保险制度的问题。劳动和社会保障部、财政部、人事部、中央机构编制委员会办公室联合发布的《关于职工在机关事业单位与企业之间流动时社会保险关系处理意见的通知》对此作了规定。

1. 个人由机关事业单位进入企业

职工由机关事业单位进入企业工作之月起，参加企业职工的基本养老保险，单位和个人按规定缴纳基本养老保险费，建立基本养老保险个人账户，原有的工作年限视同缴费年限，退休时按企业的办法计发基本养老金。其中，公务员及参照和依照公务员制度管理的单位工作人员，在进入企业并按规定参加企业职工基本养老保险后，根据本人在机关（或单位）工作的年限给予一次性补贴，在其原所在单位通过当地社会保险经办机构转入本人的基本养老保险个人账户，所需资金由同级财政安排。

---

① 摘自《海南经济报》，2010年1月7日。

2. 个人由企业进入机关事业单位

职工由企业进入机关事业单位工作之月起，执行机关事业单位的退休养老制度，其原有的连续工龄与进入机关事业单位后的工作年限合并计算，退休时按机关事业单位的办法计发养老金。已建立的个人账户继续由社会保险经办机构管理，退休时，其个人账户储存额每月按1/120计发，并相应抵减按机关事业单位办法计发的养老金。

公务员进入企业工作后再次转入机关事业单位工作的，原给予的一次性补贴的本金和利息要上缴同级财政。其个人账户管理、退休后养老金计发等，比照由企业进入机关事业单位工作职工的相关政策办理。

五、导引案例分析

本案中的补缴起始时间问题直接影响到劳动者缴费年限的计算，关乎其退休后的养老保险待遇的享有，对用人单位而言则关系到其缴费负担轻重，故为各方所关注。由于本案时间跨度较大，又适逢养老保险制度改革的大背景，期间多部重要法律颁行，因此关键在于选择何种法律依据。第一种意见认为应从2002年4月起，依据是湖南省劳动和社会保障厅颁布的有关规定，第二种意见认为应从1991年5月起，依据是1991年国务院《关于企业职工养老保险制度改革的决定》，第三种意见认为应从1995年1月起，依据是《劳动法》。对此，最高法民一庭认为：用人单位在《劳动法》实施之前招用的劳动者，在《劳动法》生效实施之后继续在该单位工作，但双方未签订书面劳动合同的，双方形成事实劳动关系，劳动者享有与该单位其他合同工同等的劳动权利。用人单位与劳动者之间因缴纳基本养老保险产生的争议，此类案件的缴费期限从《劳动法》生效之日起开始计算。①

第三节　公务员和参公管理人员养老保险

案例及问题导引

2010年8月，深圳出台了《深圳市行政机关聘任制公务员社会养老保障试行办法》，在聘任制公务员中实行三重保障的养老机制——参加社会基本养老保险、地方补

① 具体案情及分析参见《未签订劳动合同的劳动者缴纳基本养老保险费的争议如何计算缴费期限》，载《中国民事审判前沿（2005年第2集，总第2集）》。

充养老保险和职业年金制度，以实现与社保制度相协调的并轨改革。一时间，关于“退休双轨制”问题再度引发热议，赞同者认为这是打破机关与企业间养老保险铁幕的破冰之举，具有重要意义，反对者则担心改革会大幅降低聘任制公务员退休后的待遇，造成新的不公。① 那么，什么是公务员养老保险？其主要内容是什么？其与企业职工养老保险又存在哪些区别？

一、公务员和参公管理人员养老保险概述

在我国，公务员和参照公务员管理的人员（简称参公管理人员）是一个比较特殊的群体，其与所在单位间建立的是人事关系而非劳动关系，在职期间也不参加统一的职工基本养老保险，而是实行特殊的公务员养老保险制度。所谓公务员，依照《公务员法》的规定，是指依法履行公职、纳入国家行政编制、由国家财政负担工资福利的工作人员，而参公管理人员则是指那些虽然不属于行政部门或机关、但依法履行一定的行政管理职能的单位中比照公务员进行管理的工作人员。

（一）公务员和参公管理人员养老保险的发展历程

1958 年，国务院颁布了《国务院关于工人、职员退休处理的暂行规定》，首次统一规定了职工和干部的退休条件。1978 年，国务院发布了《关于安置老弱病残干部的暂行办法》，明确了退休和离职的区别，在退休条件和待遇等方面也都有新的变化。同时，国务院还发布了《国务院关于工人退休、退职的暂行办法》，确立了我国公务员养老保险和职工养老保险的“双轨制”模式，但二者的退休条件和养老待遇仍然一致。

1993 年 8 月，国务院发布《国家公务员暂行条例》，规定国家公务员退休后，享受国家规定的养老保险金和其他各项待遇。1993 年 12 月，国务院发布了《机关工作人员工资制度改革实施办法》，开始实施机关工资改革，而公务员的养老金替代率随之从 75% 上升到 92%，并且规定退休人员养老金随在职人员工资调整而调整。此后，经过数次工资调整，公务员的退休养老金不断提高，企业职工与公务员之间的养老待遇逐步拉开。

为解决这一问题，我党在有关的重要会议和文件中多次提出，要“加快机关事业单位养老保险制度改革”。2005 年 4 月颁布的《公务员法》规定：“国家建立公务员保险制度，保障公务员在退休、患病、工伤、生育、失业等情况下获得帮助和补偿。”

然而，由于公务员养老保险制度牵涉面广、涉及利益复杂，改革的进程艰难而缓

---

① 参见叶石界：《深圳公务员养老改革破冰 机关企业双轨铁幕缓落》，载凤凰网 http://finance.ifeng.com/news/20110302/3533284.shtml，最后访问：2011 年 5 月 10 日。

慢，始终未能取得突破性进展。在《社会保险法》制定过程中，关于公务员是否应被纳入统一的基本养老保险又再次引发争议。考虑到改革的艰巨性，最终通过的《社会保险法》规定："公务员和参照公务员法管理的工作人员养老保险的办法由国务院规定。"虽然该法没有从制度上改变现行的"双轨制"模式，但通过授权国务院立法为将来的"单轨制"改革预留了法律空间。

（二）公务员和参公管理人员养老保险的特点

与职工基本养老保险制度相比，公务员和参公管理人员养老保险制度有以下两大特点：一是该制度完全由国家财政负担养老金的支出，个人在职期间无需缴纳费用；二是该制度提供的养老保险待遇明显高于职工基本养老保险。但也正是由于这两大特点，该制度才屡屡为人所诟病，认为其是公务员特权的体现，且违反了社会保险的公平性原则，在全社会范围内导致制度不公的现象。

二、公务员和参公管理人员养老保险制度的主要内容

我国现行的公务员和参公管理工作人员养老保险制度的法律依据主要是《关于安置老弱病残干部的暂行办法》、《国务院关于老干部离职休养的暂行规定》、《中央组织部、劳动人事部关于女干部离休退休年龄问题的通知》、《关于机关事业单位离退休人员计发离退休费等问题的实施办法》等，各地则根据以上法规颁布了相应的地方规范性文件，以具体落实上述规定。

（一）退休条件

公务员退休包括应当退休和可以退休两种情形：

1. 应当退休的情形：公务员达到国家规定的退休年龄或者完全丧失工作能力的，应当退休。根据有关政策，公务员退休年龄根据级别进行确定：省部级正职一般不超过65周岁，副职一般不超过60周岁；厅局级一般不超过60周岁；其他干部男年满60周岁，女年满55周岁。

2. 可以退休的情形：公务员符合下列条件之一的，本人自愿提出申请，经任免机关批准，可以提前退休：（1）工作年限满三十年的；（2）距国家规定的退休年龄不足五年，且工作年限满二十年的；（3）符合国家规定的可以提前退休的其他情形的。

（二）退休待遇

公务员退休后退休费的比例计发为：工作年限满35年的，按90%计发；工作年限满30年不满35年的，按85%计发；工作年限满20年不满30年的，按80%计发；满10年不满20年的，按70%计发；不满10年的，按50%计发。

第四节 居民社会养老保险

案例及问题导引

范某为某地农民，今年56岁，其老母严某为同村农民，今年77岁。范某的儿子小范常年在家务农，今年33岁。现当地开始推广新农保，范某一家可以参加何种养老保险？应当如何参保？

一、农村居民社会养老保险

（一）新型农村社会养老保险

新型农村社会养老保险制度（简称新农保）是相对老农保而言的。1992年民政部印发《县级农村社会养老保险基本方案（试行）》，尝试在农村推行社会养老保险制度。由于其资金来源主要依靠农民自己缴费形成个人账户，实际上施行的是自我储蓄模式，社会化程度不高，未能充分调动农民积极性。2008年《中共中央关于推进农村改革发展若干重大问题的决定》中首次提出，要按照个人缴费、集体补助、政府补贴相结合的要求，建立新型农村社会养老保险制度。

按照这一思路，《社会保险法》第20条规定："国家建立和完善新型农村社会养老保险制度。新型农村社会养老保险实行个人缴费、集体补助和政府补贴相结合。"第21条则规定："新型农村社会养老保险待遇由基础养老金和个人账户养老金组成。参加新型农村社会养老保险的农村居民，符合国家规定条件的，按月领取新型农村社会养老保险待遇。"此前，2009年国务院发布《关于开展新型农村社会养老保险试点的指导意见》，开始在全国范围推行新农保的试点工作，其基本原则是"保基本、广覆盖、有弹性、可持续"，主要内容包括：

1. 适用范围

新农保的适用范围为所有年满16周岁（不含在校学生）、未参加城镇职工基本养老保险的农村居民。但不同于职工基本养老保险，新农保并不具有强制性，符合条件的农村居民可在户籍地自愿选择参保。

2. 资金来源

新农保基金由个人缴费、集体补助、政府补贴构成。

（1）个人缴费。参加新农保的农村居民应当按规定缴纳养老保险费。缴费标准目前设为每年100元、200元、300元、400元、500元5个档次，地方可以根据实际情况增设缴费档次。参保人自主选择档次缴费，多缴多得。国家依据农村居民人均纯收入增长等情况适时调整缴费档次。

（2）集体补助。有条件的村集体应当对参保人缴费给予补助，补助标准由村民委员会召开村民会议民主确定。鼓励其他经济组织、社会公益组织、个人为参保人缴费提供资助。

（3）政府补贴。政府对符合领取条件的参保人全额支付新农保基础养老金，其中中央财政对中西部地区按中央确定的基础养老金标准给予全额补助，对东部地区给予50%的补助。

地方政府应当对参保人缴费给予补贴，补贴标准不低于每人每年30元；对选择较高档次标准缴费的，可给予适当鼓励，具体标准和办法由省（区、市）人民政府确定。对农村重度残疾人等缴费困难群体，地方政府为其代缴部分或全部最低标准的养老保险费。

3. 个人账户

国家为每个新农保参保人建立终身记录的养老保险个人账户。个人缴费，集体补助及其他经济组织、社会公益组织、个人对参保人缴费的资助，地方政府对参保人的缴费补贴，全部记入个人账户。个人账户储存额目前每年参考中国人民银行公布的金融机构人民币一年期存款利率计息。

4. 养老金待遇

养老金待遇由基础养老金和个人账户养老金组成，支付终身。

中央确定的基础养老金标准为每人每月55元。地方政府可以根据实际情况提高基础养老金标准，对于长期缴费的农村居民，可适当加发基础养老金，提高和加发部分的资金由地方政府支出。

个人账户养老金的月计发标准为个人账户全部储存额除以139。参保人死亡，个人账户中的资金余额，除政府补贴外，可以依法继承；政府补贴余额用于继续支付其他参保人的养老金。

国家根据经济发展和物价变动等情况，适时调整全国新农保基础养老金的最低标准。

5. 领取条件

年满60周岁、未享受城镇职工基本养老保险待遇的农村有户籍的老年人，可以按月领取养老金。

新农保制度实施时，已年满60周岁、未享受城镇职工基本养老保险待遇的，不用缴费，可以按月领取基础养老金，但其符合参保条件的子女应当参保缴费；距领取年龄不足15年的，应按年缴费，也允许补缴，累计缴费不超过15年；距领取年龄超过15

年的，应按年缴费，累计缴费不少于 15 年。

6. 相关制度衔接

原来已开展以个人缴费为主、完全个人账户农村社会养老保险（以下称老农保）的地区，要在妥善处理老农保基金债权问题的基础上，做好与新农保制度衔接。在新农保试点地区，凡已参加了老农保、年满 60 周岁且已领取老农保养老金的参保人，可直接享受新农保基础养老金；对已参加老农保、未满 60 周岁且没有领取养老金的参保人，应将老农保个人账户资金并入新农保个人账户，按新农保的缴费标准继续缴费，待符合规定条件时享受相应待遇。

新农保与城镇职工基本养老保险等其他养老保险制度的衔接办法，由人力资源社会保障部会同财政部制定。要妥善做好新农保制度与被征地农民社会保障、水库移民后期扶持政策、农村计划生育家庭奖励扶助政策、农村五保供养、社会优抚、农村最低生活保障制度等政策制度的配套衔接工作，具体办法由人力资源社会保障部、财政部会同有关部门研究制订。

（二）案例导引分析

范某一家都可以参保新型农村社会养老保险。范某的母亲严某今年 77 岁，已经年满 60 周岁，且其不享受城镇职工基本养老保险待遇。因此，严某有资格按月领取政府发放的基础养老金，但前提是范某作为其儿子应当参保缴费。

范某属于未参加城镇职工基本养老保险的农村居民，其年龄亦符合参保条件，他可以自愿选择是否参保。一旦参保，不仅他自己，而且他母亲严某也可以享受到养老保险待遇，可谓一举两得。由于他距离领取年龄 60 周岁只有 14 年，因此应当在这 14 年间按年缴费，并可以在达到 60 岁时补缴 1 年保费，但累计缴费和补缴不能超过 15 年。

范某的儿子小范同样符合参保条件，由于其距离领取年龄已经超过 15 年，因此他应该按年缴费，且至 60 岁前时累计缴费不应少于 15 年，否则可能无法享受新农保养老待遇。

（三）失地农民养老保险

为了保证农民在失去土地后的生存和生活，国务院多次下文要求各地落实好国家相关政策，必须完善土地征收补偿，及时足额支付被征地农民相应的补偿费用，并做好被征地农民的善后安置工作，保障其长远生计。各地在实践中也纷纷出台地方性法规对被征地农民的基本生活进行保障，在养老保障方面，各地的做法具有一定的共性，基本都采用社会统筹与个人账户相结合，国家、集体、被征地农民三方共同缴费的养老保险模式。

《社会保险法》对被征地农民的生活安置问题作了原则性规定："征收农村集体所有的土地，应当足额安排被征地农民的社会保险费，按照国务院规定将被征地农民纳入相应的社会保险制度。"

（四）进城务工的农村居民养老保险

进城务工的农村居民通常被称为“农民工”，《国务院关于解决农民工问题的若干意见》中将农民工定义为：“他们（农民）户籍仍在农村，主要从事非农产业，有的在农闲季节外出务工、亦工亦农，流动性强，有的长期在城市就业，已成为产业工人的重要组成部分。”由于农民工普遍受教育程度不高，因此常在城市中从事底层的艰苦体力劳动，劳动强度大、收入低、流动性强，这也导致农民参加基本养老保险存在缴费难、转移难的问题。为此，中央和各地相继出台了多项政策法规，要求将农民工参保问题摆在重要位置，积极寻求对策予以解决。《社会保险法》也规定：“进城务工的农村居民依照本法规定参加社会保险。”

资料链接

2009年2月5日，人力资源和社会保障部公布《农民工参加基本养老保险办法》(征求意见稿)，针对农民工的劳动就业特点，按照低费率、广覆盖、可转移和能衔接的要求，制定农民工参加基本养老保险办法。根据该办法和其后公布的《城镇企业职工基本养老保险关系转移接续暂行办法》，农民工养老保险参照职工基本养老保险，由国家、企业和农民工三方共同负担费用，其主要内容包括：

1. 资金筹集

用人单位和农民工个人共同缴纳基本养老保险费。缴费基数按基本养老保险有关规定确定。单位缴费比例为12%；农民工个人缴费比例为4%至8%，由所在单位从本人工资中代扣代缴，并全部计入其本人基本养老保险个人账户。原来已参加基本养老保险的农民工和用人单位，可按本办法调整缴费标准。

2. 转移接续

农民工参保的转移接续依照《城镇企业职工基本养老保险关系转移接续暂行办法》的有关规定执行。须强调的是，农民工中断就业或返乡没有继续缴费的，由原参保地社保经办机构保留其基本养老保险关系，保存其全部参保缴费记录及个人账户，个人账户储存额继续按规定计息。农民工返回城镇就业并继续参保缴费的，无论其回到原参保地就业还是到其他城镇就业，均按前述规定累计计算其缴费年限，合并计算其个人账户储存额，符合待遇领取条件的，与城镇职工同样享受基本养老保险待遇；农民工不再返回城镇就业的，其在城镇参保缴费记录及个人账户全部有效，并根据农民工的实际情况，或在其达到规定领取条件时享受城镇职工基本养老保险待遇，或转入新型农村社会养老保险。

3. 待遇计发

农民工参加基本养老保险缴费年限累计满15年以上（含15年），符合待遇领取条件后，由本人向基本养老保险关系所在地社保机构提出领取申请，社保机构按基本养老保险有关规定核定、发放基本养老金，包括基础养老金和个人账户养老金。农民工达到待遇领取年龄而缴费年限累计不满15年，参加了新型农村社会养老保险的，由社保机构将其基本养老保险权益记录和资金转入户籍地新型农村社会养老保险，享受相关待遇；没有参加新型农村社会养老保险的，可按照基本养老保险的有关规定执行。

二、城镇居民社会养老保险

城镇居民社会养老保险，是指针对未参加其他社会养老保险制度，未就业的城镇居民所建立的一项社会养老保险制度。《社会保险法》对此原则性规定："国家建立和完善城镇居民社会养老保险制度。省、自治区、直辖市人民政府根据实际情况，可以将城镇居民社会养老保险和新型农村社会养老保险合并实施。"2011年6月7日，国务院发布了《关于开展城镇居民社会养老保险试点的指导意见》（国发〔2011〕18号），主要内容包括：

（一）年满16周岁（不含在校学生）、不符合职工基本养老保险参保条件的城镇非从业居民，可以在户籍地自愿参加城镇居民养老保险。

（二）城镇居民养老保险基金主要由个人缴费和政府补贴构成，采取个人账户模式，个人缴费、地方人民政府对参保人的缴费补贴及其他来源的缴费资助，全部记入个人账户。

（1）个人缴费。参加城镇居民养老保险的城镇居民应当按规定缴纳养老保险费。缴费标准目前设为每年100元、200元、300元、400元、500元、600元、700元、800元、900元、1 000元10个档次，地方人民政府可以根据实际情况增设缴费档次。参保人自主选择档次缴费，多缴多得。国家依据经济发展和城镇居民人均可支配收入增长等情况适时调整缴费档次。

（2）政府补贴。政府对符合待遇领取条件的参保人全额支付城镇居民养老保险基础养老金。其中，中央财政对中西部地区按中央确定的基础养老金标准给予全额补助，对东部地区给予50%的补助。

地方人民政府应对参保人员缴费给予补贴，补贴标准不低于每人每年30元；对选择较高档次标准缴费的，可给予适当鼓励，具体标准和办法由省（区、市）人民政府确定。对城镇重度残疾人等缴费困难群体，地方人民政府为其代缴部分或全部最低标准的养老保险费。

（3）鼓励其他经济组织、社会组织和个人为参保人缴费提供资助。

（三）养老金待遇

养老金待遇由基础养老金和个人账户养老金构成，支付终身。

中央确定的基础养老金标准为每人每月 55 元。地方人民政府可以根据实际情况提高基础养老金标准，对于长期缴费的城镇居民，可适当加发基础养老金，提高和加发部分的资金由地方人民政府支出。

个人账户养老金的月计发标准为个人账户储存额除以 139（与现行职工基本养老保险及新农保个人账户养老金计发系数相同）。参保人员死亡，个人账户中的资金余额，除政府补贴外，可以依法继承；政府补贴余额用于继续支付其他参保人的养老金。

（四）养老金待遇领取条件

参加城镇居民养老保险的城镇居民，年满 60 周岁，可按月领取养老金。

城镇居民养老保险制度实施时，已年满 60 周岁，未享受职工基本养老保险待遇以及国家规定的其他养老待遇的，不用缴费，可按月领取基础养老金；距领取年龄不足 15 年的，应按年缴费，也允许补缴，累计缴费不超过 15 年；距领取年龄超过 15 年的，应按年缴费，累计缴费不少于 15 年。

问题与思考

1. 请简述养老保险的概念和特征。
2. 请简述我国的养老保险法律体系。
3. 请简述职工基本养老保险的适用范围。
4. 职工基本养老保险如何进行筹集和管理？
5. 基本养老保险包含哪些待遇给付？须满足什么条件？
6. 职工基本养老保险如何转移、接续？
7. 请简述公务员养老保险制度的主要内容。
8. 公务员养老保险与职工基本养老保险有哪些区别？
9. 请简述新型农村社会养老保险的主要内容。

第十章

医疗保险法

第一节 医疗保险法概述

案例及问题导引

范某留学归来在A公司分支机构工作，最初很难在分支机构当地参加社会医疗保险，公司决定以商业医疗保险代替社会医疗保险。四年后，范某主张其社会医疗保险权益，酿成纠纷。

请问：社会医疗保险和商业医疗保险是什么关系，能否互相替代？广义上的医疗保险有哪些，狭义上的医疗保险有哪些？

一、医疗与医疗卫生体制

（一）疾病与医疗保障

疾病是个人风险，更是人类社会长期面临的问题。疾病防范与疾病治疗往往是个人所不能及的，因而，治病救人自古就是一项社会事业，但是疾病所产生的损失一般由个人或家庭来负担。现代社会，医疗卫生技术日益精进，健康标准越来越高，相应地疾病损失负担也开始由个人、家庭向社会、国家过渡。根据负担主体和负担方式的不同，医疗保障机制有三种：一种是个人负担机制；一种是医疗保险机制；一种是国家负担机制。其中，医疗保险机制又分为商业医疗保险和社会医疗保险。目前，多数国家已经建立起社会医疗保险机制，医疗保障的发展趋势是全民健康保障，即人人得享有健康卫生服务。

国际视野

外国医疗保险立法①

1883年德国颁布的《疾病保险法》是世界上最早的医疗保险立法。受德国立法的影响，其他欧洲国家也纷纷仿照德国的模式制定了医疗保险法。其中，奥地利和捷克于1888年，匈牙利于1891年，丹麦于1892年，比利时于1894年，卢森堡于1901年，挪威于1909年，英国、瑞士和爱尔兰于1911年，意大利、俄罗斯于1912年，法国于1928年分别实施了自己的医疗保险法。至20世纪30年代早期，大多数欧洲工业化国家都制定实施了医疗保险法。1922年以后，医疗保险法由欧洲传入亚洲的日本、南美洲的智利等国。日本是亚洲第一个实行医疗社会保险的国家，并以医疗保险覆盖全民而著称。日本于1922年颁布《健康保险法》，1933年颁布《国民健康保健法》，1961年全体国民皆被覆盖于医疗保险制度的保障之中。1924年，南美洲的智利和秘鲁等国也建立了医疗保险制度。受经济因素以及医疗服务供应等条件的制约，医疗保险法律制度在早期的推进速度慢于其他社会保险法律制度。后来，随着外部条件的改善，其发展才取得了重大的进展。第二次世界大战后，以英国为代表的全民医疗保险模式建立，并在北欧国家普遍推行。加拿大于1956年在全国实行住院保险制度，1956年通过医疗保险法，1972年实行全民医疗保险。美国于1929年出现私人医疗保险，此后政府实施了医疗救助制度，1965年通过老年医疗保险法，标志着美国开始建立医疗社会保险制度。20世纪50年代以后，许多发展中国家都开始制定医疗保险法。

（二）我国的医疗体制与制度

医疗问题的复杂性在于它远远超越疾病与医疗保障自身，而关涉医药卫生体制。目前，我国的医药卫生体制改革尚未完成，这意味着我国的医疗保障体系尚在摸索当中。

1. 我国的医药卫生体制及其改革

看病难、看病贵、抓药更贵，换言之，当前我国医药卫生事业发展水平与人民群众健康需求及经济社会协调发展要求不相适应的矛盾比较突出。医药卫生事业是一个复杂、庞大的系统。新中国成立后，我国建立起了国家计划管理的医药卫生体制；

① 郑尚元，李海明，扈春海．劳动和社会保障法学．北京：中国政法大学出版社，2008：521－522.

改革开放后，计划管理的医药卫生体制逐渐向市场体制转型。2009年《中共中央国务院关于深化医药卫生体制改革的意见》的目标是，到2011年，基本医疗保障制度全面覆盖城乡居民，基本药物制度初步建立，城乡基层医疗卫生服务体系进一步健全，基本公共卫生服务得到普及，公立医院改革试点取得突破，明显提高基本医疗卫生服务可及性，有效减轻居民就医费用负担，切实缓解“看病难、看病贵”问题；到2020年，覆盖城乡居民的基本医疗卫生制度基本建立。普遍建立比较完善的公共卫生服务体系和医疗服务体系，比较健全的医疗保障体系，比较规范的药品供应保障体系，比较科学的医疗卫生机构管理体制和运行机制，形成多元办医格局，人人享有基本医疗卫生服务，基本适应人民群众多层次的医疗卫生需求，人民群众健康水平进一步提高。

医药卫生一般包括四大体系，即公共卫生服务体系、医疗服务体系、医疗保障体系、药品供应保障体系。在这四个体系中，医疗保障体系是次生的体系，它必须以另外三个体系的有效和发达为基础。目前，我国的医疗保险法制尚在建设与完善中。

2. 我国的医疗保障体系及其改革

在1949年《中国人民政治协商会议共同纲领》中提出劳动保险制度，建国后则建立了以《劳动保险条例》为核心的社会保险制度。然而，大统一的劳动保险制度并未建立，如在医疗保障领域建立了包括公职人员的公费医疗、职工的劳动保险医疗、农村合作医疗的医疗保障体系。进入80年代，随着中国改革的渐次推进和深入，从1984年开始，各地对公费医疗和劳保医疗实行了医疗费适当与个人挂钩、医疗费用定额包干，超定额部分按一定比例报销的办法，在部门城市实行了企业大病医疗费用社会统筹办法，在此基础上国家最终确立了社会统筹与个人账户相结合的职工社会医疗保险制度模式。① 1998年12月，国务院发布了《国务院关于建立城镇职工基本医疗保险制度的决定》（国发［1998］44号），部署全国范围内全面推进职工医疗保险制度改革工作，职工基本医疗保险也是目前最成熟的社会医疗保险。2010年10月28日颁布的《中华人民共和国社会保险法》在已有实践的基础上确立了职工基本医疗保险、新型农村合作医疗、城镇居民基本医疗保险的基本医疗保险体系。

根据《中共中央国务院关于深化医药卫生体制改革的意见》的改革目标，我国的医疗保障体系应是以基本医疗保障为主体，其他多种形式如补充医疗保险和商业健康保险为补充，覆盖城乡居民的多层次医疗保障体系。其中，城镇职工基本医疗保险、城镇

---

① 王东进．中国社会保障制度的改革与发展．北京：法律出版社，2000：101.

居民基本医疗保险、新型农村合作医疗和城乡医疗救助共同组成基本医疗保障体系，分别覆盖城镇就业人口、城镇非就业人口、农村人口和城乡困难人群。并强调做好城镇职工基本医疗保险制度、城镇居民基本医疗保险制度、新型农村合作医疗制度和城乡医疗救助制度之间的衔接。

二、医疗保险的概念和特征

（一）医疗保险的概念

广义的医疗保险泛指以疾病、伤残为给付条件的保险，既包括商业保险中的健康保险、意外保险，又包括社会医疗保险。狭义的医疗保险特指社会医疗保险，简称“医保”。另外，医疗保险的称谓在各国并不统一，类似的称谓有疾病保险、健康保险、疾病津贴等。不同的称谓往往代表不同的制度定位和制度内容，有的医疗保险不仅补偿由于治疗疾病所需的医疗费用，而且填补因疾病而导致的收入损失，此时称为疾病保险或健康保险更为妥当，其中填补因疾病而导致的收入损失的部分可称为疾病津贴，我国目前的医疗保险一般不涉及医疗津贴。而且，医疗保险一般排除工伤事故之适用，因为工伤事故有专门的工伤保险或职业灾害保险。

因此，医疗保险是指国家通过立法强制性规定投保人缴纳医疗保险费，建立社会统筹医疗保险基金，在被保险人因疾病或非因工负伤时，由医疗保险经办机构按照相关规定向被保险人提供医疗费用补偿的一种法律制度。

（二）医疗保险的特征

医疗保险作为一种社会保险，具有社会保险的一般特征，如社会性、保险性、强制性。此外，由于疾病风险与医疗服务的特殊性，医疗保险还有自身的一些特殊特征：

1. 覆盖范围的广泛性

医疗保险覆盖范围的广泛性是由疾病风险自身的特点决定的。养老、工伤、生育等等均发生在人生的特定时期或情形，而疾病却是人生最普遍、最长期的风险。正因如此，疾病与伤残构成了传统的商业保险的内容，而养老、工伤和生育却很少有商业保险成功介入的例子。医疗保险覆盖范围的广泛性表现在两个方面：其一，医疗保险以覆盖全民为目标，并本着量力而为的原则，随着经济发展水平的提高，而不断扩大医疗保险的覆盖群体和给付水平；其二，医疗保险覆盖公民的一生，本着病有所医的原则，无论老幼，皆将其纳入覆盖范围，当然，在覆盖一生的原则上可能会与其他社会保险项目存有不同的衔接方式。我国的医疗保险覆盖范围还有待扩展，目前以职工基本医疗保险为主的实践远远不能满足医疗保险覆盖范围的广泛性。

2. 基金筹集的公平性

公平的医疗基金筹集至少应当符合两个标准：一是个人不应因病就医而倾家荡产，

这意味着公平的医疗筹资要求有高水平的风险分担机制；二是穷人向医疗体系支付的费用应当比富人少，因为收入低的穷人往往必须将收入的绝大部分用于满足食物、住房等基本生活需求，因此医疗筹集应该反映穷人和富人在可支配收入上的区别。① 医疗保险基金筹集的公平是一种实质公平，旨在强调医疗服务的公共性，旨在保障人的健康。这里面，既应考虑医疗保险与其他社会保险的差异，又应考虑医疗保险与商业保险的衔接，从而，医疗保险基金筹集的公平性体系从制度上就显得最为混搭：兼顾不同制度的技术，融为医疗保险独有的公平诉求。

3. 法律关系的复杂性

在所有的社会保险项目中，医疗保险法律关系是最复杂的。首先，医疗保险关系涉及的法律主体最多，一般的保险以及社会保险均围绕投保人、保险人、受益人展开即可，而医疗保险法律关系却在此三者之外有一个极为主要而复杂的主体——医疗机构。实践中，医疗机构恰是医疗保险问题的症结所在，也是医疗保险法律关系的关键所在。如，“看病难、看病贵”并不直接指向保险关系自身，而是直接指向医疗机构。其次，医疗保险制度的有效运行更依赖于医药卫生体制的健全。倘若把一般的保险和社会保险归结为“钱”的问题，而医疗保险的问题却不仅仅在于“钱”，而是在于医药卫生事业，在于特殊的资源与技术。最后，医患纠纷与医疗保险交叉在一起，成为社会保险中最具有法律市场、也最需要法律技术的领域，这在域外实践中已经得到证明，随着我国医疗保险法律的建立和完善，也必将如此。

4. 费用给付的增续性

所谓医疗保险费用给付的增续性是就医疗保险制度本身所面临的医疗给付压力而言的。目前，医疗保险费用给付压力普遍增加，成为各国医疗卫生体制改革的直接原因，这不仅是个别现象，而是医疗保险费用给付的自身特点造成的。“医疗照顾费用上涨的原因，包含公众对医疗照顾的意识和对它的普遍关切；新的治疗方式的利用；以及药物价格的上涨等等。此外，还有人口增长对医疗照顾的需求，伴随着不断提高的老年人人口比例。住院费用通常反映了较高的工资和薪金水平。”② 另外，医疗保险法律关系的复杂性也客观上强化了医疗保险费用给付的增续性，现实中区别自费与公费的医疗行为就是医疗保险费用给付增续性的鲜活例证。因此，控制医疗保险费用支付成为医疗保险制度上的重大课题，而其核心并不是如何减少疾病与伤残，而是如何实现对医疗机构和医疗行为的有效规制。

---

① 王绍光．巨人的瘸腿：从城镇医疗不平等谈起．读书，2005（10）．

② 联合国国际劳工组织．社会保障基础．王刚义，魏新武，译．长春：吉林大学出版社，1989：41．

三、医疗保险的类型

根据不同的分类标准，医疗保险可有不同的类型；根据不同的立法规定，医疗保险可有不同的种类。医疗保险的类型包括医疗保险的分类和医疗保险的种类。

（一）医疗保险的分类

医疗保险的分类标准主要有两种，一种是依据医疗保险模式的不同的分类，主要是对各国医疗保险类型的梳理；一种是依据我国医疗保险立法的规定的种类，主要是对我国医疗保险板块的梳理。

1. 以保险模式的不同划分

以医疗服务的需求和供给，即筹资模式和服务模式为标准对医疗保险体制进行分类，目前国际上医疗保险类型有四个，即自愿医疗保险、强制储蓄医疗保险、强制医疗保险以及免费全民医疗保险。此实质上是医疗保障的类型。

自愿医疗保险是指国家不介入医疗保险的运行，由个人自愿选择医疗保险组织对其提供医疗保险。自愿医疗保险在市场化早期占主流，目前，在多数国家自愿保险均处于补充地位，且商业保险和社会保险逐渐区分，医疗保险多不再指代商业医疗保险。

强制储蓄医疗保险是指国家通过立法强制劳资双方建立医疗保险储蓄账户并用以支付个人及家庭成员的医疗费用的一种医疗保险模式。目前，唯有新加坡将强制储蓄制度作为医疗保障制度的主干，故而这种模式也称为“新加坡模式”。强制储蓄医疗保险实质上为自己保障。

强制医疗保险是指国家立法规定一定范围的人群必须参加医疗保险，保险费由雇主和雇员负担，保险费实行现收现付，被保险人的年龄、性别和健康状况与缴费水平无关，享受的医疗保险待遇也不受缴费多少影响。这是目前医疗保险最普遍的存在方式，也称为社会医疗保险，典型者如德国。

免费全民医疗保险，即全体国民一应得享近乎免费的医疗服务。这种医疗保险实质上是一种全民健康福利。

2. 以被保险人的不同划分

以被保险人的身份不同，我国的基本医疗保险可分为职工基本医疗保险、农村合作医疗保险以及城镇居民基本医疗保险。以被保险人不同所作的分类往往是不严格的，是医疗保障发展阶段的产物。随着公务员医疗保险制度的建立，公务员基本医疗保险也将成为特殊的一类，这完全取决立法之动向。

（二）我国基本医疗保险的种类

根据《社会保险法》的规定，我国基本医疗保险有三个种类：职工基本医疗保险、新型农村合作医疗保险以及城镇居民基本医疗保险。其中，新型农村合作医疗制度的管理办法授权由国务院规定，而职工基本医疗保险和城镇居民基本医疗保险也有待新的立法给予详细规定。

1. 职工基本医疗保险

职工基本医疗保险是指为补偿劳动者因疾病风险造成的经济损失而建立的一项社会保险制度。其显著特点是由用人单位和劳动者共同缴纳基本医疗保险费。职工基本医疗保险具有强制性，用人单位和劳动者必须参加，不得以商业人身保险代替社会医疗保险，也不得以新型农村合作医疗或者城镇居民基本医疗保险来置换职工基本医疗保险。目前我国的基本医疗保险体制中，职工基本医疗保险、新型农村合作医疗、城镇居民基本医疗保险有不同的覆盖人群，其间的衔接与转换关系并无明文规定。国务院《关于建立城镇职工基本医疗保险制度的决定》（国发〔1998〕44 号）和其后的地方立法和政策建立起了我国以职工基本医疗保险为主体的制度体系，但是其参保范围却不局限于劳动法上的劳动者，以覆盖广义的城镇劳动者为原则。

2. 新型农村合作医疗

新型农村合作医疗制度是由政府组织、引导、支持，农民自愿参加，个人、集体和政府多方筹资，以大病统筹为主的农民医疗互助共济制度。国务院办公厅转发卫生部等部门《关于建立新型农村合作医疗制度意见的通知》（国办发〔2003〕3 号）目标是，从 2003 年起，各省、自治区、直辖市至少要选择 2—3 个县（市）先行试点，取得经验后逐步推开；到 2010 年，实现在全国建立基本覆盖农村居民的新型农村合作医疗制度的目标，减轻农民因疾病带来的经济负担，提高农民健康水平。在《社会保险法》中明确规定国家建立和完善新型农村合作医疗制度。

新型农村合作医疗强调自愿性、筹资方式的多元性，农民以家庭为单位自愿参加新型农村合作医疗，遵守有关规章制度，按时足额缴纳合作医疗经费；乡（镇）、村集体要给予资金扶持；中央和地方各级财政每年要安排一定专项资金予以支持。新型农村合作医疗补助范围不具有强制性，定位为大病医疗补助。农村合作医疗基金主要补助参加新型农村合作医疗农民的大额医疗费用或住院医疗费用。有条件的地方，可实行大额医疗费用补助与小额医疗费用补助结合的办法，既提高抗风险能力又兼顾农民受益面。对参加新型农村合作医疗的农民，一年内没有动用农村合作医疗基金的，要安排进行一次常规性体检。从新型农村合作医疗的定位来看，其既不同于曾经的农村合作医疗，也不同于现在的其他基本医疗保险。新型农村合作医疗制度的发展与完善，尤其是与其他基本医疗保险的衔接，有待新的突破。

历史回顾

我国的农村合作医疗①

新型农村合作医疗之前有另一个农村合作医疗，两者之间有很大的差异。1956 年，全国人大一届三次会议通过《高级农业生产合作社示范章程》，是农村合作医疗最高效力层次的文件，明确合作社对于因公负伤或因公致残的社员要负责医疗，并且要酌量给以补助。1959 年，卫生部在山西省稷山县召开全国农村卫生工作会议，正式肯定了农村合作医疗制度。1965 年，中共中央批转卫生部党委《关于把卫生工作重点放到农村的报告》，农村合作医疗事业得到极大的发展。到 1976 年，全国已有 90% 的农民参加了合作医疗，基本解决了广大农村社会成员看病难的问题。诺贝尔经济学奖获得者、著名经济学家阿玛蒂亚·森教授在与他人合著的《饥饿与公共行动》（1987）一书中高度称赞中国在医疗资源（包括农村的医疗服务）分配方面比印度公平很多，这使毛泽东时代的中国人在健康状况方面远胜于同时代的印度。

3. 城镇居民基本医疗保险

城镇居民基本医疗保险是指以居民个人（家庭）缴费和政府补贴相结合的筹资方式，按照缴费标准和待遇水平相一致的原则，为城镇居民提供医疗需求的一种社会医疗保险制度。国务院《关于开展城镇居民基本医疗保险试点的指导意见》（国发〔2007〕20 号）中指出，“1998 年我国开始建立城镇职工基本医疗保险制度，之后又启动了新型农村合作医疗制度试点，建立了城乡医疗救助制度。目前没有医疗保障制度安排的主要是城镇非从业居民。为实现基本建立覆盖城乡全体居民的医疗保障体系的目标，国务院决定，从今年起开展城镇居民基本医疗保险试点。”② 同样，城镇居民基本医疗保险首先定位于大病医疗，城镇居民基本医疗保险基金重点用于参保居民的住院和门诊大病医疗支出，有条件的地区可以逐步试行门诊医疗费用统筹。

---

① 林嘉．劳动法和社会保障法，北京：中国人民大学出版社，2009：363－364.

② 国务院《关于开展城镇居民基本医疗保险试点的指导意见》（国发〔2007〕20 号）。

第二节　医疗保险法律关系

案例及问题导引

范某是A公司的职工，参加了统筹地区的职工基本医疗保险待遇。在回家省亲过程中突发疾病而就医。范某模糊地知道基本医疗保险有诸多限制，不清楚如何就医、如何抓药方能够报销其医疗费用。请问：关于异地就医有什么特殊规定？是不是所有的医疗费用均可以从医疗保险基金中支付，有哪些相关规定？

一、医疗保险法律关系概述

（一）医疗保险法律关系的概念

医疗保险法律关系是指社会医疗保险法调整社会医疗保险关系所形成的参保人、保险人、受益人、医疗机构等之间的权利义务关系。医疗保险法律关系的特征有：

1. 主体多样

医疗保险法律关系是社会保险法中主体最多样的法律关系，包括医疗保险的管理机构、经办机构、参保人、被保险人、医疗机构、监督机构。相对于养老保险、失业保险、生育保险以及工伤保险，医疗机构在医疗保险法律关系对医疗保险法律关系的影响要大得多。

2. 内容交织

医疗保险法律关系的有效运行依赖于医疗保险法律关系各方的有效连动。医疗保险法律关系的产生、变更与消灭过程中，各方权利义务交织在一起，相关纠纷甚为复杂。目前，在医疗保险水平较低的情况下，医患纠纷与医疗保险纠纷的交织尚不明显。随着医疗保险法律制度的建立和完善，医疗保险法律元素的齐备，医疗保险纠纷将因其内容交织而成为极其复杂的法律纠纷。

3. 公私融合

医疗保险法律关系是典型的社会法上的法律关系，公法法律关系与私法法律关系的融合更体现出其医疗保险法律关系的复杂。如医疗服务机构与患者之间的医患关系是典型的私法法律关系，而医疗服务机构与作为被保险人的患者之间的关系则由医疗保险法律关系融合在一起，这将是医疗保险实务中公私融合的重点。医疗保险经办机构与医疗服务机构之间的协议则兼具公法与私法的特点，这是医疗保险法理中公私融合的典型。

（二）医疗保险法律关系的结构①

社会医疗保险法律关系的结构日益复杂，不仅远远超越保险两造关系，而且超越了囊括医疗机构的三角关系，政府在医疗保险法律关系中的作用日渐明显。依据医疗保险法律关系从简单到复杂的演变过程，医疗保险法律关系的结构前后可梳理出以下四种：

1. 两造关系结构

两造关系结构的医疗保险法律关系中，保险人与医疗服务机构是重合的。20 世纪初期美国的一些医疗机构为了保证自己的收入采取了预付的办法，即向特定人群预先收取一定的医疗费，被保险人患病后，可以获得免费或部分免费的医疗服务，这是两造相向的保险法律关系，只不过保险人向被保险人提供的不是医疗费，而是服务。其结构如下图：

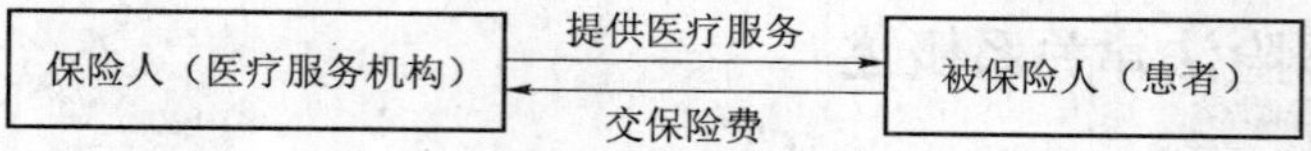

2. 非三角的三造关系结构

非三角的三造关系结构的医疗保险法律关系中，保险人和医疗服务机构既不重合，也无直接联系。这种保险关系往往是一个行业的劳动者组成一个组织，出资建立基金，为患病的成员在医疗费上提高帮助。这仍然是一种简单的保险法律关系，多属于商业保险。其结构如下图：

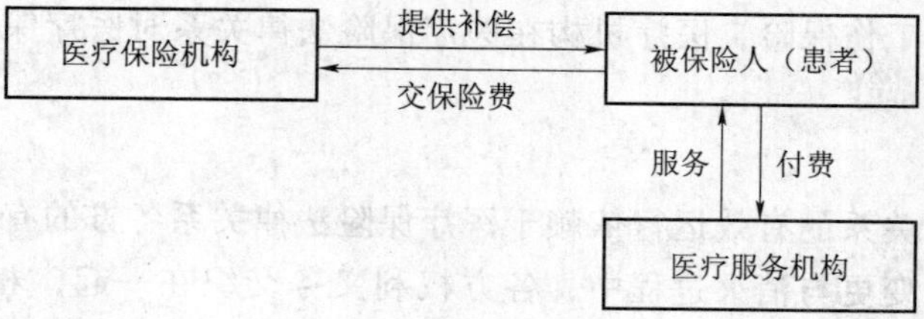

3. 三角关系结构

三角关系结构的医疗保险法律关系是社会医疗保险法律关系的基础结构。在三角关系结构中，被保险人缴费，医疗保险机构向医疗服务机构付费，医疗服务机构向患者提高医疗服务。随着医疗保险的社会化，医疗服务机构的行为逐渐纳入到医疗保险机构的控制范围内，其最明显的表现就是医疗保险机构向作为第三方的医疗服务机构付费，而不是直接向被保险人通过医疗补偿，从而形成了一个三角关系的医疗保险法律关系。其结构如下图：

① 姚宏．医疗与生育保险．2 版．北京：中国劳动社会保险出版社，2005：74－77.

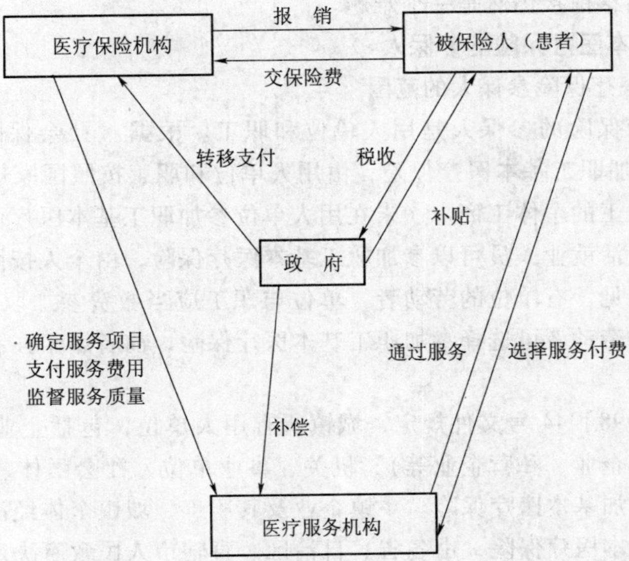

4. 三棱锥结构

三棱锥结构的医疗保险法律关系是现代社会医疗保险法律关系的结构，在三角关系结构的基础上，政府全面介入到医疗保险法律关系当中。这种三棱锥结构的医疗保险法律关系将保险关系与医疗卫生体制密切地粘合在一起，既有保险机制下的风险分散功能，也有行政机制下的福利供给功能。医疗保险机构与医疗服务机构之间的关系日益复杂，医疗保险机构既向医疗服务机构支付服务费用，也直接干预医疗服务机构的服务行为。其结构如下图：

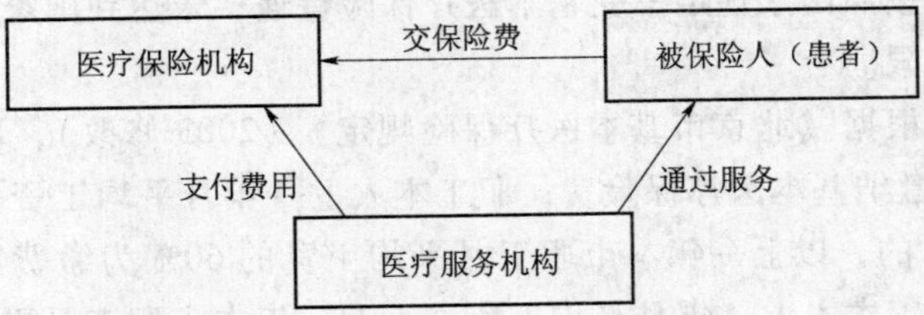

二、参保人

参保人，即参加医疗保险的单位或个人，是指依据医疗保险法律法规应当参加医疗保险的单位和个人。换一个角度，确定参保人也是确定医疗保险的覆盖范围。不同种类的基本医疗保险有着不同的参保人。虽然《社会保险法》已经明确，个人跨统筹地区就业的，其基本医疗保险关系随本人转移，缴费年限累计计算，但是不同种类的基本医疗保险之间如何转移衔接仍然是一个难题。

（一）职工基本医疗保险的参保人

1. 职工基本医疗保险参保人的范围

职工基本医疗保险的参保人是用人单位和职工。根据《社会保险法》第 23 条规定，"职工应当参加职工基本医疗保险，由用人单位和职工按照国家规定共同缴纳基本医疗保险费。无雇工的个体工商户、未在用人单位参加职工基本医疗保险的非全日制从业人员以及其他灵活就业人员可以参加职工基本医疗保险，由个人按照国家规定缴纳基本医疗保险费。可见，有单位的劳动者，单位与职工应当缴费参加职工基本医疗保险；无单位的劳动者，劳动者可选择参加职工基本医疗保险，前者属于强制性参保，后者属于自愿性参保。

根据国发〔1998〕44 号文件规定，城镇所有用人单位，包括企业（国有企业、集体企业、外商投资企业、私营企业等）、机关、事业单位、社会团体、民办非企业单位及其职工，都要参加基本医疗保险。乡镇企业及其职工、城镇个体经济组织业主及其从业人员是否参加基本医疗保险，由各省、自治区、直辖市人民政府决定。基本医疗保险费由用人单位和职工共同缴纳。用人单位缴费率应控制在职工工资总额的 6% 左右，职工缴费率一般为本人工资收入的 2%。随着经济发展，用人单位和职工缴费率可作相应调整。

2. 参保人的缴费义务

参保人应当按照法律的规定缴纳职工基本医疗保险费。目前，具体的职工基本医疗保险制度多由地方立法，相关规定效力层次较低，缴费内容也稍有差异。参加职工基本医疗保险的个人，达到法定退休年龄时累积缴费达到国家规定年龄的，退休后不再缴纳基本医疗保险费，按照国家规定享受基本医疗保险待遇；未达到国家规定年限的，可以缴费至国家规定年限。

以北京为例，根据《北京市基本医疗保险规定》（2003 修改），职工按本人上一年月平均工资的 2% 缴纳基本医疗保险费；职工本人上一年月平均工资低于上一年本市职工月平均工资 60% 的，以上一年本市职工月平均工资的 60% 为缴费工资基数，缴纳基本医疗保险费；职工本人上一年月平均工资高于上一年本市职工月平均工资 300% 以上的部分，不作为缴费工资基数，不缴纳基本医疗保险费；无法确定职工本人上一年月平均工资的，以上一年本市职工月平均工资为缴费工资基数，缴纳基本医疗保险费。用人单位按全部职工缴费工资基数之和的 9% 缴纳基本医疗保险费，用人单位应当按时向社会保险经办机构如实申报职工上一年月平均工资，社会保险经办机构按照规定核定基本医疗保险缴费工资基数。对于制度转换中的职工，施行前已退休的人员不缴纳基本医疗保险费；施行后参加工作，累计缴纳基本医疗保险费男满 25 年、女满 20 年的，按照国家规定办理了退休手续，按月领取基本养老金或者退休费的人员，享受退休人员的基本医疗保险待遇，不再缴纳基本医疗保险费；施行前参加工作施行后退休，缴纳基本医疗保险费不满前款规定年限的，由本人一次性补足应当由用人单位和个人缴纳的基本医疗保险费后，享受退休人员的基本医疗保险待遇，不再缴纳基本医疗保险费。经劳动保障行政部门认定，职工的连续工龄或者工作年限符合国家规定的，视同基本医疗保险缴费年限。

（二）新型农村合作医疗的参保人

新型农村合作医疗参保人是农村的家庭。根据国办发［2003］3号文件，农民以家庭为单位自愿参加新型农村合作医疗，遵守有关规章制度，按时足额缴纳合作医疗经费。新型农村合作医疗非强制性参保。

以河北省为例，根据河北省人民政府办公厅《关于印发河北省新型农村合作医疗管理办法的通知》（冀政办［2003］19号），新型农村合作医疗制度实行个人缴费、集体扶持和政府资助相结合的筹资机制。农民个人每年的缴费标准不应低于10元，经济条件好的地区可相应提高缴费标准。农民为参加农村合作医疗而进行缴费，不能视为增加农民负担。乡镇企业职工（不含以农民家庭为单位参加新型农村合作医疗的人员）是否参加新型农村合作医疗由县级人民政府确定。对农村五保户和贫困农民家庭无经济能力缴纳合作医疗费用的，由个人申请、村民代表会议评议、乡（镇）政府审核、县级民政部门批准，可利用医疗救助资金资助其参加当地合作医疗。有条件的乡村集体经济组织要对本地新型农村合作医疗制度给予适当扶持。扶持新型农村合作医疗的乡村集体经济组织的类型、出资标准由县级人民政府确定，但集体出资部分不得向农民摊派。鼓励社会团体和个人资助新型农村合作医疗制度。政府补助实行分担体制。省、市、县级财政都要根据实际需要和财力情况安排资金，按实际参加合作医疗的人数和补助定额给予资助。从2003年起，在中央财政对除市区以外参加新型农村合作医疗的农民每年每人给予10元补助资金的基础上，省、市、县三级财政对参加新型农村合作医疗的农民补助每年不低于人均10元，实行分级负担。对国家及省扶贫开发工作重点县，省、市、县三级财政的补助比例为4∶3∶3；对非国家及省扶贫开发工作重点县（市），省、市、县三级财政的补助比例为3∶3∶4。合作医疗补助资金要纳入同级财政预算，确保资金落实到位。省、市级财政补助不包括市区以内的农民，城市所辖区的农民合作医疗补助由当地政府安排。乡级财政是否对合作医疗给予资助，由县级人民政府确定。

（三）城镇居民基本医疗保险的参保人

城镇居民基本医疗保险的参保人是城镇非职工居民。根据（国发〔2007〕20号）文件，不属于城镇职工基本医疗保险制度覆盖范围的中小学阶段的学生（包括职业高中、中专、技校学生）、少年儿童和其他非从业城镇居民都可自愿参加城镇居民基本医疗保险。试点城市应根据当地的经济发展水平以及成年人和未成年人等不同人群的基本医疗消费需求，并考虑当地居民家庭和财政的负担能力，恰当确定筹资水平；探索建立筹资水平、缴费年限和待遇水平相挂钩的机制。城镇居民基本医疗保险以家庭缴费为主，政府给予适当补助。参保居民按规定缴纳基本医疗保险费，享受相应的医疗保险待遇，有条件的用人单位可以对职工家属参保缴费给予补助。国家对个人缴费和单位补助资金制定税收鼓励政策。对试点城市的参保居民，政府每年按不低于人均40元给予补助，其中，中央财政从2007年起每年通过专项转移支付，对中西部地区按人均20元给予补助。在此基础上，对属于低保对象的或重度残疾的学生和儿童参保所需的家庭缴费部分，政府原则上每年再按不低于人均10元给予补助，其中，中央财政对中西部地区按人均5元给予补助；对其他低保对象、丧失劳动能力的重度残疾人、低收入家庭60周岁以上的老年人等困难居民参保所需家庭缴费部分，政府每年再按不低于人均60元给予补助，其中，中央财政对中西部地区按人均30元给予补助。中央财政对东部地区参照新型农村合作医疗的补助办法给予适当补助。财政补助的具体方案由财政部门与劳动保障、民政等部门研究确定，补助经费要纳入各级政府的财政预算。

以北京市为例，北京市人民政府《关于印发北京市城镇居民基本医疗保险办法的通知》（京政发〔2010〕38号），参保人范围为具有本市非农业户籍的下列人员：（1）城镇老年人，即未纳入城镇职工基本医疗保险范围，且男年满60周岁和女年满50周岁的城镇居民；（2）学生儿童，即在本市行政区域内的各类普通高等院校（全日制学历教育）、普通中小学校、中等职业学校（包括中等专业学校、技工学校、职业高中）、特殊教育学校、工读学校就读的在册学生，以及非在校少年儿童（包括托幼机构的儿童、散居婴幼儿和其他年龄在16周岁以下非在校少年儿童）；在本市各类全日制普通高等学校（包括民办高校）、科研院所中接受普通高等学历教育的全日制非在职非北京生源的学生；（3）城镇无业居民，即在劳动年龄内未纳入城镇职工基本医疗保险范围，且男年满16周岁不满60周岁，女年满16周岁不满50周岁的城镇无业居民；（4）未纳入城镇职工基本医疗保险范围，七至十级残疾军人、城镇优抚对象以及民政部门负责管理的见义勇为的城镇居民；（5）国家和本市规定的其他人员。

三、医疗保险基金

（一）医疗保险基金的概念

医疗保险基金是指国家为保障职工的基本医疗，由医疗保险经办机构按国家有关规定，向单位和个人等多方筹集用于基本医疗保险的专项基金。职工基本医疗保险基金包括社会统筹基金和个人账户两部分，由用人单位和职工个人按一定比例共同缴纳。

医疗保险基金的筹资模式有三种，即现收现付制、完全积累制和部分积累制。大多数国家均选择现收现付制。医疗保险基金的来源主要包括税收、用人单位和劳动者缴费、个人缴费、财政补贴以及基金利息等。我国医疗保险中的职工基本医疗保险基金主要由用人单位和职工按比例缴费构成，新型农村合作医疗基金主要由农民个人、村集体以及政府按比例缴费或补贴构成，城镇居民基本医疗保险基金主要由个人缴费和政府补贴构成。

（二）医疗保险基金的构成

从医疗保险基金的来源看医疗保险基金的构成，主要涉及医疗保险的参保人的缴费义务、政府的补贴义务。从医疗保险基金的存在形式看医疗保险基金的构成，医疗保险基金则由统筹基金和个人账户构成，并以职工基本养老保险基金最为典型。

职工基本医疗保险基金由统筹基金和个人账户构成。职工人人缴纳的基本医疗保险费，全部计入个人账户。用人单位缴纳的基本医疗保险费分为两部分，一部分用于建立统筹基金，一部分划入个人账户。划入个人账户的比例一般为用人单位缴费的30%左右，具体比例由统筹地区根据个人账户的支付范围和职工年龄等因素确定。基本医疗保险原则上以地级以上行政区（包括地、市、州、盟）为统筹单位，也可以县（市）为统筹单位。所有用人单位及其职工都要按照属地管理原则参加所在统筹地区的基本医疗保险，执行统一政策，实行基本医疗保险基金的统一筹集、使用和管理。铁路、电力、远洋运输等跨地区、生产流动性较大的企业及其职工，可以相对集中的方式异地参加统筹地区的基本医疗保险。

理论争鸣

医疗保险个人账户存废之争

观点一：我国统账结合的城镇职工基本医疗保险模式已运行10年有余，然而关于医疗保险个人账户的争论从来就没有停止过。综合分析医疗保险个人账户的利弊，建议改革我国现行统账结合的城镇职工基本医疗保险制度，逐步取消个人账户。其中个人账户的功能有：有利于控制医疗费用，强化个人责任；有利于资金积累，应对老龄化挑战；按年龄段确定个人账户比例体现了一定公平性；有利于我国社会医疗保险制度的可持续发展；有利于减轻国家和参保人员的负担。其中个人账户的缺陷有：引入个人账户不符合医疗保险制度涉及的原则；不能有效控制医疗费用上涨；个人账户的积累作用有限；无互助共济，违背公平原则；管理成本高，医疗保险基金保值增值难度大。①

观点二：医保“个人账户”的去留问题，日益成为基本医疗保险模式的讨论热点。通过对医保“个人账户”产生原因和运行现状的研究，发现医保“个人账户”设立不应以“积累性”作为主要属性，“约束性”的有效发挥也有待改进，而医疗消费的“现时性”和医疗保险的“共济性”则是最需要引起关注的因素。目前而言，医保“个人账户”还不宜取消，基本医疗保险制度应通过改善个人账户的运行机制，有效发挥“约束性”和更好满足“现时性”，并与“社会统筹”部分有机结合，充分体现医疗保险的“共济性”。②

（三）医疗保险基金的管理和监督

职工基本医疗保险基金纳入财政专户管理，专款专用，不得挤占挪用。社会保险经办机构负责基本医疗保险基金的筹集、管理和支付，并要建立健全预决算制度、财务会计制度和内部审计制度。社会保险经办机构的事业经费不得从基金中提取，由各级财政预算解决。个人账户的本金和利息归个人所有，可以结转使用和继承。

各级劳动保障部门和财政部门，要加强对基本医疗保险基金的监督管理。审计部门要定期对社会保险经办机构的基金收支情况和管理情况进行审计。统筹地区应设立由政府有关部门代表、用人单位代表、医疗机构代表、工会代表和有关专家参加的医疗保险基金监督组织，加强对基本医疗保险基金的社会监督。

四、医疗服务机构

医疗服务机构是指直接向被保险人提供医疗服务的机构。基本医疗保险实行定点医疗机构（包括中医医院）和定点药店管理。劳动保障部会同卫生部、财政部等有关部门制定定点医疗机构和定点药店的资格审定办法。社会保险经办机构要根据中西医并举，基层、专科和综合医疗机构兼顾，方便职工就医的原则，负责确定定点医疗机构和定点药店，并同定点医疗机构和定点药店签订合同，明确各自的责任、权利和义务。在确定定点医疗机构和定点药店时，要引进竞争机制，职工可选择若干定点医疗机构就医、购药，也可持处方在若干定点药店购药。国家药品监督管理局会同有关部门制定定点药店购药事故处理办法。要确定基本医疗保险的服务范围和标准。劳动保障部会同卫生部、财政部等有关部门制定基本医疗服务的范围、标准和医药费用结算办法，制定国家基本医疗保险药品目录、诊疗项目、医疗服务设施标准及相应的管理办法。各省、自治区、直辖市劳动保障行政管理部门根据国家规定，会同有关部门制定本地区相应的实施标准和办法。

---

① 薛惠元，张翼．医疗保险个人账户何去何从——一个研究述评．广西经济管理干部学院学报，2010（3）．

② 裴颖．医保“个人账户”去留问题的探讨．人口与经济，2008（3）．

（一）定点医疗机构

定点医疗机构，是指经统筹地区劳动保障行政部门审查，并经社会保险经办机构确定的，为基本医疗保险参保人员提供医疗服务的医疗机构。城镇职工基本医疗保险和城镇居民基本医疗保险制度实施以来，各地普遍建立了定点医疗机构协议管理制度，一些地区探索了依据协议对定点医疗机构的考核评价机制，对规范和引导定点医疗机构的医疗服务行为、抑制医疗费用过快增长、合理使用基本医疗保险基金起到了积极作用。定点医疗有两个基本内涵：其一，医疗机构应经审批方成为基本医疗保险关系中的医疗服务机构；其二，被保险人应当在指定的医疗服务机构就医方能享受基本医疗保险待遇。定点医疗是基本医疗保险法行政化的体现，并经进一步强调基本医疗保险法的公法性质。

1. 定点医疗机构的审定

劳动保障行政部门根据医疗机构的申请及提供的各项材料对医疗机构的定点资格进行审查。审查合格的发给定点医疗机构资格证书，并向社会公布，供参保人员选择。定点医疗机构审查和确定的原则是：方便参保人员就医并便于管理；兼顾专科与综合、中医与西医，注重发挥社区卫生服务机构的作用促进医疗卫生资源的优化配置，提高医疗卫生资源的利用效率，合理控制医疗服务成本和提高医疗服务质量。

参保人员在获得定点资格的医疗机构范围内，提出个人就医的定点医疗机构选择意向，由所在单位汇总后，统一报统筹地区社会保险经办机构。社会保险经办机构根据参保人的选择意向统筹确定定点医疗机构。获得定点资格的专科医疗机构和中医医疗机构（含中西医结合医疗机构和民族医医疗机构），可作为全体参保人员的定点医疗机构。除获得定点资格的专科医疗机构和中医医疗机构外，参保人员一般可选择3至5家不同层次的医疗机构，其中至少应包括1至2家基层医疗机构（包括一级医院以及各类卫生院、门诊部、诊所、卫生所、医务室和社区卫生服务中心）。有管理能力的地区根据可扩大参保人员选择定点医疗机构的数量。

2. 定点医疗服务中的各方权利义务

（1）定点医疗服务协议

社会保险经办机构要与定点医疗机构签订包括服务人群、服务范围、服务内容、服务质量、医疗费用结算办法、医疗费用支付标准以及医疗费用审核与控制等内容的协议，明确双方的责任、权利和义务。协议的有效期一般为1年。任何一方违反协议，对方均有权解除协议，但须提前3个月通知对方和有关参保人，并报统筹地区劳动保障行政部门备案。

（2）参保人员的定点就医义务

参保人员应在选定的定点医疗机构就医，并可自主决定在定点医疗机构购药或持处方到定点零售药店购药。除急诊和急救外，参保人员在非选定的定点医疗机构就医发生的费用，不得由基本医疗保险基金支付。参保人员在不同等级的定点医疗机构就医，个人负担医疗费用的比例可有所差别，以鼓励参保人员到基层定点医疗机构就医。参保人员在不同等级定点医疗机构就医时个人负担医疗费用的具体比例和参保人员转诊、转院管理办法，由统筹地区劳动保障行政管理部门制定。

（3）定点医疗机构的义务

定点医疗机构应配备专（兼）职管理人员，与社会保险经办机构共同做好定点医疗服务管理工作。对基本医疗保险参保人员的医疗费用要单独建帐，并按要求及时、准确地向社会保险经办机构提供参保人员医疗费用的发生情况等有关信息。

（4）社会保险经办机构的权利（力）和义务

社会保险经办机构要加强对定点医疗机构参保人员医疗费用的检查和审核。定点医疗机构有义务提供审核医疗费用所需的全部诊治资料及帐目清单。社会保险经办机构要按照基本医疗保险的有关政策规定和与定点医疗机构签订的协议，按时足额与定点医疗机构结算医疗费用。对不符合规定的医疗费用，社会保险经办机构不予支付。

（5）行政部门的监督检查

劳动保障行政部门要会同卫生、物价等有关部门加强对定点医疗机构服务和管理情况的监督检查。对违反规定的定点医疗机构，劳动保障行政部门可视不同情况，责令其限期改正，或通报卫生行政部门给予批评，或取消定点资格。

（二）定点零售药店

定点零售药店，是指经统筹地区劳动保障行政部门资格审查，并经社会保险经办机构确定的，为基本医疗保险参保人员提供处方外配服务的零售药店。处方外配是指参保人员持定点医疗机构处方，在定点零售药店购药的行为。

1. 定点零售药店的审定

劳动保障行政部门根据零售药店的申请及提供的各项材料，对零售药店的定点资格进行审查。统筹地区社会保险经办机构在获得定点资格的零售药店范围内确定定点零售药店，统发定点零售药店标牌，并向社会公布，供参保人员选择购药。定点零售药店审查和确定的原则是：保证基本医疗保险用药的品种和质量；引入竞争机制，合理控制药品服务成本；方便参保人员就医后购药和便于管理。

2. 定点零售药店服务中的各方权利义务

（1）定点零售药店协议

社会保险经办机构要与定点零售药店签订包括服务范围、服务内容、服务质量、药费结算办法以及药费审核与控制等内容的协议，明确双方的责任、权利和义务。协议有效期一般为 1 年。任何一方违反协议，对方均有权解除协议，但须提前通知对方和参保人，并报劳动保障行政部门备案。

（2）参保人员的义务

外配处方必须由定点医疗机构医师开具，有医师签名和定点医疗机构盖章。处方要有药师审核签字，并保存2年以上以备核查。

（3）定点零售药店义务

定点零售药店应配备专（兼）职管理人员，与社会保险经办机构共同做好各项管理工作。对外配处方要分别管理、单独建帐。定点零售药店要定期向统筹地区社会保险经办机构报告处方外配服务及费用发生情况。

（4）社会保险经办机构的权利（力）和义务

社会保险经办机构要加强对定点零售药店处方外配服务情况的检查和费用的审核。定点零售药店有义务提供与费用审核相关的资料及帐目清单。社会保险经办机构要按照基本医疗保险有关政策规定和与定点零售药店签订的协议，按时足额结算费用。对违反规定的费用，社会保险经办机构不予支付。

（5）行政部门的监督检查

劳动保障行政部门要组织药品监督管理、物价、医药行业主管部门等有关部门，加强对定点零售药店处方外配服务和管理的监督检查。要对定点零售药店的资格进行年度审核。对违反规定的定点零售药店，劳动保障行政部门可视不同情况，责令其限期改正，或取消其定点资格。

（三）费用结算

这里的费用结算是指社会保险经办机构与定点医疗机构和定点零售药店的结算关系。加强费用结算管理，对于控制医疗费用，保证统筹基金收支平衡，规范医疗服务行为，保障参保人员的基本医疗权益，提高基本医疗保险的社会化管理服务水平有重要意义。

1. 费用结算的原则

统筹地区社会保险经办机构要按照以收定支、收支平衡的原则，合理确定基本医疗保险基金的支出总量，并根据定点医疗机构的不同级别和类别以及所承担的基本医疗保险服务量，预定各定点医疗机构的定额控制指标。社会保险经办机构在结算时，可根据具体采用的结算方式和实际发生的合理费用等情况对定额控制指标进行相应调整。

2. 具体结算方法

基本医疗保险费用的具体结算方式，应根据社会保险经办机构的管理能力以及定点医疗机构的不同类别确定，可采取总额预付结算、服务项目结算、服务单元结算等方式，也可以多种方式结合使用。各地要根据不同的结算方式，合理制定基本医疗保险费用的结算标准，并在社会保险经办机构和定点医疗机构签订的协议中明确双方的责任、权利和义务。采取总额预付结算方式的，要根据基本医疗保险的给付范围和参保人员的年龄结构，合理确定对定点医疗机构的预付总额。同时，要通过加强监督检查，防止为降低医疗成本而减少必需的医疗服务，确保参保人员获得基本医疗保险规定的、诊疗疾病所必需的、合理的医疗服务。采取服务项目结算方式的，要根据医疗服务的收费标准和基本医疗保险医疗服务管理的有关规定以及服务数量等进行结算。同时，要加强对医疗服务项目的监督和审查工作，防止发生大额处方、重复检查、延长住院、分解诊疗服务收费等过度利用医疗服务的行为。采取服务单元结算方式的，可以诊断病种、门诊诊疗人次和住院床日等作为结算的服务单元。具体结算标准可按同等级医疗机构的服务单元的平均费用剔除不合理因素后确定，并根据物价指数进行适时调整。同时，要加强基本医疗保险管理和费用审核，防止出现推诿病人、分解服务次数等现象。

3. 结算范围

属于基本医疗保险基金支付的医疗费用，应全部纳入结算范围，一般由社会保险经办机构与定点医疗机构和定点零售药店直接结算。暂不具备条件的，可先由参保人员或用人单位垫付，然后由社会保险经办机构与参保人员或用人单位结算。社会保险经办机构要规范结算程序，明确结算期限，简化结算手续，逐步提高社会化管理服务水平，减轻定点医疗机构、定点零售药店和用人单位的负担。社会保险经办机构要按与定点医疗机构和定点零售药店签订的协议的有关规定及时结算并拨付基本医疗保险费用。定点医疗机构和定点零售药店要配备相应的人员，负责核算参保人员的医疗费用，按协议规定提供费用结算所需的有关材料。

4. 监督与管理

对定点医疗机构门诊处方、入出院标准、住院病历和特殊检查治疗等基本医疗保险管理和费用支出审核。社会保险经办机构可按核定的各定点医疗机构定额控制指标暂扣不超过10%的费用，根据结算期末的审核情况，再相应拨付给定点医疗机构。社会保险经办机构对不符合基本医疗保险规定的医疗费用不予支付；对符合规定的费用要按时足额拨付，未按时足额拨付的按协议的有关规定处理。

对转诊转院就医的医疗费用结算管理。在同一统筹地区内转诊转院的，发生的医疗费用按当地的统一规定结算。异地转诊转院的，应经定点医疗机构同意，并经当地社会保险经办机构批准。异地转诊转院发生的医疗费用可先由参保人员或用人单位垫付，经社会保险经办机构复核后，按参保人员所在地有关规定结算。

五、医疗保险待遇

广义的医疗待遇泛指被保险人所享有的各项待遇，尤其包括在职劳动者的医疗期待遇，其义务主体多是用人单位。狭义的医疗待遇，即医疗保险待遇，其义务主体是基本医疗保险基金。鉴于职工基本医疗保险中，医疗期待遇既是劳动者的权利，也是极有特色的医疗保障待遇，故而一并介绍；鉴于城镇居民医疗保险制度和新型农村合作医疗制度尚未成熟，职工基本医疗保险制度相对成熟，故而着重介绍职工医疗保险待遇。

(一) 职工医疗期及其待遇

对于劳动者在工作期间非因工负伤或患病的规定应参照劳动部下发的《企业职工患病或非因工负伤医疗期规定》（劳部发［1994］479号），尽管该文件效力低、时间久，但在没出台新的法律法规前还应按照该规定执行。这里的医疗期特指企业职工因患病或非因公负伤停止工作治病休息不得解除劳动合同的时限。

企业职工因患病或非因工负伤，需要停止工作医疗时，根据本人实际参加工作年限和在本单位工作年限，给予3个月到24个月的医疗期：（一）实际工作年限十年以下的，在本单位工作年限五年以下的为3个月；五年以上的为6个月。（二）实际工作年限十年以上的，在本单位工作年限五年以下的为6个月，五年以上十年以下的为9个月；十年以上十五年以下为12个月；十五年以上二十年以下的为18个月；二十年以上的为24个月。医疗期三个月的，按6个月内累计病休时间计算；六个月的，按12个月内累计病休时间计算；九个月的，按15个月内累计病休时间计算；十二个月的，按18个月内累计病休时间计算；十八个月的，按24个月内累计病休时间计算；二十四个月的，按30个月内累计病休时间计算。医疗期计算应从病休第一天开始，累计计算。如：应享受三个月医疗期的职工，如果从1995年3月5日起第一次病休，那么，该职工的医疗期应在3月5日至9月5日之间确定，在此期间累计病休三个月即视为医疗期满。其他依此类推。病休期间，公休、假日和法定节日包括在内。对某些患特殊疾病（如癌症、精神病、瘫痪等）的职工，在24个月内尚不能痊愈的，经企业和劳动主管部门批准，可以适当延长医疗期。

职工患病或非因工负伤治疗期间，在规定的医疗期内由企业按有关规定支付其病假工资或疾病救济费，病假工资或疾病救济费可以低于当地最低工资标准支付，但不能低于最低工资标准的80%。企业职工非因工致残和经医生或医疗机构认定患有难以治疗的疾病，在医疗期内医疗终结，不能从事原工作，也不能从事用人单位另行安排的工作的，应当由劳动鉴定委员会参照工伤与职业病致残程序鉴定标准进行劳动能力的鉴定。被鉴定为一至四级的，应当退出劳动岗位，终止劳动关系，办理退休、退职手续，享受退休、退职待遇；被鉴定为五至十级的，医疗期内不得解除劳动合同。

(二) 医疗保险基金不支付的情形

根据《社会保险法》的规定，以下情况下发生的医疗费用不纳入基本医疗保险基金支付范围：

1. 应当从工伤保险基金等其他社会保险基金中支付的

参保人员因发生工伤、职业病、生育及其并发症而发生的治疗费用，不纳入基本医疗保险基金的支付范围。因为这些费用已经由专项的或类似专项的社会保险基金支付。

2. 应当由第三人负担的

应当由第三人负担的医疗费用不宜由基本医疗保险基金负担，因为这可能造成双重支付。同时，医疗费用应当由第三人负担，第三人不支付或者无法确定第三人的，由基本医疗保险基金先行支付。基本医疗保险基金先行支付后，有权向第三人追偿。此即基本医疗保险法上的垫付追偿制度。垫付追偿制度是一把双刃剑，既有利于保障被保险人的医疗权益，也有可能造成基本医疗保险基金的负担。

3. 应当由公共卫生负担的

公共卫生是关系到一国或一个地区人民大众健康的公共事业。公共卫生的具体内容包括对重大疾病尤其是传染病（如结核、艾滋病、SARS 等）的预防、监控和医治；对食品、药品、公共环境卫生的监督管制，以及相关的卫生宣传、健康教育、免疫接种等。应当由公共卫生负担的医疗费用不纳入基本医疗保险基金的支付范围。

4. 在境外就医的

参保人员在出国、出境期间因身体健康受到影响需要治疗而发生的医疗费用不能由基本医疗保险基金支付。参保人员出境的医疗情况是境内的医疗机构无法控制的。一般，参保人员出境时，签证时就会被要求办理商业性质的意外、医疗保险等。

（三）医疗保险基金支付费用的范围

根据《社会保险法》的规定，符合基本医疗保险药品目录、诊疗项目、医疗服务设施标准以及急诊、抢救的医疗费用，按国家规定从基本医疗保险基金中支付。人力资源和社会保障部《实施〈中华人民共和国社会保险法〉若干规定》第 8 条规定：“参保人员在协议医疗机构发生的医疗费用，符合基本医疗保险药品目录、诊疗项目、医疗服务设施标准的，按照国家规定从基本医疗保险基金中支付。参保人员确需急诊、抢救的，可以在非协议医疗机构就医；因抢救必须使用的药品可以适当放宽范围。参保人员急诊、抢救的医疗服务具体管理办法由统筹地区根据当地实际情况制定。”

问题与思考

1. 什么是医疗保险？医疗保险的特征有哪些？
2. 简述我国的基本医疗保险的体系或种类。
3. 简述医疗保险法律关系的概念和特征。
4. 简述医疗保险法律关系的结构。
5. 简述职工基本医疗保险参保人的范围以及缴费义务。
6. 简述医疗保险中医疗服务过程中各方的权利义务。
7. 简述医疗保险基金不支付医疗费用的范围。
8. 简述医疗保险基金支付费用的范围。

第十一章

工伤保险法

第一节　工伤保险概述

案例及问题导引

有许多劳动者认为，雇主参加工伤保险后，当出现工伤事故，工伤保险基金将向工伤职工支付相关待遇，雇主被免除责任。工伤保险的实质就是，雇主因缴纳了保险费用，而免除其责任的不合理制度。那么，工伤保险制度的实质究竟是什么？工伤保险制度是如何形成的？工伤保险是不是一种免除雇主责任的不合理制度？它应当遵循什么样的原则？

一、工伤与工伤保险的概念

工伤是指与工作有关的伤亡事故。从历史角度看，向工伤者提供的救济方式较多，工伤者可以通过民事侵权诉讼要求雇主或第三人承担损害赔偿责任；可以购买商业保险，发生事故后由商业保险公司根据保险协议的约定提供补偿；还可以参加工伤保险，由工伤保险基金根据法律规定提供相关待遇。目前，世界各国通常以工伤保险的方式，向工伤者提供救济和物质帮助，但工伤的外延随着工伤保险制度的发展而变化。

最初，各国普遍从“工”和“伤”两个方面来限制工伤的外延，这将大多数现在看来应当是由工作原因导致的伤害排除在工伤之外。对工伤中“工”的含义的限制主要包括：其一，工伤中的“工”应当是具有高度危险的工作，那些虽有危险，但严重程度不高的工作，未被涵盖在工伤中的工作范围之内；其二，工作是导致伤害发生的直接诱因，那些虽与工作有关，但工作仅是间接原因导致的伤害不能认为是工伤。例如，在工伤保险制度的早期，上下班途中发生的事故各国均不视为工伤。除此之外，也对

“伤”进行了较为狭窄的界定，“伤”仅指由事故造成的伤害。用事故限定工伤，意在将因工作诱发的职业病排除在工伤之外，导致长期以来职业病只算作一般的疾病，无法享受工伤保险保障。1921 年国际劳工大会通过的公约就将工伤界定为“由于直接或间接引起的事故”，不包含职业病。① 随着工伤保险制度日益得到世界诸国的认可，工伤的含义亦随之扩展。1948 年第 48 届国际劳工大会通过的公约就将工伤事故从工业事故扩大到职业病和上下班途中事故。

从工伤外延的演变可以看到，不是劳动者在工作过程中，由于工作原因导致的任何伤病都属于工伤，只有那些通过工伤认定的伤亡事故才算做工伤。从这个角度说，所谓工伤应是指劳动者由于工作原因导致，且经相关部门认定的伤亡事故和职业病。

工伤保险仅是向工伤者发生事故后提供救济的路径之一，却是迄今为止发展最为成熟，多为各国采用的保障制度。所谓工伤保险是指为劳动者提供工伤预防，当劳动者因为工作原因遭受事故伤害，且经过相关部门认定后，由经办机构依法向其提供工伤待遇和工伤康复的社会保险制度。

二、工伤保险的历史

1. 西方国家工伤保险的历史

工伤保险制度产生的根源是工业革命。工业革命首先带来生产方式的变革，昔日家庭作坊式小生产被机器大生产所取代，机器大生产在提高生产效率的同时，由于资本主义原始积累的“劣根性”，在利润最大化观念指导下，资本家除了无限度延长工作时间外，不注重机器设备的安全性，劳动者在工作中遭受事故伤害日益增多，而向工伤者提供救济的制度相对匮乏。

除了慈善机构和劳动者自发形成的互助性组织提供微薄、不完善的救济之外，工伤者能获得赔偿的主要途径就是民事侵权诉讼。受自由资本主义影响，过错责任长期以来是民事侵权归责的主要原则，工伤者为了向雇主主张赔偿，必须证明雇主在工伤事故中存在过错。让劳动者证明雇主存在过错并非易事。姑且不说雇主利用劳动关系中的优势掌握了大量证据，即便某个“幸运”的劳动者能够寻得雇主过错的证据，在普通法系国家，雇主还享有三种抗辩事由：（1）假定风险抗辩（Assumption of Risk Defense），如果众所周知该工作场所非常危险，劳动者清楚地知道，但还是接受这份工作，雇主没有责任；（2）与有过失抗辩（Contributory Negligent Defense），如果劳动者本可以通过采取一般注意就可避免事故结果发生，雇主没有责任；（3）同事抗辩（Fellow Servant Defense），如果伤害是由同事引起的，雇主没有责任。这三种抗辩事由使得多数劳动者

① 孙树菡．工伤保险．北京：中国人民大学出版社，2000：2.

无法通过民事侵权诉讼获得赔偿。在美国新罕布什尔州的曼彻斯特市，阿莫斯克亚格工厂的一位当地劳动者曾经说过："如果你想和老板过不去，你最好离开这个城市。否则老板会让你在有生之年生不如死。"① 工伤事故率被大机器生产潜藏的危险和资本家贪婪的本性扩大，让劳动者承担工伤事故主要成本的救济模式明显不公。这种不公必须有疏解的渠道，如果一味压制，工伤问题就会以其他形态显现出来。工人以及工会运动的高涨带来了整个资本主义社会的动荡，原本认为是平等主体之间民事纠纷的工伤赔偿争议不得不进入政治家的视野，为了社会的稳定和经济的发展，他们必须在原有解决纠纷机制之外，创造性地提出新的解决方案。

工伤保险制度最早产生于德国。1873 年席卷西方世界的经济大萧条，使得德国陷入经济危机和社会动荡之中，为了应对经济危机，缓和长久以来的社会矛盾，俾斯麦提出了社会保险计划，并于 1884 年先于世界各国确立了工伤保险制度，此后，英国、美国等国，在仿照德国确立工伤保险制度时，均结合本国经济政治特点进行了不同程度的改变。但是，无论各国工伤保险运作机理有何差别，以工伤保险的方式向工伤者提供救济，成为现今世界各国解决工伤者工伤补偿的最主要方式。以社会保险方式向工伤者提供救济的解决路径是资本家与劳动者长期以来斗争达成的妥协：劳动者放弃通过民事侵权诉讼起诉雇主的权利，换取相对便捷、有保障的补偿；雇主通过缴纳保险费，免去基于过错责任需要承担的赔偿责任。因而，工伤保险的实质是将基于过错责任原则的雇主责任，转变为基于无过失补偿原则的工伤保险补偿。

2. 我国工伤保险的历史

新中国的工伤保险制度最早可以追溯至 1951 年政务院公布的《中华人民共和国劳动保险条例》。《劳动保险条例》规定了工伤职工可以享受的工伤待遇，保险费的提取，以及保险金的管理等问题。该条例首次确立了以保险作为向工伤职工提供保障的基本方式，为日后工伤保险制度的恢复和完善确立了制度基础；且确定工伤保险主要适用于企业中的工人和职员，其他劳动者实施不同的工伤保障制度，这种二元处理方法一直影响到现今的工伤保险制度。

1956 年随着资本主义的社会主义改造完成，我国企业的性质发生了变化，工伤保险制度也发生了变化。1966 年财政部发布了《关于国营企业财务工作中几项制度的改革意见（草案）》规定：国营企业一律停止提取工会经费和劳动保险基金，企业的退休职工、长期病号和其他劳保开支，改在企业营业外列支。从此，工伤保险蜕变为企业保险。

---

① 约翰·法比安·维特．事故共和国：残疾的工人、贫穷的寡妇与美国法的重构．田雷，译．上海：上海三联出版社，2008：92.

企业保险在计划经济体制下没有任何问题，如果企业无法支付，国家将提供最后保障。随着1978年改革开放，社会主义市场经济取代计划经济，企业重新获得市场独立主体地位的同时，也丧失了国家保障，将自行承担职工的工伤待遇。这种转变无形中增加了企业的负担，为了适应市场经济发展，切实减轻企业负担，我国开始重新确立工伤保险制度。在对一些地方试点经验总结的基础上，1996年8月12日，劳动部公布了《企业职工工伤保险试行办法》，该办法明确了工伤保险范围、工伤认定、工伤待遇、工伤保险基金的筹集以及工伤预防和职业康复等。该试行办法在法律效力等级上属于部门规章，效力层次较低，对于非国有企业约束力差，因而许多地区没有把非国有企业和乡镇企业纳入工伤保险范围。① 2003年4月27日，国务院颁布了《工伤保险条例》，取代了《企业职工工伤保险试行办法》。《工伤保险条例》提高了工伤保险的立法层次，使工伤保险成为五大社会保险中立法层次最高、最早得以定型的险种之一。② 此后，劳动和社会保障部出台了包括《工伤认定办法》、《劳动保障监察条例》等在内的一系列与工伤保险相配套的部门规章，标志着我国工伤保险制度进入法制化阶段。

2010年10月28日第十一届全国人民代表大会常务委员会第十七次会议通过《中华人民共和国社会保险法》，该法专章用11个条文对工伤保险进行规范。2010年12月20日，国务院公布了《国务院关于修改〈工伤保险条例〉的决定》对原《工伤保险条例》进行了修改，扩大了工伤保险覆盖范围，缩减了工伤认定和争议处理程序，提高了部分工伤保险补偿标准，减少了由用人单位支付的待遇项目，增加了由工伤保险基金支付的待遇项目。

三、工伤保险的基本原则

1. 无过失补偿原则。随着工业革命的发展，人们逐渐意识到许多工伤事故是潜藏于机器、工艺流程之中，有时事故的发生不是基于某个人的过失。因而，工伤保险制度确立之初就形成了无过失补偿原则，即工伤保险支付补偿时不考虑在工伤事故中雇主还是劳动者是否存在过失，一旦发生工伤事故，保险基金将根据规定支付补偿。

工伤保险排除的是过失，并没有将过错一并排除，如果劳动者故意导致工伤事故，将无法获得补偿；在有些国家，如果是雇主故意或严重过失导致工伤事故，亦不能因为缴纳工伤保险费而免责，如德国、法国、意大利及美国大多数州，原则上否定受理工伤保险补偿的劳动者对雇主损害赔偿请求权，如果雇主故意导致工伤事故发生，仍承认劳

① 余明勤．社会保险法制研究．北京：中国人事出版社，2004：123.

② 孙树菡，朱丽敏．新中国工伤保险制度六十年的发展变迁．河北学刊，2009（6）.

动者赔偿请求权。①

2. 补偿直接损失原则。因为补偿不究过失，由工伤保险基金支付的金钱将不再是对劳动者工伤事故的赔偿，不在于惩罚雇主，这就决定了工伤保险提供的补偿往往基于劳动者因工伤事故遭受的直接损失，因工伤事故引发的家庭变故，毁容痛苦等带来的精神损失通常无法得到补偿。

3. 强制性原则。大多数国家都强制实施工伤保险。强制实施工伤保险的主要原因是工伤事故的风险没有平均分配在各个行业，面对不同的事故风险，出于趋利避害的人类本性，那些事故率较高的雇主愿意参加工伤保险，以减少事故带来的损失；那些事故率较低的雇主不愿意参加工伤保险。这种基于事故风险高低采取的行为，会导致保险市场中的逆向选择，也会违反保险中的大数法则，最终损害保险的有效实施和运行，因而必须强制实施工伤保险。

4. 雇主缴费原则。纵观世界各国，工伤保险资金筹集主要有三种方式：雇主单独缴费，雇主和劳动者共同缴费，以及国家承担费用。由雇主缴费是世界各国工伤保险制度的通行原则。C. Arthur Williams 教授调查了世界上 96 个国家，其中 71% 的国家由雇主支付工伤保险费，16% 的国家劳动者也需要支付相应费用，26% 的国家由政府支付工伤保险费。② 我国工伤保险遵循雇主缴费原则。《工伤保险条例》第 10 条第 1 款规定："用人单位应当按时缴纳工伤保险费。职工个人不缴纳工伤保险费。"

5. 补偿、预防和康复相结合原则。工伤保险制度设置之初的目的在于向工伤者提供及时救治，并提供有保障的补偿。随着工伤保险的发展，人们发现提供补偿只能弥补已经发生工伤事故劳动者的部分损失。单一强调工伤保险的补偿功能具有一定弊端：一则不能阻止今后类似工伤事故的发生，二则工伤者今后如何步入社会，如何谋求新的工作缺乏规划。为此，各国在推进工伤保险补偿功能之外，积极实现工伤保险的预防和康复功能。1964 年国际劳工组织《工伤事故和职业病津贴公约》就要求各会员国应采取针对工伤事故和职业病的预防措施，并应设置康复服务设施，尽可能使残疾和职业病人恢复以往的活动，如无此可能，使其从事尽可能适合其他谋生职业。

四、工伤保险覆盖范围

《工伤保险条例》第 2 条规定，我国工伤保险覆盖范围是中华人民共和国境内的企

---

① 黄越钦，王惠玲，张其恒．职灾补偿论—中美英德日五国比较．台北：五南图书出版公司，1995：27 - 28.

② See：C. Arthur Williams, *An International Comparison of Workers' Compensation*, Kiuwer Academic Publishers, 1991, p. 205.

业、事业单位、社会团体、民办非企业单位、基金会、律师事务所、会计师事务所等组织的职工和个体工商户的雇工。

我国工伤保险覆盖范围逐渐扩大。1996 年《企业职工工伤保险试行办法》主要保障各类企业的职工，2003 年《工伤保险条例》将覆盖范围扩展至个体工商户的雇工，并要求各省、自治区和直辖市根据本地情况制定个体工商户参加工伤保险的具体办法。2010 年新修订的《工伤保险条例》将事业单位、社会团体、民办非企业单位、基金会、律师事务所、会计师事务所等组织的职工也纳入工伤保险覆盖范围。

非法用工单位的人员是一个特殊群体。根据 2010 年 12 月 31 日人力资源和社会保障部《非法用工单位伤亡人员一次性赔偿办法》的规定，非法用工单位伤亡人员是指无营业执照或者未经依法登记、备案的单位以及被依法吊销营业执照或者撤销登记、备案的单位受到事故伤害或者患职业病的职工，或者用人单位使用童工造成的伤残、死亡童工。根据该办法，非法用工单位人员与其工作单位之间没有劳动关系，不能参加工伤保险。这些劳动者虽然实际上无法享受工伤保险待遇，但是为了保障这些劳动者权益，《工伤保险条例》第 66 条规定："无营业执照或者未经依法登记、备案的单位以及被依法吊销营业执照或者撤销登记、备案的单位的职工受到事故伤害或者患职业病的，由该单位向伤残职工或者死亡职工的近亲属给予一次性赔偿，赔偿标准不得低于本条例规定的工伤保险待遇；用人单位不得使用童工，用人单位使用童工造成童工伤残、死亡的，由该单位向童工或者童工的近亲属给予一次性赔偿，赔偿标准不得低于本条例规定的工伤保险待遇。"其中，一次性赔偿包括受到事故伤害或者患职业病的职工或童工在治疗期间的费用和一次性赔偿金。因而，非法用工单位的人员也享受到工伤保险的保障。

人力资源和社会保障部《实施〈中华人民共和国社会保险法〉若干规定》第 9 条规定："职工（包括非全日制从业人员）在两个或者两个以上用人单位同时就业的，各用人单位应当分别为职工缴纳工伤保险费。职工发生工伤，由职工受到伤害时工作的单位依法承担工伤保险责任。"

第二节 工伤认定

案例及问题导引

2006 年 9 月 1 日早，李某在规定的时间内到班，并参加完单位在生产楼前举行的运行交接班例会后，被发现高空坠落死亡，其坠落地点是四号机组附近。经公安机关勘查，没有确定出其坠落起始点的确切位置，只定性为非刑事案件不予立案。李某的工作职责为发电运行部热工技术及可靠性与缺陷管理专工。在工伤认定过程中，申请人（李某的近亲属）没有能够提供证据证明李某因何工作原因或受何领导指派到四号机组并进行高空作业。用人单位列举出的相关证人证明及证据，仅能证明2006年9月1日在四号机组检修期间，李某没有受领导指派或因工作原因去四号机组工作，但是无法提供有效证据证明李某死亡属于非工作原因。在该案中，申请人无法提供证据李某死亡属于工伤，用人单位亦无法提供有效证据否定李某死亡不属于工伤。李某在工作时间和工作地点死亡是否能够认定为工伤？①

工伤认定是劳动者发生伤亡事故后申请工伤保险补偿的第一道程序。根据《工伤保险条例》规定，工伤认定由社会保险行政部门负责，从性质上说，工伤认定属于行政确认行为。

一、工伤认定的基本情形

《工伤保险条例》通过列举方式规定应当认定为工伤的七种情形，视同工伤的三种情形，以及不能认定或视同工伤的三种情形，共计十三种。

1. 应当认定为工伤的情形

（1）在工作时间和工作场所内，因工作原因受到事故伤害的；（2）工作时间前后在工作场所内，从事与工作有关的预备性或者收尾性工作受到事故伤害的；（3）在工作时间和工作场所内，因履行工作职责受到暴力等意外伤害的；（4）患职业病的；（5）因工外出期间，由于工作原因受到伤害或者发生事故下落不明的；（6）在上下班途中，受到非本人主要责任的交通事故或者城市轨道交通、客运轮渡、火车事故伤害的；（7）法律、行政法规规定应当认定为工伤的其他情形。

从第（1）、（2）、（3）种情形看，无论是在工作时间、工作地点，还是工作的准备和收尾时间，抑或是因工外出期间，工伤认定都强调伤亡事故的因工性，因果关系是工伤认定中的核心要素。在因果关系无法查明的情况下，如果劳动者在工作场所和工作时间发生事故，应推定为劳动者遭受的伤亡事故属于工伤。1964年国际劳工组织《工伤事故津贴建议书》建议各成员国，不管什么原因，凡工作时间内在工作地点或工作地点附近，或在工人因工作需要而去的其他任何地方发生的事故应认定为工伤事故。

从第（4）种情形看，职业病属于工伤的一种。职业病具有较长的潜伏期，因而职业病的诊断具有较强的技术性。根据《职业病防治法》以及《职业病诊断与鉴定管理办法》，职业病由卫生行政部门审批的具有相应资质的医疗机构进行诊断和鉴定。一旦

① 案例来源：2010年4月27日人力资源和社会保障部《关于印发全国工伤认定案例研讨会会议纪要的函》（人社工险便函［2010］9号）。

被诊断和鉴定为职业病后，社会保险行政部门所进行的工伤认定仅是形式审查，《工伤保险条例》第19条规定："对依法取得职业病诊断证明书或者职业病诊断鉴定书的，社会保险行政部门不再进行调查核实。"

从第（5）种情形看，通勤事故属于工伤。这里"上下班途中"既包括职工正常工作的上下班途中，也包括职工加班加点的上下班途中。1964年国际劳工组织《工伤事故津贴建议书》建议各成员国对上下班途中进行扩大性解释，建议将劳动者往返于工作地点和主要住宅或别墅、通常用餐的地方、通常领取工资的地方的直接途中发生的事故均认定为工伤。"交通事故或者城市轨道交通、客运轮渡、火车事故伤害"既可以是职工驾驶或乘坐的相关交通工具发生事故造成的，也可以是职工因其他人驾驶的相关交通工具发生事故造成的。但是，本人不能负主要责任，如果本人在事故中负有主要责任，就不能被认定为工伤。严格说，《工伤保险条例》规定有违工伤保险无过失补偿原则，因为本人负主要责任的交通事故并不意味本人就是故意造成事故伤害，仅因为主要责任排除劳动者享受工伤保险的权利，是将工伤保险立法倒退至1996年《企业职工工伤保险试行条例》立法保护程度。

2. 视同工伤的情形

（1）在工作时间和工作岗位，突发疾病死亡或者在48小时之内经抢救无效死亡的；（2）在抢险救灾等维护国家利益、公共利益活动中受到伤害的；（3）职工原在军队服役，因战、因公负伤致残，已取得革命伤残军人证，到用人单位后旧伤复发的。视同工伤主要是考虑到这些事故从本质上可能与工作原因无关，也可能不是在给现用人单位工作过程中造成的，但是由于这些人为国家和社会大众作出贡献，就将这些劳动者纳入工伤保险之中加以保障。

在这三种情形中，争议最多的是"在工作时间和工作岗位，突发疾病死亡或者在48小时之内经抢救无效死亡的"。根据劳动和社会保障部《关于实施〈工伤保险条例〉若干问题的意见》（劳社部函［2004］256号），这里"突发疾病"包括各类疾病。"48小时"的起算时间，以医疗机构的初次诊断时间作为突发疾病的起算时间。但是，同样在工作时间、工作地点突发疾病的劳动者，在48小时之内死亡的被视同工伤，在48小时之外死亡或完全丧失劳动能力的就无法视同为工伤，因此，确定"48小时"缺乏科学依据和令人信服的法理解释。

3. 不得认定为工伤的情形

（1）故意犯罪的；（2）醉酒或者吸毒的；（3）自残或者自杀的。工伤保险遵循的是无过失补偿原则，如果劳动者故意造成伤亡事故是不能被认定为工伤的。犯罪行为分为故意和过失两种，其中劳动者故意犯罪的，不能认定为工伤，因此，上述情形下导致事故伤害的，应当推定劳动者故意或严重过失造成事故，这时劳动者遭受事故伤害不应认定为工伤。人力资源和社会保障部《实施〈中华人民共和国社会保险法〉若干规定》第10条规定，醉酒标准，按照《车辆驾驶人员血液、呼气酒精含量阈值与检验》（GB 19522—2004）执行。公安机关交通管理部门、医疗机构等有关单位依法出具的检测结论、诊断证明等材料，可以作为认定醉酒的依据。

案例讨论

国内首例“自杀认定为工伤”案

2006年11月27日北京铁路局职工杨某，在更换混凝土轨枕施工过程中，头部被撬棍碰伤，经医院治疗后，即返回施工地点继续工作。2006年12月15日凌晨杨某在家中将其妻子和孩子砍伤后，割腕自杀身亡。经涿州市公安局物证鉴定室现场勘查及尸体初检，确认杨某系割腕失血性休克死亡。河北省保定精神疾病司法鉴定中心对杨某案发时的精神状态进行司法精神医学鉴定，并提出分析意见，认为：被鉴定人作案时存在严重的抑郁情绪，其作案动机受情绪障碍的影响，在抑郁情绪影响下发生扩大性自杀。”杨某之妻认为杨某自杀是因为工作中遭受的伤害所致，于是向海淀区劳动和社会保障局依法申请工伤认定。海淀区劳动和社会保障局依据《工伤保险条例》第16条第3项“自残或者自杀的”不得认定为工伤规定，对杨某不予认定为工伤。杨某之妻不服，向海淀区人民法院提起行政诉讼，2007年11月海淀区人民法院作出判决，认定杨某于2006年11月27日所受的头顶部皮裂伤伤害应认定为工伤，却认为杨某自杀不属于工伤。杨某之妻不服提起上诉，2008年北京市第一中级人民法院对该案作出终审判决，撤销了劳保局关于杨某死亡不予认定为工伤的行政决定，并判令劳保局对该工伤认定案重新作出处理。

该案中，杨某死亡的原因表面上是自杀，但是经过司法精神医学鉴定可以看到，杨某自杀是由于其在工作中脑部受到伤害没有得到及时医治，进而演变为严重的精神抑郁，最终导致自杀。因而，从因果关系上看，杨某的死亡最终是由于工作中遭受的事故伤害导致，应当属于工伤。从这个角度看，仅以自杀或自残就排除工伤认定的规定有失公允，忽视了由于工作原因导致精神疾病引发自杀或自残的情况。

二、工伤认定申请主体

工伤认定申请的主体有两大类：一是用人单位，二是工伤职工或者其近亲属、工会组织。根据《工伤保险条例》第17条的规定，用人单位应当在职工发生事故伤害或者按照职业病防治法规定被诊断、鉴定为职业病，所在单位应当自事故伤害发生之日或者被诊断、鉴定为职业病之日起30日内，向统筹地区社会保险行政部门提出工伤认定申请。如果遇有特殊情况，经报社会保险行政部门同意，申请时限可以适当延长。用人单位没有在规定时间内提出工伤认定申请的，工伤职工或者其近亲属、工会组织在事故伤害发生之日或者被诊断、鉴定为职业病之日起1年内，可以直接向用人单位所在地统筹地区社会保险行政部门提出工伤认定申请。

在用人单位、工伤职工和其近亲属外，《工伤保险条例》特别赋予工会工伤认定申请权。这主要是考虑到及时申请工伤认定，使得社会保险行政部门能够在事故发生后的较短时间搜集证据，准确认定事故性质。实践中，有些对事故性质存有争议，或是没有参加工伤保险的用人单位，通常怠于或不愿意申请工伤认定；有些职工不知道申请工伤认定，或是没有近亲属帮助申请工伤认定；还有些职工受到威胁不敢申请工伤认定，这时由工会组织代替职工申请工伤认定，能够帮助职工实现工伤保险权，保障职工权益。

三、工伤认定基本程序

（1）工伤认定申请表。在工伤认定申请表中，应当说明事故发生的时间、地点、原因以及职工伤害程度等基本情况。（2）与用人单位存在劳动关系（包括事实劳动关系）的证明材料；（3）医疗诊断证明或者职业病诊断证明书（或者职业病诊断鉴定书）。工伤认定申请人提供材料不完整的，社会保险行政部门应当一次性书面告知工伤认定申请人需要补正的全部材料。申请人按照书面告知要求补正材料后，社会保险行政部门应当受理。根据工伤认定申请人提供的材料来看，工伤认定行政部门的认定不仅要进行法律判断，还要进行事实判断。事实判断主要在于审查劳动者发生事故的经过、原因，以及劳动者与用人单位之间存在明确的劳动关系。

如果劳动者和用人单位之间的劳动关系不明存在争议的，社会保险行政部门是否有权依法确认劳动关系，实践与理论中存有不同看法。根据2005年劳动和社会保障部发布《关于确立劳动关系有关事项的通知》（劳社部发［2005］12号）规定：劳动者与用人单位就是否存在劳动关系引发争议的，可以向有管辖权的劳动争议仲裁委员会申请仲裁。因此，实践中，一旦劳动者和用人单位之间劳动关系不明且存有争议，社会保险行政部门就将劳动关系确认权转移到劳动争议仲裁委员会，这样的做法导致工伤认定费时浩繁，为了认定工伤，首先需要确认劳动关系，确认劳动关系通常需经劳动争议仲裁，甚至一审、二审，使得整个工伤认定程序被延长。

双方当事人对劳动关系没有争议或劳动关系被确认的，其他材料符合条例规定的，社会保险行政部门应受理申请，并自受理工伤认定申请之日起60日内作出工伤认定的决定。如果申请工伤认定的事实清楚、权利义务明确，社会保险行政部门应当在15日内作出工伤认定的决定，并书面通知申请工伤认定的职工或者其近亲属和该职工所在单位。如果作出工伤认定决定需要以司法机关或者有关行政主管部门的结论为依据，在司法机关或者有关行政主管部门尚未作出结论期间，作出工伤认定决定的时限中止。根据《工伤保险条例》第55条规定：申请工伤认定的职工或者其近亲属、该职工所在单位对工伤认定结论不服的，有关单位和个人可以依法申请行政复议；也可以依法向人民法院提起行政诉讼，行政复议不是行政诉讼的前置程序。

四、工伤认定中的举证责任

《工伤保险条例》在工伤认定中采取了举证责任倒置的做法。《工伤保险条例》第19条第2款规定："职工或者其近亲属认为是工伤，用人单位不认为是工伤的，由用人单位承担举证责任。"如果用人单位举证不利，将承担相关责任。在导引案例中，李某死亡的时间是工作时间，死亡的地点是工作场所。李某亲属没有证据证明李某死亡是工作原因导致，用人单位也没有证据证明李某从高处坠落是自杀、他杀，或属《工伤保险条例》第16条规定的不应认定工伤的情形。在这种情况下，应当认定李某死亡为工伤，李某死亡符合《工伤保险条例》第14条第1项"在工作时间和工作场所内，因工作原因受到事故伤害的"。

在工伤认定中采用举证责任倒置的做法，切实保障了劳动者的权益。为了进一步保障工伤事故证据的获取，《工伤保险条例》第19条第1款规定："社会保险行政部门受理工伤认定申请后，根据审核需要可以对事故伤害进行调查核实，用人单位、职工、工会组织、医疗机构以及有关部门应当予以协助。"在实践中，用人单位配合社会保险行政部门进行事故调查核实至关重要，为此，《工伤保险条例》专门增加了用人单位不积极配合事故调查需要支付成本。《工伤保险条例》第63条规定："用人单位违反本条例第十九条的规定，拒不协助社会保险行政部门对事故进行调查核实的，由社会保险行政部门责令改正，处2 000元以上2万元以下的罚款。"

第三节　劳动能力鉴定

案例及问题导引

不少学者留意到一个现象：申请工伤认定的人数通常少于申请劳动能力鉴定的人数。于是，有些学者依据这种数量上的不对等，指出我国工伤保险中存在问题：申请工伤认定的劳动者多数没有申请劳动能力鉴定。那么，劳动能力鉴定与工伤认定是什么关系？是不是每一个认定为工伤的劳动者，都必须进行劳动能力鉴定？劳动能力鉴定的主要内容是什么？劳动能力鉴定委员会与工伤认定行政部门有什么关系？两者是否相互独立？劳动能力鉴定应当遵循什么程序？

劳动能力鉴定是指劳动能力鉴定委员会根据劳动者因工伤残或罹患职业病丧失劳动能力情况，从劳动功能障碍程度和生活自理障碍程度方面所作出的评价。劳动能力鉴定是工伤认定的延续，那些工伤程度较轻的劳动者，事故伤害不构成伤残等级的，不需要进行劳动能力鉴定，只有工伤程度严重的劳动者才需要进行劳动能力鉴定。因而，劳动能力鉴定是工伤职工实质享受工伤保险各项待遇的第二道程序。为了切实保障工伤职工的权益，《社会保险法》明确规定：劳动能力鉴定所需费用由工伤保险基金支付。

一、劳动能力鉴定机构

劳动能力鉴定机构是劳动能力鉴定委员会。《工伤保险条例》第 24 条规定："劳动能力鉴定委员会由社会保险行政部门、卫生行政部门、工会组织、经办机构代表以及用人单位代表组成。"实践中，劳动能力鉴定能力委员会是非常设性机构，主要包括省、自治区、直辖市劳动能力鉴定委员会和设区的市级劳动能力鉴定委员会。

劳动能力鉴定委员会的主要职责是：贯彻和落实国家和地方有关劳动能力鉴定的法律、法规和政策；制定本统筹地区劳动能力鉴定的具体制度；受理劳动能力鉴定申请，并组织专家进行劳动能力鉴定，作出劳动能力鉴定结论等。实践中，劳动能力鉴定委员会并不直接进行劳动能力鉴定，而是组织卫生医疗专家进行鉴定。根据《工伤保险条例》规定，卫生医疗专家必须具有医疗卫生高级专业技术职务任职资格；掌握劳动能力鉴定的相关知识；具有良好的职业品德。最终，这些医疗专家构成医疗卫生专家库，当负责劳动能力鉴定的设区的市级劳动能力鉴定委员会收到劳动能力鉴定申请后，从建立的医疗卫生专家库中随机抽取 3 名或者 5 名相关专家组成专家组，由专家组提出鉴定意见，设区的市级劳动能力鉴定委员会根据专家组的鉴定意见作出工伤职工劳动能力鉴定结论。劳动能力鉴定工作应当客观、公正，劳动能力鉴定委员会组成人员或者参加鉴定的专家与当事人有利害关系的，应当回避。

为了保障劳动能力鉴定机构公平和公正地开展鉴定工作，《工伤保险条例》第 24 条第 1 款规定：省、自治区、直辖市劳动能力鉴定委员会和设区的市级劳动能力鉴定委员会分别由省、自治区、直辖市和设区的市级社会保险行政部门、卫生行政部门、工会组织、经办机构代表以及用人单位代表组成。其中，工会代表职工参与劳动能力鉴定委员会，在专家选聘、劳动能力鉴定制度设置等方面代表职工的利益，并监督劳动能力鉴定委员会按照《工伤保险条例》等相关规定履行职能。

二、劳动能力鉴定的内容

（一）劳动功能障碍判定

《工伤保险条例》规定，劳动能力鉴定主要是判断工伤者的劳动功能障碍。劳动功能障碍共分为十个伤残等级，最重的为一级，最轻的为十级，一级至四级属于完全丧失劳动能力，五级至六级属于大部分丧失劳动能力，七级至十级是部分丧失劳动能力。①

2007年5月1日实施的《职工工伤与职业病致残等级》，劳动能力鉴定委员会作出鉴定结论的主要依据是工伤致残者于评定伤残等级鉴定时的器官损伤、功能障碍及其对医疗与护理的依赖程度等方面，适当考虑由于伤残引起的社会心理因素影响，对伤残程度进行综合判定分级。工伤后功能障碍的程度与器官缺损的部位及严重程度有关，职业病所致的器官功能障碍与疾病的严重程度相关。功能障碍的判定是以评定伤残等级技术鉴定时的医疗检查结果为依据，根据评残对象逐个确定。

资料链接

伤残等级判断依据

医疗依赖是指工伤致残于评定伤残等级鉴定后仍不能脱离治疗的。根据依赖程度不同，医疗依赖判定分为特殊医疗依赖和一般医疗依赖，特殊医疗依赖是指工伤致残后必须终身接受特殊药物、特殊医疗设备或装置进行治疗者。一般医疗依赖是指工伤致残后仍需接受长期或终身药物治疗者。

护理依赖指工伤致残者因生活不能自理，满足需依赖他人护理者。生活自理范围主要包括五项：进食；翻身；大、小便；穿衣、洗漱；自主行动。护理依赖的程度分三

① 根据2007年5月1日实施的《职工工伤与职业病致残等级》规定：一级是器官缺失或功能完全丧失，其他器官不能代偿，存在特殊医疗依赖，或完全或大部分护理依赖。二级是器官严重缺损或畸形，有严重功能障碍或并发症，存在特殊医疗依赖，或大部分护理依赖。三级是器官严重缺损或畸形，有严重功能障碍或并发症，存在特殊医疗依赖，或部分护理依赖。四级是器官严重缺损或畸形，有严重功能障碍或并发症，存在特殊医疗依赖，或部分护理依赖或无护理依赖。五级是器官大部缺损或明显畸形，有较重功能障碍或并发症，存在一般医疗依赖，无护理依赖。六级是器官大部缺损或明显畸形，有中等功能障碍或并发症，存在一般医疗依赖，无护理依赖。七级是器官大部分缺损或畸形，有轻度功能障碍或并发症，存在一般医疗依赖，无护理依赖。八级是器官部分缺损，形态异常，轻度功能障碍，存在一般医疗依赖，无护理依赖。九级是器官部分缺损，形态异常，轻度功能障碍，无医疗依赖或者存在一般医疗依赖，无护理依赖。十级是器官部分缺损，形态异常，无功能障碍，无医疗依赖或者存在一般医疗依赖，无护理依赖。

级：完全护理依赖指生活完全不能自理，满足上述五项要件者；大部分护理依赖指生活大部不能自理，满足上述五项中三项者；部分护理依赖指部分生活不能自理，满足上述五项中一项者。心理障碍主要是考虑到在一些特殊残情中，在器官缺损或功能障碍的基础上虽不造成医疗依赖，但却导致心理障碍或减损伤残者的生活质量，在评定伤残等级时，应适当考虑这些后果。

（二）停工留薪期确定

停工留薪期是指职工因工负伤或患职业病而暂时停止工作接受治疗的期限。停工留薪期一般不超过12个月。伤情严重或者情况特殊，经设区的市级劳动能力鉴定委员会确认，可以适当延长，但延长不得超过12个月。工伤职工在停工留薪期内，原工资福利待遇不变，由所在单位按月支付。对于停工留薪时间发生争议，用人单位或工伤保险经办机构会根据有关医疗机构的建议，向劳动能力鉴定委员会申请确定相应的停工留薪期待遇。①

（三）工伤康复确定

《工伤保险条例》第30条规定："工伤职工有享受工伤康复的权利，工伤康复的相关费用由工伤保险基金支付。"工伤职工伤情是否适合工伤康复，进行工伤康复后是否能够促进职工身体健康，恢复职工的劳动能力，需要劳动能力鉴定委员会进行评估和鉴定。此外，根据2008年3月11日劳动和社会保障部发布《关于印发〈工伤康复诊疗规范（试行）〉和〈工伤康复服务项目（试行）〉的通知》（劳社部函［2008］31号）规定，劳动能力鉴定委员会还具有工伤康复监督管理的职能。

（四）辅助器具配置鉴定

工伤职工遭受工伤事故或职业病后，为了尽可能恢复劳动能力，并进行工作和自理生活，需要配备辅助器具，主要包括：假肢、助听器、义齿、义眼、矫形器、轮椅等。但辅助器具的必要性、类型以及更换等由劳动能力鉴定委员会鉴定。

（五）工亡职工供养亲属劳动能力的鉴定

《工伤保险条例》规定，职工工亡后，职工生前所供养的亲属可以享受抚恤金。职工的配偶、子女、父母、祖父母、外祖父母、孙子女、外孙子女、兄弟姐妹中依靠因工死亡职工生前提供主要生活来源，且完全丧失劳动能力的可以成为供养亲属，领受抚恤金。《因工死亡职工供养亲属范围规定》第6条第2款规定："因工死亡职工供养亲属的劳动能力鉴定，由因工死亡职工生前单位所在地设区的市级劳动能力鉴定委员会负责。"

---

① 向春华，刘伟．劳动能力鉴定理论与实务．北京：中国劳动社会保障出版社，2008：146.

三、劳动能力鉴定程序

（一）初次申请劳动能力鉴定

《工伤保险条例》第 21 条规定：“职工发生工伤，经治疗伤情相对稳定后存在残疾、影响劳动能力的，应当进行劳动能力鉴定。”根据该规定，申请劳动能力鉴定应当符合这样几个要件：首先，工伤者经过治疗之后伤情已经基本稳定，这时进行劳动能力鉴定所得结论能够相对准确，也避免在鉴定中因为需要配合检查等可能造成的二次伤害；其次，劳动能力鉴定主要是针对劳动者今后生活和工作进行的评判，如果劳动者经过治疗已经基本康复，或者说对于今后的工作和生活不会造成影响，就没有进行劳动能力鉴定的必要，只有劳动者存在残疾，并且无法实施正常劳动能力时，才有申请劳动能力鉴定的必要，因而工伤认定后，并不必须进行劳动能力鉴定。

根据《工伤保险条例》规定，用人单位、工伤职工或者其近亲属有权申请劳动能力鉴定和劳动能力复查鉴定，工伤保险经办机构可以申请劳动能力复查鉴定。

申请人一般应当通过书面形式提交劳动能力鉴定申请，并提交工伤认定决定书，个人相关证件，诊疗病历，诊断证明书，检查结果等相关资料。劳动能力鉴定委员会收到相关材料后应当对申请人提交材料的完整性和真实性进行审查，如果材料不全的，应当告知申请人在一定申请期限内将材料补齐。申请人提交材料齐全，且真实，经审查合格后，劳动能力鉴定委员会受理申请，委员会应当自收到劳动能力鉴定申请之日起 60 日内作出劳动能力鉴定结论，必要时作出劳动能力鉴定结论的期限可以延长 30 日。劳动能力鉴定委员会作出结论后，应当及时送达申请鉴定的单位和个人。

（二）再次申请劳动能力鉴定

申请鉴定的单位或者个人对设区的市级劳动能力鉴定委员会作出的鉴定结论不服的，可以在收到该鉴定结论之日起 15 日内向省、自治区、直辖市劳动能力鉴定委员会提出再次鉴定申请。申请再次鉴定，应当提交初次鉴定的结论书及相关资料。省、自治区、直辖市劳动能力鉴定委员会作出的劳动能力鉴定结论为最终结论。申请人如果不服，不能据此提请劳动争议仲裁，或向法院提起行政诉讼。

（三）申请复查劳动能力鉴定

若劳动能力鉴定后，工伤职工的器官功能障碍与疾病出现变化的，《工伤保险条例》规定，自劳动能力鉴定结论作出之日起 1 年后，工伤职工或者其近亲属、所在单位或者经办机构认为伤残情况发生变化的，可以申请劳动能力复查鉴定。复查鉴定申请应当向受理初次鉴定的劳动能力鉴定委员会提出，并应提交原鉴定结论书，及相关材料。

第四节　工伤保险待遇

案例及问题导引

原告邹某系新威电器职工，2007 年 3 月 23 日，原告在公司工作过程中不慎受伤，2007 年 12 月 4 日，原告的伤情经仪征市劳动和社会保障局认定为工伤。事故发生后，A 电器支付了原告的医疗费以及 2007 年 4 月 17 日至 7 月底的护理费、营养费 3 180 元。被告孙某、刘某系 A 电器的股东，该公司经股东会决议解散，于 2008 年 2 月 19 日申请注销。2008 年 6 月 30 日，经扬州市劳动能力鉴定委员会鉴定，原告邹某的伤残等级为十级。2008 年 9 月 9 日，原告向劳动部门申请仲裁，2008 年 9 月 10 日，仪征市劳动争议仲裁委员会以被诉主体资格不符为由，向原告发出了不予受理案件通知书。在该案中，劳动者在申请劳动能力鉴定过程中，公司经过清算被注销，这时劳动者是否能要求工伤待遇？如果能够要求工伤待遇，应当向谁主张？工伤保险待遇的主要内容是什么？工伤保险待遇应当由谁支付?①

一、工伤保险待遇的内容

工伤保险待遇可以分为两大类：一类是身份待遇，另一类是金钱待遇。身份待遇主要是针对完全丧失劳动能力和大部分丧失劳动能力劳动者。根据《工伤保险条例》规定，职工因工致残被鉴定为一级至四级伤残的，保留劳动关系，退出工作岗位。职工因工致残被鉴定为五级、六级伤残的保留与用人单位的劳动关系，由用人单位安排适当工作。难以安排工作的，由用人单位按月发给伤残津贴。

金钱待遇根据内容主要包括：工伤医疗待遇、伤残待遇和工亡待遇三大类。

（一）工伤医疗待遇

工伤医疗待遇是指职工因工作遭受事故伤害或者患职业病进行治疗所需支付的相关费用。工伤医疗待遇主要包括：工伤医疗费用；住院伙食补助费；经医疗机构出具证明，报经办机构同意，工伤职工到统筹地区以外就医的，所需交通、食宿费用；康复费用；安装辅助器具费用；生活护理费。

工伤医疗费用是工伤职工接受治疗支出的费用，为了确保工伤医疗支付的合理性，除非紧急情况可以选择事发地较近的医疗机构进行急救外，职工治疗工伤应当在签订服

---

① “邹汉英诉孙立根、刘珍工伤事故损害赔偿纠纷案” 参见：《最高人民法院公报》2010 年第 3 期。

务协议的医疗机构就医，且工伤医疗及其费用支出必须符合工伤保险诊疗项目目录、工伤保险药品目录、工伤保险住院服务标准。超出相关目录之外的费用，工伤保险基金将不负责支付，原则上，应由用人单位与职工进行协商，如果协商未果，如超出费用属于工伤职工必须支付且合理的，应当由用人单位承担。

职工住院治疗工伤的伙食补助费，以及经医疗机构出具证明，报经办机构同意，工伤职工到统筹地区以外就医所需的交通、食宿费用从工伤保险基金支付。工伤职工接受医疗救治的同时就可以积极介入工伤康复。工伤康复通常包含：医疗康复、职业康复、社会康复、职业重建等。[①] 若工伤职工接受医疗救治后，无法正常工作或独立生活，需要相应器具加以辅助。对于完全丧失劳动能力的职工，劳动能力鉴定委员会对其生活护理依赖程度进行评定，生活护理费按照生活完全不能自理、生活大部分不能自理或者生活部分不能自理 3 个不同等级支付，其标准分别为统筹地区上年度职工月平均工资的 50%、40% 或者 30%。

资料链接

医 疗 康 复

医疗康复是指为使伤病劳工能够得到最大程度的恢复，解除其心理及身体上的病症，在日常生活中能够自立，所涵盖的项目包括：物理治疗、职能治疗、语言治疗、心理治疗、认知治疗、娱乐治疗、音乐治疗等。[②] 医疗康复最大的目的是减少工伤事故给受伤劳动者带来的身体上的伤痛，并能减少他们对工伤保险制度的依赖。在工伤职工接受医疗救治的同时展开医疗康复，在工伤职工医疗救治结束后进行职业康复等属于医疗救治的延续。

（二）伤残待遇

劳动能力鉴定委员会对工伤职工因工伤残或罹患职业病丧失劳动能力情况进行鉴定后，会确定职工伤残等级，不同等级享受的伤残待遇有差别，各等级伤残待遇的主要构成是：一次性伤残补助金、伤残津贴、一次性工伤医疗补助金和伤残就业补助金。

---

① 张彧，陈秋蓉，林洺秀．各国职业灾害劳工重建制度与具体做法之比较研究．台北：行政主管部门“劳委会劳工安全卫生研究所”，2006：5.

② 张彧，陈秋蓉，林洺秀．各国职业灾害劳工重建制度与具体做法之比较研究．台北：行政主管部门“劳委会劳工安全卫生研究所”，2006：5.

根据《工伤保险条例》规定，一次性伤残补助金向一级至十级工伤职工一次性发放，发放数额根据伤残等级不同而有差别。工伤保险补偿的基本原则是补偿直接损失，但是工伤职工遭受事故伤害或患职业病除了因治疗伤病的医疗开支，因误工带来的工资损失外，伤病定会给职工带来的伤痛，以及其他间接损失，这些损失应当给予补偿。从这些方面考虑，一次性伤残补助金具有弥补工伤职工精神损失和其他间接损失的功能。

伤残津贴是依据工伤职工伤残等级，按月支付的费用，支付对象是一级至六级工伤职工，支付数额是工伤职工本人工资的一定百分比，其中一级至四级工伤职工伤残津贴由工伤保险基金支付，五级和六级工伤职工的伤残津贴由用人单位支付。从伤残津贴的支付形式、支付对象和支付数额三个方面看，伤残津贴是基于完全丧失劳动能力和大部分丧失劳动能力的劳动者无法获取正常工作收入发放的金额，属于对工伤职工误工损失的弥补。从工伤保险补偿直接损失和防范工伤保险中存在的道德风险角度考虑，我国工伤保险补偿中伤残津贴最高支付数额是工伤职工工伤前本人工资的90%。

资料链接

各国工伤伤残津贴发放数额

伤残津贴不提供全额工资是世界各国的通行做法。例如：德国针对完全永久伤残者给予的补偿相当于工资的66.7%，① 瑞士在劳动者100%伤残的情况下，伤残津贴为被保险人工资收入的80%，但被保险人的月工资收入最高计为8 100瑞士法郎。在失去工作能力25－50%的情况下，伤残津贴为工资收入的40%，在失去工作能力不足25%的情况下，伤残津贴为工资收入的20%，如果是部分伤残，且赚钱能力损失大于20%，则依照损失程度给予完全伤残补偿的部分。② 在法国，受伤劳动者伤残最初一段时间提供较低工资补偿。受伤后的最初28天，受伤劳动者损失工资的补偿为受伤前工资的50%。28天以后，补偿给付上升到受伤前工资的2/3。③

---

① 张彧，陈秋蓉，林洺秀．各国职业灾害劳工重建制度与具体做法之比较研究．台北：行政主管部门“劳委会劳工安全卫生研究所”，2006：22.

② 刘开明．身体的价格．北京：人民日报出版社，2004：88.

③ See：Thomas Aiuppa，James Trieschmann，“Moral Hazard in the French Workers' Compensation System”，*The Jonrnal of Risk and Insurance*，1998，pp. 125－133.

一次性工伤医疗补助金是五级至十级工伤职工终止或解除与用人单位之间劳动关系，由工伤保险基金支付的费用。支付该笔费用的主要考虑是，职工与用人单位之间劳动关系终止或解除，如果职工日后旧伤复发，不能向用人单位和工伤保险基金要求支付医疗费用。基于这种考虑，为了公平起见，工伤保险基金需要向职工一次性支付工伤医疗补助金，相当于“买断”用人单位和工伤保险基金需向工伤复发职工支付的费用。

伤残就业补助金是五级至十级工伤职工终止或解除与用人单位之间劳动关系时，用人单位需向工伤职工发放的金额。伤残就业补助金发放的目的是帮助工伤职工重新找到工作，从功能看伤残就业补助金具有实现工伤康复的职能。实践中，伤残就业补助金并不能帮助工伤职工找到新的工作，变为向没有就业工伤职工提供的生活费，职业康复依靠伤残就业补助金无从建立。因而，我国急需变革以伤残就业补助金代替职业康复的做法，应当通过切实可行的制度设置保障工伤职工的就业权。

（三）工亡待遇

工伤职工因工死亡的，其近亲属按照下列规定从工伤保险基金领取丧葬补助金、供养亲属抚恤金和一次性工亡补助金。

丧葬补助金是由工伤保险基金向死者近亲属支付的为安葬死者所需费用，《工伤保险条例》规定，“丧葬补助金为6个月的统筹地区上年度职工月平均工资”。为了避免基于职工工亡同一事实，其遗属获得双重或多重补偿，《社会保险法》第39条第2款规定：“个人死亡同时符合领取基本养老保险丧葬补助金、工伤保险丧葬补助金和失业保险丧葬补助金条件的，其遗属只能选择领取其中的一项。”

《工伤保险条例》规定，对工亡职工生前提供主要生活来源、无劳动能力的亲属，由工伤保险基金支付抚恤金。根据《因工死亡职工供养亲属范围规定》，符合供养亲属的必须同时满足下列三项要件：其一，属于工亡职工的配偶、子女、父母、祖父母、外祖父母、孙子女、外孙子女、兄弟姐妹。其二，依靠因工死亡职工生前提供主要生活来源。其三，供养亲属完全丧失劳动能力；如果是工亡职工配偶的，男年满60周岁、女年满55周岁；是工亡职工父母的，男年满60周岁、女年满55周岁；是工亡职工子女的，未满18周岁；是工亡职工祖父、外祖父年满60周岁，祖母、外祖母年满55周岁的，且工亡职工父母均已死亡；是工亡职工孙子女、外孙子女未满18周岁，且工亡职工子女已经死亡或完全丧失劳动能力；是工亡职工兄弟姐妹未满18周岁，且工亡职工父母均已死亡或完全丧失劳动能力。同时满足以上要件的人属于供养亲属范围。《工伤保险条例》规定，享受的遗属抚恤金标准为：配偶每月40%，其他亲属每人每月30%，孤寡老人或者孤儿每人每月在上述标准的基础上增加10%。核定的各供养亲属的抚恤金之和不应高于因工死亡职工生前的工资。

一次性工亡补助金是职工因工死亡后，工伤保险基金向其遗属支付的费用，该笔费用意在弥补职工工亡后给其遗属带来的精神等方面的损失，标准为上一年度全国城镇居民人均可支配收入的20倍。上一年度全国城镇居民人均可支配收入以国家统计局公布的数据为准。

二、工伤保险待遇的终止

《工伤保险条例》规定，下列情形工伤保险待遇终止：

1. 丧失享受待遇条件的。工伤职工及其遗属丧失享受工伤保险待遇的条件应当有以下几种情形：一是职工经过治疗和康复已经不符合一级至十级伤残等级的；二是五级至十级工伤职工与用人单位根据法律规定解除或终止劳动关系的，工伤职工将不能依照工伤保险条例的规定再享受待遇条件；三是工伤职工死亡或被人民法院宣布死亡的，其本人丧失领受主体资格，随即开启其亲属领取相关待遇资格。对于工伤职工遗属丧失享受待遇的条件，主要是遗属死亡，或不符合《因工死亡职工供养亲属范围规定》相关条件。

2. 拒不接受劳动能力鉴定的。劳动能力鉴定是确定工伤职工享受伤残待遇的前提条件。如果职工拒不接受劳动能力鉴定的，应当依法停止工伤职工的伤残待遇。对“拒不接受劳动能力鉴定的”应从两个方面理解：（1）“拒不接受”应当是经用人单位或经办机构提出申请，职工拒绝进行配合进行相关鉴定的，而不应包括职工没有主动申请劳动能力鉴定的情况；（2）“劳动能力鉴定”不仅是初次劳动能力鉴定，还应包括劳动能力复审鉴定和劳动能力复查鉴定，特别是对于用人单位提出的复审鉴定和经办机构提出的复查鉴定，如果工伤职工拒不配合的，经办机构有权终止工伤待遇的发放。但是，需要注意的是劳动能力鉴定仅是获取伤残待遇的前提条件，而伤残待遇又仅是工伤保险待遇之一种，除了伤残待遇外，工伤保险待遇中还包含医疗待遇、康复待遇等，职工伤残已经认定为工伤的情况下，仅因为拒不接受劳动能力鉴定的就终止所有待遇似乎并不完全合理。

3. 拒绝治疗的。接受治疗不仅是工伤职工的权利，也是工伤职工在工伤保险制度下的义务。拒绝治疗，从主体来看，包括工伤职工本人和工伤职工亲属；从行为结果看，既包括不接受治疗，也应包括不积极配合。现实中，有时并非工伤职工或其亲属拒绝治疗，而是治疗丧失意义，这时工伤职工或其亲属放弃治疗，是否应当视为拒绝治疗，存有争议。

案例探讨

拒绝治疗是否能够认定为工伤？

2007年9月14日上午8时左右，江苏省东台市海澜服饰有限公司职工张女士在公司包装车间工作台边操作时因病突然昏倒，后被送往东台市人民医院抢救。9月15日20时左右，医院经过诊断确定张某没有继续存活的可能，在此情况下其夫王某经与亲属协商决定放弃抢救，9月15日22时10分左右，张女士死亡。王某于是向东台市劳动和社会保障部门申请工伤认定，东台市劳动和社会保障局于2007年12月24日作出《工伤认定书》，对张某的死作出视同工伤的决定，但海澜公司不服，认为张某是由于其夫王某放弃抢救才在48小时以内死亡的，如果不放弃抢救，张某是不会在48小时内死亡，因此，该案不符合工伤认定标准，其遂向东台市法院提起行政诉讼，要求法院认定东台市劳动和社会保障局作出的工伤认定无效。东台市法院审理认为，张某之死符合视同工伤认定的法定情形，被告东台市劳动和社会保障局作出视同工伤的决定是正确的。因此，判决驳回原告的诉讼请求。

评议：

本案中，当救治不能改变最终结果的情况下，工伤职工的亲属放弃治疗，不属于拒绝治疗。实践中，应当如何判断抢救能够改变最终结果？既不能由用人单位，也不能由职工家属，只能是由医疗机构根据病人情况作出确定。如果属于无法医治的，放弃治疗不属于拒绝治疗；如果不属于无法医治，放弃治疗的就属于拒绝治疗。

有时会存在医生难以断明病因的情况，这时医生无法给出相关建议，工伤职工亲属放弃治疗的又应当如何处理？从保障工伤职工权益角度考虑，应当规定只要是职工本人或其亲属不是故意放弃治疗，所放弃的治疗不足以挽回职工生命，或仅能延长职工一段时间的生命，不应算是拒绝治疗，工伤职工及其亲属应当享受工伤保险待遇。

有时工伤职工接受治疗需要先行垫付医药费用，工伤职工及其亲属无钱垫付，用人单位又逃避责任不愿垫付的，特别是在工伤职工难以救治的情况下，工伤职工或其亲属多数会选择放弃治疗，这时是否应当视为拒绝治疗？工伤职工或其亲属是因为无法垫付医疗费用而放弃治疗的，显然不属于拒绝治疗。

三、工伤保险待遇的承继

当工伤保险部分待遇由用人单位承担时，就需要讨论若用人单位以各种方式消灭后，原用人单位需支付的保险待遇应由谁支付的问题。根据《工伤保险条例》的规定，工伤保险待遇的承继主要有以下表现形态。

1. 用人单位变更的。无论用人单位是分立，合并，还是转让的，要有新单位承担原用人单位责任的，无论原单位和新单位之间是如何约定的，都不能对抗独立于双方当事人之外的第三方工伤职工。

此外，用人单位破产的，《工伤保险条例》规定："企业破产的，在破产清算时优先拨付依法应由单位支付的工伤保险待遇费用。"在导引案例中，公司法定代表人在组织公司清算过程中，明知公司职工构成工伤并正在进行工伤等级鉴定，应当在破产清算时优先拨付职工工伤待遇费用，但是公司清算时并没有拨付，给工伤职工的利益造成重大损害，该行为构成重大过失，公司的主要股东应当依法承担赔偿责任，作为清算组成员的其他股东在公司解散清算过程中，未尽到其应尽的查知责任，也应认定存在重大过失，承担连带赔偿责任。

在破产清算时，如果破产公司有足够的金额支付工伤保险待遇尚可，如果没有足够的金额时，应当如何处理？《工伤保险条例》没有规定。实践中，这种情况下的工伤职工无法得到保障，工伤职工只能随用人单位破产而"破产"。造成这种情况的主要原因是工伤保险中的国家责任缺位，让用人单位承担部分工伤待遇的做法，最终可能侵害劳动者的利益。合理的做法应当是，在用人单位破产且没有足够金额支付工伤保险待遇的情况下，应当由工伤保险基金代为支付，至少应当向工伤职工提供一笔一次性救济费用，以解工伤职工燃眉之急。根据《社会保险法》第41条和第42条的相关规定：职工所在用人单位未依法缴纳工伤保险费，发生工伤事故的，用人单位不支付的，从工伤保险基金中先行支付。从工伤保险基金中先行支付的工伤保险待遇应当由用人单位偿还。用人单位不偿还的，社会保险经办机构可以依法追偿；由于第三人的原因造成工伤，第三人不支付工伤医疗费用或者无法确定第三人的，由工伤保险基金先行支付。工伤保险基金先行支付后，有权向第三人追偿。工伤保险补偿先行支付原则在一定程度保障了工伤职工的权益，弥补了《工伤保险条例》立法之不足。①

2. 存在多个单位的。在实践中，经常存在一个劳动者与多个单位存在法律关系的

---

① 但是，由于《社会保险法》对工伤保险补偿先行支付规定不够明确，必然意味着该规定在今后实施中，可能会因为对法条理解的歧义，引发该原则实施不畅。例如，工伤保险补偿先行支付的前提条件之一是用人单位不支付工伤保险待遇。如何判断用人单位不支付工伤待遇，《社会保险法》并未提及。如果判断用人单位不支付相关待遇，需要劳动者申请劳动仲裁加以确认，确认程序就有可能因还需经历一审、二审变得繁冗拖沓，导致工伤保险补偿先行支付丧失实际意义，先行支付原则将成为"纸面上的法律"。如果不需要经过劳动仲裁和诉讼程序确认，又应当通过何种程序确认？亟须行政法规、部门规章，或司法解释进行细化和说明。参见于欣华："工伤保险补偿先行支付原则初探"，载《现代职业安全》2010年第12期。

情况：在承包法律关系中，有用人单位和承包单位；在劳务派遣法律关系中，有实际用工单位和用人单位；在借调法律关系中，有原用人单位与借调单位。当存在两个或两个以上单位时，由谁承担工伤者的工伤事故责任？《工伤保险条例》确定的基本原则是由具有劳动关系的用人单位承担工伤保险责任。但是法律赋予多个单位对于待遇最终承担者协商的权利。

案例探讨

多重劳动关系中，工伤保险待遇由谁支付？

陈某系北京馄饨侯餐饮有限责任公司下岗职工，下岗后到北京A酒店公司工作，双方签订有书面劳动协议，但该协议书未明确约定每日工作时间及工休时间，A酒店公司亦未给陈某缴纳工伤保险费，该费用一直由陈某下岗时所在的馄饨侯公司负责缴纳。2006年9月20日晨，陈某自其住处骑一辆三轮车前往A酒店公司上班。当日6时5分，陈某行至朝阳区北辰西路安翔北路东口时，发生机动车交通事故受伤，经抢救无效死亡。公交朝阳支队对此次交通事故作出责任认定，结论为陈某无责任。2006年11月24日，陈某之妻余某向朝阳区劳动局提出工伤认定申请。2007年1月16日，朝阳区劳动局认定陈某死亡属于工伤。A酒店认为陈某原系北京馄饨侯餐饮有限责任公司员工，下岗后到本单位任临时工，从事停车场管理员工作，但其劳资、社保关系仍由馄饨侯公司继续管理并负责缴纳相关费用，因而不应认定由其承担工伤赔偿责任。A酒店公司不服诉至北京市朝阳区人民法院，法院一审判其败诉。A酒店公司上诉至北京市第二中级人民法院。

北京市第二中级人民法院指出，劳动和社会保障部《关于实施〈工伤保险条例〉若干问题的意见》（劳社部函［2004］256号）第一条规定："职工在两个或两个以上用人单位同时就业的，各用人单位应当分别为职工缴纳工伤保险费。职工发生工伤，由职工受到伤害时其工作的单位依法承担工伤保险责任。"根据该规定，下岗、待岗职工又到其他单位工作的，该单位也应当为该职工缴纳工伤保险费；下岗、待岗职工在其他单位工作时发生工伤的，该单位应依法承担工伤保险责任。本案中，陈某从馄饨侯公司下岗后，到上诉人A酒店公司担任停车场管理员，并与该公司签订了劳动协议。陈某作为劳动者，A酒店公司作为用人单位，双方的劳动关系清楚。因此，A酒店公司也应当为陈某缴纳工伤保险费。如果陈某在A酒店公司工作期间发生工伤事故，A酒店公司应依法承担工伤保险责任。据此，被上诉人朝阳区劳动局作出的涉案工伤认定当然与A酒店公司有关。A酒店公司未给陈某缴纳工伤保险费已违反了相关规定，又以陈某系馄饨侯公司下岗职工，其工伤保险费由原单位馄饨侯公司缴纳为由，主张涉案工伤认定与其无关，意图逃避应负的工伤保险责任，其该项上诉理由没有法律依据，不能成立，最后驳回A酒店公司上诉，维持原判。

该案表明，在数个劳动关系中，所有用人单位都必须为其职工缴纳工伤保险费，职工也都有享受工伤保险保障的权利。在为某个用人单位工作过程中遭受工伤事故伤害的，由该用人单位支付工伤保险待遇。发生工伤事故时，用人单位不确定的，应由各用人单位共同分担。

对于境外劳务派遣的职工，《工伤保险条例》第44条规定："职工被派遣出境工作，依据前往国家或者地区的法律应当参加当地工伤保险的，参加当地工伤保险，其国内工伤保险关系中止；不能参加当地工伤保险的，其国内工伤保险关系不中止。"

3. 工伤职工再次工伤的。《工伤保险条例》第45条规定："职工再次发生工伤，根据规定应当享受伤残津贴的，按照新认定的伤残等级享受伤残津贴待遇。"根据条例的规定，工伤职工再次工伤的，工伤保险待遇中的长期待遇，主要就是伤残津贴，应当按照新认定的伤残等级领受；工伤保险待遇中的一次性待遇并未提及，从合理性角度考虑，职工再次工伤属于新的伤害，应当可以再次领受一次性工伤保险待遇。

四、工伤保险补偿与民事侵权赔偿竞合

工伤保险待遇与民事侵权赔偿的竞合问题是法学界长期以来争论不休的问题之一。[①] 各国理论与实务所形成的观点不外四种：(1) 兼得模式。即工伤者享受工伤保险补偿的同时，也可以主张民事侵权赔偿，该做法有违保险中的不可获益原则，加大了雇主责任，削弱了工伤保险的作用。(2) 选择模式。即允许工伤者在工伤事故后，选择适用工伤保险补偿和民事侵权赔偿，一旦选择其中一种救济方式，就丧失了其他救济方式。选择模式是一种不科学的工伤救济方式，因为这种模式既没有体现出工伤保险制度的优越性，也没有避免民事侵权损害赔偿的弊端，已为世界各国所废弃。(3) 排他模式。即雇主参加工伤保险后，劳动者一旦发生工伤事故，只能向工伤保险机构要求工伤补偿，而不能依据侵权行为法要求雇主赔偿。排他性模式排除了雇主可能被起诉带来的不确定性风险，能够减轻雇主在生产经营，特别是安全生产方面的责任。对于劳动者来说，运用法律起诉雇主是一个漫长、耗时的过程，诉讼成本高昂，诉讼结果也有很大的

---

① 有关该问题的学者观点和理论争鸣，参见于欣华．热烈与冷静——2000－2009十年工伤保险补偿与民事侵权赔偿竞合研究综述．河北法学，2010 (3)．

不确定性。出于这些原因，排他性模式能够激励雇主积极参加工伤保险，扩大工伤保险的覆盖面，工伤者能够充分得到工伤保险的救助。虽然排他性模式能够充分发挥工伤保险制度的优势，也符合工伤保险制度设计的初衷，但是排他性模式毕竟剥夺了劳动者能够获得救济的途径以及相对更多的补偿金额。（4）补充模式。即当工伤劳动者发生工伤事故后，首先依据工伤保险获得相应补偿，其后，可以通过起诉雇主要求赔偿损失。在该模式下，劳动者可以同时主张工伤保险补偿和民事侵权赔偿，但是民事侵权赔偿所得应扣除工伤保险已经补偿的部分。

我国对工伤保险补偿与民事侵权赔偿竞合作出规定的法律有两个：一个是《职业病防治法》，另一个是《安全生产法》。《职业病防治法》第52条规定："职业病病人除依法享有工伤社会保险外，依照有关民事法律，尚有获得赔偿权利的，有权向用人单位提出赔偿要求。"《安全生产法》第48条规定："因生产安全事故受到损害的从业人员，除依法享有工伤社会保险外，依照有关民事法律尚有获得赔偿权利的，有权向本单位提出赔偿要求。"这两部法律条文的表述似乎赋予工伤职工在享受工伤保险之后，还可以向用人单位要求民事侵权赔偿，但是两部法律在表述中均强调"依照有关民事法律，尚有获得赔偿权利的"。那么，工伤职工在获得工伤保险补偿之后，还有没有相关民事法律对此做出规定呢？遍查我国民事法律法规找不到明确规定，仅2003年最高人民法院《关于审理人身损害赔偿案件适用法律若干问题的解释》对此问题做出明确规定。因而，最高人民法院《关于审理人身损害赔偿案件适用法律若干问题的解释》成为我国处理工伤保险补偿与民事侵权赔偿竞合问题具有法律约束力的权威依据。该司法解释第12条规定："依法应当参加工伤保险统筹的用人单位的劳动者，因工伤事故遭受人身损害，劳动者或者其近亲属向人民法院起诉请求用人单位承担民事赔偿责任的，告知其按《工伤保险条例》的规定处理。因用人单位以外的第三人侵权造成劳动者人身损害，赔偿权利人请求第三人承担民事赔偿责任的，人民法院应予支持。"根据该司法解释，工伤职工遭受事故伤害的不能向用人单位主张民事侵权赔偿，仅能取得工伤保险补偿。如果是第三人造成的伤害，不仅除享受工伤保险补偿外，还可请求第三人承担民事赔偿责任。《社会保险法》第42条规定："由于第三人的原因造成工伤，第三人不支付工伤医疗费用或者无法确定第三人的，由工伤保险基金先行支付。工伤保险基金先行支付后，有权向第三人追偿。"从该条规可以推断出，因第三人造成工伤事故的，除工伤医疗费用外，工伤劳动者享受工伤保险补偿外，还可向第三人主张民事侵权赔偿。①

---

① 这里需要注意的是，对于《社会保险法》第42条还可以解读出其他含义，因为该条并不是针对工伤保险补偿与民事侵权赔偿竞合问题做出的专门规定，因而不同理解是自然之事。

笔者认为如果用人单位在职工工伤事故中存在故意或严重过失，也应当承担民事赔偿责任。主要理由是：其一，从预防工伤角度来看，规定用人单位故意或严重造成工伤事故仍需承担事故责任的做法，增加了用人单位的工伤事故成本，用人单位出于减少成本的目的，就必须加强安全生产，设置科学的生产规程，促进工伤预防。其二，从法律面前人人平等法律基本原则角度考虑，职工故意犯罪或故意造成工伤事故的被排除在工伤之外，不能享受工伤保险待遇。同理，用人单位故意或严重造成过失，也应当被排除在免除工伤事故责任之外。现实中，有些用人单位明知生产中存在安全隐患，却迟迟不更换设备，不加强安全生产，任由机器一次次吞噬职工的肢体，明知事故的危险性却故意而为，不应减轻用人单位的法律责任。其三，从比较法的视野看，工伤保险制度发达的国家皆有类似规定。在美国，劳动者获得工伤保险补偿后，一般不能再通过民事诉讼要求雇主承担民事赔偿责任，但是如果雇主明知有危险还故意让员工从事危险工作，导致伤害事故发生的，雇员有权要求雇主承担民事侵权赔偿责任。① 比利时 2000 年工伤保险立法规定：如果雇主严重违反法律，导致职工遭受事故伤害的，保险人将取得代位权，有权向工伤职工的雇主追偿。②

第五节 工伤保险基金管理

案例及问题导引

工伤保险费由用人单位缴纳，职工个人不缴纳。实践中，用人单位所属行业的风险差别较大，所从事的工种危险度不同，具体到每个单位工伤事故发生率也千差万别，工伤保险费率如何设置才能反映这些差别，实现法律上人人平等的基本法治理念？工伤保险基金是工伤者的生命线，如何保障基金有效运行？

一、工伤保险费率制度

（一）工伤保险缴费

《工伤保险条例》第 10 条规定："用人单位应当按时缴纳工伤保险费。职工个人不缴纳工伤保险费。"因而，在我国用人单位有法定义务为其职工缴纳工伤保险费。用人单位缴纳工伤保险费的前提是其向经办机构进行工伤保险登记。根据《社会保险法》

---

① 王荣德．各国职业伤病补偿制度研究．台北：行政管理部门"劳工委员会劳工安全卫生研究所"，2007：36.

② See：E. F. D. Engelhard，*Shifts of Work-related Injury Compensation*，Springer Wien New York，2007，pp. 35－49.

的规定，用人单位不办理工伤保险登记的，由社会保险行政部门责令限期改正；逾期不改正的，用人单位和具有责任的主管人员、其他责任人员都要追究法律责任。其中，对用人单位处应缴工伤保险费数额一倍以上三倍以下的罚款，对其直接负责的主管人员和其他直接责任人员处五百元以上三千元以下的罚款。办理工伤保险登记，但是不缴纳保险费的，用人单位应当在社会保险行政部门指定的期限内补缴应缴纳的工伤保险费，以及按日缴纳万分之五的滞纳金。逾期仍不缴纳的，处欠缴数额1倍以上3倍以下的罚款。此外，还需按照《工伤保险条例》规定的待遇和标准向工伤职工支付费用。

用人单位缴纳工伤保险费的数额是本单位职工工资总额乘以单位缴费费率之积。用人单位职工工资总额是计算用人单位缴纳工伤保险费的主要计算依据。对难以按照工资总额缴纳工伤保险费的行业，根据《工伤保险条例》的规定可以采取变通做法。实践中，建筑施工企业、小型服务企业、小型矿山等企业工资总额较难计算，形成了以北京、厦门等地为代表的建筑施工企业按工程项目参保的办法，以天津、广州等地为代表的小型服务企业按营业面积核定参保人数的缴费办法，以及以河北邯郸、黑龙江鸡西等城市为代表的小型煤矿企业按吨矿产值一定折算方式计算缴纳工伤保险费的办法。鉴于这些地方的成功经验，人力资源和社会保障部2010年12月31日公布《部分行业企业工伤保险费缴纳办法》，该办法明确规定：建筑施工企业可以实行以建筑施工项目为单位，按照项目工程总造价的一定比例，计算缴纳工伤保险费；商贸、餐饮、住宿、美容美发、洗浴以及文体娱乐等小型服务业企业以及有雇工的个体工商户，可以按照营业面积的大小核定应参保人数，按照所在统筹地区上一年度职工月平均工资的一定比例和相应的费率，计算缴纳工伤保险费；也可以按照营业额的一定比例计算缴纳工伤保险费；小型矿山企业可以按照总产量、吨矿工资含量和相应的费率计算缴纳工伤保险费。

（二）工伤保险费率模式

我国工伤保险费费率确定的基本原则是以支定收、收支平衡，并根据不同行业的工伤风险程度确定行业的差别费率，并根据工伤保险费使用、工伤发生率等情况在每个行业内确定若干费率档次。在世界范围内，工伤保险费率模式大致有三种：

1. 统一费率

统一费率制是根据国家法律规定，所有企业都按照同一比率计算保险费，该费率按照法定统筹范围内的预测开支需求与相同范围内企业工资总额的比例得出。统一费率操作简便易行，不考虑行业、工种和企业之间差别，在最大范围内平均分散工伤风险。因而，统一费率是所有工伤保险费率模式中最简单的一种。世界上实行工伤保险制度的国家中约37%采用此制度。例如：以色列、埃及、巴西等就采用统一费率制。[①]

---

① 周慧文．欧洲国家工伤保险费率管理实践及其对我国的启示．中国安全科学学报，2004（4）．

但其缺陷在于：不考虑企业工伤保险费的实际支出，不能反映企业工伤事故状况，对于企业改善工作场所安全缺乏激励。因此，单纯采用统一费率的国家并不多，那些采用统一费率的国家多为工伤保险制度不完善的国家。

2. 差别费率

差别费率是根据单个企业或某一行业风险水平，单独确定工伤保险费率，其目的是要在工伤保险基金分担上，对工伤事故发生率不同的企业和行业实行差别性负担，以保证该行业及企业工伤保险基金的收支平衡，并适当促进其改进劳动保护措施，降低工伤补偿成本。目前世界各国实行此种费率的国家约占41%，日本、德国、美国、英国等就采用差别费率。① 差别费率能够把行业或企业缴费与工伤事故的发生等因素密切相连，能够极大促进企业或行业积极改善工作条件，增进安全生产，促进工伤预防，减少工伤事故发生率。

差别费率确定的依据在国际上主要有两个标准：一个是根据单个企业确定，另一个是根据行业确定，除此之外还有依据行为风险进行分类的。② 依据企业测算差别费率的主要参考指标是企业的规模和企业所在行业的风险程度。企业所在行业风险程度主要是根据该企业所在行业过去几年工伤事故、工伤保险费收支率等统计资料和数据进行测算。以企业为差别作为分类标准，最终还是依据行业差别，因而行业差别在差别费率中具有举足轻重的地位，也是多数采用差别费率的国家通行的测算基准。

3. 浮动费率

浮动费率是将用人单位工伤保险费使用情况，工伤事故发生频率，以及工伤事故发生种类作为确定工伤保险费率指标的制度，目的是促进企业注重安全生产，减少工伤和职业病的发生。浮动费率能够把企业工伤事故和缴费费率直接联系，如果能够严格执法，按照规定的浮动费率缴费，就能积极促进企业减少工伤事故。根据《工伤保险条例》的规定，浮动费率的参数主要有两个：工伤保险费用收支率和工伤事故率。与差别费率不同的是，浮动费率应当定期调整。差别费率的确定应当把几年内企业工伤事故频率、工伤事故程度以及工伤保险收支率加以统计测算，时间跨度越大测算的缴费率也就更加准确。浮动费率是把企业和工伤保险成本密切挂钩，因而应当在较短的时间内测算浮动费率，一般浮动费率以一年作为测算周期。德国、法国和波兰每年依据风险表来

---

① 周慧文．欧洲国家工伤保险费率管理实践及其对我国的启示．中国安全科学学报，2004（4）．

② 周慧文指出风险分类除了依据行业外，还有依据行为进行分类的，即依据生产行为作为基本特征对风险集合进行归类，一个类目应归入一种或多种生产行为。但现实是生产行为不仅数量庞大，即使是同样的生产行为因为工作场所不同，工作时间不同，会呈现不同的风险，因此至今没有一个国家单纯依据行为风险测算差别费率的。参见周慧文：“工伤保险风险分类及风险分类表研究”，载《中国安全科学学报》2005 年第 7 期。

确定费率，以求更快地反映一个企业经营范围和安全状况的变化情况，具有更高的灵活性。①

（三）工伤保险费的征收

对于工伤保险费的征收，《社会保险法》第59条原则性规定社会保险费实行统一征收，实施步骤和具体办法由国务院规定。《工伤保险条例》第46条规定：根据省、自治区、直辖市人民政府规定，工伤保险经办机构有征收工伤保险费的法定义务。由此看来，到底由哪个机构征收工伤保险费应当由省级人民政府具体制定。实践中有的地方由税务机关征收，有的地方由社会保险经办机构征收，约51.3%统筹地区五种险种均由经办机构征收；约8.1%的地方五种险种由税务机关征收，40.6%的地方五种险种分别由税务机关和保险经办机构征收。②

二、工伤保险基金的运行

我国工伤保险基金是由用人单位缴纳的工伤保险费、工伤保险基金的利息和依法纳入工伤保险基金的其他资金构成。《工伤保险条例》第11条规定：工伤保险基金逐步实行省级统筹。除了一般企业的设区的市级统筹外，跨地区、生产流动性较大的行业，根据《工伤保险条例》的规定可以采取相对集中的方式异地参加统筹地区的工伤保险。实践中，在有些地方，铁路、电力、煤矿业等行业中跨地区性企业实行的是省级统筹。我国工伤保险统筹层次在较长时间还将停留在市级统筹的现实，决定了必须有针对较低统筹层次的应对措施，我国实施了工伤保险储备金制度。《工伤保险条例》第13条规定："工伤保险基金应当留有一定比例的储备金，用于统筹地区重大事故的工伤保险待遇支付；储备金不足支付的，由统筹地区的人民政府垫付。"实行储备金制度能够在一定程度上缓解统筹层次较低，给工伤保险基金带来的运行风险。

工伤保险基金是工伤职工的生命线，也是工伤职工的救命钱，因而工伤保险基金必须严格按照法律规定使用。工伤保险基金主要用于以下方面：（1）支付工伤职工工伤保险各项待遇；（2）劳动能力鉴定费用；（3）工伤预防的宣传、培训等费用；（4）工伤康复费用。《工伤保险条例》严禁工伤保险基金用于投资运营、兴建或者改建办公场所、发放奖金，或者挪作其他与工伤预防、工伤康复和工伤补偿无关的用途。任何单位或者个人不得违反《工伤保险条例》的规定挪用工伤保险基金，挪用的基金应当被追回，并没收因挪用基金产生的违法所得，如果挪用数量较大，时间较长的，构成犯罪的，依法追究刑事责任；尚不构成犯罪的，依法给予处分或者纪律处分。用人单位、工

---

① 周慧文．欧洲国家工伤保险费率管理实践及其对我国的启示．中国安全科学学报，2004（4）．

② 李援．中华人民共和国社会保险法解读．北京：中国法制出版社，2010：176.

伤职工或者其近亲属伪造工伤事故或夸大工伤事故，骗取工伤保险待遇的，或与医疗机构、辅助器具配置机构合伙骗取工伤保险基金支出的，由社会保险行政部门责令退还，处骗取金额2倍以上5倍以下的罚款；情节严重，构成犯罪的，依法追究刑事责任。

问题与思考

1. 工伤及工伤保险的概念。
2. 我国工伤保险的覆盖范围是什么？
3. 什么是非法用工单位？非法用工单位一次性赔偿金的支付标准是什么？
4. 工伤认定的标准是什么？
5. 工伤认定的程序。
6. 工伤认定与劳动能力鉴定有何关系？
7. 劳动能力鉴定的主要内容是什么？
8. 劳动能力鉴定的基本程序是什么？
9. 工伤保险待遇的主要内容是什么？
10. 工伤保险待遇计发的基数和计发方式有哪些？相互之间有什么差别？
11. 如何看待工伤保险补偿与民事侵权赔偿竞合问题。

第十二章

失业保险法

第一节　失业与失业保险概述

案例及问题导引

《社会保险法》出台后，失业保险制度正式在法律层面得到确认。那么什么是失业？什么是失业保险？失业保险法律制度是如何产生和发展的？建立失业保险法律制度有什么意义？

一、失业的概念及其特征

失业是指具有劳动能力并有劳动意愿的劳动者得不到劳动机会或者就业后又失去工作的状态。关于失业的定义，各国有不同的界定。如美国将失业界定为：年满16周岁，没有工作或正在寻找工作的人。根据国际劳工组织的规定，凡在特定的年龄以上，在特定的时间属于下列情况的，称为"失业"：(1) 无工作，即不再有报酬的就业或自营职业中；(2) 本人当前可提供工作，具有劳动能力；(3) 正在寻找工作，即正在采取各种方式寻找工作。①

造成失业的原因是多方面的，根据失业是否是出于失业者自身意志的原因，可以将失业分为两大类：一是自愿性失业，即客观上有就业机会，但是劳动者主观上不愿就业；另一类是非自愿性失业，即劳动者主观上愿意就业，但是客观上无法获得就业机会。失业保险所要解决的主要是指非自愿性失业。

我国关于失业②的概念有以下几个特点：(1) 失业人员仅指城镇非农业户口的劳动

---

① 朱家甄．中国社会保险工作全书．北京：中国统计出版社，1995：50.

② 根据国家统计失业率界定的失业概念。

者，而不包括农村劳动者；（2）失业人员的年龄限于男16岁－50岁、女16岁－45岁，该年龄的上限比我国法定退休年龄，即男60岁、女50岁要低；（3）失业率的统计是以每一日历年的最后一天的失业人数来计算，而没有采用国际上通行的月度失业率统计方法。

二、失业保险的概念及其特征

失业保险是指国家通过立法强制建立失业保险基金，对因失业而暂时中断生活来源的劳动者在法定期间内提供失业保险金，以维持其基本生活水平的一项社会保险制度。

国外失业保险法律制度的产生、发展和完善经历了较长的过程。工业国家最初通过开办国家和公营工程解决失业。后来，政府通过扶持由行业或工会举办的团结互助组织对失业者进行保护。失业保险制度的出现相对较晚，20世纪初一些国家才相继开始实施了失业保险法律制度，如法国（1905年）、挪威（1906年）和丹麦（1907年）相继通过国家立法建立了失业保险法律制度，但这些失业保险法律制度均为非完全强制性的。1911年英国颁布了《国民保险法》，在全国范围的矿山、纺织、建筑、造船、铁路等行业强行实施保险制度，开创了强制性失业保险制度的历史，并逐渐使之成为世界上失业保险制度的主流。1927年德国效仿英国建立了国家强制性的失业保险法。至1997年初，世界上共有68个国家和地区建立了失业保险制度。

失业保险是社会保障体系的重要组成部分，是社会保险一个主要项目。失业保险与其他保险制度一样，具有强制性、保障性和社会性等特点。但与其他社会保险制度相比，失业保险还具有以下特点：

1. 失业保险的对象是失业的劳动者。失业劳动者是指劳动年龄内有劳动能力，目前无工作，并以某种方式正在寻找工作的人员。失业保险法所指的失业者应该符合法定就业年龄的规定，因此，我国失业保险的申请人应该年满16周岁，且未达法定退休年龄。在法定劳动年龄内的人员，若不具备相应的劳动能力，不能视为失业人员，如精神病人、完全伤残不能从事任何社会性劳动的人员等。且那些目前虽无工作，但没有工作要求的人不能视为失业人员。这部分人自愿放弃就业权利，属于自愿性失业。即失业保险的范围只包括非自愿性失业。失业保险主要是以劳动年龄之内的劳动者为对象。而其他社会保险多以全体劳动者为保障对象。

2. 失业保险的享受具有一定的期限性。失业保险只能在法定期限内享受，超过法定期限，即使劳动者仍处于失业状态，也不可再享受失业保险。这主要是为了防止“懒汉”的情形，督促劳动者就业。而其他的社会保险例如养老保险和工伤保险，劳动者可以长期享受。我国规定劳动者领取失业金的最长期限为24个月。

3. 失业保险的功能具有双重性。失业保险不仅要为失业劳动者提供物质帮助，而且要为其再就业提供服务。而其他社会保险主要是为劳动者提供生活保障，以维持劳动力的一般再生产。

4. 在享受条件上，失业保险是对有劳动能力但无劳动机会的人提供物质帮助，而不是对丧失劳动能力的人提供物质保障。而其他社会保险项目都是以被保险人丧失劳动能力为前提的。

5. 风险成因上，失业保险中的失业现象，是社会原因所致的社会风险。如劳动力资源与经济增长的比例失调，产业结构的调整，人口政策和就业政策变化等，都可能造成失业。而其他社会风险中的风险事件的形成，均属于自然原因。如年老、身体健康的损害、工作中受到的伤害以及无法预料的自然事故。

历史回顾

我国失业保险法的历史

新中国成立后，为了解决旧中国遗留下来的失业问题，1950 年 6 月，当时的政务院发布了《关于救济失业工人的指示》，劳动部随后在 1950 年 7 月发布了《救济失业工人暂行办法》，与此同时，国家设立了失业救济委员会，规定了失业工人的登记办法。1951 年政务院发布了《劳动保险条例》，但是其中并没有对失业保险进行规定。50 年代中期，随着我国经济建设的全面恢复和发展，失业率大大降低。在此阶段，我国的失业问题主要靠国家的强有力的安置就业来解决，并没有建立起失业保险制度。

我国真正建立失业保险制度是在 20 世纪 80 年代中期。党的十一届三中全会后，我国实行经济体制改革，在企业中试行劳动合同制度。为了解决在此过程中国营企业职工的待业问题，1986 年 7 月 12 日国务院颁发了《国营企业职工待业保险暂行规定》，这一规定标志着我国失业保险制度的正式建立。1993 年国务院发布了《国有企业职工待业保险规定》，对原有的暂行规定作了进一步的修改和完善，以期更好地适应市场经济的要求。

1999 年 1 月，国务院颁布《失业保险条例》以及《社会保险费征缴暂行条例》，标志着我国建立了与市场经济相适应的失业保险制度。《失业保险条例》扩大了覆盖范围，其不仅包括了国有企业，还将城镇集体企业、外商投资企业、城镇私营企业以及城镇事业单位职工都纳入其中，并明确了失业保险基金的筹集、管理以及待遇给付等多方面的内容。2010 年 10 月 28 日，《社会保险法》通过，其第五章专章对失业保险制度进行了原则性的规定。这是我国首次在法律层面对失业保险制度进行的确认，进一步完善了《失业保险条例》的相关规定。

三、建立失业保险制度的意义

失业保险是社会保险的重要组成部分。通过建立失业保险基金，分散失业风险，对于保障失业劳动者的基本生活，促进就业以及整个市场经济的稳定发展都具有重要意义。

（一）保障失业劳动者的基本生活

劳动是多数劳动者及其家庭成员获得生存的主要来源，劳动者因失业退出工作岗位而失去了工资收入，势必将影响到失业者及其家庭的基本生活。因此，参加失业保险的失业者可以在此期间领取失业保险金，保障其本人及其家庭成员的基本生活。同时，《社会保险法》规定，失业人员在领取失业保险金期间死亡的，参照当地对在职职工死亡的规定，向其遗属发给一次性丧葬补助金和抚恤金。所需资金从失业保险基金中支付。

（二）促进失业劳动者的再就业

从消极地保障生活到积极地促进就业，实施积极的劳动力市场政策，激发失业者寻找工作的积极性，并将失业保险待遇和促进就业措施结合起来，帮助失业者尽快就业，这已经成为各主要市场经济国家对失业保险的共识和普遍做法。因此，失业保险除了具有保障失业者的基本生活的功能之外，还具有积极的促进就业的功能。在失业保险的开支中，专门规定有一部分基金用于提高就业服务的水平，强化对劳动者以及失业者的职业培训，提高他们的就业能力。失业保险不仅仅是保险金的给付，而且包括就业服务和职业培训，三者共同构成就业安全的体系。

（三）促进市场经济的稳定发展

从社会整体层面来看，通过失业保险制度可以维护社会稳定，并且确保整个社会的劳动力供给，从而促进市场经济的稳定发展。失业导致的失业人员及其家庭的生活得不到保证，贫穷困苦，将会严重影响社会公平及整个社会生活水平的提高，并且，失业者长期无法正常就业，其生存压力得不到有效的解决，那么大量失业人员将会成为整个社会的不安定因素，引发诸多的社会问题。此外，失业者作为一种人力资源被闲置，则是社会资源的浪费。而失业期间通过再就业培训，确保失业人员的劳动能力的维持和提升，能为社会生产提供足够的劳动力资源。

资料链接

对失业的不同理解影响到各国政府关于失业保险的理念。20 世纪 30 年代以前，古典失业理论盛行于西方，认为只要劳动力市场充分发挥作用，大规模的失业人口是不可能存在的；失业只是暂时的或偶然发生的，是工业社会不可避免的季节性或周期性阵痛。这种观念下，失业通常被认为是由个人原因造成的。受这种理念的影响，即使在实行强制失业保险的国家，政府的作用也仅限于提供失业保险基金短缺时的补助，而并没有积极地介入。

1929－1933年的经济危机下，凯恩斯的“非自愿失业”认为，失业不能完全归咎于劳动者自身。因此，对失业者的资助就应该更为充分，失业保险是工人应享有的一份权利。

二战后，受英国《贝弗里奇报告》的影响，西方大多数国家进入“从摇篮到坟墓”都给予保障的福利国家时代，失业保险也因而得到了加强，明显的表现是待遇水平不断提高。然而，20世纪70年代以后，西欧国家的经济普遍低迷，使得人们开始质疑包括失业保险在内的社会保障制度。在这种理念的影响下，一些国家纷纷采取措施，缩减失业保险待遇，并严格失业保险金的领取资格。

欧洲的自由市场观念并非处于绝对主导地位，国家对经济的干预随处可见。人们的价值取向是期望消除阶级剥削消除贫富分化等。这种背景下，失业保险制度的出发点就是保证失业者的基本需要，使失业者仍能过上体面的生活。失业保险待遇非常慷慨，十分关注收入的替代率，而非失业者的再就业或者维持就业稳定。美国是市场经济的典范，政府干预较少。尽管20世纪30年代的经济危机加强了政府对经济的干预，失业保险制度也作为一项公共计划被广泛接受。但是，美国在设计失业保险制度时都将其置于竞争性的市场经济中考虑，把个人责任放在相当的地位。因此，欧美的失业保险理念的区别，就是关于“公平和效率”的取舍。西欧和北欧国家偏重于“公平”，而美国则关注于“效率”。公平与效率往往成为各国采取不同失业保险制度的价值前提。①

第二节　失业保险制度的内容

案例及问题导引

何某于2008年4月起在某地一家公司开始工作，同时与该公司签订了自2008年4月至2010年4月的劳动合同，公司为其缴纳了失业保险，在劳动合同期满后，何某不

① 侯文若，孔泾源．社会保险．北京：中国人民大学出版社，2002：306－308.

愿继续签订劳动合同，处于待业状态。其向当地社会经办机构申请领取失业保险，社保经办机构认为其是个人不续约，不符合领取失业保险金的条件。何某不服，遂向法院起诉要求社保经办机构支付其失业保险待遇。失业劳动者在满足何种条件下，可以享受失业保险待遇？失业保险待遇的具体内容是什么？失业劳动者可以享受多长时间的失业保险待遇？如何申请失业保险待遇？

一、失业保险的对象

失业保险的对象，又称为失业保险的覆盖范围，即依法参加失业保险，当发生失业的情况时享有失业保险待遇请求权的劳动者。从应然的角度看，失业保险的保障对象应该以所有受雇者为目标。但是，各个国家或地区在实行失业保险时，原则上会将部分对象排除在外。如：将自营职业者排除在外。各国失业保险的覆盖范围都经历了一个由窄变宽的过程。开始阶段失业保险制度的覆盖范围界定得十分明确和严格，一般仅限于正式参加经济活动，原有稳定的职业，暂时失去工作岗位的工资劳动者，不包括职业不稳定、不正规的临时工、季节工人、家庭佣人、农业工人，职业稳定的国家公务员、有独立收入的个体劳动者以及中等以上学校毕业生。但随着社会经济的发展，失业保险的对象目前呈现出逐步扩张的趋势。国家对于劳动者的保障水平越来越高，而且随着新的用工形式的发展，新形态的雇用劳动者也应享有失业保险的权利，如：近年来，有些工业国家对于无法立刻找到工作的大专毕业生或辍学者，即使其以往没有工作年资，亦可请领失业给付。①

我国失业保险制度同样经历了由窄变宽的过程。1986 年的《国营企业职工待业保险暂行规定》的覆盖范围仅限于国营企业的四类人员，1993 年《国有企业职工待业保险规定》的覆盖范围扩大到七类人员。但这两个规定都是只覆盖国有企业，即只包括很有限的一部分工资收入者。到 1999 年的《失业保险条例》，已将覆盖范围扩大到所有企事业单位及其职工。《失业保险条例》第 2 条规定，我国失业保险适用于城镇用人单位（事业单位、企业）及其职工，包括上述用人单位招用的农民合同制工人，但不包括：（1）乡镇企业及其职工；（2）非全日制劳动者等灵活就业人员；（3）国家机关、社会团体以及民办非企业单位及其职工；（4）城镇个体经济组织及其劳动者。② 为适应现实需求，《社会保险征缴暂行条例》授权省、自治区、直辖市人民政府可根据当地实际情况扩大失业保险的适用范围，将社会团体及其专职人员、民办非企业单位及其职工以及有雇工的城镇个体工商户及其雇工纳入失业保险的范围。各地据此纷纷出台相

① 柯木兴．社会保险．台北："中国社会保险学会"，2000：348.

② 王忠池，尚德芳．浅析我国失业保险制度的不足与完善．黑龙江政法管理干部学院学报，2005（1）.

应的规范性文件，扩大失业保险的适用范围。[①]《社会保险法》中未单独规定失业保险的适用范围，但从条文使用术语“用人单位和职工”来看，仍沿用《失业保险条例》的规定。

目前我国失业保险的覆盖范围仍有以下问题需要注意：（1）部分主体仍未纳入适用范围，如非全日制劳动者等灵活就业人员、乡镇企业及其职工等。部分地方已出台政策性文件将灵活就业人员纳入失业保险的适用范围，如北京市、南京市等，但都是自愿参保。亦有部分地区将乡镇企业及其职工纳入到失业保险的适用范围，如广西玉林等，但限于乡镇企业的城镇职工。从适用对象来看，应将乡镇企业以及进城务工的农村居民、非全日制劳动者等灵活就业人员、国家机关公务人员乃至高校毕业生毕业后未能及时就业者等纳入失业保险的适用范围。（2）失业保险的适用对象局限于完全失业者，而对部分失业者却未有相应的保障。从失业保险所保障的失业类型来看，不仅应为完全失业者提供保障，也应逐步将部分失业者纳入保障范围。

二、失业保险待遇的给付条件

失业劳动者在符合法定的条件时，可以向社会保险经办机构申请，请求给付相应的失业保险待遇。根据《社会保险法》第45条的规定，我国失业人员领取失业保险金的条件包括：

1. 按照规定参加失业保险，所在单位和本人已按照规定履行缴费义务满1年的。申领失业保险金的劳动者应该属于失业保险的覆盖范围，按照规定参加了失业保险，并且，其所在单位和本人应该按照规定累计履行缴费义务满1年。本节的案例导引中何某所在单位一直为其缴纳失业保险，至劳动合同期满已缴纳满三年。因此，何某领取失业保险金符合这一条件。

2. 非因本人意愿中止就业。非因本人意愿中止就业是指失业人员主观上愿意就业，但客观上却没有相应的就业机会，即非自愿性失业。劳动和社会保障部发布的《失业保险金申领发放办法》规定，“非因本人意愿中断就业的是指下列人员：（1）终止劳动合同的；（2）被用人单位解除劳动合同的；（3）被用人单位开除、除名和辞退的；（4）根据《中华人民共和国劳动法》第32条第2、3项与用人单位解除劳动合同的；（5）法律、行政法规另有规定的”。人力资源和社会保障部《实施〈中华人民共和国社

---

① 《社会保险征缴暂行条例》的授权性规定是否具有合宪性存有争议。因为，社会保障权是宪法所保障的公民基本权利，而基本权利必须由法律予以规范。根据《立法法》第8、9条的规定，失业保险应由法律规定，如果法律未规定，则可以授权国务院制定行政法规。由于我国失业保险法尚未制定，《劳动法》第73条授权国务院制定相应的行政法规，其规定“……劳动者享受社会保险待遇的条件和标准由法律、法规规定。”但《立法法》第10条规定“被授权机关不得将该项权力转授给其他机关”。

会保险法〉若干规定》第13条规定："失业人员符合社会保险法第四十五条规定条件的，可以申请领取失业保险金并享受其他失业保险待遇。其中，非因本人意愿中断就业包括下列情形：（1）依照劳动合同法第四十四条第一项、第四项、第五项规定终止劳动合同的；（2）由用人单位依照劳动合同法第三十九条、第四十条、第四十一条规定解除劳动合同的；（3）用人单位依照劳动合同法第三十六条规定向劳动者提出解除劳动合同并与劳动者协商一致解除劳动合同的；（4）由用人单位提出解除聘用合同或者被用人单位辞退、除名、开除的；（5）劳动者本人依照劳动合同法第三十八条规定解除劳动合同的；（6）法律、法规、规章规定的其他情形。"本节的案例导引中单位愿继续与何某签约，但何某自已不愿意续约，属于主观上不愿意就业，客观上实际具有相应的就业机会，因此何某领取失业保险金不能满足这一条件。

3. 已经进行失业登记，并有求职要求。城镇企业事业单位职工失业后，应当持本单位为其出具的终止或者解除劳动关系的证明，及时到指定的社会保险经办机构办理失业登记。失业保险金自办理失业登记之日起计算。办理失业登记的目的主要在于两方面，一是确认其主体资格；二是确定计算失业保险金的起始日。失业者办理失业登记，还要有求职要求。因此，失业者应该积极主动地通过社会保险经办机构或者劳动保障行政主管部门，寻求再就业的机会，或积极参与各种就业培训等，不断提高自身素质，增强竞争就业的能力。如失业者可以到所在地劳动行政部门所属的劳动就业服务机构进行就业登记。

上述规定存在以下问题：第一，缺乏"失业者需有劳动能力"的规定，即失业人员应为达到法定的劳动年龄，且未超过法定退休年龄。第二，"办理失业登记，并有求职要求"不能与"主观就业意愿"等同。《失业保险条例》将二者等同，这可能使得不符合条件的失业人员领取失业保险金，造成失业保险基金流失。第三，"非因本人意愿中断就业"不明确。所谓"非因本人意愿中断就业"应包括客观上中断就业和主观上非因本人意愿两个要素。《失业保险金申领发放办法》的上述规定仅是明确了"中断就业"的判断标准，而未明确"非因本人意愿"的判断标准。因此，我国除劳动者主动辞职的情形不属于"非本人意愿"中断就业、不能申领失业保险待遇外，似乎其他情形下都属于"非本人意愿中断就业"，哪怕是因劳动者自身过错导致用人单位依据《劳动合同法》第39条解除劳动合同的。

完善失业保险制度，应当从以下几方面进行：首先，应强化失业人员在失业期间的就业登记和就业报告；其次，应明确界定"非本人意愿中断就业"等概念和条件。非本人意愿中断就业不包括主动离职和因自身过错导致离职；再次，应将拒绝所提供的工作机会或者再就业培训的，作为不给付或者少给付失业保险金的条件；最后，应确立失业保险金与经济补偿金的"抵偿模式"，劳动者在劳动关系解除或终止时已依法获得经济补偿金的，则失业保险金相应地减额给付。

三、失业保险待遇

根据1988年第75届国际劳工大会的第168号公约规定："失业保险应该提供失业者的疾病、生育和家属津贴、医疗津贴以及达到退休年龄前的生活津贴；应该提供培训、进修津贴、调动工作的收入差额津贴、应该提供在职业流动和地区流动时的搬家费、旅费、装备费、分居补贴、安置津贴，还应帮助失业者自己创办企业。"根据《失业保险条例》的规定，我国失业保险基金用于下列支出：

（一）失业保险金

失业保险金是失业保险待遇的主要内容，是由社会保险基金支付的主要用于失业人员生活开支的津贴。失业保险金标准的高低直接关系到失业保险待遇水平的高低。根据《社会保险法》第四十七条规定，失业保险金的标准，由省、自治区、直辖市人民政府确定，不得低于城市居民最低生活保障标准。

失业保险金标准的制定需要综合考量经济和社会发展状况及职工工资水平，一般要遵循以下原则：（1）保障失业人员基本生活。（2）低于失业人员原来工资水平。失业保险的制度导向是促进失业人员积极再就业，如果失业保险金高于原来工资或者与原来工资水平一样，会变成变相鼓励失业、放任失业，违背制度宗旨。（3）权利义务相统一。职工参加失业保险的主要义务是缴纳失业保险费。同时，其在符合条件的情况下可以享受失业保险待遇。

关于失业保险金的标准由省级人民政府确定。由于我国地区经济等各方面差异较大，失业保险金的标准授权给省级人民政府。目前，各省级人民政府大多采用以当地最低工资标准的百分比来确定失业保险金的具体数额。

（二）领取失业保险金期间的医疗保险待遇

《社会保险法》规定了失业人员可以享受基本医疗保险待遇，"失业人员在领取失业保险金期间，参加职工基本医疗保险，享受基本医疗保险待遇。失业人员应当缴纳的基本医疗保险费从失业保险基金中支付，个人不缴纳基本医疗保险费。"《社会保险法》施行之前，根据《失业保险条例》的规定，职工在失业期间不能享受医疗保险待遇，仅能申领医疗补助金。为了保障失业人员失业期间能够享受基本医疗保险待遇，《社会保险法》对这一制度做出了调整，规定失业人员参加职工基本医疗保险，享受基本医疗保险待遇，由失业保险基金支付基本医疗保险费。为此，人力资源和社会保障部发布了《关于领取失业保险金人员参加职工基本医疗保险有关问题的通知》（人社部发[2011]77号）对领取失业保险金期间的失业人员（以下简称领取失业保险金人员）参加职工基本医疗保险（以下简称职工医保）工作，接续基本医疗保险关系的相关规则作出了较为明确的规定：（1）缴费主体：领取失业保险金人员应按规定参加其失业前失业保险参保地的职工医保，由参保地失业保险经办机构统一办理职工医保参保缴费手续，从失业保险基金中支付，个人不缴费。（2）缴费标准及期限：领取失业保险金人员参加职工医保的缴费率原则上按照统筹地区的缴费率确定。缴费基数可参照统筹地区上年度职工平均工资的一定比例确定，最低比例不低于60%。失业保险经办机构为领取失业保险金人员缴纳基本医疗保险费的期限与领取失业保险金期限相一致。（3）停止缴费：领取失业保险金人员出现法律规定的情形或领取期满而停止领取失业保险金的，失业保险经办机构为其办理停止缴纳基本医疗保险费的相关手续。失业保险经办机构应将缴费金额、缴费时间等有关信息及时告知医疗保险经办机构和领取失业保险金人员本人。停止领取失业保险金人员按规定相应参加职工医保、城镇居民基本医疗保险或新型农村合作医疗。（4）缴费期限的累积：领取失业保险金人员参加职工医保的缴费年限与其失业前参加职工医保的缴费年限累计计算。（5）职工医保待遇：领取失业保险金人员参加职工医保当月起按规定享受相应的住院和门诊医疗保险待遇，享受待遇期限与领取失业保险金期限相一致，不再享受原由失业保险基金支付的医疗补助金待遇。（6）转移、接续：领取失业保险金人员失业保险关系跨省、自治区、直辖市转入户籍所在地的，其职工医保关系随同转移，执行转入地职工医保政策。应缴纳的基本医疗保险费按转出地标准一次性划入转入地失业保险基金。转入地失业保险经办机构按照当地有关规定为领取失业保险金人员办理职工医保参保缴费手续。转出地失业保险基金划转的资金缴纳转入地职工医保费的不足部分，由转入地失业保险基金予以补足，超出部分并入转入地失业保险基金。

（三）领取失业保险金期间死亡的失业人员的丧葬补助金和抚恤金

《社会保险法》规定："失业人员在领取失业保险金期间死亡的，参照当地对在职职工死亡的规定，向其遗属发给一次性丧葬补助金和抚恤金。所需资金从失业保险基金中支付。个人死亡同时符合领取基本养老保险丧葬补助金、工伤保险丧葬补助金和失业保险丧葬补助金条件的，其遗属只能选择领取其中的一项。"

丧葬补助金是指对失业人员在领取失业保险金期间死亡的，由失业保险基金支付给其遗属一定数额的用以安排丧葬事宜的资金。抚恤金是指对失业人员领取失业保险金期间死亡的，由失业保险基金发给其亲属的费用。给工作期间死亡的职工家属发放丧葬补助费及抚恤金，是我国长期以来所坚持的一项福利制度。

失业人员在领取失业保险金期间死亡的，其家属可持失业人员死亡证明、领取人身份证明、与失业人员的关系证明，按规定向经办机构领取一次性丧葬补助金和其供养配偶、直系亲属的抚恤金。失业人员当月尚未领取的失业保险金可由其家属一并领取。而具体的丧葬补助金和抚恤金的标准，应该依照各地对在职职工的具体规定执行。

由于基本养老保险、工伤保险也规定了丧葬补助金，在这种情况下，可能发生失业人员死亡同时符合领取基本养老保险丧葬补助金、失业保险丧葬补助金和工伤保险丧葬补助金三种竞合的情况。如果允许同时领取各个险种的丧葬补助金，不符合公平原则。《社会保险法》规定只能选取其中的一项领取。

（四）领取失业保险金期间接受职业培训、职业介绍的补贴

失业人员在领取失业保险金期间应积极求职，接受职业指导和职业培训。失业人员在领取失业保险金期间求职时，可以按规定享受就业服务减免费用等优惠政策。人力资源和社会保障部《实施〈中华人民共和国社会保险法〉若干规定》第15条规定："失业人员在领取失业保险金期间，应当积极求职，接受职业介绍和职业培训。失业人员接受职业介绍、职业培训的补贴由失业保险基金按照规定支付。"

（五）国务院规定或者批准的与失业保险有关的其他费用

其他费用是指上述列支之外的其他费用开支，应该注意依法支出，即其他费用的列支必须是依照国务院的规定或者批准，包括目的、程序等方面。

案例链接

案情：李某是某厂职工，在企业工作了7年，2010年9月，由于企业减员，经协商后，李某同意与单位解除劳动合同。该厂在失业保险业务经办机构给包括李某在内的解除劳动合同的职工备案时，发现李某在与单位解除劳动合同后，可每月从失业保险经办机构领取失业保险金，单位遂以此为由拒绝支付李某的经济补偿金。李某就单位拒付经济补偿问题诉至当地劳动争议仲裁委员会。

评议：首先，根据《劳动合同法》第46条的规定，有下列情形之一的，用人单位应当向劳动者支付经济补偿：……（二）用人单位依照本法第三十六条规定向劳动者提出解除劳动合同并与劳动者协商一致解除劳动合同的；……李某所在工厂与其协商解除劳动合同，用人单位应当支付李某经济补偿金。

其次，本案中该厂已经为李某等职工缴纳了失业保险费，并向失业保险业务经办机构备案。根据《社会保险法》第45条的规定，失业人员符合下列条件的，从失业保险基金中领取失业保险金：（一）失业前用人单位和本人已经缴纳失业保险费满一年的；（二）非因本人意愿中断就业的；（三）已经进行失业登记，并有求职要求的。本案中李某符合领取失业保险金的条件。不能因为劳动者领取了失业救济金而拒付或克扣经济补偿金，失业保险机构也不应以劳动者领取了经济补偿金为由，停发或减发失业保险金。

因此，劳动合同解除后，用人单位对符合规定的劳动者应支付经济补偿金，不能因

劳动者领取了失业保险金而拒付或克扣经济补偿金，失业保险机构也不能因劳动者领取了经济补偿金而停发、减发失业保险金。

四、失业保险金的给付期限

失业保险金的给付期限是指失业劳动者可以领取失业保险金的时间。失业保险金的给付期限长短的确定需要平衡以下两个因素，一是失业保险基金的财务和行政因素；二是生存保障和就业促进的平衡。此外，给付期的长短与就业状况有密切的联系，当就业状况恶化，失业率上升时，可以相应延长失业保险金的给付期限。

为了体现公平原则和权利义务相统一的原则，我国《社会保险法》根据失业人员失业前，用人单位和本人累计缴费年限的不同，确定了相应的领取失业保险金期限，同时，还规定了职工再次失业情况下，前后领取期限的合并问题。具体而言，《社会保险法》第四十六条规定，失业人员失业前用人单位和本人累计缴费满一年不足五年的，领取失业保险金的期限最长为十二个月；累计缴费满五年不足十年的，领取失业保险金的期限最长为十八个月；累计缴费十年以上的，领取失业保险金的期限最长为二十四个月。重新就业后，再次失业的，缴费时间重新计算，领取失业保险金的期限与前次失业应当领取而尚未领取的失业保险金的期限合并计算，最长不超过二十四个月。

为了确定累计缴费时间的计算，劳动和社会保障部于 2000 年 10 月 10 日发布了《失业保险金申领发放办法》，该办法规定：第一，实行个人缴纳失业保险费前，按国家规定计算的工龄视同缴费时间，与《条例》发布后缴纳失业保险费的时间合并计算；第二，失业人员在领取失业保险金期间重新就业后再次失业的，缴费时间重新计算，其领取失业保险金的期限可以与前次失业应领取而尚未领取的失业保险金的期限合并计算，但是最长不得超过 24 个月。失业人员在领取失业保险金期间重新就业后不满一年再次失业的，可以继续申领其前次失业应领取而尚未领取的失业保险金。人力资源和社会保障部《实施〈中华人民共和国社会保险法〉若干规定》第 14 条规定：“失业人员领取失业保险金后重新就业的，再次失业时，缴费时间重新计算。失业人员因当期不符合失业保险金领取条件的，原有缴费时间予以保留，重新就业并参保的，缴费时间累计计算。”

此外，对于单位招用进城务工的农村居民，《失业保险条例》规定，他们个人不缴纳失业保险费。当其连续工作满 1 年后，由其所在单位一并缴纳失业保险费，劳动合同期满未续订或者提前解除劳动合同的，由社会保险经办机构根据其工作时间长短，对其支付一次性生活补助。补助的办法和标准由省、自治区、直辖市人民政府规定。但是《社会保险法》未明确规定进城务工的农村居民的失业保险费的缴纳和待遇的领取，其仅规定，进城务工的农村居民依照本法规定参加社会保险。因此，对于进城务工的农村居民参加失业保险，尚需立法予以进一步明确。

五、失业保险金的申领程序

失业保险待遇的申领需要劳动者、用人单位与失业保险经办机构三方协作。根据《社会保险法》第五十条的规定，失业保险金的申领程序包括以下三方面：（1）用人单位应当及时为失业人员出具终止或者解除劳动关系的证明，并将失业人员的名单自终止或者解除劳动关系之日起十五日内告知社会保险经办机构。（2）办理失业保险登记，申领失业保险金。失业人员应当持本单位为其出具的终止或者解除劳动关系的证明，及时到指定的公共就业服务机构办理失业登记。（3）失业人员凭失业登记证明和个人身份证明，到社会保险经办机构办理领取失业保险金的手续。失业保险金领取期限自办理失业登记之日起计算。

六、失业保险基金的筹集和管理

失业保险基金是依法征缴的用于各项失业保险开支的专项基金，是劳动者在失业期间获得失业保险待遇的资金保证，是社会保险基金的重要组成部分。失业保险基金的筹集是指社会保险经办机构依法通过收取失业保险费等方式筹措聚集资金。

失业保险基金的来源，目前国际上存在5种模式：（1）完全由政府承担。采取此种模式的国家主要是基于社会福利的理念，将失业保障理解为公民的基本福利，如澳大利亚等；（2）完全由雇主承担，采取此种筹资方式的国家认为，劳动者失业是由于社会经济波动以及用人单位的解雇所导致的，并非由于劳动者自身的过错。因此，失业保险费用由雇主负担，如美国、冰岛等；（3）政府与雇主双方负担，如意大利等；（4）雇主与雇员双方负担，如加拿大、法国以及荷兰等；（5）雇主、雇员、政府三方负担。如日本。失业保险基金的缴费标准，则因各国经济发达程度不同而有所差异。

我国《失业保险条例》在协调效率和公平的基础上，采纳了雇主、雇员和政府三方负担的“三三”制的筹资方式。失业保险基金的具体构成包括：城镇企事业单位、城镇企事业单位的职工缴纳的失业保险费；失业保险基金的利息；财政补贴；依法纳入失业保险基金的其他资金。条例同时规定，城镇企业事业单位按照本单位工资总额的2%缴纳失业保险费，城镇企业事业单位职工按照本人工资的1%缴纳失业保险费，城镇企业事业单位招用的农民合同制工人本人不缴纳失业保险费。省、自治区、直辖市人民政府根据本行政区域失业人员数量和失业保险基金数额，报经国务院批准，可以适当调整本行政区域失业保险费的费率。

七、失业保险金的停止发放

失业保险金的发放是附条件的，包括实体和程序两方面的条件。当所有条件符合时，经过失业人员申请，应该给付相应的失业保险金，而当所有必要条件之一缺失时，则应该停止发放失业保险金。《社会保险法》第五十一条："失业人员在领取失业保险金期间有下列情形之一的，停止领取失业保险金，并同时停止享受其他失业保险待遇：（一）重新就业的；（二）应征服兵役的；（三）移居境外的；（四）享受基本养老保险待遇的；（五）无正当理由，拒不接受当地人民政府指定部门或者机构介绍的适当工作或者提供的培训的。"

问题与思考

1. 失业和失业保险的概念是什么？
2. 试述失业保险的建立有何意义？
3. 略论失业保险的对象。
4. 论述失业保险待遇。
5. 谈谈失业保险基金的筹集和管理。

第十三章

生育保险法

第一节　生育保险法概述

案例及问题导引

范某在A公司工作，A公司依法缴纳了生育保险费。同时，范某户口所在地政府有政府生育补贴制度，以鼓励计划生育。范某生育期间，欲同时申请生育保险待遇和政府生育补贴，但是又感觉两者是同一个福利，自己不能兼得。请问：范某可以兼得生育保险待遇和政府生育补贴吗？生育保险待遇和政府生育补贴是什么关系？

一、生育与生育保险

（一）生育的意义

一般，我们把生育理解为生孩子。但是，生育显然有两层含义：第一层是“生”，第二层是“育”。理解生育的意义，当然不能局限于个别的、短期的生孩子的意义，而应当在生育孩子的角度去多方位审视生育的意义。生育所具有的意义是开放的，以下列举几个方面。

1. 人口生产

生育最基本的意义是使人类得以延续。生育是重要的人口生产活动。任何一个社会都重视生育政策，从而形成相关的生育伦理。我国从控制人口的角度所推行的计划生育政策正是如此。进一步讲，生育的意义要超越人类自身的局限，成为物类所普遍具有的现象。换言之，生育绝非个人行为，而是社会行为，乃至泛社会行为。

2. 传宗接代与养儿防老

传宗接代与养儿防老是生育称之为制度的最传统的表达。费孝通简洁地总结道，“当前的世界上，我们到处可以看见男女互相结合成为夫妇，生出孩子来，共同把孩子抚育成人。这一套活动我将称之为生育制度。”① 这个意义上的生育制度涉及到社会制度的诸多方面，也与社会文化、思想、政治、经济有着密切的联系。无论生育过去、将来的意义如何，当今多数情况下，生育仍然是重要的家庭行为。生育是家庭行为，故而，对生育的制度关注往往不是关注一方，而是关注男女双方。

3. 生育负担

生育成为一种负担。生育对女性来说是一种特殊负担，尤其在生孩子阶段，女性必然承受多方面的负担，乃至损失，例如当今职场，女性因生育而失业是普遍存在的现象，即便法律上有保护措施，也不能逆转这一事实。

（二）从生育到生育保险

一般所说的生育保险，是针对劳动者保险而言，其逻辑实际上是从劳动保险到生育保险。进而，在体系上，生育保险可纳入到职业保险，随着职业健康保险的全民化，生育保险也往往成为健康保险的组成部分，其所提供的主要是生孩子的费用补偿。然而，在理论上，生育保险又往往独立于健康保险具有更独特的理论基础。

但从生育到生育保险则是怎样一种逻辑呢？却鲜有论述。其实，从生育的意义出发，当今社会，政府干预生育之现象比比皆是。其逻辑本应当是从生育到生育补贴，即政府对家庭生育行为给予政府补贴，以鼓励符合政策的生育行为。同时，生育保险本来作为社会保险，会受到政府的影响，包括政府财政的补贴。进而，不同意义上的生育行为会同时体现在生育保险中，即生育保险既反映人口生产，也受社会人口政策的影响，更体现个体行为的意义。

二、生育保险的概念和特征

（一）生育保险的概念

广义的生育保险是指因为生产孩子和抚育孩子而提供给付补偿的一种保险制度，其给付对象以家庭更为合理。狭义的生育保险是通过国家强制的方式筹集生育保险基金，为与职业劳动的女性或相关女性的怀孕、分娩而提供收入补偿、医疗服务和生育休假等等的一项社会保险制度。

生育保险制度与政府生育补贴制度是两种不同的制度。前者是一种社会保险制度，由社会保险基金给付社会保险待遇；后者是一种社会福利制度，由政府直接履行给付义务。当前，社会保险待遇中的生育补贴，虽然称之为“补贴”，却由生育保险基金支付，其性质仍然属于保险给付，而非政府给付。在理论上明确两者的区别，有利于避免实务中不同给付义务主体之间相互推诿责任，生育保险基金给付的生育补贴与政府给付

① 费孝通．乡土中国生育制度．北京：北京大学出版社，1998：99.

的生育补贴属于两种不同性质的权益，一种权益不排除另一种权益的存在。

（二）生育保险的特征

生育保险的特征源于其生育和保险两个方面的功能或属性，从而其特征会反映生育行为的特征，也会反映保险制度的特征，故而它有着不同于一般社会保险制度的特征，其特征大致如下。

1. 女性险

生育保险具有明显的性别特征，一般针对妇女而言。换言之，从社会保险的特征来看，它首先旨在分散女性的生育负担。但是，生育保险在实践中却有两种不同的演变趋向：其一，超越女性，为女性的配偶提供一定的待遇，生育保险有着眼家庭之扩展趋向；其二，所有女性的范围，如仅为职业女性提供生育保险。一般地，社会经济越发达，生育保险的范围越广泛，最终生育保险成为一种国家向家庭提供的生育福利；社会经济越不发达，生育保险的范围越狭窄，生育保险不仅限于女性，而且限于职业女性。在我国的实践中，两种取向的实例均有存在。

2. 假劳保险

这里的"假劳保险"应理解为假借劳动者保险之意。生育期间，女性既面临生育费用的支出，又遭受劳动收入上的减损。生育保险则从职业劳动入手，将女性劳动者的生育、家庭、单位、社会熔接起来。故而，生育保险在生育保险基金筹集上比较简单，而在生育保险待遇上却比较复杂。生育保险在此具有浓厚的社会性，突破劳动保险的原理，具有福利制度的特征。

三、生育保险立法

（一）生育保险立法概括

最初的生育保险多作为医疗保险或者劳动者保险的一部分，因此，最初的生育保险是作为疾病保险的一项给付内容而存在的，给付水平也仅限于生育上的医疗补偿或以及收入补偿。如1883年德国的《疾病保险法》中，生育保险就是疾病保险的一部分，之后受德国影响而在许多国家推行疾病和生育保险立法，生育保险成为医疗保险的主要内容。在目前实施生育保险制度的国家和地区中，有些是采取独立立法的模式，有些是将生育保险和疾病保险综合立法的模式，有些是将生育保险金的一些内容作为家庭津贴的一部分。

国家劳工组织在生育保险制度上有特殊的贡献，其所勾勒的生育保障制度成为社会保障法的重要内容。1919年《妇女生育前后工作公约》规定妇女产假至少为12个星期，其中分娩前后各休假6星期。1952年《生育保护公约》规定妇女在产假期间有权领取现金津贴和医药津贴。现金津贴应保证足以按照适当生活标准维持产妇和婴儿的健康；医药津贴应包括产前、产中、产后的护理以及必要时住院的护理；现金津贴或由强制社会保险提供，或由公共基金提供。由强制性社会保险提供的现金津贴应当以该妇女产前的收入为依据，不应低于其产前收入的2/3。妇女在休长假期间，禁止雇主对该妇女发出解雇通知，在产假期间即使合同期满，也不得解雇。其中的相关内容已经成为阐释生育保险法理的重要依据。

（二）我国的生育保险立法

新中国的生育保险制度始于20世纪50年代初。1951年《劳动保险条例》关于劳动保险的设计涵盖有生育保险的内容，具体规定有生育保险待遇，即，“生育待遇的规定：甲、女工人与女职员生育，产前产后共给假五十六日，产假期间，工资照发。乙、女工人与女职员小产，怀孕在三个月以内者，给假十五日；在三个月以上不满七个月者，给假三十日，产假期间，工资照发。丙、产假期满（不论正产或小产）仍不能工作，经医生证明后，均应按第十三条疾病待遇规定处理之。丁、女工人与女职员或男工人与男职员的配偶生育时，由劳动保险基金项下付给生育补助费，其数额为五尺红市布，按当地零售价付给之。”1955年，《关于女工作人员生产假期的通知》在以职工劳动保险为主的背景下，确立以向职工劳动保险靠拢的机关女工作人员的生育待遇制度。1953年修改《劳动保险条例》完善了生育保险待遇的内容，并明确临时工、季节工及试用人员怀孕及生育的，其怀孕检查费、接生费、生育补助费及生育假期与一般女工人女职员相同。之后随着劳动保险向企业保障的异化，生育保险也异化为企业保障。而今，企业职工的生育保险多与原劳动保险无直接关联。目前，生育保险方面并无单项基本法，要么在其他劳动和社会保障法律中有规定，要么属于部门规章或者地方立法。

1988年，国务院颁布《女职工劳动保护规定》，对女职工生育相关待遇有较为详细的规定，该《规定》至今有效。1988年劳动部在此基础上，发布《关于女职工生育待遇若干问题的通知》，进一步明确女职工生育待遇。1988年以后，生育待遇开始从单位保障向社会保险改革，并没有建立统一的生育保险制度，而是在地方进行试点。各地的做法主要有两种：一是地方政府根据经济发展状况，实现生育保险基金地方统筹；二是延续单位保障的方式，进一步在夫妻双方单位之间进行责任分配，由夫妻双方所在企业平均分担生育待遇费用。

1994年通过的《劳动法》肯定了生育保险制度，明确劳动者在生育情况下，依法享受社会保险待遇，其规定是，“国家发展社会保险事业，建立社会保险制度，设立社会保险基金，使劳动者在年老、患病、工伤、失业、生育等情况下获得帮助和补偿。”1994年劳动部配合《劳动法》的贯彻实施颁布《企业职工生育保险试行办法》，这是目前我国推行生育保险制度的基础性文件，是1994年以后地方生育保险政策和立法的重要依据。1997年，劳动部制定《生育保险覆盖计划》，旨在按照建立现代企业制度的需要，改革女职工生育保险制度；旨在尽快建立生育保险基金，将女职工生育保险费用由企业管理逐步改为社会统筹管理；旨在将实施范围由国有企业职工扩展到所有城镇企业的各类职工；旨在逐步实现在直辖市和地市级范围内统一保险项目、统一缴费比例、统一给付标准。之后相关的政府均以推行生育保险的制度化、扩大生育保险的覆盖面为基本目标。与此同时，地方政府也纷纷出台生育保险办法或规定。生育保险并未作为统一的、强制性的社会保险普遍确立，但是，生育保险待遇作为一种政策与福利已经深入人心，并得到普遍推行；在此过程中，事业单位和机关团体多单独推行生育福利。

2010 年颁布的《社会保险法》专章四条规定了生育保险的缴费、生育保险待遇制度。其中职工不缴纳生育保险费、生育保险待遇包括生育医疗费用和生育津贴成为生育保险制度的重要制度特色或支架。

第二节　生育保险法律关系

案例及问题导引

范某在 A 公司工作，在生育期间依法享受生育保险待遇。但是，范某在生育期间，A 公司对范某的工作岗位进行了调整，并在生育休假期间只向范某发放当地最低工资标准水平的工资，使范某收入受到巨大影响，遂酿成纠纷，A 公司以范某不服从管理为由，与范某解除劳动合同。请问：生育保险待遇是否有用人单位的给付义务？生育保险基金给付义务和用人单位的工资给付义务之间是什么关系？生育期间，用人单位可否与劳动者解除劳动合同？

一、生育保险法律关系概述

生育保险法律关系是指社会生育保险法调整生育保险关系所形成的用人单位、生育保险基金、职工等之间的权利义务关系。生育保险法律关系是一种社会保险法律关系。相对于其他社会保险法律关系而言，生育保险法律关系相对要简单一些。生育保险属于社会保险中一个比较小的险种，客观上，生育保险的纠纷往往不在保险待遇上，而在于生育待遇上，尤其是生育期间用人单位和劳动者之间的生育待遇上。在狭义的生育保险法律关系中，不包括用人单位与劳动者之间的生育待遇。在狭义的生育保险法律关系中，用人单位缴纳生育保险费，生育保险基金给付生育保险待遇，女职工或职工配偶依法享受生育保险待遇；广义的生育保险法律关系中，则同时包括用人单位和劳动者之间的生育待遇法律关系。生育保险法律关系作为一种社会保险法律关系，除具有一般社会保险法律关系的特征外，仍有其自身的特色：

（一）依附性

生育保险法律关系的依附性表现在两个方面：一是生育保险法律关系依附于其他社会保险法律关系中，一是生育保险法律关系依附于劳动法律关系。在疾病保险与生育保险统一立法的情况下，生育保险法律关系依附于医疗保险法律关系，生育前后犹如患病，与医疗保健事业密切关联，从而生育保险法律关系本身与医疗保险法律关系在实务中极为相似。我国医疗保险与生育保险分别立法，属于不同的社会保险险种，故而生育保险法律关系与医疗保险法律关系间的依附性不明显。我国生育保险局限于职工的生育保险，故而，生育保险法律关系明显依附于劳动法律关系。没有先在的劳动法律关系，生育保险法律关系就无从谈起。

（二）非射幸性

保险法律关系是一种射幸法律关系，对于可控的行为，多无保险法上的利益。生育保险法律关系所规范的生育行为却是一种可控的行为，不同于疾病、事故。疾病、事故是不可避免的风险，故意的疾病、事故者不得申请保险待遇。生育却是一项积极的社会行为，属于当事人有安排的、可控的社会行为。在此意义上，生育保险法律关系绝非一般的保险关系，也不同于一般的社会保险关系。

二、参保人

参保人，即参加生育保险的人，一般我们理解的参保人是被保险人。在这里，参保人包括投保人，即用人单位，也包括被保人，即职工。生育保险的投保人是用人单位。《社会保险法》第53条规定，职工应当参加生育保险，由用人单位按照国家规定缴纳生育保险费，职工不缴纳生育保险费。根据保险法原理，用人单位为生育保险的投保人，职工为生育保险的被保人。

（一）投保人

不同时期、不同背景下的用人单位有着不同的范围。国际劳工组织《生育保护公约》（1952年修订）（第103号公约）规定，该公约适用于受雇于工业企业以及从事非工业和农业职业的妇女，包括在家工作的挣工资妇女。1951年《劳动保险条例》规定的适用范围包括：（1）雇用工人与职员人数在100人以上的国营、公私合营、私营及合作社经营的工厂、矿场及其附属单位与业务管理机关；（2）铁路、航运、邮电的各企业单位及附属单位的女工人与女职员以及男工人与男职员的配偶。1953年将“工、矿、交通事业的基本建设单位，国营建筑公司”纳入条例的适用范围。1955年《国务院关于女工作人员生产假期的通知》对机关、事业单位女工作人员的生育保险作了规定，女职工生育保险的范围从企业扩大到了机关、事业单位的女职工。1988年《女职工劳动保护规定》对企业和国家机关、事业单位女职工孕期、产期以及哺乳期的劳动保护进行了规定。1995年劳动部《企业职工生育保险试行办法》适用于城镇企业及其职工，而该范围相对狭窄，其后劳动部扩展生育保险覆盖范围的努力使得生育保险的适用范围逐步扩大。如2009年修正的《上海市城镇生育保险办法》规定，"本办法适用于具有本市城镇户籍并参加本市城镇社会保险的从业或者失业生育妇女。"

（二）被保人

生育保险的被保人是参加生育保险的用人单位的职工以及职工未就业的配偶。《社会保险法》第54条规定，"用人单位已经缴纳生育保险费的，其职工享受生育保险待遇；职工未就业配偶按照国家规定享受生育医疗费用待遇。"一般，确定投保人即可确定被保人。被保人的问题在于被保人的范围可否超越投保人所关联的范围。根据《社会保险法》的规定，生育保险的被保人包括两种：一是职工；二是职工未就业配偶，前者享受全面的工伤保险待遇，后者仅享受生育医疗费用待遇。在理论上，被保人应是生育的妇女。但国外和我国一些地方也有生育妇女的配偶享受生育保险待遇的规定，从长远来看，生育保险应发展为家庭补贴，目前《社会保险法》所确定的范围已经突破劳动关系，却仍然围绕劳动关系。

资料链接

北京完善生育保险政策

北京晚报2011年1月13日报道，北京生育保险将覆盖外地户籍和机关职工。虽然生育保险制度已经建立多年，但是覆盖人群只是具有本市常住户口和持有北京绿卡的企业职工。随着劳动力市场的自由流动，越来越多的外地人来到北京就业，他们可以按照城镇职工的身份参加养老保险、医疗保险、失业保险、工伤保险等社会保险，但是惟有生育保险一直是他们不能参加的一项社会保障制度。在很多单位，本地户籍的职工上的是"五险一金"，外地户籍职工却只有"四险一金"，其中相差的这一"险"，便是生育保险。机关事业单位职工也一直被排斥在生育保险的覆盖范围。2011年，北京市将完善生育保险政策，把机关事业单位职工、企业外地户籍职工等纳入生育保险覆盖范围，实现生育保险制度全覆盖。

三、生育保险基金

生育保险基金属于社会保险基金，其征缴与管理符合社会保险基金的一般规律。生育保险基金的组成有别于其他社会保险基金，同时其管理也有特殊的原则。

（一）生育保险基金的筹集

世界上多数国家对于生育保险的被保险人有投保的要求，生育保险基金由雇主、被雇佣的妇女和政府三方负担，也有国家对生育保险的被保险人无投保的要求，而由雇主和国家负担。我国生育保险基金是主要由企业按照其工资总额的一定比例的生育保险费构成。《企业职工生育保险试行办法》所确定的生育保险基金筹集一般原则，即，“生育保险根据‘以支定收，收支基本平衡’的原则筹集资金，由企业按照其工资总额的一定比例向社会保险经办机构缴纳生育保险费，建立生育保险基金。生育保险费的提取比例由当地人民政府根据计划内生育人数和生育津贴、生育医疗费等项费用确定，并可根据费用支出情况适时调整，但最高不得超过工资总额的百分之一。企业缴纳的生育保险费作为期间费用处理，列入企业管理费用。职工个人不缴纳生育保险费。”

1. 以支定收、收支平衡的统一筹集原则

以支定收是指在社会保险权利人相对确定的前提下，通过确定整体的待遇给付水平，来确定社会保险缴费主体的缴费水平。以支定收所追求的收支平衡的效果意味着生育保险基金的积累较少，生育保险基金运营中增值保值的管理成本会比较低。从另一个侧面看，生育保险无基金积累上的需求，一则不似养老保险有大量基金积淀，也不似疾病保险需要应付突发事件。

2. 生育保险基金的组成

根据《北京市企业职工生育保险规定》，生育保险基金由下列各项构成：（1）企业缴纳的生育保险费；（2）基金的利息；（3）滞纳金；（4）依法纳入生育保险基金的其他资金。其中，企业缴纳的生育保险费按月缴纳。企业按照其缴费总基数的 0.8% 缴纳生育保险费。企业缴费总基数为本企业符合条件的职工缴费基数之和。职工缴费基数按照本人上一年月平均工资计算；低于上一年本市职工月平均工资 60% 的，按照上一年本市职工月平均工资的 60% 计算；高于上一年本市职工月平均工资 3 倍以上的，按照上一年本市职工月平均工资的 3 倍计算；本人上一年月平均工资无法确定的，按照上一年本市职工月平均工资计算。

（二）生育保险基金的管理

生育保险基金应存入财政专户，专款专用。专款专用是指生育保险基金基于特定目的筹集，只能用于该特定目的。以《企业职工生育保险试行办法》的规定，生育保险基金由劳动部门所属的社会保险经办机构负责收缴、支付和管理。生育保险基金应存入社会保险经办机构在银行开设的生育保险基金专户。银行应按照城乡居民个人储蓄同期存款利率计息，所得利息转入生育保险基金。社会保险经办机构可从生育保险基金中提取管理费，用于本机构经办生育保险工作所需的人员经费、办公费及其他业务经费。管理费标准，各地根据社会保险经办机构人员设置情况，由劳动部门提出，经财政部门核定后，报当地人民政府批准。管理费提取比例最高不得超过生育保险基金的百分之二。生育保险基金及管理费不征税、费。生育保险基金的筹集和使用，实行财务预、决算制度，由社会保险经办机构作出年度报告，并接受同级财政、审计监督。市（县）社会保险监督机构定期监督生育保险基金管理工作。

四、生育保险待遇

生育保险待遇是生育保险基金单向的给付义务，也是生育职工的请求权利。生育保险待遇除了请求权的属性外，还具有身份权的属性。作为身份权的生育保险待遇则属于广义上的生育待遇，即生育期间劳动者与用人单位间的权利义务关系。

（一）生育待遇

生育待遇包括生育保险基金给付待遇和用人单位生育保护待遇。生育保险基金给付待遇即生育保险待遇，用人单位生育保护待遇非保险性质，主要有产假、生育期间的特殊劳动保护和就业保护。

1. 产假

产假，又称有薪产假，是女性劳动者依照法律规定所享有的生产前后一定时间内的带薪假期。女性劳动者生育前后应当有适当的假期，这既是生育本身的需要，也是对婴儿的必要照顾。《劳动法》第 62 条规定，“女职工生育享受不少于 90 天的产假”。依据《女职工劳动保护规定》及劳动部《关于女职工生育待遇若干问题的通知》对产假有更为详细的规定。女职工产假为九十天，其中产前休假十五天。难产的，增加产假十五天。多胞胎生育的，每多生育一个婴儿，增加产假十五天。女职工怀孕流产的，其所在单位应当根据医务部门的证明，给予一定时间的产假。女职工怀孕不满四个月流产时，应当根据医务部门的意见，给予十五天至三十天的产假；怀孕满四个月以上流产时，给予四十二天产假，产假期间，工资照发。女职工产假期满，因身体原因仍不能工作的，经过医务部门证明后，其超过产假期间的待遇，按照职工患病的有关规定处理。另外，在推行生育保险制度过程中，有地方实行“父育假”，为生育中的父亲赋予一定期限的休假，以配合计划生育政策。

2. 生育期间的特殊劳动保护

生育期间的特殊劳动保护是对生育期间女性职工劳动条件的特殊保护。《劳动法》第 61 条规定，“不得安排女职工在怀孕期间从事国家规定的第三级体力劳动强度的劳动和孕期禁忌从事的劳动。对怀孕 7 个月以上的女职工，不得安排其延长工作时间和夜班劳动。”第 63 条规定，“不得安排女职工在哺乳未满 1 周岁的婴儿期间从事国家规定的第三级体力劳动强度的劳动和哺乳期禁忌从事的其他劳动，不得安排其延长工作时间和夜班劳动。”另外，《女职工劳动保护规定》有一条当下已经很难执行的规定，即，“有不满一周岁婴儿的女职工，其所在单位应当在每班劳动时间内给予其两次哺乳（含人工喂养）时间，每次三十分钟。多胞胎生育的，每多哺乳一个婴儿，每次哺乳时间增加三十分钟。女职工每班劳动时间内的两次哺乳时间，可以合并使用。哺乳时间和在本单位内哺乳往返途中的时间，算作劳动时间。”在住所分散、通勤时间普遍较长的情况，哺乳时间规定亦多无法执行。

生育期间的特殊劳动保护既有不合时宜的，也有明显僵化的。其实，生育期间的劳动条件保护旨在保护母婴的健康，而生育却因人而异，法律应区别对待。合理的生育期间劳动条件保护理论应当既考虑女职工的身体健康，也尊重女职工的意愿。如，有女职工在怀孕初期即有明显的怀孕反应，应得享相应休息权益。

3. 生育女职工的就业保护

生育女职工的就业保护主要包括对生育女职工的工资保护与解雇保护。依据《劳动法》第 29 条规定，女职工在孕期、产期、哺乳期内的，用人单位不得依据预告解除劳动合同的规定和经济性裁员的规定辞退女职工。《劳动合同法》第 42 条同样沿袭了此规定。依据《女职工劳动保护规定》，不得在女职工怀孕期、产期、哺乳期降低其基本工资。

目前，生育女职工的就业保护主要在赋予用人单位义务，而从权衡用人单位和劳动者间之权益出发，生育保险基金应当在生育女职工就业保护制度上有积极义务，将用人单位因此而产生的成本通过社会化途径得以分散。

（二）享受生育保险待遇的条件

享受生育保险待遇应当具有一定的条件，不同国家在具体规定上有些出入，其考虑的因素包括缴费、居住、受雇长短、生育事实等等。根据我国生育保险的制度和实践，享受生育保险待遇应具有以下条件：

1. 参加生育保险

申请生育保险待遇的女职工应当参加生育保险，即其所在用人单位依法办理生育保险登记并缴纳生育保险费。《社会保险法》并未有生育保险基金垫付制度的规定，这意味着，用人单位不依法缴纳生育保险费，生育保险基金则无给付义务。用人单位未依法参加生育保险的，依社会保险的一般原理，职工生育保险待遇应由用人单位按照法定标准支付。

2. 符合计划生育规定

申请生育保险待遇的女职工应该符合计划生育规定。依据《企业职工生育保险试行办法》，“女职工生育或流产后，由本人或所在企业持当地计划生育部门签发的计划生育证明，婴儿出生、死亡或流产证明，到当地社会保险经办机构办理手续，领取生育津贴和报销生育医疗费。”符合计划生育规定，既是享受生育保险待遇的实体条件，也是享受生育保险待遇的程序条件。

理论争鸣

未婚先孕的女职工是否可以享受生育保险待遇

是否符合计划生育规定是能否享受生育保险待遇的一个重要条件，这也是我国长期贯彻的一项政策。根据原劳动部工资局1965年《关于女职工非婚生育时是否享受劳保待遇的复函》的态度是，“女职工非婚生育时，不能按照劳动保险条例的规定享受生育待遇。其需要休养的时间不应发给工资。对于生活有困难的，可以由企业行政方面酌情给予补助。”根据1982年《关于进一步做好计划生育工作的指示》（中发【1982】11号），“对于不按计划生育的，要给予适当的经济限制。国家干部和职工，城镇居民，计划外第二胎的，要取消其按合理生育所享受的医药、福利等待遇，还可视情况扣发一定比例的工资，或不得享受困难补助、托幼补助。”从立法的层面上，2002年9月1日实施的《人口与计划生育法》第21条，“实行计划生育的育龄夫妻免费享受国家规定的基本项目的计划生育技术服务。前款规定所需经费，按照国家有关规定列入财政预算或者由社会保险予以保障。”由此看，不符合计划生育政策，则不能享受生育保险待遇。那么，非婚生育是不是理所当然的不符合生育保险规定呢？如果是，则非婚生育不享受生育保险待遇。

在理论上有两个问题值得分析：其一，生育政策与生育待遇之间的因果关系；其二，非婚生育在生育政策上的认定。在法律权利的角度看，非婚生育者有同样的生育权利；而从社会政策上，非婚生育者则会受到相应的限制或制裁。另外，法律并无明文规定非婚生育属于违反计划生育政策，而社会观念却将非婚生育视为理所当然的不符合计划生育政策。未婚生育者的社会保险待遇权益需要社会观念的变化，当社会文化能够认可未婚生育时，未婚生育者的生育保险待遇才能得到切实的保障。

3. 符合生育保险的就医规定

职工生育、实施计划生育手术应当按照所在地社会保险经办机构确定的基本医疗或生育保险就医规定，应在具有助产、计划生育手术资质的定点医疗机构就医。职工生育、实施计划生育手术也应该按照当地社会保障行政主管部门确定的生育保险医疗费支付项目和标准，报销生育医疗护理费用。对于超过规定的支付项目或者超过规定标准的医疗费用，应该由申请人自己负担。

4. 符合申请生育保险待遇的程序规定

享受生育保险待遇应当依法向社会保险经办机构申请，并符合规定的程序。社会保险经办机构在受理后应当在法定的期间内对生育妇女享受生育保险待遇的条件进行审核。对符合条件的，应依法核发；对不符合条件的，应当书面告知。以《北京市企业职工生育保险规定》为例，下列生育、计划生育手术医疗费用生育保险基金不予支付：（1）不符合国家或者本市计划生育规定的（2）不符合本市基本医疗保险就医规定的；（3）不符合本市基本医疗保险药品目录、诊疗项目和医疗服务设施项目规定的；（4）在国外或者香港、澳门特别行政区以及台湾地区发生的医疗费用；（5）因医疗事故发生的医疗费用；（6）治疗生育合并症的费用；（7）按照国家或者本市规定应当由个人负担的费用。

（三）生育保险待遇的内容

生育保险待遇的内容是指生育保险对象所能享受的生育保险的具体项目。生育保险待遇包括生育医疗费用和生育津贴。

1. 生育医疗费用

生育医疗费用旨在补偿女职工因生育所产生的医疗及相关费用。根据《社会保险法》第55条规定，生育医疗费用包括生育的医疗费用、计划生育的医疗费用以及法律法规规定的其他项目费用。依据《企业职工生育保险试行办法》，女职工生育的检查费、接生费、手术费、住院费和药费由生育保险基金支付，超出规定的医疗服务费和药费（含自费药品和营养药品的药费）由职工个人负担；女职工生育出院后，因生育引起疾病的医疗费，由生育保险基金支付；其他疾病的医疗费，按照医疗保险待遇的规定办理；女职工产假期满后，因病需要休息治疗的，按照有关病假待遇和医疗保险待遇规定办理。

2. 生育津贴

生育津贴旨在补偿女职工生育期间的收入损失。根据《社会保险法》第56条规定，生育津贴按照职工所在用人单位上年度职工月平均工资计法，且在如下情形下给付生育津贴：（1）女职工生育享受产假；（2）享受计划生育手术休假；（3）法律法规规定的其他情形。

问题与思考

1. 如何从生育的意义认识生育保险的原理？
2. 简述生育保险的特征。
3. 简述我国生育保险立法。
4. 试述生育保险法律关系的特色。
5. 如何认识生育保险的参保人范围？
6. 享受生育保险待遇的条件？
7. 生育保险待遇的内容有哪些？

第十四章

社会福利

案例及问题导引

2003年9月12日，家住山东的盲人陈某和妻子乘坐火车到达北京站，准备乘坐地铁到市里办事，在检票口，检票员称，仅有残疾人证不行，依据地铁公司的规定，必须有乘车证才能免费乘车。陈某分辩，根据《中华人民共和国残疾人保障法》第44条的规定，公共服务机构应当为残疾人提供优先服务和辅助性服务，盲人可以免费乘坐市内公共汽车、电车、地铁等交通工具。地铁公司的规定和法律相抵触，是违法的。但是，检票员坚持要按照地铁公司的规定办，陈某只好买了一张地铁票才被允许进站。11月1日，陈某在北京东直门地铁站再次经历了同样的遭遇。陈某认为自己作为残疾人的合法权益受到侵犯，遂诉至北京市西城区法院，状告北京市地铁公司侵犯了他的福利权，要求地铁公司退还地铁票款13元，并赔礼道歉。

2003年12月12日，西城区法院一审判决被告北京市地铁运营有限责任公司返还原告地铁票款13元，并补偿原告交通费840元，住宿费334元，合计1 187元，被告承担本案全部诉讼费用100元。判决指出："根据《中华人民共和国残疾人保障法》的规定以及北京市有关盲人免费乘车的部门规章，陈某属盲残疾人，并持有中华人民共和国残疾人证，依法享有免费乘坐地铁的权利，并可有一名陪同人员享有同等权利。""地铁公司应当从加大保护残疾人合法权益，给予外地盲人与本市盲人同等待遇的角度出发，给陈光诚以免费乘坐地铁的权利。"我国第一起以"侵犯残疾人社会福利权"为案由提起诉讼的案件，以原告残疾人陈某的胜诉告终。①

请问：社会福利权是什么性质的权利？义务主体是谁？包括哪些内容？现行法律对残疾人的福利权有哪些规定？

---

① 吕卫红．外地盲人来京应享受免费乘车　北京地铁运营公司一审败诉．正义网 http：//review.jcrb.com/zyw/n87/ca174449.htm.

第一节 社会福利概述

一、社会福利的概念和特征[①]

社会福利的概念有广义和狭义之分。从广义来理解，社会福利通常涵盖了社会保障，包括了政府和社会为国民提供的各种服务设施和社会保障的各项内容，因此，凡是政府和社会提供的为提升国民物质和精神水平而采取的措施都属于社会福利的范畴。从这个层面上说，社会福利的目的不仅是为了满足人们基本社会需要，也为了满足人们较高层次的生活享受以及各种精神需求。从狭义来理解，社会福利是指由国家和社会团体举办的、社会保险和社会救助之外的各种福利事业和公共服务。

在我国，社会福利的概念是从狭义来理解的，社会福利是社会保障体系的一部分，是指国家和社会通过举办各种福利事业和采取各种福利措施，为社会成员提供基本生活保障并不断改善生活状况的一种社会保障制度。社会福利既包括公共福利，即由国家和社会举办的以全体社会成员为对象的公益性事业，如教育、科学、文化、体育、卫生、环境保护等，也包括由国家和社会为职工举办的集体福利，还包括以特定社会群体为对象的专门性福利事业，如为妇女、未成年人（儿童）、老年人、残疾人举办的各种福利事业。

社会福利的发展经历了从恩惠到权利的历程。社会福利权，是公民依法享有的请求国家和社会提供基本生活保障和公共服务的权利。在现代，社会福利权是社会保障权的一部分，在性质上属于基本人权中的社会权利，其义务主体主要是国家，也包括负有法定义务的社会组织。

社会福利具有下述特征：

（1）普遍性。社会福利是国家和社会向社会全体成员提供的一种福利，任何人都有权享受。在社会福利项目中，有些是向全体社会成员提供的，如国家提供的义务教育和各种公共福利设施；有些是向特殊社会群体提供的，如妇女福利、儿童福利、老人福利、残疾人福利等，而在特殊群体范围而言，对于他们也是具有普遍性的。享受社会福利，不需要像社会救助一样进行经济状况调查，只要是社会成员，或某一部分社会成员，就可以享受这些福利待遇。

（2）目的的公平性。社会福利是一种典型的国民收入再分配的方式，是对社会财

① 林嘉．社会保障法的理念、实践与创新．北京：中国人民大学出版社，2002：265－267.

富分配的一种必要补充，通过对全体社会成员或部分社会群体提供各种福利设施和服务，来共同分享社会发展的成果，满足社会成员的需要。享受社会福利，与每个人的经济地位、职业背景等无太多联系，也无须与他的贡献挂钩。因此，在“人人有份”的社会福利原则下，更多体现为追求社会公平的目的。

（3）资金来源的单向性。与社会保险费用实行三方负担原则不同，社会福利的资金来源于国家和社会，社会成员享受各种社会福利无须缴费。从国家来说，社会福利资金主要来源于国家税收，从社会来说，主要来源于各单位的福利资金或各种社会捐助。从各国社会福利资金筹集看，国家财政预算拨款和社会捐助相结合，已成为社会福利资金筹集的发展模式。

社会福利是国家对国民收入进行再分配的一种形式，它使社会成员除获得劳动收入以外，均等地获得国家提供的各种福利设施和服务，即社会福利使全体社会成员共享经济和社会发展成果，因此，社会福利具有以下重要意义：有利于满足社会成员的物质生活需要、有利于提升社会成员的精神生活需求、有利于促进社会经济的发展。

二、我国社会福利法律制度的建立和发展

新中国成立后就十分重视社会福利事业，建立了社会福利制度。1951 年 8 月，民政部发布了《城市救济福利工作报告》，明确社会福利以无依无靠的城镇孤寡老人、孤儿或弃婴、残疾人等为主要保障对象。民政部门通过福利事业机构、福利企业等社会福利机构为他们提供保障。1950 年颁布的《工会法》规定各级工会应逐步加强职工福利，并规定政府应拨给工会必要的房屋与设备作为举办集体福利事业之用，并在邮政、电报、电话、交通等方面提供平等待遇。1950 年代出台的一系列法规规定了职工住房、上下班交通、困难补贴、各种福利补贴等内容，企业办社会的模式得以确立，城镇企事业职工福利向“小而全”、“大而全”的方向发展。

以计划经济为基础建立的社会福利制度逐渐暴露出弊端，最明显的是企业办社会的模式使国有企业尤其是一些老企业背负了沉重的职工福利负担，难以与其他企业公平竞争。为此，我国的社会福利制度进行了改革，一是改变了职工福利基金的提取和使用办法，使福利基金的提取与企业效益挂钩，二是改革和发展了福利补贴、福利房制度，三是引导职工福利设施由封闭转向开放，社会福利体制从国家包办转向国家、集体、个人共同兴办。①

二十世纪九十年代初期，我国加快了社会福利立法进程：1990 年制定《残疾人保障法》，1991 年制定《未成年人保护法》，1992 年制定《妇女权益保障法》，1994 年制

---

① 林嘉．劳动法和社会保障法．北京：中国人民大学出版社，2009：435.

定《母婴保健法》，1994年制定《劳动法》（其第九章为“社会保险和福利”），1996年制定《老年人权益保障法》。随着我国经济快速发展和社会转型，这些法律已不能适应处于社会需要。目前，这些法律已经修改的有：2005修订《妇女权益保障法》、2006年修订《未成年人保护法》、2008年修订《残疾人保障法》，目前《老年人权益保障法》的修订、《住房保障法》和《基本医疗卫生保健法》的制定已经列入全国人大常委会近期的立法规划。此外，民政部作为我国社会福利事业的主管机构，也制定了一系列部门规章和规范性文件，促进了我国社会福利事业的发展。

第二节 公共福利

一、公共福利概述

公共福利是国家和社会为满足全体社会成员的物质及精神生活基本需要而兴办的公益性设施和提供的相关服务。公共福利涉及社会成员生活的方方面面，涵盖了教育、住房、卫生、文体等方面，既有对物质需求的保障，也有对精神需求的满足。

公共福利具有以下特征：

（1）对象的普遍性。在社会福利中，集体福利的对象是劳动者，专门福利的对象是妇女、未成年人、老年人、残疾人等社会弱势群体，公共福利则面向全体社会成员，具有最彻底的普遍性。

（2）资金主要来源于国家。国家有义务向全体社会成员提供公共福利，由于公共福利大多属于经济学上的公共产品，[①] 通常需要巨额、长期的资金投入，私人投资不足以完全满足社会需要，因此，公共福利所需的资金主要来源于国家。

二、教育福利

教育福利是国家对公民受教育权的保障。我国已经批准加入的联合国《经济、社会及文化权利国际公约》在第13条规定：“一、本公约缔约各国承认，人人有受教育的权利。……二、本公约缔约各国认为，为了充分实现这一权利起见：（甲）初等教育

---

① 公共产品（Public good）是指具有消费或使用上的非竞争性和受益上的非排他性的产品。一些人对这一产品的消费不会影响另一些人对它的消费，具有非竞争性；某些人对这一产品的利用，不会排斥另一些人对它的利用，具有非排他性。公共产品的非竞争性和非排他性，要求公共产品必须由公共支出予以保证，经营管理必须由非营利组织承担。公共产品主要包括国防、外交、教育、科技、文化、卫生、体育、环保等。

应属义务性质并一律免费；（乙）各种形式的中等教育，包括中等技术和职业教育，应以一切适当方法，普遍设立，并对一切人开放，特别要逐渐做到免费；（丙）高等教育应根据成绩，以一切适当方法，对一切人平等开放，特别要逐渐做到免费；（丁）对那些未受到或未完成初等教育的人的基础教育，应尽可能加以鼓励或推进；（戊）各级学校的制度，应积极加以发展；适当的奖学金制度，应予设置；教员的物质条件，应不断加以改善。”由此可见，教育，尤其是义务教育，具有明显的社会福利性质。

目前我国关于教育福利的法律主要有《教育法》、《义务教育法》（2006 年修订）、《高等教育法》、《职业教育法》等。

目前我国教育福利的内容主要包括九年义务教育制度。义务教育是国家统一实施的所有适龄儿童、少年必须接受的教育，是国家必须予以保障的公益性事业。国家保障所有适龄未成年人接受教育。实施义务教育，不收学费、杂费，国家将义务教育全面纳入财政保障范围，建立义务教育经费保障机制，保证义务教育制度实施。此外，公共设施应当为受教育者接受教育提供便利。图书馆、博物馆、科技馆、美术馆、体育馆（场）等社会公共文化体育设施，以及历史文化古迹革命纪念馆（地），应当对教师、学生实行优待，为受教育者接受教育提供便利。

三、住房福利

住房福利是国家对公民适足住房权的保障。我国已经批准加入的联合国《经济、社会及文化权利国际公约》在第 11 条规定：“一、本公约缔约各国承认人人有权为他自己和家庭获得相当的生活水准，包括足够的食物、衣着和住房，并能不断改进生活条件。”根据经济、社会和文化权利委员会 1991 年通过的关于适足住房权的第 4 号一般性意见，适足住房的标准决不只限于四面有墙壁和头上有屋顶；它必须至少要包括以下要素：使用权保障、力所能及、适于居住、住房机会、各种服务近便、能提供基础设施以及适当的文化环境。这一权利表明了住房的福利性和相应的国家义务。

住房不是普通意义的商品，由于其是赖以生存的基本生活资料，住房既具有商品性，也具有福利性。我国在住房问题上曾长期实行福利住房供给制，即“住房产权公有、实物分配、低租金使用”，这实际上是住房的实物分配制度。在向市场经济体制转型的过程中，旧有的住房福利体制进行了改革，实行住房商品化，但由于我国大部分人为中低收入，难以承担市场化后的高房价，因此应当建立和完善主要针对低收入家庭的住房福利制度。

作为一种重要的公共福利，住房福利的目的是利用国家和社会的力量着重解决低收入家庭的住房问题。住房福利主要有两种形式，一种是政府以直接或间接支付等形式提供住房补贴；另一种是国家要求住房建设机构划出一定数量的住房以低于市场价格售给低收入家庭或者政府直接兴建经济房，定向出售或出租给低收入家庭。

目前我国关于住房福利的法律法规主要有国务院《住房公积金管理条例》（2002年修订）、建设部等七部门联合发布的《经济适用房管理办法》、建设部、民政部等九部门联合发布的《廉租住房保障办法》等。《住房保障法》已经列入全国人大常委会近期的立法规划。

目前我国住房福利的内容主要包括：

（1）住房补贴制度。国家取消福利分房制度，实行住房福利的社会化。用人单位将原来用于建房、购房的资金转化为住房补贴发给职工，由职工通过市场解决住房问题。

（2）住房公积金制度。住房公积金由用人单位和职工共同出资建立，按照“个人存储，单位资助”的方式缴纳，实行专款专用，职工个人的住房公积金不足以支付购房、建房、修房等费用时可申请公积金贷款。

（3）经济适用房制度。政府提供优惠政策，限定套型面积和销售价格，按照合理标准建房，向城市低收入住房困难家庭提供经济适用房。

（4）廉租房制度。廉租住房保障对象与经济适用住房供应对象相衔接，由国家向无力购买房屋的城市低收入家庭提供租金低廉的廉租房。

四、卫生福利

卫生福利是国家对公民健康权的保障。我国已经批准加入的联合国《经济、社会及文化权利国际公约》在第12条规定：“一、本公约缔约各国承认人人有权享有能达到的最高的体质和心理健康的标准。二、本公约缔约各国为充分实现这一权利而采取的步骤应包括为达到下列目标所需的步骤：（甲）减低死胎率和婴儿死亡率，和使儿童得到健康的发育；（乙）改善环境卫生和工业卫生的各个方面；（丙）预防、治疗和控制传染病、风土病、职业病以及其他的疾病；（丁）创造保证人人在患病时能得到医疗照顾的条件。”由此可见，国家有义务提供卫生福利以保障公民的健康权。

卫生福利是国家和社会为保护和促进社会成员健康而提供的公共福利，而健康是人全面发展的基础。2009年3月17日发布的《中共中央、国务院关于深化医药卫生体制改革的意见》明确提出“着眼于实现人人享有基本医疗卫生服务的目标”，“坚持以人为本，把维护人民健康权益放在第一位”，“遵循公益性的原则，把基本医疗卫生制度作为公共产品向全民提供”，首次明确把“基本医疗卫生制度”定性为向全民提供的公共产品，实际上就是强调基本医疗卫生制度的福利性质。目前，《基本医疗卫生保健法》已经列入全国人大常委会近期的立法规划。

我国的卫生福利主要是指公共卫生服务。国家建立健全疾病预防控制、健康教育、妇幼保健、精神卫生、应急救治、采供血、卫生监督和计划生育等专业公共卫生服务网络，完善以基层医疗卫生服务网络为基础的医疗服务体系的公共卫生服务功能，建立分工明确、信息互通、资源共享、协调互动的公共卫生服务体系，提高公共卫生服务和突发公共卫生事件应急处置能力，促进城乡居民逐步享有均等化的基本公共卫生服务。国家明确国家基本公共卫生服务项目，逐步增加服务内容，鼓励地方政府根据当地经济发展水平和突出的公共卫生问题，在中央规定服务项目的基础上增加公共卫生服务内容。国家完善重大疾病防控体系和突发公共卫生事件应急机制，加强对严重威胁人民健康的传染病、慢性病、地方病、职业病和出生缺陷等疾病的监测与预防控制，加强城乡急救体系建设。

五、文化体育福利

文化体育福利是对公民文化权利的保障。我国已经批准加入的联合国《经济、社会及文化权利国际公约》在第15条规定："一、本公约缔约各国承认人人有权：（甲）参加文化生活；（乙）享受科学进步及其应用所产生的利益；（丙）对其本人的任何科学、文学或艺术作品所产生的精神上和物质上的利益，享受被保护之利。"这里强调公民有权参加文化生活，相应地国家就负有提供文化福利的义务。为此，中宣部、财政部、文化部、国家文物局于2010年1月26日出台了《关于进一步做好公共博物馆纪念馆免费开放工作的意见》；文化部、财政部于2011年2月10日出台了《关于推进全国美术馆、公共图书馆、文化馆（站）免费开放工作的意见》，要求于2012年底之前，全国所有美术馆、公共图书馆、文化馆（站）免费开放，基本文化服务项目免费向群众提供。

文化体育福利是指国家和社会为满足社会成员的精神需要而兴办的具有福利性质的文化体育活动设施和提供的服务。由国家和社会投资建立公园、图书馆、博物馆、纪念馆、展览馆、文化康乐中心以及群众性体育运动设施等文化体育活动设施，供全体社会成员享用。作为公共福利的文化体育设施和服务，主要由国家出资兴办和管理，不以营利为目的，以免费或低收费形式向社会成员开放，使社会成员能普遍平等地享用。

第三节 集体福利

一、集体福利概述

集体福利又称职工福利，是由用人单位通过兴建集体福利设施，建立福利补贴制度，为职工提供生活上的便利，减轻职工的经济负担，提高职工生活水平的一项社会福利。我国《劳动法》第76条规定："国家发展社会福利事业，兴建公共福利设施，为劳动者休息、休养和疗养提供条件。用人单位应当创造条件，改善集体福利，提高劳动者的福利待遇。"

集体福利和公共福利都是以满足社会成员的物质和精神生活需要和提高社会成员的生活质量为目的，以实现社会公平为主要价值目标的社会福利制度。与公共福利相比，集体福利的特征是：

（1）对象的特定性。集体福利是以劳动者为对象，是劳动者劳动报酬的一种补充，用于满足劳动者在劳动过程和日常生活中的共同需要，解决劳动者个人所遇到的特殊生活困难。因此，集体福利的对象只限于特定用人单位的劳动者，公共福利的对象则是全体社会成员。

（2）资金主要来源于用人单位。集体福利所需的资金主要来源于用人单位，即由用人单位举办和负担费用，而公共福利所需的资金主要来源于国家。

二、集体福利的内容

（一）集体福利的内容

（1）福利设施。福利设施包括为方便职工生活而举办的集体福利设施，如食堂、托儿所、幼儿园、浴室、哺乳室、内部商店、职工宿舍等，也包括为活跃和丰富职工文化生活而建立的文化福利设施，如文化宫、俱乐部、图书馆、阅览室、游泳池、运动场、绿化美化环境等。

（2）福利服务。福利服务包括与福利设施相关的各项服务，也包括接送上下班、接送职工子弟上学、健康检查等特别服务。

（3）福利补贴。福利补贴是为解决职工的生活需要，减轻职工生活困难而建立的福利补贴制度，如伙食补贴、通讯补贴、生活困难补贴、上下班交通费补贴、探亲往返车船费补贴等。

（二）企业职工福利费

为减轻国有企业社会负担，使其成为独立的市场主体，我国近年来大力推进企业主辅分离和分离办社会职能改革。企业目前仍承担大量集体福利职能的，应当逐步推进内设集体福利部门的分离改革，通过市场化方式解决职工福利待遇问题。同时，结合企业薪酬制度改革，逐步建立完整的人工成本管理制度，将职工福利纳入职工工资总额管理。

2009年11月12日发布实施的《财政部关于企业加强职工福利费财务管理的通知》（财企［2009］242号）指出，职工福利是企业对职工劳动补偿的辅助形式，企业职工福利一般应以货币形式为主。对以本企业产品和服务作为职工福利的，企业要严格控制。企业职工福利费是指企业为职工提供的除职工工资、奖金、津贴、纳入工资总额管理的补贴、职工教育经费、社会保险费和补充养老保险费（年金）、补充医疗保险费及住房公积金以外的福利待遇支出，包括发放给职工或为职工支付的以下各项现金补贴和非货币性集体福利：

（1）为职工卫生保健、生活等发放或支付的各项现金补贴和非货币性福利，包括职工因公外地就医费用、暂未实行医疗统筹企业职工医疗费用、职工供养直系亲属医疗补贴、职工疗养费用、自办职工食堂经费补贴或未办职工食堂统一供应午餐支出、符合国家有关财务规定的供暖费补贴、防暑降温费等。

（2）企业尚未分离的内设集体福利部门所发生的设备、设施和人员费用，包括职工食堂、职工浴室、理发室、医务所、托儿所、疗养院、集体宿舍等集体福利部门设备、设施的折旧、维修保养费用以及集体福利部门工作人员的工资薪金、社会保险费、住房公积金、劳务费等人工费用。

（3）职工困难补助，或者企业统筹建立和管理的专门用于帮助、救济困难职工的基金支出。

（4）离退休人员统筹外费用，包括离休人员的医疗费及离退休人员其他统筹外费用。企业重组涉及的离退休人员统筹外费用，按照《财政部关于企业重组有关职工安置费用财务管理问题的通知》（财企［2009］117号）执行。国家另有规定的，从其规定。

（5）按规定发生的其他职工福利费，包括丧葬补助费、抚恤费、职工异地安家费、独生子女费、探亲假路费，以及符合企业职工福利费定义但没有包括在本通知各条款项目中的其他支出。

企业为职工提供的交通、住房、通讯待遇，已经实行货币化改革的，按月按标准发放或支付的住房补贴、交通补贴或者车改补贴、通讯补贴，应当纳入职工工资总额，不再纳入职工福利费管理；尚未实行货币化改革的，企业发生的相关支出作为职工福利费管理，但根据国家有关企业住房制度改革政策的统一规定，不得再为职工购建住房。企业给职工发放的节日补助、未统一供餐而按月发放的午餐费补贴，应当纳入工资总额管理。

第四节　专门福利

一、专门福利概述

专门福利，也称特殊群体福利，是指国家和社会向社会特定群体提供的福利形式。

妇女、未成年人、老年人、残疾人因自身的年龄、生理、心理等条件，在社会中是弱势群体，需要法律进行特殊保护。以追求社会公平为目标的社会福利也应当向他们提供更多的福利待遇，以实现实质平等。

专门福利的特征是：

（1）对象的特定性。专门福利的对象是妇女、未成年人、老年人、残疾人等特定群体，而公共福利的对象是全体社会成员。

（2）内容的广泛性。专门福利的内容非常广泛，既包括建立福利设施、机构，也包括提供照料、护理服务和货币补贴，而且教育福利、住房福利、卫生福利、文化体育福利等公共福利的内容在专门福利中也有体现。

二、妇女福利

妇女福利是以妇女为对象的社会福利项目，是国家和社会为保障妇女的特殊需要和特殊利益而提供的福利设施和福利服务。妇女在生理、心理上具有特殊性，而且担负着生育后代的重任，需要法律给予特殊照顾和保护。我国制定了《妇女权益保障法》（2005 年修订），《母婴保健法》及《母婴保健法实施办法》等法律法规，对妇女提供多方面的福利。

妇女福利的主要内容包括：

（1）生育方面的福利。国家推行生育保险制度，建立健全与生育相关的其他保障制度。地方各级人民政府和有关部门应当按照有关规定为贫困妇女提供必要的生育救助。

（2）母婴保健服务。为了保障母亲和婴儿健康，提高出生人口素质，国家发展母婴保健事业，提供必要条件和物质帮助，使母亲和婴儿获得医疗保健服务。国家对边远贫困地区的母婴保健事业给予扶持。各级人民政府领导母婴保健工作。母婴保健事业应当纳入国民经济和社会发展计划。

（3）妇女卫生保健设施和服务。女职工比较多的单位应当按照国家有关规定，以自办或者联办的形式，逐步建立女职工卫生室、孕妇休息室、哺乳室、托儿所、幼儿园等设施，并妥善解决女职工在生理卫生、哺乳、照料婴儿方面的困难。

三、儿童福利

我国《未成年人保护法》第 2 条规定：“本法所称未成年人是指未满十八周岁的公民。”我国批准加入的联合国《儿童权利公约》在第 1 条规定：“为本公约之目的，儿童系指 18 岁以下的任何人，除非对其适用之法律规定成年年龄低于 18 岁。”因此，除了法律有特殊规定外，未成年人和儿童具有同等含义，未成年人福利即儿童福利。

未成年人因身心尚未成熟，需要特殊的保护和照料。为了保护未成年人的身心健康，保障未成年人的合法权益，促进未成年人在品德、智力、体质等方面全面发展，我国制定了《未成年人保护法》(2006 年修订)。

未成年人福利的主要内容包括：

(1) 教育福利。各级人民政府应当保障未成年人受教育的权利，并采取措施保障家庭经济困难的、残疾的和流动人口中的未成年人等接受义务教育。地方各级人民政府应当积极发展托幼事业，办好托儿所、幼儿园，支持社会组织和个人依法兴办哺乳室、托儿所、幼儿园。未成年人已经完成规定年限的义务教育不再升学的，政府有关部门和社会团体、企业事业组织应当根据实际情况，对他们进行职业教育，为他们创造劳动就业条件。

(2) 卫生福利。卫生部门和学校应当对未成年人进行卫生保健和营养指导，提供必要的卫生保健条件，做好疾病预防工作。卫生部门应当做好对儿童的预防接种工作，国家免疫规划项目的预防接种实行免费；积极防治儿童常见病、多发病，加强对传染病防治工作的监督管理，加强对幼儿园、托儿所卫生保健的业务指导和监督检查。

(3) 文化体育福利。各级人民政府应当建立和改善适合未成年人文化生活需要的活动场所和设施，鼓励社会力量兴办适合未成年人的活动场所，并加强管理。爱国主义教育基地、图书馆、青少年宫、儿童活动中心应当对未成年人免费开放；博物馆、纪念馆、科技馆、展览馆、美术馆、文化馆以及影剧院、体育场馆、动物园、公园等场所，应当按照有关规定对未成年人免费或者优惠开放。县级以上人民政府及其教育行政部门应当采取措施，鼓励和支持中小学校在节假日期间将文化体育设施对未成年人免费或者优惠开放。社区中的公益性互联网上网服务设施，应当对未成年人免费或者优惠开放，为未成年人提供安全、健康的上网服务。

四、老年人福利

老年人福利是以老年人为对象的社会福利项目，是指国家和社会为安定老人生活、维护老人健康、充实老人精神文化生活而采取的政策措施和服务。在我国，老年人是指年满 60 岁以上的公民，目前我国已进入老龄社会，2009 年末全国总人口为 133 474 万人，60 岁及以上人口 16 714 万，占总人口的 12.5%，其中 65 岁及以上人口为 11 309 万，占总人口的 8.5%。[1] 因此，老年人的社会福利的重要性日益凸显。

我国《老年人权益保障法》第三章“社会保障”对老年人的社会福利问题作了比

① 中华人民共和国国家统计局：《2009 年国民经济和社会发展统计公报》，载中华人民共和国国家统计局 http://www.stats.gov.cn/tjgb/ndtjgb/qgndtjgb/t20100225_402622945.htm，2011 年 4 月 8 日访问。

较系统的规定，是老年人福利制度的主要法律依据。

老年人社会福利的主要内容包括：

（1）卫生福利。医疗机构应当为老年人就医提供方便，对七十周岁以上的老年人就医，予以优先。有条件的地方，可以为老年病人设立家庭病床，开展巡回医疗等服务。提倡为老年人义诊。国家采取措施，加强老年医学的研究和人才的培养，提高老年病的预防、治疗、科研水平。开展各种形式的健康教育，普及老年保健知识，增强老年人自我保健意识。

（2）住房福利。老年人所在组织分配、调整或者出售住房，应当根据实际情况和有关标准照顾老年人的需要。新建或者改造城镇公共设施、居民区和住宅，应当考虑老年人的特殊需要，建设适合老年人生活和活动的配套设施。

（3）教育福利。老年人有继续受教育的权利。国家发展老年教育，鼓励社会办好各类老年学校。各级人民政府对老年教育应当加强领导，统一规划。

（4）文化体育福利。国家和社会采取措施，开展适合老年人的群众性文化、体育、娱乐活动，丰富老年人的精神文化生活。

（5）老年福利设施和社区服务。国家鼓励、扶持社会组织或者个人兴办老年福利院、敬老院、老年公寓、老年医疗康复中心和老年文化体育活动场所等设施。地方各级人民政府应当根据当地经济发展水平，逐步增加对老年福利事业的投入，兴办老年福利设施。各级人民政府应当引导企业开发、生产、经营老年生活用品，适应老年人的需要。发展社区服务，逐步建立适应老年人需要的生活服务、文化体育活动、疾病护理与康复等服务设施和网点。

（6）交通福利。地方各级人民政府根据当地条件，可以在参观、游览、乘坐公共交通工具等方面，对老年人给予优待和照顾。

五、残疾人福利

残疾人是指在心理、生理、人体结构上，某种组织、功能丧失或者不正常，全部或者部分丧失以正常方式从事某种活动能力的人。残疾人包括视力残疾、听力残疾、言语残疾、肢体残疾、智力残疾、精神残疾、多重残疾和其他残疾的人。残疾标准由国务院规定。根据2006年的统计，我国各类残疾人的总数为8 296万人，占全国总人口的比例为6.34%。①

---

① 参见第二次全国残疾人抽样调查领导小组、中华人民共和国国家统计局：《2006年第二次全国残疾人抽样调查主要数据公报（第一号）》，中国残联疾人联合会网站 http://www.cdpf.org.cn/sytj/content/2008 - 04/07/content_84239.htm，2011年4月8日访问。

我国《宪法》第45条规定："国家和社会帮助安排盲、聋、哑和其他有残疾的公民的劳动、生活和教育。"对处于弱势地位的未成年人的权利给予特别的保护。为了维护残疾人的合法权益，发展残疾人事业，保障残疾人平等地充分参与社会生活，共享社会物质文化成果，根据宪法，我国于1990年制定了《残疾人保障法》（2008年修订）。

残疾人福利的主要内容包括：

（1）康复服务。国家保障残疾人享有康复服务的权利。各级人民政府和有关部门应当采取措施，为残疾人康复创造条件，建立和完善残疾人康复服务体系，并分阶段实施重点康复项目，帮助残疾人恢复或者补偿功能，增强其参与社会生活的能力。各级人民政府鼓励和扶持社会力量兴办残疾人康复机构。地方各级人民政府和有关部门，应当组织和指导城乡社区服务组织、医疗预防保健机构、残疾人组织、残疾人家庭和其他社会力量，开展社区康复工作。残疾人教育机构、福利性单位和其他为残疾人服务的机构，应当创造条件，开展康复训练活动。地方各级人民政府和有关部门应当根据需要有计划地在医疗机构设立康复医学科室，举办残疾人康复机构，开展康复医疗与训练、人员培训、技术指导、科学研究等工作。政府和社会采取多种形式对从事康复工作的人员进行技术培训；向残疾人、残疾人亲属、有关工作人员和志愿工作者普及康复知识，传授康复方法。政府有关部门应当组织和扶持残疾人康复器械、辅助器具的研制、生产、供应、维修服务。

（2）教育福利。国家保障残疾人享有平等接受教育的权利。各级人民政府应当将残疾人教育作为国家教育事业的组成部分，统一规划，加强领导，为残疾人接受教育创造条件。政府、社会、学校应当采取有效措施，解决残疾儿童、少年就学存在的实际困难，帮助其完成义务教育。各级人民政府对接受义务教育的残疾学生、贫困残疾人家庭的学生提供免费教科书，并给予寄宿生活费等费用补助；对接受义务教育以外其他教育的残疾学生、贫困残疾人家庭的学生按照国家有关规定给予资助。县级以上人民政府应当根据残疾人的数量、分布状况和残疾类别等因素，合理设置残疾人教育机构，并鼓励社会力量办学、捐资助学。特殊教育教师和手语翻译，享受特殊教育津贴。政府有关部门应当组织和扶持盲文、手语的研究和应用，特殊教育教材的编写和出版，特殊教育教学用具及其他辅助用品的研制、生产和供应。

（3）就业福利。国家保障残疾人劳动的权利。各级人民政府应当对残疾人劳动就业统筹规划，为残疾人创造劳动就业条件。残疾人劳动就业，实行集中与分散相结合的方针，采取优惠政策和扶持保护措施，通过多渠道、多层次、多种形式，使残疾人劳动就业逐步普及、稳定、合理。政府和社会举办残疾人福利企业、盲人按摩机构和其他福利性单位，集中安排残疾人就业。国家实行按比例安排残疾人就业制度。国家机关、社会团体、企业事业单位、民办非企业单位应当按照规定的比例安排残疾人就业，并为其选择适当的工种和岗位。达不到规定比例的，按照国家有关规定履行保障残疾人就业义务。政府有关部门设立的公共就业服务机构，应当为残疾人免费提供就业服务。

（4）文化体育福利。国家保障残疾人享有平等参与文化生活的权利。各级人民政府和有关部门鼓励、帮助残疾人参加各种文化、体育、娱乐活动，积极创造条件，丰富残疾人精神文化生活。政府和社会采取下列措施，丰富残疾人的精神文化生活：第一，通过广播、电影、电视、报刊、图书、网络等形式，及时宣传报道残疾人的工作、生活等情况，为残疾人服务；第二，组织和扶持盲文读物、盲人有声读物及其他残疾人读物的编写和出版，根据盲人的实际需要，在公共图书馆设立盲文读物、盲人有声读物图书室；第三，开办电视手语节目，开办残疾人专题广播栏目，推进电视栏目、影视作品加配字幕、解说；第四，组织和扶持残疾人开展群众性文化、体育、娱乐活动，举办特殊艺术演出和残疾人体育运动会，参加国际性比赛和交流；第五，文化、体育、娱乐和其他公共活动场所，为残疾人提供方便和照顾。有计划地兴办残疾人活动场所。

（5）残疾人福利设施和福利补贴。对生活不能自理的残疾人，地方各级人民政府应当根据情况给予护理补贴。地方各级人民政府对无劳动能力、无扶养人或者扶养人不具有扶养能力、无生活来源的残疾人，按照规定予以供养。国家鼓励和扶持社会力量举办残疾人供养、托养机构。

（6）交通福利和通信福利。县级以上人民政府对残疾人搭乘公共交通工具，应当根据实际情况给予便利和优惠。残疾人可以免费携带随身必备的辅助器具。盲人持有效证件免费乘坐市内公共汽车、电车、地铁、渡船等公共交通工具。盲人读物邮件免费寄递。国家鼓励和支持提供电信、广播电视服务的单位对盲人、听力残疾人、言语残疾人给予优惠。

（7）无障碍环境福利。国家和社会应当采取措施，逐步完善无障碍设施，推进信息交流无障碍，为残疾人平等参与社会生活创造无障碍环境。各级人民政府应当对无障碍环境建设进行统筹规划，综合协调，加强监督管理。无障碍设施的建设和改造，应当符合残疾人的实际需要。新建、改建和扩建建筑物、道路、交通设施等，应当符合国家有关无障碍设施工程建设标准。各级人民政府和有关部门应当按照国家无障碍设施工程建设规定，逐步推进已建成设施的改造，优先推进与残疾人日常工作、生活密切相关的公共服务设施的改造。对无障碍设施应当及时维修和保护。国家采取措施，为残疾人信息交流无障碍创造条件。各级人民政府和有关部门应当采取措施，为残疾人获取公共信息提供便利。国家和社会研制、开发适合残疾人使用的信息交流技术和产品。国家举办的各类升学考试、职业资格考试和任职考试，有盲人参加的，应当为盲人提供盲文试卷、电子试卷或者由专门的工作人员予以协助。公共服务机构和公共场所应当创造条件，为残疾人提供语音和文字提示、手语、盲文等信息交流服务，并提供优先服务和辅助性服务。公共交通工具应当逐步达到无障碍设施的要求。有条件的公共停车场应当为残疾人设置专用停车位。

问题与思考

1. 什么是社会福利？什么是社会福利权？
2. 公共福利包括哪些内容？
3. 职工享有的集体福利包括哪些内容？
4. 特殊群体享有的专门福利包括哪些内容？如何保障？

第十五章

社会优抚

第一节　社会优抚概述

案例及问题导引

2010年9月19日，民政部、财政部发出通知，再次提高部分优抚对象等人员抚恤和生活补助标准。这是自改革开放以来，国家第17次提高残疾军人残疾抚恤金标准，第20次提高烈属定期抚恤金标准和在乡退伍红军老战士生活补助标准。此次提标共新增经费5.8亿元，全年共安排抚恤补助经费210.6亿元，惠及619万优抚对象。那么，什么是社会优抚？哪些人可以享受社会优抚？

一、社会优抚的概念和特点

（一）社会优抚的概念

社会优抚是由国家和社会向军人及其家属所提供的各种优待、抚恤、社会保险、就业安置等各项待遇和服务的制度总称，是我国社会保障制度的重要组成部分。我国《宪法》规定了公民有依法服兵役的义务，而对于依法履行该义务的军人，国家则通过社会优抚制度对其本人以及家属提供保障和支持，使他们能够安心地保家卫国而无后顾之忧。《宪法》第45条第2款规定："国家和社会保障残废军人的生活，抚恤烈士家属，优待军人家属。"这是我国社会优抚制度的根本法依据，而从体系上来看，第45条是关于公民从国家获得物质帮助的权利的规定，通常被认为是我国社会保障制度建立的依据，因此社会优抚制度当然属于社会保障制度之一种，它对于维护军人合法权益，促进国防和军队现代化建设，维护社会稳定，推动经济发展和社会进步都具有重要意义。

（二）社会优抚的特点

社会优抚制度既具有社会保障制度的共性，同时又具有不同于其他社会保障制度的独特特点，具体包括：

1. 优抚对象的特定性。与其他社会保障制度不同，社会优抚制度并非面向全体公民进行覆盖，而是仅针对具有特定身份的主体提供保障，这部分人群主要包括那些在革命战争时期和社会主义建设时期为革命事业和保卫、建设祖国作出牺牲和贡献的特殊社会群体，例如现役军人、伤残军人等。

2. 优抚待遇的高标准性。社会优抚制度在对优抚对象提供基本保障的同时，还具有向优抚对象进行补偿和褒扬的精神鼓励作用，而后一项作用是其他社会保障制度所不具有的。因此社会优抚的待遇支付通常高于一般的社会保障待遇标准，《军人抚恤优待条例》第 3 条明确规定，军人的抚恤优待应当与国民经济和社会发展相适应，从而保障抚恤优待对象的生活不低于当地的平均生活水平。在保证基本生活的基础上，优待对象还能优先优惠地享受国家和社会所提供的各种服务、抚恤以及政策支持。

3. 优抚待遇的综合性。社会优抚待遇的内容不仅包括现金支付和服务提供，为了向保障对象提供全方位的保护，社会优抚还涉及社会保险、社会救助、社会福利等多项待遇给付内容，是一种综合性的制度安排。

4. 资金来源主要由国家承担。社会优抚制度实行国家和社会相结合的方针，是政府承担的一项重要职能，因此其所需经费主要由国务院和地方各级人民政府财政分级负担，还有一小部分由社会和个人进行分担。

二、社会优抚的主要内容

（一）社会优抚的种类

社会优抚是一项综合性的制度安排，其主要待遇种类包括社会优待、社会抚恤、安置保障等。社会优待，是指国家和社会对优抚对象在物质生活和精神生活上提供的各种优惠和照顾，日常生活中随处可见的“军人优先”就属于典型的社会优待。社会抚恤，包括残疾抚恤和死亡抚恤，是在优抚对象遭遇伤害或死亡时由国家和社会向其本人或家属提供抚恤待遇，以保障其基本生活的优抚形式，主要表现为各种抚恤金的形式。安置保障，则是在优抚对象从军人转化为普通社会成员的过程中对其进行妥善安置，保障其能够获得稳定的收入来源以维持生活所需，例如军人退役后的转业安置工作。

（二）社会优抚的对象

社会优抚的对象是特定的，主要包括军人本人及其家属。总体来看，我国社会优抚的对象主要包括以下人员：（1）中国人民解放军现役军人和武警官兵；（2）服现役或者退出现役的残疾军人以及复员军人；（3）退伍军人；（4）烈士遗属；（5）因公牺牲军人遗属；（6）病故军人遗属；（7）现役军人家属，等等。当然，并非所有军人都能享受所有的社会优抚待遇，根据社会优抚待遇种类的不同，其所面向的军人群体亦各有差别，需根据具体情况进行确定。

三、社会优抚与社会优抚法

社会优抚是社会保障制度之一，而社会优抚法则是指调整因社会优抚而形成的法律关系，规范社会优抚法律关系中主体的权利义务的法律规范的总称。社会优抚法有广义和狭义之分。广义的社会优抚法是指一国法律体系中所有调整社会优抚关系的法律规范，而狭义的社会优抚法则是指以“社会优抚法”命名的法典。在我国，广义的社会优抚法十分丰富，对社会优抚制度的规范主要依靠以《军人抚恤优待条例》为核心的各类行政法规和行政规章。但由于立法的滞后等原因，尚不存在狭义的社会优抚法，由此导致对社会优抚的各项具体制度缺乏统一的规定，且法律规定的层级偏低，缺乏基本法的支持。因此，应当尽快出台专门的社会优抚法，这样不仅能够促进社会优抚制度的完善和进步，也有利于社会优抚法在实践中的具体操作和正确适用。

历史回顾

我国社会优抚立法概况

新中国成立之初，我国颁布了一系列抚恤优待的法规，政务院于1950年颁布的《革命军人牺牲、病故褒恤暂行条例》、《革命烈士家属、革命军人家属优待暂行条例》、《革命工作人员伤亡褒恤暂行条例》、《民兵民工伤亡褒恤暂行条例》、《革命残废军人优待抚恤暂行条例》等五个规定，明确了社会优抚的对象、方式、标准等内容，建立起了以军人及其家属为对象的优抚制度。这一时期的规定主要涉及优待和抚恤问题，后来逐步扩大到安置、养老等措施和服务上。十一届三中全会以来，我国的社会优抚制度进一步发展和完善，一批新的法规规章相继颁布。具体来说，《关于军队干部退休的暂行规定》和《关于军队干部离职休养的暂行规定》，对军队干部离退休问题作了具体规定；《兵役法》（1998年修订）规定了军人的优待、抚恤、退役安置、退休养老等问题；《军人抚恤优待条例》（2004年修订）发展和完善了死亡抚恤、伤残抚恤、优待制度；《现役军官法》（2000年修订）、《中国人民解放军士官退出现役安置暂行办法》、《军队转业干部住房保障办法》、《军队转业干部安置暂行办法》等规定了军人退出现役的安置问题。这些法规规章初步构建起了我国的社会优抚体系。①

第二节 社会优待

案例及问题导引

范某是孝义市城建局退休职工，属于二等乙级伤残军人。1963年他在孝义光荣应征入伍，1968年5月7日在新疆和田服役期间受伤致残，1969年复原回到孝义。2004年12月至2005年1月期间，范某在数度乘坐孝义市1路公交车时均出示了革命伤残军人证，但仍被该线司乘人员强行收费，且屡次遭到司乘人员的谩骂。为此，范某诉至法院，要求该市公交公司向其赔礼道歉，并赔偿精神损失费1元，赔偿车票费用3.5元。公交公司则认为自己属于私人承包，不再负有为残疾军人提供免费乘车的义务。那么，社会优待有哪些内容？其性质究竟为何？如何理解其强制性程度？

一、社会优待的性质和对象

（一）社会优待的性质

社会优待，是指国家和社会对优抚对象在物质生活和精神生活上提供的各种优惠和照顾。社会优待具有相对性，该项待遇的提供主要是相较普通社会成员而言的。在日常生活中，普通社会成员在获取机会、享有权利以及履行义务方面均具有平等性，必须共同遵循相应的社会规则。而优抚对象在某些领域却可以基于社会优待制度而享有一定的优先性或者获得一定的优惠。但这种优先和优惠其性质并非特权，也不是国家给予优抚对象的恩惠或施舍，而是优抚对象依法享有的社会性权利。如前所述，优抚对象依法履行了服兵役的宪法义务，为国家的安全和社会的稳定作出了牺牲和贡献，换言之，其履行的义务超越了普通社会成员，但在此过程中其获得的机会和享有的权利却受到了相应的克减，因此通过社会优待制度在某些特定领域对其进行补强，这种补强不应被视为是特权的表现。另一方面，优抚对象所享有的社会优待待遇是以权利形式由法律固定下来的，该权利是国家和社会共同对优抚对象所负有的义务，二者都应当保障优抚对象该项权利的实现，而这正是社会优待作为社会保障制度所具有的社会性的体现。因此，无论公交公司的性质是国有企业还是私人承包，范某作为伤残军人都有权利要求其提供免费乘车的优待待遇。

---

① 林嘉．劳动法和社会保障法．北京：中国人民大学出版社，2009：441.

（二）社会优待的对象

根据《国防法》、《兵役法》、《军人抚恤优待条例》等法律的有关规定，社会优待的对象包括现役军人、服现役或者退出现役的残疾军人以及复员军人、退伍军人、烈士遗属、因公牺牲军人遗属、病故军人遗属、现役军人家属。可见，社会优待的覆盖面非常广泛，囊括了社会优抚制度的所有保障对象。同时根据《军人抚恤优待条例》第49条的规定，中国人民武装警察部队中的有关人员亦依法享有社会优待的权利。

二、社会优待的主要内容

（一）义务兵优待

义务兵是相对志愿兵而言的，我国实行的是义务兵役制，凡符合法定条件的公民都必须依法到军队中服役，法定服役期限为两年，在此期间服役的即为义务兵，而两年期满根据军队需要和本人自愿，经团级以上单位批准，可以改为志愿兵。因此，义务兵优待就是军人在义务服役期限内所能够享受的待遇。具体来说包括：（1）义务兵服现役期间，其家庭由当地人民政府发给优待金或者给予其他优待，优待标准不低于当地平均生活水平。（2）义务兵和初级士官入伍前是国家机关、社会团体、企业事业单位职工（含合同制人员）的，退出现役后，允许复工复职，并享受不低于本单位同岗位（工种）、同工龄职工的各项待遇；服现役期间，其家属继续享受该单位职工家属的有关福利待遇。（3）义务兵和初级士官入伍前的承包地（山、林）等，应当保留；服现役期间，除依照国家有关规定和承包合同的约定缴纳有关税费外，免除其他负担。（4）义务兵从部队发出的平信，免费邮递。

（二）医疗优待

残疾军人、复员军人、带病回乡退伍军人以及烈士遗属、因公牺牲军人遗属、病故军人遗属都可以享受医疗优惠待遇。而残疾军人所能享受的医疗优待力度最大，国家对一级至六级残疾军人的医疗费用按照规定予以保障，由所在医疗保险统筹地区社会保险经办机构单独列账管理。七级至十级残疾军人旧伤复发的医疗费用，已经参加工伤保险的，由工伤保险基金支付，未参加工伤保险，有工作的由工作单位解决，没有工作的由当地县级以上地方人民政府负责解决；七级至十级残疾军人旧伤复发以外的医疗费用，未参加医疗保险且本人支付有困难的，由当地县级以上地方人民政府酌情给予补助。中央财政对抚恤优待对象人数较多的困难地区给予适当补助，用于帮助解决抚恤优待对象的医疗费用困难问题。此外，在国家机关、社会团体、企业事业单位工作的残疾军人，享受与所在单位工伤人员同等的生活福利和医疗待遇。所在单位不得因其残疾将其辞退、解聘或者解除劳动关系。

（三）生活优待

在日常生活中，优抚对象亦可依法享有各种优待。具体来说包括：（1）现役军人凭有效证件、残疾军人凭《中华人民共和国残疾军人证》优先购票乘坐境内运行的火车、轮船、长途公共汽车以及民航班机；残疾军人享受减收正常票价50%的优待。现役军人凭有效证件乘坐市内公共汽车、电车和轨道交通工具享受优待，残疾军人凭《中华人民共和国残疾军人证》免费乘坐市内公共汽车、电车和轨道交通工具。（2）现役军人、残疾军人凭有效证件参观游览公园、博物馆、名胜古迹享受优待。（3）烈士、因公牺牲军人、病故军人的子女、兄弟姐妹，本人自愿应征并且符合征兵条件的，优先批准服现役。（4）残疾军人、复员军人、带病回乡退伍军人、烈士遗属、因公牺牲军人遗属、病故军人遗属承租、购买住房依照有关规定享受优先、优惠待遇。居住农村的抚恤优待对象住房困难的，由地方人民政府帮助解决。

（四）教育优待

义务兵和初级士官退出现役后，报考国家公务员、高等学校和中等职业学校，在与其他考生同等条件下优先录取。符合特定条件的军人及其子女报考普通高中、中等职业学校、高等学校，在与其他考生同等条件下优先录取；接受学历教育的，在同等条件下优先享受国家规定的各项助学政策。现役军人子女的入学、入托，在同等条件下优先接收。

（五）随军家属优待

经军队师（旅）级以上单位政治机关批准随军的现役军官家属、文职干部家属、士官家属，由驻军所在地的公安机关办理落户手续。随军前是国家机关、社会团体、企业事业单位职工的，驻军所在地人民政府劳动保障部门、人事部门应当接收和妥善安置；随军前没有工作单位的，驻军所在地人民政府应当根据本人的实际情况作出相应安置；对自谋职业的，按照国家有关规定减免有关费用。对符合随军条件但无法随军的家属，所在地人民政府应当妥善安置，保障其生活不低于当地的平均生活水平。

（六）经济补助

经济补助是指国家拨出专项经费，定期向符合条件的经济补助对象发给的一定数额的经济补助费。在乡退伍红军老战士、在乡西路军红军老战士享受抚恤生活补助费；红军失散人员和符合条件的在乡老复员军人享受定期补助；少数带病还乡、医疗生活困难很大的退伍军人也可享受定期补助待遇。

第三节 社会抚恤

案例及问题导引

范某于1971年1月应征入伍，1975年经检查发现患有胃溃疡，1976年3月在部队边防施工中被撞伤头部，但未经伤残评级，1977年经部队批准退役回乡务农。自2005年6月起，范某数次找到当地民政局，要求发放抚恤金和评定残疾等级，该县民政局书面答复告知其不符合领取抚恤金的条件且民政局不具有评定伤残等级的职权。范某遂诉至法院，要求判令民政局依法发给抚恤金，并补发停发的抚恤金和评残。那么，领取抚恤金究竟需要哪些条件呢？又需要经过哪些程序呢？

一、残疾抚恤

（一）残疾抚恤的对象

残疾抚恤是指向特定身份的残疾人员所提供的各种抚恤待遇，抚恤的对象主要包括现役军人以及退出现役的军人。但需注意的是，抚恤对象必须达到致残的程度才可享受残疾抚恤，如果军人在服役期间受伤但并未致残的，即使是因公受伤，也不能享受残疾抚恤。具体来说，现役军人的残疾被认定为因战致残、因公致残或者因病致残的，依照《军人抚恤优待条例》的规定享受抚恤。而退出现役的军人则依照民政部《伤残抚恤管理办法》的有关规定享受抚恤。

（二）致残性质和等级评定

现役军人只有在因战致残、因公致残、因病致残三种情况下才可享受抚恤待遇。关于如何认定致残性质，《军人抚恤优待条例》第20条规定，应参照死亡抚恤性质认定的有关规定执行。而在确认了致残性质后，则需进一步对所患残疾的等级进行评定以此确定相应的抚恤待遇。现役军人因战、因公致残，医疗终结后符合评定残疾等级条件的，应当评定残疾等级。义务兵和初级士官因病致残符合评定残疾等级条件，本人（精神病患者由其利害关系人）提出申请的，也应当评定残疾等级。残疾的等级，根据劳动功能障碍程度和生活自理障碍程度确定，由重到轻分为一级至十级。因战、因公致残，残疾等级被评定为一级至十级的，享受抚恤；因病致残，残疾等级被评定为一级至六级的，享受抚恤。

根据对象的不同，致残性质的认定和残疾等级的评定权限由不同部门行使：（1）义务兵和初级士官的残疾，由军队军级以上单位卫生部门认定和评定；（2）现役军官、文职干部和中级以上士官的残疾，由军队军区级以上单位卫生部门认定和评定；（3）退出现役的军人和移交政府安置的军队离休、退休干部需要认定残疾性质和评定残疾等级的，由省级人民政府民政部门认定和评定，包括补办评定残疾等级、调整残疾等级。上述部门评定残疾等级，应当依据医疗卫生专家小组出具的残疾等级医学鉴定意见。

可见，在导引案例中，范某作为退役军人，在服役期间虽然自称受过伤，但无论是在服役期间还是在退出现役后，其既没有对致残性质进行认定，也没有对残疾等级进行评定，故不能确认其所受伤害是否构成抚恤范围内的残疾。由于其未依法定程序进行申请，因此民政局依法作出不予发放抚恤金的行政行为并无不妥之处。

（三）残疾抚恤待遇

经认定符合抚恤条件的残疾军人，由有关机关发给《中华人民共和国残疾军人证》，依法享受残疾抚恤待遇。退出现役的残疾军人，按照残疾等级享受残疾抚恤金，该残疾抚恤金由县级人民政府民政部门发给。因工作需要继续服现役的残疾军人，经军队军级以上单位批准，则由所在部队按照规定发给残疾抚恤金。残疾军人的抚恤金标准应当参照全国职工平均工资水平确定。从实践来看，民政部和财政部每年都会发布通知调整和提高残疾军人的抚恤标准。而县级以上地方人民政府对依靠残疾抚恤金生活仍有困难的残疾军人，可以增发残疾抚恤金或者采取其他方式予以补助，保障其生活不低于当地的平均生活水平。

退出现役的一级至四级残疾军人，由国家供养终身。其中，对需要长年医疗或者独身一人不便分散安置的，经省级人民政府民政部门批准，可以集中供养；对于其他分散安置的，按照相应标准发放护理费。退出现役的残疾军人的护理费，由县级以上地方人民政府民政部门发给；未退出现役的残疾军人的护理费，经军队军级以上单位批准，由所在部队发给。

残疾军人需要配制假肢、代步三轮车等辅助器械，正在服现役的，由军队军级以上单位负责解决；退出现役的，由省级人民政府民政部门负责解决。

（四）残疾军人死亡抚恤

退出现役的因战、因公致残的残疾军人因旧伤复发死亡的，由县级人民政府民政部门按照因公牺牲军人的抚恤金标准发给其遗属一次性抚恤金，其遗属享受因公牺牲军人遗属抚恤待遇。退出现役的因战、因公、因病致残的残疾军人因病死亡的，对其遗属增发12个月的残疾抚恤金，作为丧葬补助费；其中，因战、因公致残的一级至四级残疾军人因病死亡的，其遗属享受病故军人遗属抚恤待遇。

二、死亡抚恤

（一）死亡抚恤的对象

死亡抚恤的对象主要是现役军人的遗属。同残疾抚恤一样，并非所有死亡军人的遗属都可获得死亡抚恤，只有军人的死亡性质符合法定条件的，其遗属才有资格享受死亡抚恤待遇。依照有关规定，现役军人死亡被批准为烈士、被确认为因公牺牲或者病故的，其遗属依照规定享受抚恤。遗属的范围主要包括烈士、因公牺牲军人、病故军人的父母（抚养人）、配偶、子女；没有父母（抚养人）、配偶、子女的，则由未满18周岁的兄弟姐妹和已满18周岁但无生活费来源且由该军人生前供养的兄弟姐妹享受。

（二）死亡性质的批准或确认机关

死亡抚恤针对三类死亡性质，即烈士、因公牺牲和病故。对于这三类死亡性质的认定标准，《军人抚恤优待条例》作了明确规定。而不同情况下的死亡性质则由不同的机关进行批准或确认，具体分工如下：

表　死亡性质的批准（确认）机关①

死亡性质		批准（确认）机关
烈士	属于因战死亡的	军队团级以上单位政治机关批准
	属于非因战死亡的	军队军级以上单位政治机关批准
	属于其他死难情节特别突出，堪为后人楷模的	中国人民解放军总政治部批准
因公牺牲	（1）在执行任务中或者在上下班途中，由于意外事件死亡的； （2）被认定为因战、因公致残后因旧伤复发死亡的； （3）因患职业病死亡的； （4）在执行任务中或者在工作岗位上因病猝然死亡，或者因医疗事故死亡的	军队团级以上单位政治机关确认
	属于其他因公死亡情形	军队军级以上单位政治机关确认
现役军人病故		军队团级以上单位政治机关确认

① 林嘉．劳动法和社会保障法．北京：中国人民大学出版社，2009：444.

（三）死亡抚恤待遇

死亡抚恤待遇包括一次性抚恤金和定期抚恤金。

1. 一次性抚恤金。所谓一次性抚恤金，就是国家按照规定向遗属一次性发放的抚恤金，包括一次性普通抚恤金、一次性增发抚恤金以及一次性特别抚恤金。现役军人死亡，根据其死亡性质和死亡时的月工资标准，由县级人民政府民政部门发给其遗属一次性抚恤金，标准是：烈士，80个月工资；因公牺牲，40个月工资；病故，20个月工资。月工资或者津贴低于排职少尉军官工资标准的，按照排职少尉军官工资标准发给其遗属一次性抚恤金。上述人员如果曾经获得荣誉称号或者立功的，其遗属在应当享受的一次性抚恤金的基础上，还应当由县级人民政府民政部门按一定比例增发一次性抚恤金。对生前作出特殊贡献的上述人员，除按照本条例规定发给其遗属一次性抚恤金外，还可以由军队按照有关规定发给其遗属一次性特别抚恤金。

2. 定期抚恤金。所谓定期抚恤金，就是国家按照规定向符合条件的遗属定期发给的以维持其基本生活为目的的抚恤金。其对象主要是生活水平低于标准或丧失收入来源的烈士遗属、因公牺牲军人遗属、病故军人遗属。定期抚恤金标准应当参照全国城乡居民家庭人均收入水平确定，民政部和财政部每年亦会对定期抚恤金标准进行调整。县级以上地方人民政府对依靠定期抚恤金生活仍有困难的上述人员，可以增发抚恤金或者采取其他方式予以补助，保障其生活不低于当地的平均生活水平。享受定期抚恤金的上述人员死亡的，增发6个月其原享受的定期抚恤金，作为丧葬补助费，同时注销其领取定期抚恤金的证件。

（四）死亡抚恤的终止

现役军人失踪，经法定程序宣告死亡的，在其被批准为烈士、确认为因公牺牲或者病故后，又经法定程序撤销对其死亡宣告的，由原批准或者确认机关取消其烈士、因公牺牲军人或者病故军人资格，并由发证机关收回有关证件，终止其家属原享受的抚恤待遇，但之前领取的待遇无需返还。

第四节 安置保障

案例及问题导引

2003年，某地街道办事处工作人员在进行军队转业、复员、退伍军人、移交地方的战斗英雄和功臣普查过程中发现，71岁的老战士范某于1946年便参加了中国人民解放军，在东北、华中、华北等地参加过战斗，解放后又到朝鲜战场抗美援朝，多次荣获战功和奖章，于1955年1月转业。但是，这位怀揣着6枚军功章的老战士，每月退休金却只有353.50元，从未享受过政策规定的生活补助金。工作人员遂将老人的情况层层上报到民政部门。但由于没有任何档案凭证，最终民政部门退回了范老的申报材料。后经工作人员反复查找，终于查找到了赵老参军和立功的有关档案材料，为其领取生活补助金提供了依据。那么，离退休的军队老干部应当获得哪些优抚待遇呢？

一、退役安置

退役安置是指军人在退出现役后，国家和社会通过提供资金和服务等形式对其退役后的生活进行妥善安排的社会优抚制度。在退出现役后，由于军人在服役期间所接受的多为专业的军事训练，可能无法适应普通社会生活的需求，此时就需要通过接受职业技能培训、职业教育等手段帮助其重新进行职业定位，并利用各种途径安排其退役后的就业和生活，必要时还给以资金资助，以保障军人在退役后能够自力更生，获得稳定的收入来源。从安置对象来看，退役安置包括义务兵安置、志愿兵安置以及退役士官安置；从安置形式来看，包括退伍安置、复员安置和转业安置。

（一）退役义务兵安置

退伍义务兵是指中国人民解放军和中国人民武装警察部队的义务兵，包括因服现役期满（包括超期服役）退出现役的义务兵和虽然服现役期未满，但因符合法定情形经部队师级以上机关批准提前退出现役的义务兵。义务兵退出现役后，按照从哪里来、回哪里去的原则，由原征集的县、自治县、市、市辖区的人民政府接收安置。义务兵退出现役后，报考国家公务员、高等院校和中等专业学校，按照有关规定予以优待。

家居农村的义务兵退出现役后，由乡、民族乡、镇的人民政府妥善安排他们的生产和生活。机关、团体、企业事业单位在农村招收员工时，在同等条件下，应当优先录用退伍军人。荣获二等功以上奖励的，参照家居城镇的义务兵的规定安排工作。

家居城镇的义务兵退出现役后，由县、自治县、市、市辖区的人民政府安排工作，也可以由上一级或者省级人民政府在本地区内统筹安排。机关、团体、企业事业单位，不分所有制性质和组织形式，都有按照国家有关规定安置退伍军人的义务。入伍前是机关、团体、企业事业单位职工的，允许复工、复职。城镇退伍军人待安置期间，由当地人民政府按照不低于当地最低生活水平的原则发给生活补助费。城镇退伍军人自谋职业的，由当地人民政府给予一次性经济补助，并给予政策上的优惠。

为进一步做好退役士兵安置工作，国务院于2005年发布了《关于进一步做好城镇退役士兵安置工作的通知》，强调除依法保障城镇退役士兵安置就业外，还应大力推进城镇退役士兵自谋职业。民政部等部门出台了《关于扶持城镇退役士兵自谋职业优惠政策的意见》，确定了对城镇退役士兵自谋职业的优惠措施。

(二) 退役志愿兵安置

志愿兵退出现役后，服现役不满十年的，参照义务兵的有关规定安置；满十年的，由原征集的县、自治县、市、市辖区的人民政府安排工作，也可以由上一级或者省级人民政府在本地区内统筹安排；自愿回乡参加农业生产或者自谋职业的，给予鼓励，由当地人民政府增发安家补助费；服现役满三十年或者年满五十五岁的作退休安置，根据地方需要和本人自愿也可以作转业安置。

志愿兵在服现役期间，参战或者因公致残、积劳成疾基本丧失工作能力的，办理退休手续，由原征集的县、自治县、市、市辖区的人民政府或者其直系亲属所在地的县、自治县、市、市辖区的人民政府接收安置。

(三) 退役士官安置

士官作为我国现役士兵的一种，是指负责协助军官管理、训练和带领义务兵完成战斗任务的志愿兵役制士兵。退役士官的安置包括复员安置和转业安置两大类。《兵役法》、《中国人民解放军士官退出现役安置暂行办法》、《中国人民解放军现役士兵服役条例》等法律法规，就士官退出现役的条件、程序，以及复员安置、转业安置的安置方式等作出了明确规定。作复员和转业安置的士官退出现役，原则上回入伍时户口所在地的县（市）安置，在符合法律规定的情况下可以易地安置。士官复员后，由征集地的县（市）人民政府按退伍义务兵的有关规定妥善安置；士官转业后，按照当年度退伍工作通知的有关规定执行。转业士官和城镇入伍的复员士官待安置期间，由当地人民政府按照不低于当地最低生活水平的原则发给生活补助费。

(四) 退役军官安置

军官是指被任命为排级以上职务或者初级以上专业技术职务，并被授予相应军衔的现役军人。2000 年修订的《现役军官法》对军官退出现役的条件作了规定。军官退出现役后，采取转业由政府安排工作和职务，或者由政府协助就业、发给退役金的方式安置；有的也可以采取复员或者退休的方式安置。《军队转业干部安置暂行办法》则规定了列入军队干部转业安置计划的条件、安置地点、工作分配与就业、社会保障、家属安置等多方面的内容。军队转业干部是指退出现役作转业安置的军官和文职干部。总体而言，国家对军队转业干部实行计划分配和自主择业相结合的方式安置。计划分配的军队转业干部由党委、政府负责安排工作和职务；自主择业的军队转业干部由政府协助就业、发给退役金。

二、离退休安置

离退休安置，是指国家和社会通过提供资金和服务的形式对直接从军队现役中离休或退休的军人及其家属提供的各种社会优抚待遇。离退休安置包括离休安置和退休安置两类情况。

（一）离休安置

离休安置的对象主要是军队的离休干部。根据《关于军队干部离职休养的暂行规定》，年大体弱不能坚持正常工作的1937年7月6日以前入伍（含参加革命工作）的干部；1945年9月2日以前入伍的团职或行政18级以上干部以及与其职、级相当的干部；1949年9月30日以前入伍的师职或行政14级以上干部以及与其职、级相当的干部，可以离休。离休的年龄为：师职以下干部年满55周岁，军职干部年满60周岁的，兵团职和大军区职干部年满65周岁。离休干部的安置要从实际出发，因地制宜。有的可以就地安置，有的可以回本人或配偶原籍以及配偶居住地区安置，有的也可到子女居住地区安置。自愿回农村安置的给予鼓励。驻边防、海岛、高原等地区的干部，在内地安置时，安置地区应优先接收。离休干部依法可享受住房、日常生活、配车、医疗等多个方面的待遇。

（二）退休安置

退休安置的对象主要是退休的军队干部。根据《关于军队干部退休的暂行规定》，军队的现役干部，男年满55周岁、女年满50周岁，或因战、因公致残，积劳成疾，基本丧失工作能力的，可办理退休。已达上述年龄的专业技术干部以及其他干部，因工作需要，身体又能坚持正常工作的，退休时间可以适当推迟。退休干部的安置要从实际出发，有的可以就地安置，有的可以回本人或配偶原籍安置，有的可以到配偶、子女、父母居住地区安置。自愿回农村安置的给予鼓励。干部退休后，当月的工资由原单位发给，从下个月起由安置地区民政部门按不同标准发给退休生活费，并可享受住房、安家补助费、医疗、生活补贴、困难补助费和其他各种补贴费，均由当地民政部门向同级财政部门编造预算列支。

问题与思考

1. 什么是社会优抚制度？其具有什么特点？
2. 社会优抚制度的主要内容是什么？
3. 简述社会优待的对象和主要内容？
4. 简述残疾抚恤的对象和主要内容？
5. 简述死亡抚恤的对象和主要内容？
6. 简述退役安置制度的主要内容？
7. 简述离退休安置制度的主要内容？
8. 离休制度和退休制度有哪些区别？

第十六章

社会救助

第一节　社会救助概述

案例及问题导引

社会救助是社会保障的最后一道防护线和安全网。什么是社会救助，社会救助有什么特征？社会救助制度的建立应遵循什么原则？社会救助有什么意义？

一、社会救助的概念及特征

（一）社会救助的概念

社会救助，是指国家对于遭受灾害、失去劳动能力的公民以及低收入的公民给予物质救助，以维持其最低生活水平的一项社会保障制度。社会救助主要是对社会成员提供最低生活保障，其目标是扶危济贫，救济社会脆弱群体，对象是社会的低收入人群和困难人群。社会救助是基于一种同情和慈善的心理，体现了浓厚的人道主义思想，从对贫困者行善施恩到积极的救困助贫，进而作为政府的责任而形成的长期性的救济制度。

社会救助是人类社会的一种早已存在的保障形式，建立在慈善的、施舍的基础上，而不是人民的一项权利。但现代社会救助制度则是基于保障公民生存权的思想而发展起来的，改变了社会救助的慈善、恩惠的观念，将原来由教会、私人或地方政府办理的济贫行动变成国民的一项权利，并树立起了政府的责任观念，将对社会贫困群体的救助视为国家的责任。1948 年联合国大会通过的《世界人权宣言》就写有：人类有“脱离恐惧和贫困”的自由，消除贫困，获得有保障的生活成为人类基本的人权。

（二）社会救助的特征

社会救助不同于传统的济贫措施，也不同于社会福利和社会保险，其基本特征是：

（1）社会救助的资金来源于国家财政和地方财政，列入国家总预算支出，社会成员无须缴纳费用，符合条件者即可获得社会救助。而社会保险主要表现为国家、单位、个人三方缴费原则，体现为权利、义务的统一。

（2）社会救助的对象是全体社会成员。通常，社会保险的对象以劳动者为主体，而社会救助由符合条件的救助对象依法定程序申请就可以获得，其范围扩及全社会成员。

（3）享受社会救助的对象必须基于贫困的事实。享受社会救助前，需要由有关部门对贫困状况或收入作必要的调查，调查的内容包括收入状况、财产状况、劳动力、赡养人口等，调查的结果达到法定救助标准时才能获得救助。

（4）社会救助提供的是最低生活保障，即维持最低生活标准所需的实际费用，而社会保险和社会福利都可以在此标准之上，如社会保险金的给付可以依工资的一定比例或按均一金额，还可以是按缴费基金累计的数额。

二、社会救助制度的原则

社会救助制度的建立和实施，不仅要遵循社会保障制度的基本原则，还应当根据现代社会救助制度的自身特征，贯彻以下基本原则：

1. 反贫困原则

贫困在国际上有两个标准：一是绝对意义上的贫困，即缺乏满足最低生活需要的条件和手段，没有生活必需的食物、衣服、住所；二是相对意义上的贫困，即相对于社会平均生活水平的差距而言的贫困。我国人口众多，各地经济发展状况不一，贫困问题较为严重。我国目前要解决的主要是绝对贫困问题。虽然改革开放 30 年以来，贫困者数量占人口总量的比例有所下降，但其绝对量仍然很大，而且在城乡人民生活水平逐年普遍提高的同时，贫富差距也在不断拉大，两极分化日渐严重，我们的社会确实还存在为数不少的贫困者。通过社会救助的实施，应当力争在短期内消灭绝对贫困，同时也应当尽可能减少相对贫困。这是现代国家对实施社会救助制度的最低要求。

2. 尊重生存权原则

在社会救助制度中，生存权原则主要体现在三个方面：一是生存的保障义务由国家履行；二是国家制定了与其经济状况相一致的生存标准；三是国家采取使低于生存标准的人达到这一标准的具体措施。我国社会救助制度根据生存权原则，对国家在物质保障方面的职责、行使保障职能的专门机构、保障的对象、范围、标准，保障方法和实现程序，以及专门机构在行使保障职能时的权利与义务，各主体的法律责任等作了全面规定。

3. 积极救助原则

国家在制定社会救助制度时，只以社会成员的生活条件及状况为出发点面向全体公民，而不会以社会成员的职业、阶层等为依据。只要社会成员符合救助条件，国家和社会就应当积极实施救助，并在资金上给予保证。

社会救助不是建立在恩赐、施舍、怜悯基础上的单纯的、消极的赈济，而是通过“生产自救”等积极的救助方式，把扶贫和自力更生有机结合起来，使被救助者能感到自己获得救助是一种劳动报酬，从而维护了他们的自尊，激发贫困者自强、自立、自主的主动精神，发展被救助者的谋生能力。

三、建立社会救助的意义

社会救助制度的建立和发展，充分体现了社会的进步和文明的发达。越是发达文明的国家，其社会救助制度就越发展。其趋势表现为救助的范围越来越大，设计的种类越来越多，救助的条件越来越放宽且标准提升，并以平等的无差别待遇来对待社会的全体成员，使每一个社会成员都能健康而愉快地生活。作为整个社会保障体系中的重要组成部分，社会救助的实施在保障公民获得基本物质生活，克服贫困，稳定社会，促进经济发展方面发挥着不可或缺的作用。

1. 有利于安定人民的生活，维护社会稳定。社会救助既不是带有怜悯性的恩赐，也不是需要先尽义务的补偿，而是法律赋予社会成员的权利，所以凡是不能享受社会保险或享受社会保险之后生活仍然达不到国家规定的生活水平者，都可以依据一定的程序申请享受社会救助，以维持生存。社会救助因其面向生活在最底层的社会成员而被视为整个社会保障制度的最后一道保障网。同时社会救助的资金主要来源于国家财政拨款和社会筹集，国家和社会通过帮助处境困难的社会成员减轻其贫困程度，乃至使他们最终摆脱贫困，以减少社会不安定因素。

2. 有效地弥补社会保险制度的不足。就社会保险制度的设计看，享受社会保险待遇的只是部分或大部分社会成员，享受社会保险待遇有严格的条件限制，只有被纳入社会保险范围并承担了相应义务的人才能获得社会保险待遇。这必然使得社会上有相当部分的贫困人群因没有参加社会保险或无力支付社会保险费而不能享受社会保险待遇，这就需要通过社会救济制度使他们免去生活之忧。此外，当享受社会保险待遇条件届满后，还可以转为适用社会救助。

3. 有利于促进社会经济的发展和繁荣。现代社会救助制度已从传统的消极救济发展到积极的救助，促使贫困者自力更生，实现脱贫致富，从而促进社会经济的繁荣。

第二节　社会救助的基本内容

案例及问题导引

李某系北京市一名下岗工人，独自抚养10岁的孩子，同时家里有需要赡养的两位老人，平日靠打些零工维持家里的生活，每月收入千元以下，难以维持家庭生活。李某可以获得什么样的社会救助？同时，社会救助的对象是什么？社会救助包括哪些项目？被救助者有什么样的义务？社会救助的主要内容是什么？

一、社会救助对象

通说认为我国社会救助的对象包括三种：一是因自然灾害、意外事故导致不接受紧急救助就无法维持生活的人；二是由于先天或后天的因素失去劳动能力的人；三是虽有劳动能力，但因客观因素导致失业、收入中断或减少，而且无法获得社会保险给付的人。从目前我国有关社会救助的法律、法规的规定来看，笔者认为我国社会救助的对象主要包括以下三类：无依无靠无生活来源的社会成员；遭受自然灾害严重侵袭而使生活一时陷入拮据状态的社会成员；生活水平低于当地最低标准的贫困家庭。

二、社会救助项目

社会救助的具体形态，散见于单行法律、法规之中，而且名称各异，含义不一，致使社会救助的具体类型和内容很难准确界定。笔者认为我国的社会救助体系的主要内容包括生活救助、自然灾害救助、专项救助和临时救助。目前在我国各地开展的社会救助项目主要有：城市最低生活保障制度、农村最低生活保障制度、农村五保供养制度、医疗救助、教育救助、住房救助、司法救助、就业援助等，此外我国在农村长期实行的扶贫政策虽不属于社会救助但却具有社会救助的意义。在现有救助体系中，生活救助是社会救助的主体，医疗救助则是社会救助的重点和难点。

三、被救助者的义务

目前我国的社会救助主要还是以扶贫为主，激励就业和预防贫困的措施较少。因此社会救助更多地体现出是政府的责任和被救助者的权利，社会救助具有无偿性特点，并不特别要求被救助者提供服务作为回报。不过在社会救助过程中，被救助者被要求有一些义务，比如在住房救助中，要求被救助者承担如实提供材料的义务、家庭情况变化报告的义务、按时交纳租金的义务等等。

四、社会救助的主要内容

一、城市居民最低生活保障制度

城市居民最低生活保障制度，是国家对城市中的贫困居民，按照最低生活保障线标准给予基本生活保障的制度。这是适应我国社会主义市场经济体制而建立的新型的社会救助制度。

1. 保障对象和范围

我国建立的城市居民最低生活保障制度的保障对象是家庭人均收入低于当地最低生活保障标准的持有非农业户口的城市居民。《城市居民最低生活保障条例》规定持有非农业户口的城市居民，凡共同生活的家庭成员人均收入低于当地城市居民最低生活保障标准的，均有从当地人民政府获得基本生活物质帮助的权利。这里的“收入”是指共同生活的家庭成员的全部货币收入和实物收入，包括法定赡养人、扶养人或抚养人应当给付的赡养费、扶养费或者抚养费，不包括优抚对象按照国家规定享受的抚恤金、补助金。主要包括以下四类人员：（1）无生活来源、无劳动能力、无法定赡养人或抚养人的居民；（2）领取失业救济金期间或失业救济期满仍未能重新就业，家庭人均收入低于最低生活保障标准的居民；（3）在职人员和下岗人员在领取工资或最低工资、基本生活费后以及退休人员领取退休金后，其家庭人均收入仍低于最低生活保障标准的居民；（4）因天灾人祸造成暂时生活困难的居民。本节案例导引中李某作为下岗职工，其家庭人均收入低于北京市最低生活保障标准，符合领取低保的条件，可以领取北京市的最低生活保障。

2004年民政部发布的《关于做好普通高等学校困难毕业生救济工作的通知》，要求高度重视高校困难毕业生救济工作，高校毕业生因短期无法就业或就业后发生生活困难的，户籍迁入地民政部门要及时按照有关规定为其提供最低生活保障或临时救济，积极鼓励享受低保待遇的高校困难毕业生通过各种途径就业，并为高校困难毕业生就业创造条件。

2. 保障标准

我国目前的“最低生活保障线”是由当地政府在调查研究的基础上，根据城市居民维持基本生活的最低支出和物价指数，并考虑社会平均生活水平和政府财政的承受能力等因素，经过测算和论证后制定的。并且，“最低生活保障线”还应随物价上涨等因素进行调整。

在具体确定城市最低生活保障标准上，各地大多采取了“菜篮子法”，即选择若干生活必需品，依据其最低消费作为确定最低生活水平的标准。具体确定时主要考虑以下几个因素：一是选择的生活必需品品种必须准确；二是确定生活必需品的价格指数必须合理；三是贫困家庭及其消费特征的选择必须具有代表性。1999 年的《城市居民最低生活保障条例》对城市居民最低生活保障标准的依据和原则如是规定："城市居民最低生活保障标准，按照当地维持城市居民基本生活所必需的衣、食、住费用，并适当考虑水电燃煤（燃气）费用以及未成年人的义务教育费用确定。"2008 年《城市低收入家庭认定办法》规定，城市低收入家庭收入标准主要包括家庭收入和家庭财产两项指标，应当根据当地经济和社会发展水平，统筹考虑居民人均可支配收入、最低生活保障标准、最低工资标准以及住房保障和其他社会救助的关系，以满足城市居民基本生活需求为原则，按照不同救助项目需求和家庭支付能力确定。

3. 管理机构和资金来源

我国城市居民最低生活保障制度实行地方各级人民政府负责制。国务院民政部门和县级以上地方各级人民政府民政部门分别负责全国和地方城市居民最低生活保障的管理工作；县级人民政府民政部门以及街道办事处和镇人民政府（以下统称管理审批机关）负责城市居民最低生活保障的具体管理审批工作。居民委员会根据管理审批机关的委托，可以承担城市居民最低生活保障的日常管理、服务工作。

最低生活保障的资金筹集主要采取两种形式：一是由市、区两级财政与机关、企事业单位分担，救济对象有工作单位的，由其所在单位给予困难补助；救济对象无工作单位的和所在单位无力负担的，由市区财政给予社会救济。二是完全由市、区两级财政负担。《城市居民最低生活保障条例》（以下简称《条例》）规定城市居民最低生活保障所需资金，由地方人民政府列入财政预算，纳入社会救济专项资金支出项目，专项管理，专款专用。国家鼓励社会组织和个人为城市居民最低生活保障提供捐赠、资助，所提供的捐赠资助，全部纳入当地城市居民最低生活保障资金。

4. 申请和审批程序

在申请程序上《条例》规定：申请享受城市居民最低生活保障待遇，由户主向户籍所在地的街道办事处或者镇人民政府提出书面申请，并出具有关证明材料，填写《城市居民最低生活保障待遇审批表》。城市居民最低生活保障待遇，由其所在地的街道办事处或者镇人民政府初审，并将有关材料和初审意见报送县级人民政府民政部门审批。管理审批机关为审批城市居民最低生活保障待遇的需要，可以通过入户调查、邻里访问以及信函索证等方式对申请人的家庭经济状况和实际生活水平进行调查核实。申请人及有关单位、组织或者个人应当接受调查，如实提供有关情况。

从申请到审批各个环节所需具体时间，《条例》没有作出细致的规定，仅规定管理审批机关应当自街道申请之日起 30 日内办结。县级人民政府民政部门经审查，对符合享受城市居民最低生活保障待遇条件的家庭，应当区分不同情况批准其享受城市居民最低生活保障待遇。对经批准享受城市居民最低生活保障待遇的城市居民，由管理审批机关采取适当形式以户为单位予以公布，接受群众监督。城市居民对县级人民政府民政部门作出的不批准享受城市居民最低生活保障待遇或者减发、停发城市居民最低生活保障款物的决定或者给予的行政处罚不服的，可以依法申请行政复议；对复议决定不服的，可以依法提起行政诉讼。由此可以总结出，申领最低生活保障待遇，一般要经过个人申请—居委会核实—街道办事处或镇人民政府初审—区或县民政部门审批—市民政部门复核备案等几个环节。

二、灾害救助

我国是一个灾害多发的国家，全国每年受灾人口在 2 亿人口以上，因灾害造成的人口死亡约为 10 万人，因灾害造成的直接经济损失为 1 000 亿元－2 000 亿元以上，这一数值约占国民生产总值的 5%－9%，相当于国民收入总额的 6%－10%、国家财政收入的 25%－40%。洪涝、台风、旱灾、风雹、地震、雪灾、低温冷冻、山体滑坡和泥石流等灾害每年都不同程度发生。2005 年各类自然灾害造成 2 475 人死亡，紧急转移安置 1 570.3 万人，倒塌房屋 226.5 间，因灾造成直接经济损失 2 042.1 亿元。灾害严重的直接后果是灾民众多，必须依靠有效的灾民救济保障制度，对灾区群众和集体无力解决的困难给予必要的帮助，才能维持灾区的社会稳定，消除灾害造成的社会问题。①

全国人大针对个别灾害类型制定了一些法律，比如《防震减灾法》、《传染病防治法》、《防洪法》等等，它们在减灾方面发挥了重要作用，但这些法律更注重的是对灾害的防范。由于缺乏统一规范，有些地方从本地出发，制定了有关救灾的综合规定，如《广东省自然灾害救济工作规定》、《新疆生产建设兵团灾民救助暂行办法》等。2006 年 1 月 10 日国务院颁布实施《国家自然灾害救助应急预案》，对灾害发生后的应急救助做了规定。

（一）救助范围

凡在我国发生以下灾害时，可以启动国家自然灾害救助应急预案：水旱灾害、台风、冰雹、雪、沙尘暴等气象灾害，火山、地震灾害、山体崩塌、滑坡、泥石流等地质灾害，风暴潮、海啸等海洋灾害，森林草原火灾和重大生物灾害等自然灾害和其他突发公共事件。

（二）救助对象

根据《广东省自然灾害救济工作规定》规定，灾害救助对象是“具有本省常住户

① 参见《新年伊始　中国关注民生关注救灾》，载《人民日报》，2006 年 1 月 6 日，海外版。

口、在本行政区域内遭受自然灾害、无法维持基本生活的人员”。具体来说，救助对象包括“需要紧急转移的；缺衣被缺粮食，没有自救能力的；住房倒塌或者严重损坏，无家可归，无力自行解决的；死亡者遗属生活困难的，伤病者无力医治的”。其他各地采取制定规章和规范性文件的方式，对救助对象进行规定。可见，救助对象具有选择性，只有那些受灾后短期内无法维持基本生活的灾民才可能成为灾害救助的对象。

（三）救助程序

申请灾害救助一般程序要经过村民申请、村委会审议上报、乡镇审核、区县民政局审批四个步骤。但由于灾害的发生具有一定的突发性，申领灾害救助在遵守一般程序的同时，同时又要坚持原则性与灵活性相结合。对于紧急情况下急需救助的灾民，可不按一般程序办理，及时提供救助。比如“因自然灾害需要紧急转移、安置、救济灾民，可不受本条例规定的救济程序限制，直接由当地人民政府决定救济方案并组织有关部门从速办理”。包括直接发放救灾款物等等。无论是按一般程序还是即时程序发放，都应该做到公开发放。

（四）灾害救助的主要形式

我国灾害的救助形式较多，并有多重分类标准。如果根据我国实施救助的主体来看，我国的灾害救助形式可分为国家救助、生产自救、互助互济等三种形式。

1. 国家救助

国家救助是自然灾害社会救助的主要形式。因为国家有充分全力组织动员全国的人力、物力和财力去抢救灾区的生命财产。在各种自然灾害面前，特别是特大自然灾害发生后，在短期内需要组织大量的人力、物力、财力有计划、有组织地及时施以救助。国家救助的方式包括发放救济款、救济粮与衣服、无偿提供简易建房材料、无偿提供治病、防病服务等。

2. 生产自救

由于我国人口众多，自然灾害频繁，国家财力有限，不可能对所有灾害不分轻重缓急都由国家救助，因而生产自救是灾害救助的主要形式之一。生产自救主要是指灾区群众通过自力更生，发展生产，达到克服困难，增加收入，实现自我救济的目的。农村的生产自救，主要是在灾后组织依靠自己的力量，对受灾作物进行抢救、补种、改种，减少和弥补灾害损失，同时因地制宜，组织群众开发本地资源，广泛开展工、副业的劳务输出等活动，增加灾民现金收入。为使灾民更好地开展生产自救，要尽可能在资金、信息、技术等方面给予扶持或服务。城市的生产自救，主要是在民政部门的具体帮助下，阻止那些无依无靠、无固定收入的灾民和那些有劳动能力，但生活出现暂时困难的灾民进行各种生产活动，使之从靠吃救助变成对社会做出贡献的劳动者。

3. 互助互救

互助互救主要体现在三个方面：一是主要以民政部门为主兴办救灾合作保险。农村救灾保险是由国家扶持、组织农民互助互济的非盈利的政策性保险。该项保险逐步实行统筹收费、统一保障项目和保障标准的方法，参加者限于农民。资金来源的原则是国家、集体、个人共同承担，以个人为主，如出现不足赔付的情况，从救灾资金中调剂解决。救灾保险限于种植业、养殖业、农房和劳动力意外伤害四个方面。二是群众自办自治的互助储金会经济组织。这是群众在灾前所采取的互助互济的积极措施，以充分发掘群众中互助潜力，由被动应对灾害变为主动抗击自然灾害。互助储金会资金来源主要是群众入会资金和集体资金，但也有一部分国家资金和社会资金。三是由国际间和国内各地区、各团体及个人之间进行的自愿性的捐助活动。该活动一般在重大灾害发生后兴起，对于扩大灾害救助款物的来源，为灾民及时、大量提供各类资金和物品，帮助灾民战胜自然灾害具有重要作用。

案例链接

案情简介：于某系江西九江市星子县某乡某村原党支部书记，该村1999年已按规定取得了灾后重建指标补助。2004年9月至12月期间，于某在本乡某派出所办理一假户口簿，并让同村一村民冒名上报第四期灾后重建指标对象。星子县灾后重建办于2004年9月27日批准了该重建指标。其后，于某先后3次在某乡财政所，将国家移民建房补助款15 000元领走占为已有。

案发后，于某被检察机关立案侦查，并移送星子县人民法院审理。星子县法院认为，被告人于某利用职务之便，将国家灾后重建资金占为已有，其行为已构成贪污罪。公诉机关指控罪名成立。2006年12月15日，星子县人民法院一审以贪污罪判处被告人于某有期徒刑1年，缓刑2年。

评析：村官办假户口，以假名字，多次轻松骗取国家救灾款。这一案件暴露了农村民政福利和救灾款项在向农村或一些基层单位发放过程中环节上的诸多漏洞。我国农村民政福利和救灾款项发放，在一些地方长期以来都存在着随意、缺少监督和不公开透明的现象。不少地方甚至出现村官和国家工作人员合伙套取各类款项的事件。要杜绝此类事件发生，必须在审批环节、事后监督和社会公示等方面完善机制。

三、农村救助

农村救助，是国家和集体对农村中生活困难的贫困对象采取物质帮助、扶持生产等形式保障其基本生活的制度。农村社会救助主要针对无法定抚养义务人、无劳动能力、无生活来源的老年人、残疾人、未成年人、以及因病、灾、缺少劳动能力等生活贫困者。我国未获温饱农村贫困人口从1985年的1.25亿减少到2002年底的2 820万。① 国家统计局资料显示，2002年年底人均纯收入低于627元的农村人口为2 820万人，他们的平均人均纯收入为531元。2007年年末，全国农村最低生活保障对象为1 815万人，农村特困救助对象为562.3万人。②

农村低保对象范围是家庭人均纯收入低于当地低保标准的贫困居民，保障的重点是因疾病、残疾、年老体弱、丧失劳动能力和生存条件恶劣等原因，家庭生活常年困难的农村居民。

1. 农村最低生活保障制度

农村最低生活保障的对象是家庭人均收入低于最低生活保障线的村民，保障的方式是发放现金与实物救济相结合。救济的程序是由救济对象向村民委员会提出申请，村民委员会审核后，报乡镇民政办事机构审批，并报县民政部门备案。农村最低生活保障线的实施和管理由县级民政部门和乡镇民政办事机构负责。农村低保制度以地方人民政府为主，实行属地管理，低保标准要由县以上各级地方政府自行制定和公布执行。各地确定低保标准主要从以下几个方面考虑：一是维持当地农村居民基本生活所必需的吃饭、穿衣、用水、用电等费用；二是当地经济发展水平和财力状况；三是当地物价水平。

资料链接

农村最低生活保障问题重重

在重庆彭水县走马乡沙田村4组，13人的低保金被全村161人平分，每人一年只分得40元。

本用于农村居民最低生活保障的农村“低保金”，在彭水县走马乡沙田村4组却变成了“均保”。沙田村4组的这种做法，显然违犯了“低保金”发放的原则和规定，吞噬着原本就极其脆弱的公平和正义，它只会让国家赋予低保户的“应保尽保”权利落空。

沙田村4组让“低保”成“均保”，村干部的解释是：尽管有13个名额，但村里实际符合低保条件的只有两三个人，多出的十来个名额给谁都会引起不满，只好采取了

① 数据来源：中华人民共和国统计局网站统计数据。
② 数据来源：中华人民共和国统计局网站统计数据。

这种“见人有份”的办法。为了“均”，可以不顾低保户的合法权益，这就是他们的逻辑。

对于低保名额的管理是动态的、不固定的。这就意味着，无论低保名额数量与实际符合条件村民数量的差距有多大，都不应将低保金拿来给全队村民平均分配。就算有村民不符合低保条件，应当及时上报取消其低保名额，如果继续领取国家补助，则有“骗保”之嫌。但沙田村4组不是对余出的名额及时上报取消，而是把所有的低保金“见人有份”平分，这看似公平，而这种“公平”侵犯了低保户的“保障权”，是极大的不公。

“低保金”，不是人人可以随意尝一口的苹果，它是旨在惠及城镇、农村低收入人群，保障贫困人口基本生活专项资金，是贫困人口的“活命钱”。换句话说，“低保金”是国家赋予低保户的基本生活保障权利。正是因为“低保金”的这种特性，它就应当受到尊重与保护，而不应该让其受到人为侵犯。

“应保尽保”是低保工作一直以来努力的方向。沙田村4组“低保”成“均保”，折射出的正是存在于一些地方的管理漏洞。它再一次提醒相关部门，在“低保金”管理上严格依照“动态管理、全面调查、两级审核、三级备案、完善监督”的政策规定，把它管好用好，真正把“好钢用在刀刃上”，实现“应保尽保”，把政府的惠民政策原原本本地交给需要照顾的困难家庭。①

2. 农村“五保”供养

“五保”供养是农村为缺乏劳动力、生活没有依靠的鳏寡孤独残疾人提供生活帮助和照顾的一项制度。1994年1月23日国务院发布了《农村五保供养条例》，2006年1月11日，国务院第121次常务会议通过了《农村五保供养工作条例》，其称“五保”供养，是指在吃、穿、住、医、葬方面给予村民的生活照顾和物质帮助。

（1）供养对象

老年、残疾或者未满16周岁的村民，无劳动能力、无生活来源又无法定赡养、抚养、扶养义务人，或者其法定赡养、抚养、扶养义务人无赡养、抚养、扶养能力的，享受农村“五保”供养待遇。

（2）供养内容

农村“五保”供养包括下列供养内容：供给粮油、副食品和生活用燃料；供给服装、被褥等生活用品和零用钱；提供符合基本居住条件的住房；提供疾病治疗，对生活不能自理的给予照料；办理丧葬事宜。农村“五保”供养对象未满16周岁或者已满16

① 张冰歌．“低保”成“均保”“应保尽保”何以兑现．新华网．

周岁仍在接受义务教育的，应当保障他们依法接受义务教育的所需费用。农村“五保”供养标准不得低于当地村民的平均生活水平，并根据当地村民平均生活水平的提高适时调整。

问题与思考

1. 什么是社会救助？
2. 社会救助制度设计的原则是什么？
3. 试述社会救助都包括哪些内容？